Die Kraftfahrt-Haftpflichtversicherung

von

Dr. Karl Maier
Professor an der
Fachhochschule Köln

Assessor Anno Biela
Lehrbeauftragter an
der Fachhochschule Köln

Verlag C. H. Beck München 2001

Die Deutsche Bibliothek – CIP-Einheitsaufnahme

Maier, Karl:
Die Kraftfahrt-Haftpflichtversicherung / von Karl Maier;
Anno Biela.
– München : Beck, 2001
(Aktuelles Recht für die Praxis)
ISBN 3-406-46195-6

ISBN 3 406 46195 6

Druck: Nomos Verlagsgesellschaft
In den Lissen 12, 76547 Sinzheim

Satz: Otto Gutfreund GmbH
Marburger Straße 11, 64289 Darmstadt

Gedruckt auf säurefreiem, alterungsbeständigem Papier
(hergestellt aus chlorfrei gebleichtem Zellstoff)

Vorwort

Die Kraftfahrt-Haftpflichtversicherung ist eine der wichtigsten Versicherungs-arten. Die statistischen Zahlen sind beeindruckend: 1999 waren rund 49 Mio. Fahrzeuge haftpflichtversichert, die Beitragseinnahmen betrugen 23,8 Mrd. DM. Die Versicherer hatten über 4 Mio. Schadenfälle mit einem Schadendurchschnitt von rund 6500,– DM zu regulieren. Die Kraftfahrt-Haftpflichtversicherung ist also eine typische Massensparte – dennoch fällt der Zugang zu diesem Versiche-rungszweig nicht leicht. Das liegt zum einen an schwierigen haftungsrechtlichen Problemen, vor welche die Regulierungspraxis immer wieder gestellt wird. Zum anderen ist die Kraftfahrzeug-Haftpflichtversicherung wie kein anderer Ver-sicherungszweig von einem Geflecht gesetzgeberischer Vorgaben umwoben: Das Versicherungsvertragsgesetz (VVG), das Pflichtversicherungsgesetz (PflVG), die Kraftfahrzeug-Pflichtversicherungsverordnung (KfzPflVV) und die Allgemeinen Bedingungen für die Kraftfahrtversicherung (AKB) stellen eine Fülle teilweise aufeinander bezogener und oft sehr komplizierter Vorschriften auf. Das erste Anliegen dieses Buches ist es, dem Leser einen systematischen Einstieg zu ermög-lichen und ihm die Grundstrukturen dieses Versicherungszweigs nahezubringen. Zum anderen soll dem Versicherungspraktiker eine rasche Zugriffsmöglichkeit auf die aktuelle Rechtssprechung und die neuere Literatur eröffnet werden. Aus die-sem Grund, aber auch weil wir uns hiervon eine größere Verständlichkeit erhof-fen, haben wir uns für eine stark fallorientierte Darstellungsweise entschieden: Nach einer Einführung in die jeweilige Thematik wird diese durch praxisrelevante Fallbeispiele aus der Rechtssprechung erläutert und vertieft.

Unserer Darstellung haben wir die vom Gesamtverband der deutschen Ver-sicherungswirtschaft e. V. (GdV) empfohlenen Musterbedingungen (AKB 95) zu Grunde gelegt.

Für die großzügige finanzielle Unterstützung bedanken wir uns bei der Vereini-gung der Betriebswirte e. V. der FH Köln.

Für Hinweise und Anregungen sind wir dankbar.

Köln, im Herbst 2000   Karl Maier
                                                                      Anno Biela

Inhaltsübersicht

Inhaltsverzeichnis

Abkürzungsverzeichnis

a. A.	anderer Ansicht
Abs.	Absatz
Abschlk	Abschleppkosten
a. E.	am Ende
a. F.	alte Fassung
AG	Amtsgericht
AGBG	Gesetz zur Regelung des Rechts der Allgemeinen Geschäftsbedingungen
AKB	Allgemeine Bedingungen für die Kraftfahrtversicherung
Anm.	Anmerkung
AVB	Allgemeine Versicherungsbedingungen
BAK	Bundesaufsichtsamt für das Kreditwesen
BAV	Bundesaufsichtsamt für das Versicherungswesen
bez.	bezüglich
BGB	Bürgerliches Gesetzbuch
BGH	Bundesgerichtshof
BJagdG	Bundesjagdgesetz
bzw.	beziehungsweise
d. h.	das heißt
DM	Deutsche Mark
EG	Europäische Gemeinschaften
evtl.	eventuell
f	und folgende (Singular)
ff	und folgende (Plural)
gem.	gemäß
GüKG	Güterkraftverkehrsgesetz
h. M.	herrschende Meinung
i. d. R.	in der Regel
i. S.	im Sinne
i. S. d.	im Sinne des
i. S. v.	im Sinne von
KH-Versicherung	Kraftfahrt-Haftpflichtversicherung
Kfz	Kraftfahrzeug
KfzPflVV	Verordnung über den Versicherungsschutz in der Kraftfahrzeug-Haftpflichtversicherung
LG	Landgericht
LKW	Lastkraftwagen
m. w. N.	mit weiteren Nachweisen
n. F.	neue Fassung
NJW	Neue Juristische Wochenschrift
NJW-RR	Neue Juristische Wochenschrift-Rechtsprechungsreport
Nr.	Nummer
OLG	Oberlandesgericht

PflVG	Pflichtversicherungsgesetz
PKW	Personenkraftwagen
r+s	Recht und Schaden
RepK	Reparaturkosten
Rdnr.	Randnummer(n)
Rw	Restwert
S	Seite
SB	Selbstbeteiligung
SFR	Schadenfreiheitsrabatt
s.o.	siehe oben
sog.	sogenannte
SP	Schadenpraxis
StGB	Strafgesetzbuch
StPO	Strafprozeßordnung
StVG	Straßenverkehrsgesetz
StVO	Straßenverkehrsordnung
StVZO	Straßenverkehrszulassungsordnung
s.u.	siehe unten
TB	Tarifbestimmung(en)
TierSchG	Tierschutzgesetz
TK	Teilkasko
UPE	unverbindliche Preisempfehlung des Herstellers
v.	vom
VAG	Gesetz über die Beaufsichtigung der Versicherungsunternehmen
VersR	Versicherungsrecht
vgl.	vergleiche
VK	Vollkasko
VN	Versicherungsnehmer
VR	Versicherer
VVG	Versicherungsvertragsgesetz
Wbw	Wiederbeschaffungswert
z.B.	zum Beispiel
z.T.	zum Teil
ZfS	Zeitschrift für Schadenrecht
Ziff.	Ziffer
Zw.summe	Zwischensumme
ZPO	Zivilprozeßordnung

Einführung

Die Kraftfahrzeug-Haftpflichtversicherung (KH-Versicherung) ist eine Pflicht- **1**
versicherung. In § 1 PflVG ist bestimmt, daß jeder Halter eines Kfz verpflichtet
ist, eine Haftpflichtversicherung für durch den Gebrauch des Fahrzeugs verursachte Schäden abzuschließen. Eine für das geschädigte Unfallopfer ausgesprochen
wichtige Besonderheit der KH-Versicherung besteht darin, daß der Geschädigte
seine Ansprüche direkt beim gegnerischen KH-Versicherer geltend machen kann.
Daher ergibt sich nach einem Verkehrsunfall regelmäßig folgendes Dreiecksver-
hältnis:

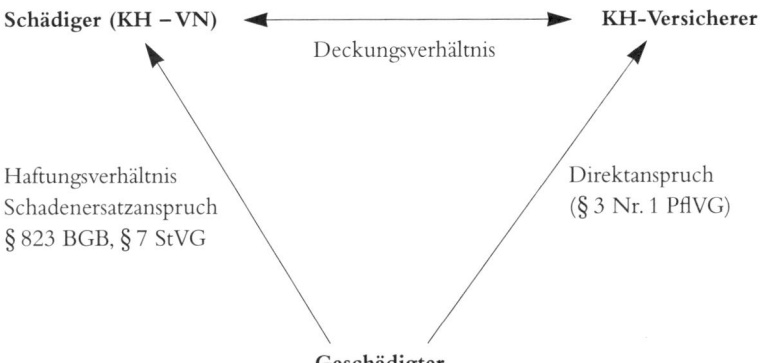

Schädiger (KH – VN) ◄─────────────────► **KH-Versicherer**
Deckungsverhältnis

Haftungsverhältnis   Direktanspruch
Schadenersatzanspruch   (§ 3 Nr. 1 PflVG)
§ 823 BGB, § 7 StVG

Geschädigter

Der KH-Versicherer, der VN und der mitversicherte Fahrer haften als Gesamt- **2**
schuldner (§ 3 Nr. 2 PflVG). Der Geschädigte hat daher ein Wahlrecht, welchen
der Genannten er in Anspruch nehmen will; im Regelfall wird er seine Ansprüche
direkt beim gegnerischen KH-Versicherer geltend machen. Kommt es allerdings
zu einem Rechtsstreit ist es aus Sicht des Geschädigten sinnvoll, sowohl den KH-
Versicherer als auch den VN (als Halter) und den Fahrer (der mit dem VN nicht
identisch sein muß) zu verklagen – denn dann sind die Genannten Prozeßpartei
(Beklagte) und fallen als Zeugen aus.

Im Rahmen des **Haftungsverhältnisses** geht es um die Frage, ob ein geschä- **3**
digter Unfallteilnehmer gegen den Schädiger (KH – VN) zu Recht Schadenersatzansprüche geltend machen kann. Hier sind als die mit Abstand wichtigsten
zivilrechtlichen Anspruchsgrundlagen insbesondere die §§ 7 StVG, 823 BGB zu
prüfen.

Als **Deckungsverhältnis** bezeichnet man die rechtlichen Beziehungen zwi- **4**
schen Versicherer und VN. Hier ist der Prüfungsort für die Frage, ob die KH-Ver-

sicherung einen Schaden, für den der VN haften muß, zu „decken", also zu ersetzen hat.

5 Versicherer und VN sind durch einen Versicherungsvertrag verbunden. In einer Massensparte wie der KH-Versicherung versteht es sich von selbst, daß nicht jeder einzelne Vertrag individuell ausgehandelt werden kann. Daher erfolgt die inhaltliche Ausgestaltung von Versicherungsverträgen standardisiert durch Allgemeine Versicherungsbedingungen (AVB), in denen die Rechte und Pflichten der Vertragsparteien (Beginn und Umfang des Versicherungsschutzes, Risikoausschlüsse, Obliegenheiten, Kündigungsmöglichkeiten etc.) festgeschrieben werden. Grundsätzlich ist es dem Versicherer – wie jedem anderen Kaufmann – freigestellt, wie er seine allgemeinen Vertragsbedingungen abfassen will. Die meisten KH-Versicherer orientieren sich aber an den vom Verband der Schadenversicherer e. V. (nunmehr Gesamtverband der Versicherungswirtschaft GdV e. V.) im Jahr 1995 herausgegebenen Musterbedingungen. Diese sog. AKB 95 sind so aufgebaut, daß die KH-Versicherung in den §§ 10 und 11, die Kaskoversicherung in den §§ 12–15 und die Kraftfahrunfall-Versicherung in den §§ 16–23 geregelt ist. Die §§ 1–9 d AKB enthalten allgemeine Vorschriften, die für sämtliche Zweige der Kraftfahrtversicherung gleichermaßen gelten.

6 Bis zum Jahr 1994 mußten alle AVB durch das Bundesaufsichtsamt für das Versicherungswesen (BAV) genehmigt werden. Hierdurch war ein ausreichender Standard der AKB und ein umfassender Schutz der Unfallopfer erreichte. Um dies auch nach dem Entfallen der aufsichtsamtlichen Genehmigungspflicht für die Zukunft zu gewährleisten, wurde ebenfalls im Jahr 1994 die Kraftfahrzeug – Pflichtversicherungsverordnung (KfzPflVV) erlassen. Die Vorschriften der KfzPflVV gelten für das Verhältnis des KH-Versicherer zu seinen VN nicht automatisch, vielmehr gibt die Verordnung dem Versicherer Mindeststandards vor, die im Versicherungsvertrag, also in den AKB, eingehalten werden müssen. Konkret wirkt sich das beispielsweise so aus, daß keine anderen als in § 4 KfzPflVV vorgesehenen Risikoausschlüsse oder nur die in §§ 5 und 6 KfzPflVV aufgeführten Obliegenheiten in die AKB aufgenommen werden dürfen.

7 Grundlegende Regelungen für die KH-Versicherung enthält das Pflichtversicherungsgesetz (PflVG). Hervorzuheben ist die in § 1 PflVG vorgeschriebene Versicherungspflicht, der Direktanspruch des Geschädigten gegen den Versicherer (§ 3 Nr. 1 PflVG) und die Pflicht des KH-Versicherers, Anträge auf Abschluß eines Versicherungsvertrags anzunehmen (Kontrahierungszwang, § 5 Abs. 2 PflVG).

8 Das VVG enthält für die KH-Versicherung nur wenige spezielle Vorschriften (§§ 158 b–158 k). Von besonderer praktischer Bedeutung ist § 158 i VVG, wonach ein gutgläubiger Fahrer auch dann Versicherungsschutz genießt, wenn sich der Versicherer dem VN gegenüber (z. B. wegen mangelnder Zahlung der Prämie) auf Leistungsfreiheit berufen könnte.

Dieses Buch beschränkt sich auf die Grundprobleme des Deckungsverhältnisses, also auf die versicherungsrechtliche Seite eines Unfallereignisses. Die haftungsrechtliche Seite wird nur kurz und insbesondere dann dargestellt, wenn sie zum Verständnis der versicherungsrechtlichen Problematik erforderlich ist. Dennoch ist es unerläßlich sich vor Augen zu halten, daß die Eintrittspflicht des KH-Versicherers prinzipiell zweierlei voraussetzt:

Zum einen muß sich der VN gegenüber einem Geschädigten schadenersatzpflichtig gemacht haben, muß also eine Haftung des VN bestehen

Zum zweiten muß der KH-Versicherer aus dem mit dem VN geschlossenen Versicherungsvertrag für diesen Schaden eintrittspflichtig sein. Das ist nur dann der Fall, wenn der eingetretene Schaden durch den Gebrauch des versicherten Fahrzeugs verursacht ist.

Diese beiden Vorgaben finden sich in § 10 Abs. 1 AKB wieder, der die grundlegenden Voraussetzungen und den Umfang der KH-Versicherung regelt. Aus diesem Grund erscheint es sinnvoll, eine Darstellung der KH-Versicherung mit § 10 AKB als Ausgangspunkt zu beginnen und den dort behandelten Umfang des Versicherungsschutzes zur Grundlage der weiteren Ausführungen zu machen.

1. Kapitel. Der Umfang des Versicherungsschutzes

Wie der Versicherungsschutz in der KH-Versicherung ausgestaltet sein muß, ist **9** durch § 1 PflVG und § 2 KfzPflVV grundsätzlich festgelegt. Danach ist der Halter eines Kfz verpflichtet, für sich, den Eigentümer und den Fahrer eine Haftpflichtversicherung zur Deckung der durch den Gebrauch des Fahrzeugs verursachten Personenschäden, Sachschäden und sonstigen Vermögensschäden abzuschließen.

Diese Vorgaben des Gesetzgebers haben die KH-Versicherer umgesetzt und, fußend auf die §§ 1 PflVG und 2 KfzPflVV, den Umfang des Versicherungsschutzes im Versicherungsvertrag (konkret in § 10 Abs. 1 AKB) näher ausgestaltet. Nach § 10 Abs. 1 AKB umfaßt die KH-Versicherung

- die **Befriedigung begründeter** und die **Abwehr unbegründeter Schadenersatzansprüche**, die
- auf Grund **gesetzlicher Haftpflichtbestimmungen** privatrechtlichen Inhalts gegen den VN erhoben werden, wenn
- durch den **Gebrauch** des im Vertrag bezeichneten Fahrzeugs
- **Personen** verletzt oder getötet werden,
- **Sachen** beschädigt oder zerstört werden oder abhanden kommen,
- **Vermögensschäden** herbeigeführt werden, die weder mit einem Personen- noch mit einem Sachschaden mittelbar oder unmittelbar zusammenhängen.

Im folgenden sollen die angeführten Bestandteile von § 10 Abs. 1 AKB und damit der Umfang des Versicherungsschutzes in der KH-Versicherung näher dargestellt werden.

A. Befriedigung und Abwehr von Schadenersatzansprüchen

I. Allgemeines

Die Aufgabe des KH-Versicherers nach einem Verkehrsunfall besteht zunächst **10** in der Klärung der Frage, ob sich der VN haftpflichtig gemacht hat. Ist das der Fall, muß der KH-Versicherer den Anspruch des Geschädigten erfüllen und damit den VN von dessen Zahlungspflicht befreien (**Befreiungsfunktion** der KH-Versicherung). Der VN kann von seinem KH-Versicherer nur Zahlung an den Geschädigten, nicht an sich selbst verlangen (*Feyock/Jacobsen/Lemor*, Kraftfahrtversicherung, § 10 AKB Rdnr. 34; *Bauer*, Die Kraftfahrtversicherung, 4. Aufl., Rdnr. 647). Dabei steht es im Ermessen des Versicherers, wie er den Befreiungsanspruch des VN erfüllt. Diese **Regulierungsvollmacht** wird in § 10 Abs. 5 AKB ausdrücklich betont, so daß es dem Versicherer überlassen ist, ob er an den Geschädigten bezahlt, mit diesem einen Vergleich schließt oder ob er den Schadenersatzanspruch als unbegründet zurückweist und damit einen Zivilprozeß riskiert.

11   Eine zweite Aufgabe der Haftpflichtversicherung besteht darin, daß der KH-Versicherer den VN unterstützen und Abwehrmaßnahmen ergreifen muß, falls der VN mit unbegründeten Ansprüchen konfrontiert wird **(Abwehrfunktion)**. Der KH-Versicherer muß für eine Klage gegen den VN Rechtsschutz gewähren und die Kosten eines etwaigen Zivilprozesses tragen. Dagegen sind die Kosten eines gegen den VN angestrengten Strafverfahrens vom Versicherer nur zu begleichen, wenn sie auf dessen Weisung aufgewandt worden sind (§ 150 Abs. 1 S. 3 VVG). Da der Ausgang eines Strafverfahrens für die Regulierung von Bedeutung sein kann (z. B. bezüglich der Frage, ob den VN am Unfall ein Verschulden trifft) legen die Versicherer in manchen Fällen Wert darauf, daß ein Verteidiger bestellt oder daß gegen einen Strafbefehl Einspruch eingelegt wird.

II. Die Regulierungsvollmacht des KH-Versicherers

12   Nach § 10 Abs. 5 AKB ist der KH-Versicherer bevollmächtigt, im Namen des VN und der mitversicherten Personen die Ansprüche des Geschädigten zu befriedigen und/oder abzuwehren und alle dafür zweckmäßig erscheinenden Erklärungen im Namen der versicherten Personen im Rahmen pflichtgemäßen Ermessens abzugeben.

Letzlich ist diese Bestimmung nichts anderes als eine Vollmacht zugunsten des Versicherers, so daß dieser mit dem Geschädigten verhandeln, dessen Ansprüche befriedigen, einen Vergleich schließen oder aber Anspüche abwehren und einen Prozeß führen kann. Der VN ist als Folge der in § 10 Abs. 5 AKB erteilten Vollmacht an Erklärungen des Versicherers gebunden, ein Widerruf oder eine Beschränkung der Vollmacht ist nicht möglich (BGH VersR 65, 142; *Bauer* Rdnr. 726). Die Regulierungsvollmacht des Versicherers führt mitunter zu Konflikten zwischen Versicherer und VN, weil unterschiedliche Auffassungen über die Schuldfrage bzw. Rechtslage im Rahmen eines Verkehrsunfalls bestehen. Hat der VN den Eindruck, er trage an dem Unfallereignis keine Schuld; erwartet er von seinem KH-Versicherer, daß dieser die Ansprüche der Gegenseite abwehrt und zurückweist. Entspricht der Versicherer dieser Erwartung nicht, sondern leistet er Zahlungen an die Gegenseite, kann es sein, daß sich der VN in doppelter Hinsicht benachteiligt fühlt. Zum einen verschlechtert sich der Schadenfreiheitsrabatt, zum anderen sieht der VN die Durchsetzung eigener Ansprüche gefährdet: Wenn der eigene KH-Versicherer 50 % des dem Unfallgegner entstandenen Schadens reguliert hat, ist es für den VN schwierig, Argumente zu finden, warum er 100 % des ihm entstandenen Schadens einklagen möchte. Daher werden – meist von anwaltlich vertretenen VN – mitunter Regulierungsverbote gegenüber dem eigenen

KH-Versicherer erteilt. Wegen der durch § 10 Abs. 5 AKB dem Versicherer eingeräumten Vollmacht zur Schadenregulierung muß der Versicherer derartige Anweisungen (Zahlungssperren) nicht befolgen (BGH VersR 65, 142).

Auf der anderen Seite darf der Versicherer offensichtlich unbegründete **13** Ansprüche, die ohne weiteres abzuwehren wären, nicht regulieren (BGH VersR 81, 180). Insoweit ist dem Versicherer durch § 10 Abs. 5 AKB ein Ermessensspielraum eingeräumt, prozeßökonomische Erwägungen (Kosten, Höhe des Anspruchs) dürfen in die Ausübung des Ermessens einfließen (*Knappmann* in *Prölss/Martin* § 10 AKB Rdnr. 28 m.w.N). Wenn das Regulierungsverhalten des Versicherers nach den dargestellten Grundsätzen fehlerhaft ist, liegt hierin die Verletzung einer vertraglichen (Neben)Pflicht des Versicherers, die zu einem Schadenersatzanspruch des VN aus positiver Vertragsverletzung (pVV) führt.

Fallbeispiel:
AG Bitterfeld SP 98, 295

Der VN war mit einem entgegenkommenden Fahrzeug zusammengestoßen. Der genaue Unfallhergang ließ sich mangels Zeugen nicht aufklären, die zunächst gegen beide Fahrer eingeleiteten Bußgeldverfahren wurden eingestellt. Der KH-Versicherer des VN erstattete dem Unfallgegner die Hälfte des an dessen Fahrzeugs entstandenen Schadens in Höhe von 805 DM. Auf die in § 7 VI Abs. 1 AKB vorgesehene Möglichkeit, den (Bagatell)Schaden selbst zu regulieren, um so eine Rückstufung bezüglich des Schadenfreiheitsrabatts zu vermeiden, war der VN nicht hingewiesen worden. Der VN ist der Ansicht, der Versicherer hätte angesichts der Alleinschuld seines Unfallgegners überhaupt keine Zahlungen leisten dürfen und macht mit der Klage gegen seinen KH-Versicherer den Ersatz der durch die Rückstufung erlittenen Prämiennachteile geltend.

Lösung:
Pflichtwidrig und damit eine Schadenersatzpflicht gem. pVV auslösend kann eine Regulierung der Ansprüche des Unfallgegners insbesondere in zwei Fällen sein:
– Zum einen muß der Versicherer der Befugnis des VN, Bagatellschäden selbst zu regulieren (§ 7 VI Abs. 1 AKB) hinreichend Rechnung tragen. Grundsätzlich muß der Versicherer dem VN zumindest eine kurze Überlegungs- und Regulierungsfrist einräumen. Allerdings besteht diese Pflicht (wie hier) dann nicht, wenn der VN die Verursachung des Unfalls bestreitet und überhaupt keine Regulierung vorgenommen sehen will.
– Zum zweiten muß das Versicherungsunternehmen auf die Rabattstufe des VN Rücksicht nehmen. Ansprüche dürfen dann nicht reguliert werden, wenn sie leicht nachweisbar offensichtlich unbegründet sind und ohne weiteres abzuwehren wären oder wenn der Geschädigte ohne Prüfung der Sachlage, auf gut Glück, befriedigt wird (grundlegend BGH VersR 81, 180). Auf

der Basis der dargestellten Grundsätze spricht vorliegend nichts für eine pflichtwidrige Regulierung des KH-Versicherers. Da Zeugen nicht vorhanden sind, wäre dem VN im Fall einer Klage der Gegenseite der Unabwendbarkeitsbeweis des § 7 Abs. 2 StVG nicht gelungen, so daß das Gericht die Mitverursachungsanteile im Rahmen einer Abwägung nach § 17 StVG gleich hoch bewertet hätte. Der Ausgleich des hälftigen Schadens der Gegenseite war daher nicht pflichtwidrig, sondern entsprach der Rechtslage.

Ergebnis:

Dem VN stehen keine Ansprüche auf Schadenersatz gegen den KH-Versicherer zu.

Das Urteil des AG Bitterfeld spiegelt die ganz herrschende Meinung in der Literatur (*Wussow* VersR 94, 1014; *Bauer* Rdnr. 720 ff; *Knappman* in *Prölss/Martin* § 10 AKB Rdnr. 27 f) und der Rechtsprechung (aus neuerer Zeit: LG Mönchengladbach r+s 98, 271; LG Düsseldorf SP 99, 390; AG Essen SP 99, 391; AG Duisburg SP 98, 369; AG Leipzig SP 98, 225) wider.

B. Gesetzliche Ansprüche privatrechtlichen Inhalts

14 Eine Eintrittspflicht des KH-Versicherers setzt voraus, daß sich der VN überhaupt schadenersatzpflichtig gemacht hat – daß also gesetzliche Haftpflichtbestimmungen privatrechtlichen Inhalts gegen ihn geltend gemacht werden.

Hierunter fallen insbesondere außervertragliche, deliktische Ansprüche (§ 823 BGB, § 831 BGB, § 7 StVG, § 22 WHG). Aber auch gesetzlich geregelte Schadenersatzansprüche aus dem Vertragsrecht sind gesetzliche Haftpflichtbestimmungen. Relevant können hier insbesondere Schadenersatzansprüche aus positiver Vertragsverletzung (pVV) wegen Verletzung einer Nebenpflicht aus einem Dienstvertrag, Werkvertrag, Beförderungsvertrag und sogar aus einem Kaufvertrag sein. Beispielsweise haftet der Betreiber eines Tankfahrzeuges aus pVV, wenn er beim Befüllen eines Wohnhauses mit Heizöl Kontrollpflichten verletzt (OLG Köln, r+s 94, 43; ausführlich hierzu unten Rdnr. 54 f.). In Betracht kommen weiter Ersatzansprüche eines Beauftragten oder eines Geschäftsführers ohne Auftrag gem. §§ 683, 670 BGB – etwa Ansprüche eines Passanten, der beim Bergen eines verunglückten Fahrzeugs bzw. von dessen Insassen verletzt wird.

C. Die Art der versicherten Schäden

Versichert sind:

15 – Schäden, die durch **Verletzung oder Tötung einer Person** entstehen. Dabei beschränkt sich die Haftung des Versicherers nicht auf den unmittelbaren Schaden (Arztkosten, Schmerzensgeld), auch ein Verdienstausfall des Verletzten ist ein ersatzpflichtiger Personenschaden (Münchner Kommentar/ *Grunzky* Rdnr. 35 vor § 249).

– Schäden, die durch **Beschädigung oder Zerstörung einer Sache** entstehen. **16** Als Sachschaden gilt auch das Abhandenkommen einer Sache, etwa wenn nach einem Verkehrsunfall aus dem ungesichert abgestellten Fahrzeug Gegenstände gestohlen werden. Der Sachschaden umfaßt ferner Ansprüche des Geschädigten wegen merkantilen Minderwerts, Nutzungsausfall, Mietwagenkosten, Rechtsanwalts- und Sachverständigengebühren (näher hierzu *Stiefel/Hofmann*, Kraftfahrtversicherung, 16. Aufl., § 19 Rdnr. 115).

– Vermögensschäden, die weder mit einem Personen- noch mit einem Sach- **17** schaden mittelbar oder unmittelbar zusammenhängen. Die hier angesprochenen „reinen" **Vermögensschäden** sind in der Praxis nur von geringer Bedeutung: Sowohl nach § 7 StVG als auch nach § 823 Abs. 1 BGB setzt eine Pflicht zum Schadenersatz voraus, daß zunächst eines der dort genannten Rechtsgüter (Körper, Gesundheit, Eigentum) verletzt wird.

Beispiel:
VN fährt von Köln nach Hamburg und nimmt aus Gefälligkeit seinen Freund F mit. Unterwegs verschuldet der VN einen Unfall, bei dem glücklicherweise niemand verletzt wird. Aufgrund des Unfalls kommt F erst einen Tag später in Hamburg an, wodurch ihm ein vorteilhafter Vertragsabschluß entgeht. F möchte den ihm entgangenen Gewinn von VN ersetzen.

Da vorliegend (Gefälligkeit) kein Vertrag geschlossen wurde, kommt als Anspruchsgrundlage des F nur § 823 Abs. 1 BGB in Betracht. Diese Vorschrift setzt aber voraus, daß ein Rechtsgut des F (z. B. Gesundheit, Eigentum) verletzt worden ist. Das ist im vorliegenden Beispiel aber gerade nicht der Fall, so daß F weder gegen den VN noch gegen den KH-Versicherer Ansprüche erheben kann. § 823 Abs. 1 BGB schützt also nicht das Vermögen als solches, sondern nur solche Vermögensschäden, die als Folge der Verletzung eines Körpers oder einer Sachbeschädigung entstanden sind.

Abwandlung:
Wie wäre die Rechtslage, wenn F beim Unfall verletzt worden wäre und wegen eines Krankenhausaufenthaltes zu spät nach Hamburg gekommen wäre?

Hier ist F an seinem Körper verletzt worden. Daher muß der VN (und damit der KH-Versicherer) für alle aus der Körperverletzung des F entstehenden Folgeschäden einstehen.

Häufig diskutiert wird in diesem Zusammenhang der allerdings nicht besonders praxisrelevante Fall, daß ein Fahrzeug oder eine Einfahrt so zugeparkt wird, daß das Fahrzeug von seinem Eigentümer nicht benutzt werden kann und diesem hierdurch ein Schaden (entgangener Geschäftsabschluß) entsteht. Zwei Lösungsmöglichkeiten sind hier denkbar: Zum einen könnte man die mangelnde Nutzungsmöglichkeit des Pkw als Eigentumsverletzung ansehen, so daß § 823 Abs. 1 BGB direkt zur Anwendung gelangt. Dieser Lösungsansatz wird von der Literatur und den Gerichten aber überwiegend abgelehnt – und in der Tat wird man die Tatsache, daß ein Kfz für einige Stunden nicht benutzt werden kann, kaum als eine Eigentumsbeschädigung ansehen können (*Schirmer* DAR 92, 11 (20) m.w.Nachw). Das Zuparken einer Grundstückseinfahrt stellt aber auch einen Verstoß gegen § 12 Abs. 3 Nr. 3 StVO dar. Hier kann sich ein Schadenersatzanspruch aus § 823 Abs. 2 BGB ergeben: § 12 Abs. 3 Nr. 3 StVO ist ein Schutzgesetz i. S. d. § 823 Abs. 2 BGB. Bereits dessen Verletzung zieht Schadenersatzansprüche nach sich, ohne daß es darauf ankommt, ob eines der in § 823 Abs. 1 BGB genannten Rechtsgüter verletzt ist. (Ausführlich zum Begriff des reinen Vermögensschadens *Schirmer* DAR 1992, S. 11 ff.)

D. Gebrauch des Fahrzeugs

I. Überblick

18 Der KH-Versicherer muß gem. § 10 Abs. 1 AKB nur solche Schäden befriedigen, die der VN beim Gebrauch des versicherten Fahrzeugs verursacht hat.

19 Bei der Frage, welche Schäden hierunter zu verstehen sind, gilt es sich zunächst vor Augen zu halten, daß ein VN eine KH-Versicherung deswegen abschließt, um durch einen Einsatz des Kfz nicht mit Schadenersatzansprüchen belastet zu werden. Der BGH (r+s 95, 44 f; VersR 89, 1187 = r+s 90,8; VersR 94, 83 = r+s 94, 2) formuliert dies so:

„Der Begriff des Gebrauchs bestimmt sich nach dem Interesse, das der Versicherte daran hat, durch den Einsatz des Kfz nicht mit Haftpflichtansprüchen belastet zu werden, unabhängig davon, ob diese auf §§ 7 ff StVG, §§ 823 ff BGB oder anderen Haftungsnormen beruhen. Entscheidend ist allein, ob der Schadenfall mit dem Gefahrbereich, für den der Versicherer deckungspflichtig ist, in einem haftungsrechtlich relevanten Zusammenhang steht; ob sich also die von dem Kfz als solchem ausgehende Gefahr auf den Schadenablauf ausgewirkt hat".

Letzteres und damit einen durch Fahrzeuggebrauch verursachten Schaden ist insbesondere dann gegeben, wenn das Kfz an der Entstehung des Schadens aktuell und unmittelbar, zeit- und ortsnah beteiligt war (BGH VersR 77, 419; VersR 80, 1039). Darüber hinaus nimmt die Rechtsprechung (BGH VersR 80, 1039; OLG Hamm ZfS 93, 196) Fahrzeuggebrauch dann an, wenn der Schaden zwar nicht durch das versicherte Fahrzeug selbst, wohl aber durch eine typische Fahrerhandlung (Aussteigen um nach dem Weg zu fragen, Beseitigen von Hindernissen um die Fahrt antreten zu können) verursacht wurde.

20 Dabei besteht in der Rechtsprechung und in der Literatur (*Feyock/Jacobsen/ Lemor* § 10 AKB Rdnr. 4; *Bauer* Rdnr. 702; *Stiefel/Hofmann* § 10 Rdnr. 91 ff jeweils mit weiteren Nachweisen) Einigkeit darüber, daß der Begriff des Gebrauchs auf jeden Fall den des Betriebes im Sinn des § 7 Abs. 1 StVG umfaßt und sogar noch über diesen hinausgeht. Zur Erläuterung dieser Aussage und zur Einführung in die Problematik des Gebrauchsbegriffs folgendes

Fallbeispiel:
OLG Hamm r+s 99, 494

VN A kam in einer eisglatten Kurve von der Fahrbahn ab, sein Kfz überschlug sich, und blieb in einer Wiese auf dem Dach liegen. Nachdem sich A aus dem Fahrzeug befreit hatte, überquerte er die Fahrbahn und versuchte vom Fahrbahnrand aus durch Winken vorüberfahrende Fahrzeuge anzuhalten.
Die vorbeifahrende Frau B geriet – weil sie dem A ausweichen wollte – ins Schleudern und prallte gegen einen Weidezaun. Den entstandenen Schaden von 14 466 DM klagt sie gegen A und dessen KH-Versicherer ein. Frau B trägt unwidersprochen vor, A habe beim Winken auf dem Rand der Fahrbahn gestanden, sie habe befürchtet, A würde sich noch weiter auf die Fahrbahn begeben.
Muß die KH-Versicherung des A den Schaden tragen?

Lösung:
Eine Eintrittspflicht des KH-Versicherers ist in zwei Schritten zu prüfen.
a) Zunächst ist zu fragen, ob der VN sich gegenüber dem Geschädigten haftpflichtig gemacht hat. Wie im Regelfall, kommen auch hier zwei Vorschriften in Betracht: Zum einen könnte sich eine Haftung des VN aus § 7 StVG ergeben, da er Halter des Kfz ist. Zum anderen könnte Frau B ihre Ansprüche auf § 823 BGB stützen.
b) Nach diesen haftungsrechtlichen Überlegungen ist in einem zweiten Schritt die deckungsrechtliche Seite zu betrachten. Eintrittspflichtig ist der Versicherer gemäß § 10 Abs. 1 AKB dann, wenn der in Rede stehende Schaden beim Gebrauch des versicherten Fahrzeugs entstanden ist.

Zu a) Haftung des VN: Zunächst könnte ein Anspruch von Frau B aus § 7 StVG in Betracht kommen. Nach dieser Vorschrift haftet der Halter für alle beim Betrieb seines Fahrzeugs entstandenen Schäden, ein Verschulden ist nicht erforderlich (Gefährdungshaftung). Problematisch ist, ob der letzlich durch das Winken des A verursachte Schaden „beim Betrieb" des Fahrzeugs entstanden ist – schließlich war dieses an der Schädigung von Frau B bzw. von deren Pkw überhaupt nicht beteiligt, sondern lag etliche Meter entfernt auf einer Wiese. Daher ist der Schaden nicht beim Betrieb des Kfz entstanden. Der Betriebsvorgang war abgeschlossen, das Kfz befand sich außerhalb des öffentlichen Verkehrsraums in einer Wiese und wirkte von dort aus nicht mehr störend auf den Verkehr ein.
Ob A aus § 823 Abs. 1 BGB haftet, hängt entscheidend davon ab, ob ihm ein Verschulden zur Last gelegt werden kann. A stand bereits auf der Fahrbahn, wußte, daß es glatt war und daß andere Verkehrsteilnehmer durch sein aufgeregtes Winken irritiert werden konnten. A hat daher zumindest leicht fahrlässig gehandelt und haftet aus § 823 Abs. 1 BGB.
Zu b) Deckungsrechtliche Fragen: Den ihr gegen A zustehenden Schaden-

11

ersatzanspruch kann Frau B grundsätzlich direkt gegen den KH-Versicherer des A geltend machen. Das folgt aus § 3 Nr. 1 PflVG. Jedoch ergibt sich aus § 1 PflVG (Umfang der Versicherungspflicht) und aus § 10 Abs. 1 AKB, daß ein KH-Versicherer überhaupt nur dann eintrittspflichtig ist, wenn sich der in Rede stehende Schaden beim Gebrauch des Fahrzeugs ereignet hat. Das ist hier ausgesprochen zweifelhaft, schließlich war der Pkw des A an der Verursachung des Schadens körperlich überhaupt nicht beteiligt. Dennoch hat das OLG Hamm eine Eintrittspflicht des KH-Versicherers bejaht: Fahrzeuggebrauch liegt nicht nur vor, wenn der Schaden durch das Kfz selbst herbeigeführt worden ist, sondern auch dann, wenn der Fahrer den Schaden bei einer typischen Tätigkeit, die in den gesetzlichen oder nach der Verkehrsauffassung bestimmten Pflichtenkreis eines Kraftfahrers fällt, verursacht hat. Dies wiederum hat das Gericht angenommen, weil A Hilfe holen und die Polizei informieren wollte.

Ergebnis:
Fahrzeuggebrauch und damit eine Eintrittspflicht des KH-Versicherers ist gegeben.

An diesem Fallbeispiel läßt sich gut sehen, daß der Begriff des Gebrauchs weiter als der des Betriebs ist. Da das Fahrzeug auf der Wiese lag und damit nicht mehr als Beförderungsmittel in den Verkehr einwirkte, hat das Gericht Betrieb und damit eine Haftung aus § 7 StVG verneint. Auf der anderen Seite liegt im Versuch des A, durch sein Winken am Fahrbahnrand Hilfe zu holen eine typische Fahrerhandlung, die als Gebrauch des Fahrzeugs anzusehen ist.

21 **Nicht** unter § 10 AKB und unter den Fahrzeuggebrauch fallen solche Schäden, die nur **gelegentlich** der Benutzung des Fahrzeugs entstehen:

Schlägt ein Verkehrsteilnehmer seinen Kontrahenten im Anschluß an einen Verkehrsunfall nieder, so handelt es sich nicht um einen vom Gebrauch des Fahrzeugs erfaßten Schaden (LG Stuttgart VersR 80, 473). Gleiches würde von einem Feuerschaden gelten, der durch eine vom Fahrer aus dem Fahrzeug geworfene Zigarette entsteht. An einem inneren Zusammenhang mit dem Gebrauch eines Kfz fehlt es auch dann, wenn der Fahrer eines Taxi (VN) einen Passanten schlägt, der einen Knallkörper in eine Hofeinfahrt geworfen hat (BGH r+s 84, 181).

22 Für die Frage, ob Fahrzeuggebrauch vorliegt, spielt es keine Rolle, ob sich der Schaden auf öffentlichem oder auf privatem Gelände ereignet hat, auch im letzteren Fall kann das Fahrzeug durchaus in Gebrauch sein. Der BGH (r+s 95, 44) ist hiervon beispielsweise in einem Fall ausgegangen, in dem ein Unimog auf dem privaten Gelände einer Trabrennbahn unter Verstoß gegen die Verkehrssicherungspflicht so abgestellt wurde, daß dadurch ein Pferd zu Schaden kam. Ebenso hat der BGH schon in einer früheren Entscheidung (VersR 77, 468) Gebrauch

bejaht, als sich spielende Kinder an einem in eine private Abfallgrube geworfenen Fahrzeug verletzten.

II. Fahrzeuggebrauch – Abgrenzungskriterium der KH-Versicherung von der PHV

Die sehr zahlreichen zur Frage des „Gebrauchs" ergangenen Entscheidungen lassen sich in zwei Fallgruppen unterteilen:

– Zum einen geht es um Deckungsklagen des VN gegen seinen KH-Versicherer, wenn von letzterem Versicherungsschutz mit der Begründung verweigert wird, der Schaden sei nicht beim Gebrauch des Fahrzeugs entstanden. **23**

– Ebenso praxisrelevant sind zum anderen Deckungsklagen des VN gegen seinen **Privat**-Haftpflichtversicherer, der deswegen den Versicherungsschutz verweigert, weil sich der Schaden beim Gebrauch eines Fahrzeugs ereignet hat. Im Streit ist hier der Anwendungsbereich der großen bzw. **kleinen Kraftfahrzeug-Ausschlußklausel (Benzinklausel)** als Bestandteil der Privathaftpflichtversicherung. Diese lautet: **24**

„Nicht versichert ist die Haftpflicht des Eigentümers, Besitzers, Halters oder Führers eines Kraftfahrzeugs wegen Schäden, die durch den Gebrauch des Fahrzeugs verursacht werden."

Der Begriff des Gebrauchs wird sowohl in der KH-Versicherung (§ 10 Abs. 1 AKB) als auch in der Privat-Haftpflichtversicherung (Kleine Benzinklausel) verwandt. Der Gebrauchsbegriff ist also ein Scharnier, das diese beiden Versicherungszweige miteinander verbindet und gleichzeitig festlegt, welche von beiden Versicherungssparten zur Anwendung kommt. **25**

Zweck der Benzinklausel ist es:

– Eine Doppelversicherung des Risikos „Kfz-Gebrauch" zu vermeiden.

– Einen Deckungsanschluß zwischen Privat- und KH-Versicherung zu gewährleisten.

– Dieser Deckungsanschluß soll lückenlos sein. Gemeint ist damit, daß der VN erwarten kann, daß keine ihm nicht aufgezeigten Lücken zwischen den beiden Versicherungsarten bestehen (BGH VersR 84, 854 = r+s 894,181).

Während die ersten beiden Punkte ohne weiteres nachvollziehbar sind, bedarf die Frage, was mit dem Grundsatz der Lückenlosigkeit gemeint ist, näherer Erläuterung.

Beispiel:
Der Verlobte V der VN führte an deren Kfz Schweißarbeiten durch. Dabei kam es durch Verschulden des V zu einem Brand, die dem G gehörende Lagerhalle brannte völlig aus. Kann V die Regulierung der entstandenen Schäden von seiner privaten Haftpflichtversicherung verlangen oder ist der KH-Versicherer der VN eintrittspflichtig?

Lösung:
Versicherungsschutz aus der KH-Versicherung besteht nicht, V ist weder VN und – da er zum zum Zeitpunkt des Schweißens nicht Fahrer war – auch nicht mitversicherte Person gem. § 10 Abs. 2 AKB.

Auch an einer Eintrittspflicht der PHV könnte man zweifeln, der Brand der Lagerhalle ist schließlich Folge einer als Fahrzeuggebrauch anzusehenden Reparaturmaßnahme. Hier greift der Gedanke der Lückenlosigkeit ein: Wenn V nicht dem Schutzbereich der KH-Versicherung seiner Verlobten unterfällt, darf er eine Absicherung durch die PHV und somit auf die Lückenlosigkeit des Versicherungsschutzes vertrauen (Ausführlich hierzu unten Rdnr. 42 ff.)

26 Aus dem Gedanken der Lückenlosigkeit folgt nicht, daß der VN stets und bei jeder Schadenverursachung Versicherungsschutz genießt. Aus der Versagung des Versicherungsschutzes innerhalb der KH-Versicherung folgt nicht zwangsläufig, daß der Schaden deswegen in den Bereich der PHV fällt, weil sonst eine Deckungslücke bestehen würde. Lückenlosigkeit bedeutet nicht, daß ein der Kraftfahrzeugversicherung zuzuordnendes, dort aber ausgeschlossenes Risiko deshalb von der PHV gedeckt ist, weil nach der KH-Versicherung Deckungsschutz nicht zu erreichen ist (BGH VersR 92, 47).

Was mit dieser zunächst sehr kompliziert wirkende Aussage gemeint ist, zeigt sich anschaulich an folgendem

Fallbeispiel:
OLG Karlsruhe VersR 92, 564

Der privathaftpflichtversicherte A steuerte den Campingwagen seines Bruders B aus dem Parkhaus des Flughafens in Frankfurt. Infolge Unachtsamkeit blieb er in einer Unterführung mit dem Dach des Wagens, das dabei beschädigt wurde, hängen. Weder der KH-Versicherer des B, noch der Privathaftpflichtversicherer des A, der sich auf die kleine Benzinklausel beruft, wollen regulieren.

Lösung:
– KH-Versicherer des B:
  Zwar hat sich der Schaden eindeutig im Rahmen des Gebrauchs des Fahrzeugs (§ 10 Abs. 1 AKB) ereignet. Jedoch greift vorliegend der Risikoausschluß des § 11 Nr. 3 AKB ein. Danach sind Haftpflichtansprüche wegen Beschädigung des Fahrzeugs, auf das sich die Versicherung bezieht, vom Versicherungsschutz ausgeschlossen.

– Privathaftpflichtversicherer des A:
  Dieser beruft sich zu Recht auf die kleine Benzinklausel. Der Schaden ist beim Gebrauch des Fahrzeugs verursacht worden. Dabei spielt es keine Rolle, daß vorliegend in der KH-Versicherung keine Deckung besteht. Entscheidend für das Eingreifen der kleinen Benzinklausel ist allein, daß es sich bei dem hier entstandenen Schaden um die Verwirklichung eines Risikos handelt, das aus dem Gebrauch eines Fahrzeugs resultiert.
  Im Ergebnis besteht daher kein Versicherungsschutz – die Tatsache, daß die KH-Versicherung nicht eingreift, führt nicht automatisch und in jedem Fall zur Deckung durch die private Haftpflichtversicherung.

Einen ähnlichen Fall hat der BGH (VersR 92, 47) entschieden:

Ein 16jähriger fuhr mit einem noch nicht zugelassenen und nicht versicherten BMW, der noch im Eigentum des Herstellers stand und zur Auslieferung an einen Händler bestimmt war. Dabei beschädigte er das Fahrzeug. Der Vater des Jungen war der Meinung, seine private Haftpflichtversicherung müsse den Schaden übernehmen. Der BGH hat dem Versicherer, der sich auf die kleine Benzinklausel berief, Recht gegeben – der Schaden ist durch den Gebrauch des Fahrzeugs entstanden. Ansprüche gegen den KH-Versicherer bestanden von vornherein nicht, da das Fahrzeug nicht versichert war. Sogar, wenn dies der Fall gewesen wäre, hätten Ansprüche gegen die KH-Versicherung wegen § 11 Nr. 3 AKB – ebenso wie im obigen Fallbeispiel des OLG Karlsruhe – nicht geltend gemacht werden können. Auch hier besteht eine Situation, in welcher der VN für einen verursachten Schaden keinen Versicherungsschutz genießt – der Grundsatz der Lückenlosigkeit darf also nicht mißverstanden und überinterpretiert werden.

III. Problemfälle im Zusammenhang mit dem Fahrzeuggebrauch

1. Ein- und Aussteigen in das Fahrzeug

– Das Ein – und Aussteigen selbst gehört noch zum „Gebrauch" des Fahrzeugs **27** nach § 10 AKB. Öffnet der Fahrers eines Kfz die Tür und kommt es zu einem Zusammenstoß mit einem Radfahrer, ist der Unfall beim Gebrauch des Fahrzeugs entstanden. Auch wenn der Fahrer ausgestiegen ist und sich weiter von seinem Fahrzeug entfernt hat, z. B. um nach dem Weg zu fragen (AG Lingen ZfS 90, 420) oder einen Parkplatz zu suchen (LG Itzehoe ZfS 82, 210), ist ein dabei entstandener Schaden durch den Fahrzeuggebrauch verursacht. Zwar ist in derartigen Fällen das Kfz an der Entstehung des Unfalls nicht direkt beteiligt. Andererseits liegt im Fragen nach dem Weg eine für einen Fahrer typische Handlung vor, die so eng mit der Bedienung des Fahrzeugs zusammenhängt, daß sie sich als Gebrauch des Fahrzeugs qualifizieren läßt.

Ebenfalls eine typische Fahrerhandlung und damit dem Fahrzeuggebrauch zuzurechnen ist das Aussteigen zum Radwechsel oder der Austausch einer defekten Glühbirne (in BGH VersR 80, 39 als Beispiele aufgeführt).

Zum Gebrauch eines Fahrzeugs gehört es auch, wenn ein Kaufinteressent die Leiter eines Wohnmobils benutzt um das Fahrzeugdach zu inspizieren (OLG Hamm r+s 99,55). Trifft den Halter des Wohnmobils am Zustand der Treppe ein Verschulden und haftet er aus Verletzung der Verkehrssicherungspflicht (vom OLG Hamm in konkreten Fall verneint), müßte der KH-Versicherer eintreten.

– Nicht mehr zum Ein – und Aussteigen und damit zum Fahrzeuggebrauch **28** gehören aber solche Handlungen, die von den Aufgaben eines Kraftfahrers unabhängig sind und von anderen Verkehrsteilnehmern (Fußgänger, Radfahrer, Fahrgäste) in gleicher Weise und mit gleichem Risiko vorgenommmen werden (z. B. das Besorgen von Erfrischungen oder das Aufsuchen einer Toilette, BGH VersR 80,1039).

Fallbeispiel:

BGH VersR 80, 1039

W war Fahrer eines Schulbusses. Eines Tages hielt er auf der seinem Haus gegenüber liegenden Straßenseite an. Während zwei der Kinder, die im Bus auf der Heimfahrt von der Schule waren, rechts ausstiegen, verließ W das Fahrzeug durch die Fahrertür auf der linken Seite. Anschließend begann er, den freien Teil der Fahrbahn in Richtung auf sein Haus zu überqueren. Dabei wurde er von dem in der Gegenrichtung fahrenden, von dem Kaufmann E gesteuerten PKW erfaßt und tödlich verletzt. Im folgenden wurde nicht etwa über Schadenersatzansprüche der Erben des W gegen den E gestritten, vielmehr ging es darum, ob der KH-Versicherer des Busses verpflichtet ist, den am Fahrzeug des E entstandenen Schaden zu ersetzen.

Lösung:

Zunächst ist davon auszugehen, daß W die Straße unvorsichtig überquerte, so daß dem E Ansprüche aus § 823 BGB zustehen. Ob E diese Ansprüche auch gegen den KH -Versicherer des Busses geltend machen kann, hängt nach § 10 Abs. 1 AKB davon ab, ob der Schaden am Fahrzeug des E durch den Gebrauch des Schulbusses entstanden ist. Dies ist problematisch – schließlich war der Bus am Fahrzeugrand abgestellt und am Schadeneintritt überhaupt nicht beteiligt. In einem derartigen Fall, in dem das Fahrzeug in den Unfall überhaupt nicht involviert ist, sondern nur eine Verursachung durch den Fahrer selbst in Betracht kommt, ist diese Handlung des Fahrers nur dann als Gebrauch des Fahrzeugs anzusehen, wenn es sich um eine **typische Fahrerhandlung** handelt. Eine typische Fahrerhandlung liegt nur dann vor, wenn sie im Zusammenhang mit einer bestimmten Fahrt geschieht. Hier hatte W das Fahrzeug bereits vollständig verlassen. Der eigentliche Aussteigevorgang war beendet. Da sich nicht feststellen ließ, ob der Gang des W zu seinem Wohnhaus im Zusammenhang mit den Aufgaben eines Kraftfahrers gestanden hatte, kam der BGH zu dem Ergebnis, daß das Überqueren der Fahrbahn durch W nicht als typisch für den Gebrauch des Kfz angesehen werden konnte. In ähnlicher Weise und mit gleichem Risiko hätte auch ein Fahrgast oder ein Fußgänger die Straße überqueren können.

Im Ergebnis wurde daher die Klage des E gegen den KH-Versicherer des Busses abgewiesen.

Das LG München (VersR 61, 147) hatte einen Fall zu entscheiden, in dem der VN nach einem Reifenschaden am Motorrad 4,6 Kilometer mit einem Reifen unter dem Arm von einer Tankstelle zu seinem abgestellten Motorrad auf dem Seitenstreifen der Autobahn zurücklegt hatte. Dabei wurde der Motorradfahrer von einem PKW, der wegen ihm abbremsen mußte und ins Schleudern geriet angefahren und getötet. Ähnlich wie im vorigen Fallbeispiel (BGH VersR 80, 1039) ging es vor dem LG München um die Frage, ob der KH-Versicherer des Motorrades verpflichtet war, die am PKW entstandenen Schäden zu ersetzen. Dies hat das LG München wohl zu Unrecht verneint. Gebrauch hätte man hier deswegen bejahen können, weil der Motorradfahrer den Weg von der Tankstelle zu seinem Motorrad zurücklegte, um dieses reparieren zu können. Hierin ist aber eine typische Fahrerhandlung zu sehen (vgl. BGH VersR 80, 1039).

Nicht dem Gebrauchsrisiko eines Fahrzeugs (Taxi), sondern dem Fußgängerbereich hat der BGH (VersR 82, 281) den Fall zugerechnet, daß eine Passantin beim Überqueren der Straße verletzt wurde, als sie in ein wartendes Taxi steigen wollte. Eine Eintrittspflicht des KH-Versicheres des Taxis käme nach dem BGH nur dann in Betracht, wenn der Taxifahrer einer hilfsbedürftigen Person beim Überqueren der Straße geholfen hätte.

Fahrzeuggbrauch verneint hat auch das OLG Frankfurt (VersR 91, 458) in einem Fall, in dem sich ein Fahrer (VN) nach einem Unfall etwa 250 m von der Unfallstelle entfernt vor das herannahende Kfz des X geworfen hatte. Wegen der erheblichen Entfernung zum Unfallort verneinte das Gericht einen Zusammenhang zwischen dem Gebrauch des Fahrzeugs und dem Hineinstürzen in die Fahrbahn. Daher hatte der KH-Versicherer für die am Fahrzeug des X entstandenen Schäden nicht aufzukommen.

2. Be- und Entladen

– Das Be- und Endladen gehört nach allgemeiner Ansicht (vgl. *Stiefel/Hofmann* **29** § 10 Rdnr. 96) zum Gebrauch eines Kfz.

Auch Vorbereitungshandlungen wie das Herbeiholen von Werkzeug, Abdecken **30** von Schächten können dem Fahrzeuggebrauch zuzurechnen sein, wenn sie dem Be- und Entladen unmittelbar vorausgehen und damit in einem engen Zusammenhang stehen (*Knappmann* in *Prölss/Martin* § 10 AKB Rdnr. 10; enger *Stiefel/ Hofmann* § 10 Rdnr. 96). Beim Entladen findet der Gebrauch dann ein Ende, wenn das beförderte Gut neben dem Fahrzeug abgestellt worden ist.

Fallbeispiel:
BGH VersR 77, 419

VN F ist Frachtführer und sollte eine 630 kg schwere Betonplatte zum Transport übernehmen. Die Platte sollte mit Hilfe eines Krans der Fa. K verladen werden. Die Arbeiter der Fa K mußten die Platte zunächst mit einem Brecheisen so kippen, daß der Kran diese erfassen konnte. Als die Platte so zum Anhängen an den Kran bereitgestellt war, bekam sie ein Übergewicht und verletzte den Arbeiter L. Dieser bekam Leistungen der Berufsgenossenschaft, die wiederum aus übergegangenem Recht (§ 116 SBG X) gegen den KH-Versicherer von F Klage erhebt. Dieser verweigert die Deckung u. a. deswegen, weil der versicherte Lastwagen 40 m von der Betonplatte entfernt gewartet hatte.

Lösung:
Zwar hat sich die Verletzung des L im Rahmen der geplanten Beladung des LKW zugetragen, so daß man auf den ersten Blick an einen Fahrzeuggebrauch denken könnte. Auf der anderen Seite handelte es sich beim Anheben der Betonplatte um eine bloße Vorbereitungshandlung die dem eigentlichen Beladevorgang zeitlich und örtlich (der LKW stand 40 m entfernt) weit vorgelagert war.

Der BGH hat zur Lösung der Frage, inwieweit Schäden die durch das Hantieren mit Ladegut entstehen, noch unter den Gebrauch des Fahrzeugs zu rechnen sind, ein überzeugendes Abgrenzungskriterium gefunden:

Maßgeblich ist, ob das Transportfahrzeug an der **schadensstiftenden Verrichtung aktuell und unmittelbar, zeit- und ortsnah** beteiligt war. Dies hat der BGH vorliegend verneint. L wurde nicht durch den Gebrauch des Lastwagens – beim Beladen – sondern bereits bei dessen Vorbereitung verletzt. Bei der schadensstiftenden Verrichtung (Aufheben der Platte) war das Fahrzeug nicht eingesetzt.

Dieses Urteil des BGH ist überzeugend. Hinzu kommt die Erwägung, daß sich bei dem hier in Rede stehenden Unfall kein spezifisch vom Fahrzeug ausgehendes Risiko realisiert hat, sondern lediglich das Allgemeinrisiko, welches beim Anheben von Betonplatten generell besteht (*Wussow* VersR 96, 670).

Seit dieser Entscheidung des BGH stellt die Frage, ob das Kfz an der schadensstiftenden Verrichtung aktuell und unmittelbar, zeit- und ortsnah beteiligt war in der Rechtsprechung ein maßgebliches Kriterium für die Entscheidungsfindung dar. Das gilt nicht nur im Rahmen des Be- und Entladens, sondern in allen Fällen, in denen der Begriff des Gebrauchs geprüft werden muß (so ausdrücklich BGH VersR 80, 1039).

31 Mit der Frage, ob und in welchem Unfang der Entladevorgang noch dem Fahrzeuggebrauch zuzurechnen ist haben sich in der letzten Zeit mehrere Obergerichte befaßt. So hatte das OLG Stuttgart (r+s 95, 3) einen Fall zu entscheiden, in dem ein Schaf vor das Rennrad des Klägers sprang, wodurch dieser stürzte und sich schwer verletzte. Das Schaf war vom Hänger des VN entflohen, als dieser gerade ein zweites Schaf herausholen wollte. Das Gericht hat eine Eintrittspflicht des KH-Versicherers bejaht. Der Schaden sei beim Gebrauch des Fahrzeugs entstanden, da der Entladevorgang noch nicht beendet war. In einem von OLG Hamm (VersR 91, 625) entschiedenen Fall hatte der VN Möbel transportiert. Beim Abladen stellte er eine Schranktür gegen die Ladefläche des LKW. Nachem er die Tür wiederaufgenommen hatte, geriet er ins Stolpern und stieß den Passanten B um, der sich den Fuß brach. Das Gericht hat diese Schädigung nicht mehr dem Gebrauch des Fahrzeugs zugerechnet. Der LKW sei an der schadensstiftenden Verrichtung nicht mehr beteiligt gewesen. Der Gebrauch des Fahrzeugs finde regelmäßig dann sein Ende, wenn die Ladung das Fahrzeug verlassen hat und erstmals abgestellt wird. Vorliegend hatte sich der VN in normaler Tragehaltung, die nicht mehr durch das Abladen beeinflußt war, schon einige Meter vom LKW entfernt. Das ist nicht mehr dem Gebrauch des Fahrzeugs zuzurechnen.

Einen ähnlichen Fall hatte das OLG Köln (r+s 95, 250) zu entscheiden. Allerdings war hier eine heruntergehobene Sonnenbank noch nicht abgestellt worden, sondern dem VN nach einigen Seitwärtsschritten entglitten. Das OLG Köln entschied, daß mit dem Hinunterheben der Entladevorgang und damit der Gebrauch des Kfz abgeschlossen sei. Unerheblich sei, daß die Ladung noch nicht abgesetzt worden war. Würde man hierauf abstellen, würde ein stärkerer VN anders behandelt als der, der die Ladung erst einmal absetzen muß. Im Ergebnis führte dies dazu, daß die PHV des VN mangels Anwendbarkeit der Benzinklausel zur Übernahme des Schadens verurteilt wurde.

Verhältnismäßig häufig haben sich die Gerichte in der letzten Zeit mit der **32** Frage befassen müssen, ob Schäden durch das Wegrollen von Einkaufswagen, welche zum Be- oder Entladen eines Kfz benutzt werden, dem Fahrzeuggebrauch zuzurechnen sind. Hierzu folgendes

---

Fallbeispiel:
AG Stuttgart r+s 98, 105

Frau A hatte in einem Supermarkt eingekauft. Als sie ihren Schlüssel aus der Tasche holen wollte, rollte der vollbeladene Einkaufswagen gegen einen BMW 535 i. Am BMW entstand ein Schaden in Höhe von insgesamt DM 1956,84. Die Frage ist, ob die PHV oder die KH-Versicherung verpflichtet ist, den verursachten Schaden zu übernehmen.

Lösung:
Die Lösung des Falles ist deswegen problematisch, weil Frau A mit dem eigentlichen Beladen des Fahrzeugs noch nicht begonnen hatte. Vielmehr stellt das Abstellen des Einkaufswagens nur eine Vorbereitungshandlung für das spätere Beladen dar. Das AG Stuttgart zieht eine klare Trennungslinie: War das Fahrzeug beim Abstellen des Einkaufswagens schon geöffnet, liegt Fahrzeuggebrauch vor. Andernfalls handelt es sich um eine bloße Vorbereitungstätigkeit zum Beladen des Fahrzeugs, die noch nicht als Gebrauch anzusehen ist. Daher war im vorliegenden Fall nach Ansicht des Gerichts die private Haftpflichtversicherung eintrittspflichtig, die Fahrzeugtür war noch nicht geöffnet.

Die Ansicht des AG Stuttgart ist überzeugend: Geht man nämlich mit dem BGH (VersR 77, 419, voriges Fallbeispiel) davon aus, daß das Fahrzeug nur dann in Gebrauch ist, wenn es an der schadenstiftenden Verrichtung aktuell, zeit- und ortsnah eingesetzt wird, spricht viel dafür, diesen Zeitpunkt erst mit dem Öffnen des Fahrzeugs beginnen zu lassen.

---

33 Ebenso hat das LG Limburg (NJW – RR 94, 486) Fahrzeuggebrauch für den Fall verneint, daß der VN gerade dabei war, den Fahrzeugschlüssel zu suchen, als der Einkaufswagen wegrollte. War dagegen der Kofferraum geöffnet, ist der Schaden beim Beladen des Fahrzeugs und damit bei dessen Gebrauch eingetreten (so auch AG Bamberg VersR 92, 1460). Nach dem LG Aachen (r+s 90, 188) gilt dies auch beim Wegrollen während unmittelbarer Vorbereitungstätigkeiten zum Beladen, z. B. Umladen von Gegenständen in den Kofferraum, um für die eingekauften Waren Platz zu schaffen. Auch diese Entscheidung hebt zu Recht darauf ab, daß Kofferraumdeckel und Beifahrertür bereits geöffnet waren, als der Einkkaufswagen wegrollte.

34 Rollt der Einkaufswagen erst nach Ende des Beladevorgangs weg, geschieht dies nicht mehr im Rahmen des Gebrauchs des Kfz. Ein Ende des Beladevorgangs ist anzunehmen, wenn Türen und Kofferraum des Fahrzeugs wieder geschlossen sind (AG Lünen NJW – RR 94,26). Auf einer anderen als der hier vorgeschlagenen Linie liegt eine Entscheidung des AG Unna (r+s 95, 251). Danach soll der Beladevorgang bereits bei Vorbereitungshandlungen beginnen. Ausreichend sei, daß die betreffende Person sich anschicke, das Fahrzeug zum Zweck des Beladens zu öffnen. Dabei komme es nicht darauf an, ob der Schlüssel schon ins Türschloß gesteckt war oder nicht. Auch nach *Wussow* (VersR 96, 668, 671) können derartige Vorbereitungshandlungen zum Gebrauch des Fahrzeugs zählen – maßgeblich sei, ob der entstandene Schaden in einem inneren Zusammenhang mit dem Schutzbereich der Kraftfahrt-Haftpflichtversicherung stehe. Gegen diese Ansicht spricht, daß sie zu sehr auf den Einzelfall abhebt, keine klare Trennungslinie aufzeigen kann und darüber hinaus zu Unrecht davon ausgeht, daß das Fahrzeug an der Entstehung des Schadens zeit- und ortsnah beteiligt ist.

35 Eindeutig ist ein Fahrzeuggebrauch dann zu verneinen, wenn der Kunde auf dem Hin- oder Rückweg vom Fahrzeug zum Supermarkt Schäden verursacht – hier kann nicht mehr von einem Be- oder Entladen gesprochen werden (*Wussow* VersR 96, 671).

36 Eine sehr enge Auslegung des Gebrauchsbegriffs nehmen das LG Marburg (NJW – RR 94, 221) und das AG Bad Homburg (NJW – RR 92, 538) vor und verneinen bei einer Schadenverursachung durch einen Einkaufswagen Fahrzeuggebrauch grundsätzlich deswegen, weil sich insoweit nicht eine typische, vom Kraftfahrzeug unmittelbar ausgehende Gefahr realisiere. Zudem sei das Verladen von Einkäufen nicht als typische Fahrerhandlung anzusehen, das Einladen könne auch durch andere Personen (z. B. Beifahrer) vorgenommen werden. Diese Auffassung überzeugt nicht – so gesehen wäre der Beladevorgang nie unter den Gebrauch zu fassen, weil er immer durch andere Personen als den Fahrer vorgenommen werden könnte. Ebenso wie das Auswechseln einer Glühbirne oder eines Rades (BGH VersR 80, 1039) ist das Beladen eines Fahrzeugs eine typische Fahrerhandlung – auch wenn sie theoretisch von einem Dritten vorgenommen werden könnte.

3. Beseitigen von Hindernissen

Zunächst ist hier an Fälle zu denken, in denen der Fahrer ein auf der Straße lie- **37** gendes Hindernis (heruntergefallene Ladung eines LKW, Baumstamm etc.) entfernen will und es dabei zum Unfall mit einem anderen Fahrzeug kommt. In derartigen Fällen wird davon auszugehen sein, daß der Schaden durch den Gebrauch des Fahrzeugs entstanden ist. Schließlich gehört es zum speziellen Aufgabenbereich des Fahrzeugführers, Hindernisse zu beseitigen, die einer Weiterfahrt entgegenstehen (*Wussow* VersR 96, 668, 671).

Das gilt auch dann, wenn das Hindernis beseitigt wird, um die Fahrt überhaupt beginnen zu können.

Fallbeispiel:
OLG Hamm VersR 93, 1175 (LS) – ZfS 93, 196

Versicherungsnehmer S wollte nach dem Besuch einer Diskothek um 2.00 Uhr nachts seine Freundin nach Hause bringen. Jedoch mußte er feststellen, daß sein PKW von zwei anderen Fahrzeugen eingeklemmt war. Daraufhin hob S das hinter ihm stehende Fahrzeug zunächst an der einen, dann an der anderen Seite jeweils am hinteren Kotflügel hoch und verschob es durch Druck mit dem Gesäß. Zwar gelang es S, auf diese Weise die Parklücke zu vergrößern, jedoch entstanden durch seinen Kraftakt Schäden am hinteren Teil der Seitenwände des hochgehobenen Fahrzeugs. S meint, sein KH-Versicherer sei verpflichtet, die erforderlichen Reparaturkosten zu übernehmen.

Lösung:
Eine Haftung des S aus § 823 BGB ist ohne weiteres zu bejahen. Schwieriger zu beantworten ist die Frage, ob der KH-Versicherer des S hierfür eintrittspflichtig ist. Voraussetzung dazu wäre, daß das Hochheben des die Wegfahrt behindernden PKW dem Gebrauch des eingeklemmten (versicherten) Fahrzeugs zuzurechnen ist. Das Gericht hat diese Frage bejaht – obwohl das versicherte Fahrzeug selbst unmittelbar an der Schadensstiftung nicht beteiligt war. Da vom Versicherungsschutz die typische, vom Gebrauch des Kfz ausgehende Gefahr umfaßt werden soll, können auch vom PKW selbst losgelöste Handlungen des Fahrers dem Gebrauch hinzugerechnet werden, wenn hierbei **typische Fahrerhandlungen** vorliegen. Eine solche liegt vor, wenn sie in den gesetzlichen oder durch die Verkehrsauffassung bestimmten Aufgabenkreis eines Kraftfahrers fällt und im Zusammenhang mit einer bestimmten Fahrt geschieht (so schon BGH VersR 80, 1039, 1040). Im Streitfall hat das Gericht eine derartige typische Fahrerhandlung bejaht. S hat, um überhaupt losfahren zu können, das hinter seinem Wagen parkende Fahrzeug angehoben und weggeschoben, um auf diese Weise die Parklücke zu vergrößern. Das Beseitigen von Hindernissen, die den mit dem Fahrzeug beabsichtigten Weg versperren, gehört nach der Verkehrsauffassung zum Aufgabenkreis eines Fahrzeugführers

und ist deshalb dem Gebrauch des Fahrzeugs zuzurechnen. Daher war der KH-Versicherer des S verpflichtet, den von diesem verursachten Schaden zu regulieren.

Ebenso: AG Braunschweig VersR 94, 208; a. A. AG Bersenbrück VersR 92, 308 mit kritischer Anm. von *Schmalzel*; ebenfalls kritisch zu dieser Entscheidung *Wussow* VersR 96, 671.

38   Auf der Linie des AG Bersenbrück bewegt sich allerdings auch das AG Köln (VersR 93, 1006). Der spätere Kläger hatte sein Motorrad vor seinem Wohnhaus zerlegt. Da es zu regnen begann, gestattete ihm ein Nachbar für die weiteren Arbeiten seine Garage zu benutzen. Als der Kläger dann später das Motorrad heraussetzen wollte, hatte der Nachbar inzwischen seinen PKW in die Garage gestellt. Dieser war dem Kläger beim Heraussetzen des Motorrads hinderlich, deshalb schob er ihn heraus. Dabei streifte der PKW das Garagentor und wurde beschädigt. Das AG Köln hat der Klage gegen die PHV stattgegeben und Fahrzeuggebrauch verneint – das Hinausschieben des PKW aus der Garage sei keine typische Handlung, die in den Aufgabenkreis eines Motorradfahrers fällt (zustimmend *Wussow* aaO., 672). Überzeugend ist diese Auffassung nicht – wie im obigen Beispielsfall ging es darum, ein Hindernis zu beseitigen um das eigene Fahrzeug benutzen zu können. Genau hierin liegt aber eine typische Fahrerhandlung, auch im Fall des AG Köln ist davon auszugehen, daß der Schaden durch den Gebrauch des Motorrads entstanden ist. Ebenso für den Fall, daß ein Schaden beim Schieben eines defekten, nicht zugelassenen Leichtkraftrades entsteht LG Frankfurt ZfS 91, 280.

39   Eine Schadensentstehung durch den Gebrauch des Fahrzeugs dürfte auch dann vorliegen, wenn ein Fahrzeugführer mit seinem Fahrzeug nach Hause fährt, aus weiter Entfernung das elektrische Garagentor öffnet und dabei ein vor der Garage abgestelltes PKW beschädigt wird (Beispiel nach *Wussow* aaO.). Auch hier realisiert sich das typische Risiko des Fahrzeuggebrauchs.

4. Reparatur

40   Reparaturarbeiten gehören grundsätzlich zum Gebrauch eines Fahrzeugs, da sich hierbei die besonderen Gefahren eines Kfz auswirken können. Entsteht bei der Duchführung der Reparatur ein Schaden, ist hierfür der KH-Versicherer eintrittspflichtig.

So hat das AG Hamburg-Altona (ZfS 89, 424) Fahrzeuggebrauch in einem Fall bejaht, in dem der VN eine Schraube an seinem Dachgepäckträger herausmeißeln wollte und dabei durch Splitter ein herankommendes Kfz beschädigte. Werden vom VN Reifen vom Fahrzeug eines Dritten abmontiert, um sie sogleich am eigenen Fahrzeug aufzumontieren, so sind Schäden, die beim Abmontieren am Kfz des Dritten entstehen, dem Gebrauch des Fahrzeugs des VN zuzurechnen (AG Koblenz, VersR 91, 653). Das gilt auch bei einem Brandschaden, der aufgrund von Benzindämpfen aus einem in der Reparatur befindlichen Fahrzeug entsteht (OLG Schleswig r+s 94, 90).

Sehr häufig haben sich die Gerichte mit der Frage zu befassen, ob beim **41** Schweißen eines Kfz entstandene Schäden dem Fahrzeuggebrauch zuzurechnen sind.

Fallbeispiel:
OLG Hamm r+s 93, 127

A führt in einer Frau F gehörenden Werkshalle Schweißarbeiten an seinem Opel Ascona durch, um diesen durch den TÜV bringen zu können. Weil er dies nicht vorschriftsmäßig tut, gerät die Werkshalle in Brand. Die Gebäudeversicherung von Frau F reguliert den Brandschaden mit 30 000 DM. Diesen Betrag verlangt sie aus übergegangenem Recht vom KH-Versicherer des A ersetzt.

Lösung:
Die Gebäudeversicherung könnte aus den übergegangenen (§ 67 VVG) Ansprüchen der Frau F dann Zahlung vom KH-Versicherer verlangen, wenn es sich bei den Schweißarbeiten um einen Gebrauch des Fahrzeugs gehandelt hat. Dies wird von Rechtsprechung (BGH VersR 88, 1284; OLG München VersR 86,196) und Literatur (*Hofmann* NversZ 98, 57 m.w.N) nahezu einhellig bejaht (offengelassen von OLG Stuttgart, VersR 88, 707), da sich beim Schweißen die besonderen Gefahren des Kfz auswirken können. Folglich ist der Brandschaden an der Werkshalle durch einen Gebrauch des Fahrzeugs eingetreten, so daß eine Einstandspflicht des KH-Versicherers gegeben ist.

Zu betonen ist, daß in diesem Fallbeispiel der Schweißende gleichzeitig KH – **42** VN war. Ist das nicht der Fall ist zunächst zu prüfen, ob der Schweißende als mitversicherte Person nach § 10 Abs. 2 AKB (Halter, Eigentümer, Fahrer) unter den Schutzbereich der KH-Versicherung fällt. Wenn dies nicht der Fall ist muß geprüft werden, ob Versicherungsschutz aus der PHV besteht. Hierzu folgendes

---

Fallbeispiel:
OLG Nürnberg r+s 89, 354; OLG Celle VersR 91, 216

Der Verlobte der VN, ein Student der Maschinenbautechnik, führte auf deren Bitten Schweißarbeiten am Fahrzeug durch, um das Fahrzeug für die TÜV-Abnahme vorzubereiten.

Dabei geriet zuerst das Fahrzeug und dann die Werkshalle in Brand, es entstand ein Gesamtschaden von über 100 000 DM.

Die PHV des Verlobten berief sich auf die Benzinklausel, die KH-Versicherung der VN hielt sich ebenfalls nicht für eintrittspflichtig, da V nicht zu dem Kreis der mitversicherten Personen gem. § 10 Abs. 2 AKB gehöre.

Lösung:

Geht man davon aus, daß es sich beim Schweißen des Fahrzeugs als einer Reparaturmaßnahme um Fahrzeuggebrauch handelt, so liegt es nahe, zunächst an eine Eintrittspflicht des KH-Versicherers zu denken. Allerdings besteht im Vergleich zum obigen Fallbeispiel (OLG Hamm r+s 93, 127) die Besonderheit, daß nicht der VN selbst den Schaden verursacht hat. Zwar genießen in der KH-Versicherung über den VN hinaus weitere, in § 10 Abs. 2 AKB aufgezählte sog. mitversicherte Personen Versicherungsschutz (im Einzelnen zum Kreis der mitversicherten Personen unten Rdnr. 60 ff.). Hierunter fallen insbesondere der Halter, der Eigentümer und der Fahres des versicherten Fahrzeugs. Da V zum Zeitpunkt der Verursachung des Schadens (Schweißen) das Fahrzeug nicht gefahren hat, ist er nicht als Fahrer anzusehen. Daher ist er keine mitversicherte Person gem. § 10 Abs. 2 AKB und genießt keinen Versicherungsschutz aus der KH-Versicherung.

Zu prüfen ist daher, ob eine Eintrittspflicht des Privat-Haftpflichtversicherers des Verlobten in Betracht kommt. Das könnte hier an der kleinen Benzinklausel scheitern, den nach dieser ist nicht versichert die Haftpflicht „des Eigentümers, Besitzers, Halters oder Führers" eines Kfz wegen Schäden, die durch den Gebrauch des Fahrzeugs verursacht werden.

V war weder Eigentümer noch Halter, auch Fahrer war er zum Zeitpunkt der Schadensverursachung nicht. Die kleine Benzinklausel könnte daher nur dann zu Lasten des V eingreifen, wenn dieser als Besitzer des Fahrzeugs anzusehen wäre. Das haben sowohl das OLG Nürnberg als auch das OLG Celle verneint: Nach dem OLG Nürnberg fehlt es bereits an der für Besitz erforderlichen Sachherrschaft des V bzw. an dessen Willen, überhaupt Besitzer zu sein. Nach dem OLG Celle ist V deswegen nicht als Besitzer anzusehen, weil ihm der Besitz nicht zur Benutzung des Fahrzeugs, sondern nur zur Durchführung der Reparatur eingeräumt worden sei, dabei sei die Fahrzeugeigenschaft des Reparaturgegenstandes für V ohne jeglichen Belang gewesen. In diesem Sinn müsse die kleine Benzinklausel einschränkend ausgelegt werden, ihr Anwendungsbereich sei auf den von § 10 AKB erfaßten Gefahrbereich beschränkt. Anders ausgedrückt: § 10 Abs. 1 AKB und die kleine Benzinklausel sind so aufeinander bezogen, daß nur der, der auf der einen Seite in der KH-Versicherung mitversichert ist, auf der anderen Seite durch die Benzinklausel keinen Versicherungsschutz in der PHV genießen soll.

 Hier kommt der vom BGH (VersR 89, 243; VersR 90, 482) entwickelte Gedanke der Lückenlosigkeit des Versicherungsschutzes zwischen der Privat- und der KH-Versicherung zum Ausdruck: Wer (weil er keine mitversicherte Person ist) nicht unter den Schutzbereich der KH-Versicherung fällt, darf erwarten, daß er den Schutz seiner privaten Haftpflichtversicherung genießt. Ebenso OLG Hamm (VersR 89, 696; NJW – RR 93,537; OLG Köln r+s 93, 127)

Ergebnis:

V ist nicht als Besitzer des Kfz anzusehen, so daß sich die PHV nicht auf die kleine Benzinklausel berufen kann.

Der Gedanke der Lückenlosigkeit kommt hier zur Anwendung, weil andernfalls eine letztlich **ungewollte** Lücke im Versicherungsschutz bestehen würde. Gerade hierin liegt der Unterschied zu den oben Rdnr. 25 ff. geschilderten Fällen des BGH (VersR 92, 47) und des OLG Karlsruhe (VersR 92, 564). Dort war der jeweilige Schädiger als Fahrer in der KH-Versicherung mitversichert. Allerdings griffen Risikoausschlüsse ein – und damit vom Versicherer **gewollte**, planmäßige Einschränkungen des Versicherungsschutzes, die nicht als unbillige und ungewollte Lücken im Versicherungsschutz anzusehen sind.

Diese Rechtsprechung ist von *Hofmann* (NVersZ 98, 54 ff) und *Schug* (VersR **43** 98, 818) kritisiert worden. Der verständige VN könne den Bedingungen ohne weiteres entnehmen, daß der Personenkreis der nach § 10 Abs. 2 AKB Mitversicherten (u. a. Fahrer, Halter, Eigentümer) sich nicht vollständig mit dem von der kleinen Benzinklausel Betroffenen deckt (Eigentümer, Halter, Fahrer aber auch Besitzer). Diese Ansicht ist aber nicht überzeugend: Auch wenn die Frage nach dem durchschnittlichen VN noch immer zu den ungelösten Rätseln des Versicherungsrechts gehört, dürften die Erwartungen an die interpretatorischen Fähigkeiten von Versicherungsnehmern hier zu hoch geschraubt sein – dies gilt um so mehr, als in beiden Klauseln auf die jeweils andere überhaupt nicht Bezug genommen wird. Vor diesem Hintergrund wirkt die enge Auslegung des Begriffs des Besitzers in der kleinen Benzinklausel überzeugend. Hierfür spricht auch, daß Risikoausschlüsse nach der Rechtsprechung (BGH r+s 95, 45) eng und nicht weiter auszulegen sind, als es der Sinn unter Beachtung des erkennbaren wirtschaftlichen Zwecks erfordert. Nimmt man den Zweck der Lückenlosigkeit ernst, so ist eine enge Auslegung des Begriffs des Besitzers geboten. Auch der Zweck, Doppelversicherungen zu vermeiden, wird nicht tangiert: aus der Kraftfahrt-Haftpflichtversicherung erlangt der Besitzer ja gerade keinen Versicherungsschutz.

Erwähnenswert sind noch zwei Urteile des BGH (VersR 89, 243; VersR 90, **44** 482), die allerdings eine sehr spezifische Fallkonstellation betrafen: Das zu schweißende Fahrzeug war mehr als ein Jahr stillgelegt, also endgültig aus dem Verkehr gezogen, § 27 Abs. 6 S. 2 StVZO. In diesem Fall war das Kfz vor der Wiederzulassung in der Kraftfahrtversicherung überhaupt nicht versicherbar (§ 5 Abs. 6 AKB und Nr. 29 der Tarifbestimmungen für die Kraftfahrzeug-Haftpflichtversicherung). Wegen des schutzwürdigen Vertrauens des VN auf einen lückenlosen Deckungsschutz greift nach Ansicht des BGH die kleine Benzinklausel überhaupt nicht ein. *Hofmann* (NVersZ 98, 56) kritisiert diese Entscheidungen – die aber wie gesagt nur einen Sonderfall betreffen – zu Recht: Entscheidend muß stets sein, ob abstrakt das typische Kfz-Risiko vorliegt. Darauf, ob im konkreten Fall Deckungsschutz gegeben war, kann es nicht ankommen – andernfalls wäre es in das

Belieben des VN gestellt, ob er eine Kraftfahrtversicherung abschließt oder nicht (weiter hierzu OLG Schleswig r+s 94, 90 und *Hoegen* VersR 87, 221).

Einzelfälle:

45 Bejaht wurde bei Reparaturen ein Fahrzeuggebrauch in folgenden Fällen:

LG Kiel ZfS 84, 259: Ein Benutzer beschädigte durch Nichteinziehen der Antenne die automatische Waschanlage

LG Hamburg VersR 88, 260: Der VN zog, weil er Strom benötigte, um sein Auto per Hochdruckreiniger waschen zu können, den Stecker der Tiefkühltruhe einer Konditorei heraus. Kuchen im Wert von 1100 DM wurde zerstört. Waschen gehört zum Gebrauch des Fahrzeugs, so daß der KH-Versicherer den Wert des Kuchens ersetzen mußte.

BGH VersR 80, 1039: Fahrzeugwäsche

46 Verneint wurde im Zusammenhang mit Reparaturen ein Fahrzeuggebrauch in folgenden Fällen:

LG Karlsruhe r+s 90, 334: Der VN stieß eine anläßlich einer Reparatur verwendete Lampe um und beschädigte dadurch das benachbarte Fahrzeug. Der Schaden ist nach dem LG Karlsruhe nicht durch den Gebrauch des Fahrzeugs entstanden, weil sich hier die besondere, von einem Kfz ausgehende Gefährdung gerade nicht verwirklicht hat – das Fahrzeug selbst war an dem schadenstiftenden Kausalverlauf nicht beteiligt.

LG Augsburg Zfs 85, 281: Bei einem Brandschaden durch einen Heizlüfter, dessen Betrieb für die Reparatur nicht erforderlich war, sondern nur das Arbeiten angenehmer machen sollte, ist das Fahrzeug selbst an der Entstehung des Schadens nicht beteiligt

LG Köln Zfs 83, 119: Kein Gebrauch beim Sprühlackieren eines PKW, wenn das Kfz des Nachbarn durch den Farbnebel beschädigt wird. Das Fahrzeug müsse für die schadensstiftende Verrichtung aktuell, unmittelbar, zeitlich und örtlich nahe eingesetzt werden. Vorliegend habe sich nicht die von dem Fahrzeug, sondern die von dem Sprühgerät ausgehende Gefahr verwirklicht (fraglich).

OLG Hamm VersR 88, 732 = r+s 87, 213: Ein durch den Gebrauch des Fahrzeugs verursachter Schaden liegt nicht vor, wenn drei Stunden nach der Wäsche eines Fahrzeugs durch das gefrorene Waschwasser ein Unfall passiert. Weder sei hier von einem adäquaten Ursachenzusammenhang auszugehen, noch sei das Fahrzeug aktuell und unmittelbar zeit- und ortsnah beteiligt gewesen.

LG Bielefeld VersR 89, 246: Das Ausschlachten eines stillgelegten Schrottfahrzeugs gehört nicht mehr zum Gebrauch des Fahrzeugs

5. Einsatz des Fahrzeugs als Arbeitsmaschine

47 Bei selbstfahrenden Arbeitsmaschinen (z. B. Autokran, Tank- und Kesselwagen) fällt nicht nur die Beförderung, sondern auch die mit der **Arbeitsleistung** verbundene Gefahr unter den Fahrzeuggebrauch i. S. der AKB

Fallbeispiel:
OLG Frankfurt r+s 97, 141 = VersR 96, 1403

Die Firma W betreibt ein Kraftwerk. Zur Errichtung einer neuen Entstickungsanlage mußte auf dem Betriebsgelände ein Stahlgerüst aufgebaut werden. Hierzu war ein Autokran erforderlich, diesen mietete W samt Kranführer S von der Firma R. Beim Umsetzen des Krans von einer Einsatzstelle zur nächsten kam es am Schadenstag zu einem Bedienungsfehler des eigentlich sehr erfahrenen Kranführers S, der nach dem Rangieren des Krans in die neue Position lediglich drei der vier Schiebeholme der Abstützung ausrichtete. Dadurch stürzte der 200 t schwere Kran um, riß ein 1000 t schweres Kalksilo aus der Verankerung und beschädigte Gebäude und Hochspannungsaggregate. Insgesamt verlangt W von R Schadenersatz in Höhe von 2 698 000 DM. Ist hierfür der KH-Versicherer von R eintrittspflichtig?

Lösung:
Eine Eintrittspflicht des KH-Versicherers ist in zwei Schritten zu prüfen. Zunächst ist zu fragen, ob der VN (R) oder eine mitversicherte Person (S als Fahrer, § 10 Abs. 2 c AKB) gegenüber dem Geschädigten haftpflichtig ist.

Wie im Regelfall kommen auch hier insbesondere zwei Vorschriften in Betracht:

Zum einen könnte sich eine Haftung der R aus § 7 StVG ergeben, da sie Halterin des Krans ist. Zum anderen könnte gegen S ein Anspruch aus § 823 BGB bestehen.

Nach diesen haftungsrechtlichen Überlegungen ist in einem zweiten Schritt die deckungsrechtliche Seite zu betrachten. Eintrittspflichtig ist der Versicherer gem. § 10 Abs. 1 AKB dann, wenn der in Rede stehende Schaden beim Gebrauch des versicherten Fahrzeugs entstanden ist.

– Haftungsrechtliche Seite
  • Auf der haftungsrechtlichen Seite könnte zunächst ein Anspruch von W gegen R aus § 7 StVG in Betracht kommen. Nach dieser Vorschrift haftet der Halter für alle beim Betrieb seines Fahrzeugs entstandenen Schäden, ein Verschulden ist nicht erforderlich (Gefährdungshaftung). Problematisch ist, ob die durch den Kran verursachten Schäden „beim Betrieb" des Krans entstanden sind – schließlich war dieser zum Zeitpunkt des Umstürzens überhaupt nicht in Bewegung, sondern ortsfest als Maschine und nicht als Verkehrsmittel eingesetzt.

    Die Frage, wann ein Fahrzeug „im Betrieb" ist, wird vom BGH (VersR 75, 945) nach der sog. „verkehrstechnischen Auffassung" beantwortet. Danach sind alle Fahrzeuge in Betrieb, die sich
    – im öffentlichen Verkehrsraum bewegen oder
    – in verkehrsbeeinflussender Weise darin ruhen.
    Diese Voraussetzungen sind hier nicht gegeben. Von dem ortsfest ope-

rierenden Kran sind keine Auswirkungen auf den Straßenverkehr ausgegangen. Beim Baustelleneinsatz von Autokranen realisiert sich daher nicht das typische Verkehrsrisiko eines Fahrzeugs als Verkehrsmittel, sondern das Betriebsrisiko der „Arbeitsmaschine" Kran. Dies eröffnet aber gerade nicht den Anwendungsbereich der Gefährdungshaftung nach § 7 StVG. (Ausführlich hierzu *Saller* und *Winter*, Haftung und Versicherung beim Autokranunfall VersR 97, 1191 ff und 1459 ff.; eingehend zu § 7 StVG mit instruktiven Beispielen *Schug* VersR 98, 819).

– Zu prüfen ist nunmehr ein Anspruch von W gegen den Kranführer S aus § 823 Abs. 1 BGB. Dabei kommt es insbesondere darauf an, ob dem S ein Verschulden zu Last gelegt werden kann. Das ist hier der Fall, S hat es schuldhaft (nämlich mindestens leicht fahrlässig) unterlassen, eine exakte Kontrolle der Stützholme vorzunehmen. Hierdurch ist der Kran umgestürzt und das Eigentum von W beschädigt worden.

– Deckungsrechtliche Seite

Der KH-Versicherer des R bzw. des S (der gem. § 10 Abs. 2 c AKB mitversichert ist) wäre für den Schaden dann eintrittspflichtig, wenn sich dieser beim „Gebrauch" des Fahrzeugs gem. § 10 Abs. 1 AKB ereignet hätte. Zum Gebrauch zählt jeder Vorgang und jede Handlung, die mit dem Verwendungszweck des Fahrzeugs zeitlich und örtlich in unmittelbarem Zusammenhang steht. Bei selbstfahrenden Arbeitsmaschinen fallen nicht nur die mit der Beförderung, sondern auch die mit der Arbeitsleistung verbundenen Gefahren unter das besondere Kfz-Risiko. Gebrauch eines Fahrzeugs liegt also nicht nur dann vor, wenn es bewegt wird, sondern auch dann, wenn die für das **Fahrzeug typischen Funktionen** in Tätigkeit gesetzt werden. Das ist bei einem Kran das Anheben der Ladung (hierzu auch BGH VersR 66, 354). Dabei kommt es nicht darauf an, ob der Kran im Moment des Schadeneintritts bewegt wurde oder ob er stand.

Für dieses weite Verständnis des Begriffs „Gebrauch" spricht, daß der Versicherte erwartet und auch erwarten darf, daß durch die KH-Versicherung gewährleistet wird, daß er selbst nicht mit Haftpflichtansprüchen belastet wird – woraus diese Ansprüche auch immer resultieren können.

Ergebnis:

Gemäß § 10 Abs. 1 AKB ist der KH-Versicherer für den entstandenen Schaden eintrittspflichtig.

Einen ähnlichen Fall hatte der BGH (VersR 80, 177) bereits vor etlichen Jahren zu entscheiden: Ein Kran hatte eine Baukonstruktion zum Einsturz gebracht, der betrunkene Kranführer stieß mit dem Ausleger gegen die Verankerung. Der BGH hielt den KH-Versicherer des Krans für eintrittspflichtig, da sich der Unfall bei dessen Gebrauch ereignet habe.

Auf der Grundlage der geschilderten Entscheidung des BGH ging das OLG Hamm (r+s 91, 218) von Fahrzeuggebrauch aus, als ein auf einem LKW montiertes Hubgestänge beim Anbringen der Anzeigentafel einer Tankstelle einen Schaden verursachte.

Stets muß gefragt werden, ob das versicherte Kfz selbst als Arbeitsmaschine tätig **48** ist und den Schaden hervorgerufen hat. Eine Haftung des KH-Versicherers hat der BGH (r+s 94, 2) in einem Fall verneint, in dem ein von einem Traktor angetriebenes und von diesem gezogenes landwirtschaftliches Spritzgerät in Folge eines Defekts des Reinigungsmechanismus des Spritzgeräts Gurken im Wert von 24 000 DM verätzte. Die Fehlerursache lag hier im Bereich der Spritze. Diese ist – anders als bei Silo und Tankfahrzeugen – kein auf Dauer fest installierter Aufbau des Fahrzeugs. Die Spritze kann wie andere Geräte (z. B. eine Erntemaschine) je nach Bedarf ausgetauscht werden. Es kommt nach dem BGH hier darauf an, ob ein durch einen Traktor in Betrieb gesetztes Gerät selbst fehlerhaft ist, oder ob die Zugmaschine nicht richtig funktioniert. Nur im letztgenannten Fall wäre der Schaden beim Gebrauch des Traktors entstanden. Im vorliegenden Fall war demgemäß der KH-Versicherer nicht eintrittspflichtig – der Schaden ist nicht beim Gebrauch des Traktors entstanden.

6. Be- und Entladen von Tankfahrzeugen

Vorbemerkung: Läuft beim Befüllen eines Öltanks Öl aus und wird dabei Erd **49** reich verunreinigt, kommen **haftungsrechtlich** als Anspruchsgrundlage des Geschädigten folgende Vorschriften in Betracht:

– § 823 BGB. Hiermit können Ansprüche des Geschädigten gegen den Entla **50** denden (Fahrer) selbst geltend gemacht werden. Voraussetzung ist allerdings ein Verschulden des Abladenden.

– § 7 StVG. Die hier geregelte verschuldensunabhängige Gefährdungshaftung **51** erfaßt alle „beim Betrieb" eines Fahrzeugs entstandenen Schäden und richtet sich gegen den Fahrzeughalter. Als „beim Betrieb" des Fahrzeugs verursacht gelten aber nicht solche Schäden, die durch den Einsatz eines Fahrzeugs als reine „Arbeitsmaschine", etwa als Pumpe entstanden sind. Betrieb i. S. des § 7 StVG wird nur angenommen, wenn ein Zusammenhang mit der Funktion des Fahrzeugs als Beförderungsmittel gegeben ist.

– § 831 BGB. Hat der Eigentümer oder Halter des LKW eine Person als „Ver **52** richtungsgehilfen" bestellt (ein Fahrer ist als Verrichtungsgehilfe anzusehen), haftet er für die von diesem verursachten Schäden. Dies gilt allerdings nicht, falls ein Entlastungsbeweis gem. § 831 S. 2 BGB (ordnungsgemäße Auswahl und Überwachung) angetreten werden kann.

– § 22 II WHG. Danach ist der Inhaber einer Anlage, die zur Lagerung oder **53** Beförderung von Stoffen bestimmt ist, zum Schadenersatz verpflichtet, wenn derartige Stoffe in ein Gewässer gelangen (Gefährdungshaftung). Im Einzelfall ist hier zu prüfen, ob der (Öl)Austritt der Anlage Tankwagen oder der Anlage (Heizöl)Tank zuzurechnen ist.

– Positive Vertragsverletzung (pVV). Auch dieser vertragliche Anspruch wegen **54**

§ 280

Verletzung einer Nebenpflicht (z. B. unterlassse Kontrolle der Tankvorrichtung durch den Fahrer) ist eine gesetzliche Haftpflichtbestimmung privatrechtlichen Inhalts i. S. d. § 10 Abs. 1 AKB. Sie richtet sich gegen den Vertagspartner des Geschädigten (Ölhändler), der sich ein etwaiges Verschulden des Fahrers gem. § 278 BGB zurechnen lassen muß.

55   Greift mindestens eine der genannten Anspruchsgrundlagen ein, so stellt sich **deckungsrechtlich** das Problem, ob ein Gebrauch des Fahrzeugs auch dann vorliegt, wenn dieses nur als „Arbeitsmaschine", etwa als Pumpe beim Befüllen eines Tanks eingesetzt wird.

Fallbeispiel:

OLG Köln r+s 94, 43

Beim Einfüllen von Heizöl in die Tankanlage der Kläger löste sich der Einfüllstutzen mit dem daran befestigten Schlauch des Tankwagens von dem Zuleitungsrohr der Tankanlage und „kam aus der Wand". Durch das auslaufende Öl entstand ein Schaden von rund 80 000 DM.

Das Fahrzeug war von dem Angestellten A des Ölhändlers H eigenmächtig für Heizölgeschäfte auf eigene Rechnung benutzt worden.

Die Kläger verklagen den Ölhändler als Halter, den Fahrer, weil dieser (was zutrifft) Kontrollpflichten verletzt habe und den Kraftfahrt-Haftpflichtversicherer des Tankwagens.

Lösung:

Haftungsrechtliche Vorbemerkung:

Ansprüche gegen den Händler als Halter gem. § 7 StVG scheiden aus, beim Einsatz eines LKW als Arbeitsmaschine liegt kein Betrieb i. S. d. § 7 StVG vor. Da A eigenmächtig gehandelt hat und nicht von H beauftragt war, haftet H auch nicht für A als Verrichtungsgehilfen i. S. des § 831 BGB.

Ansprüche gegen H nach § 22 II WHG scheiden ebenfalls aus, der Fehler trat an der „Anlage" Heizöltank auf und ist somit den Klägern als dessen Eigentümer zuzurechnen.

Erfolgreich konnten sich die Kläger aber auf § 823 BGB, gerichtet gegen A, stützen.

Deckungsrechtlich stellte sich die Frage, ob KH-Versicherer eintrittspflichtig war.

– A war mitversicherte Person gem. § 10 Abs. 2 c AKB.

– Auf die Tatsache, daß A den LKW unberechtigt benutzt hat, kann sich der KH-Versicherer gegenüber den Geschädigten (also im Außenverhältnis) nicht berufen, vgl. § 3 Nr. 4 PflVG (ausführlich hierzu unten Rdnr. 118)

– Fraglich bleibt schließlich, ob der Ölschaden beim Gebrauch des LKW entstanden ist.

Der Begriff des Gebrauchs gem. § 10 AKB ist weiter als der des Betriebs gem. § 7 StVG. Er bestimmt sich nach dem Interesse, das der Versicherte daran hat, durch den Einsatz des Kfz nicht mit Haftpflichtansprüchen belastet zu werden, gleich worauf diese haftungsrechtlich beruhen. Danach ist auch das Entladen eines Tankzugs mit einer auf ihm befindlichen Pumpe – also der Einsatz des PKW als Arbeitsmaschine – dem Gebrauch des Fahrzeugs zuzurechnen.

Ebenso:
OLG Köln r+s 94, 43; BGH NJW 78, 1582; VG Hannover VersR 94, 552; OLG Düsseldorf VersR 93, 602

7. Der Ursachenzusammenhang zwischen Fahrzeuggebrauch und eingetretenem Schaden

Nach § 10 Abs. 1 AKB muß der entstandene Schaden „durch" den Gebrauch des **56** Fahrzeugs entstanden sein. Mit dem Wörtchen „durch" ist nichts anderes gemeint, als daß der Gebrauch des Fahrzeugs für den eingetretenen Schaden ursächlich sein muß. Ebenso wie im Deliktsrecht ist auch im vertraglichen Bereich (BGH NJW 93, 1779) ein Ereignis oder eine Handlung für einen später eingetretenen Erfolg (Schaden) dann kausal, wenn der Schaden „nicht außerhalb aller Wahrscheinlichkeit liegt", sondern „im Rahmen dessen bleibt, was erfahrungsgemäß vorkommt" (Adäquanztheorie, z. B. BGH r+s 92, 51)

Ursächlichkeit des Fahrzeugsgebrauchs kann sogar dann vorliegen, wenn durch **57** das Kfz transportierte Sachen beschädigt bzw. verunreinigt werden und dadurch ein Folgeschaden an einer anderen Sache entsteht.

Fallbeispiel:
BGH VersR 69, 726

Der Tank eines dem Fuhrunternehmer F gehörenden Silofahrzeugs wurde infolge eines schadhaften, vom Wagenmotor betriebenen Gebläses nicht ausreichend gesäubert. Nachdem F neues Ladegut (Kalksteinmehl) einfüllte, wurde dieses durch die Beimischung von Resten des alten Ladeguts (Branntkalk) verdorben. Der Empfänger der Ladung, die Straßenbaufirma S, benutzte die verdorbene Ladung zum Bau einer Landstraße für den Landkreis L, wobei die von S hergestellten Asphaltböden Blasen warfen. L macht gegen S Schadenersatzansprüche geltend, S möchte insoweit bei F Regreß nehmen, F hafte wegen Verletzung des Frachtvertrags aus pVV. F verlangt von seinem KH-Versicherer Deckungsschutz.

Lösung:
Der KH-Versicherer müßte für den entstandenen Schaden eintreten, wenn dieser „durch" den Gebrauch des Lastwagens entstanden wäre. Hieran könnte man deswegen zweifeln, weil der Lastwagen selbst an der Asphaltierung der Straße überhaupt nicht beteiligt war.

Jedoch gilt es sich vor Augen zu halten, daß mit dem Begriff „durch

Gebrauch" nichts anderes gemeint ist, als daß zwischen dem Fahrzeuggebrauch und dem später eingetretenen Schaden ein Kausalzusammenhang
bestehen muß. Dieser Ursachenzusammenhang muß adäquat sein, es darf also
nicht außerhalb jeglicher Lebenserfahrung und Wahrscheinlichkeit liegen, daß
ein bestimmter Fahrzeuggebrauch einen bestimmten Schaden herbeiführt
(*Wussow* VersR 96, 668; *Knappmann* in *Prölss/Martin* § 10 AKB Rdnr. 5).

Zu prüfen ist also zunächst, ob es sich bei der fehlerhaften Reinigung des
Silos um einen Fahrzeuggebrauch handelt. Wird dies bejaht, stellt sich in
einem zweiten Schritt die Frage, ob dieser fehlerhafte Gebrauch für die
Schäden an den Asphaltböden kausal ist, ob diese also „durch" den Gebrauch
des Fahrzeugs entstanden sind.

Der BGH führt zunächst aus, daß vorliegend das Silo mit Gebläseeinrich-
tung eine dem Beförderungszweck des Fahrzeugs dienende Betriebseinrich-
tung darstellt. Demgemäß liegt auch im (fehlerhaften) Reinigen des Silos ein
Fahrzeuggebrauch, schließlich dient das Reinigen dazu, den Lastwagen funk-
tionstüchtig zu machen. (Nach dem OLG Frankfurt (VersR 82, 967) gilt dies
sogar dann, wenn die (fehlerhafte) Reinigung von Hand durchgeführt wird).

Stellt die mangelhafte Reinigung des Silos einen Fahrzeuggebrauch dar,
kommt es weiter darauf an, ob sich sagen läßt, der Schaden am Asphalt sei hierdurch und damit „durch" den Gebrauch des Lkw entstanden. Das wäre dann
der Fall, wenn es nicht außerhalb jeglicher Wahrscheinlichkeit und Lebenserfahrung läge, daß durch ein nicht richtig gesäubertes Silo die Ladung
verschmutzt und hierdurch Schäden an der mit der Ladung hergestellten
Asphaltmischung entstehen. Der BGH hat (sicher zu Recht) einen Kausalzusammenhang bejaht: „Es kann nicht darauf ankommen, daß sich die durch den
Gebrauch des Fahrzeugs geschaffene Gefahrenquelle noch beim Abladen oder
erst später im Bereich der Empfängerin ausgewirkt hat. Vielmehr ist der Schaden an den Asphaltböden noch als eine natürliche Auswirkung der durch den
Fahrzeuggebrauch herbeigeführten Gefahrenquelle anzusehen."

Ergebnis: Auch der weitere Schaden (Asphaltboden) ist **durch** den
Gebrauch des Fahrzeugs verursacht worden, so daß auch dieser Folgeschaden
versichert ist.

Zu beachten ist, daß bezüglich des beförderten Kalksteinmehls selbst kein
Versicherungsschutz besteht, hier greift der Risikoausschluß des § 11 Nr. 3
AKB.

58 **Anmerkung:** Bedenken gegen diese Lösung des Falles könnten deswegen entstehen, weil es auf den ersten Blick doch sehr zweifelhaft erscheint, ob der Lkw hier
an der schadenstiftenden Verrichtung aktuell, zeit- und ortsnah beteiligt war.
Schadensstiftender Vorgang in diesem Sinn ist aber die erste, die entscheidende
Ursache – das ist hier das Reinigen des Lkw. Am späteren Eintritt des Schadens
muß das Fahrzeug nicht mehr unmittelbar beteiligt sein (*Stiefel/Hofmann* § 10
Rdnr. 99 unter Verweis auf BGH VersR 77, 418, 419).

Nicht überzeugend ist daher ein Urteil des OLG Hamm (VersR 88, 732), wonach ein Unfall, der drei Stunden nach dem Waschen eines Fahrzeugs durch gefrorenes Waschwasser verursacht wurde, mangels Zeit- und Ortsnähe des (gewaschenen) Fahrzeugs nicht mehr dem Fahrzeuggebrauch zuzurechnen sei. An der schadensstiftenden Verrichtung (Waschen) war das Fahrzeug unmittelbar beteiligt, ob der Schaden selbst erst später eingetreten ist, spielt demgegenüber keine Rolle.

8. Kontrollfragen

Die Frage, ob ein Schaden durch den Gebrauch eines Fahrzeugs entstanden ist, **59** läßt sich nicht immer leicht beantworten. Auf jeden Fall sollten bei den Überlegungen zu diesem Punkt folgende Kontrollfragen gestellt werden:
– Steht der verursachte Schaden im inneren Zusammenhang mit dem Gebrauch des Fahrzeugs?
– Hat sich die vom Kraftfahrzeug als solchem ausgehende Gefahr auf den Schadenablauf ausgewirkt?
– War das Fahrzeug aktuell und unmittelbar, zeit- und ortsnah bei der schadensstiftenden Verrichtung eingesetzt?
– Hat eine typische Fahrerhandlung den Schaden verursacht oder hätten andere Personen (z. B. Fußgänger) den Schaden in gleicher Weise hervorrufen können.
– Ist der Schaden durch eine für das Kfz typische Funktion (z. B. Anheben der Ladung, Abpumpen von Öl) entstanden?
– Hat sich das besondere, von einem Kraftfahrzeug ausgehende Risiko in dem Tatgeschehen verwirklicht?
– Hat sich der Schaden nur gelegentlich des Fahrzeuggebrauchs zugetragen?

E. Die mitversicherten Personen

I. Überblick

Bei einem Verkehrsunfall richten sich die Ansprüche des Geschädigten in erster **60** Linie gegen den Halter (§ 7 StVG) und gegen den Fahrer (§ 823 BGB). Diese können, müssen aber nicht mit dem VN identisch sein. Für diesen Fall kann es für den Fahrer oder den Halter von existentieller Bedeutung sein, ob sie Versicherungsschutz aus der KH-Versicherung genießen, ob sie also mitversichert sind.

Gemäß § 1 PflVG muß eine Haftpflichtversicherung für den **61**
– Halter
– Eigentümer und
– Fahrer
abgeschlossen und unterhalten werden. Diese Pflicht trifft den Halter des Fahrzeugs.

33

62 Über diesen Personenkreis hinaus muß der Versicherungsvertrag gemäß § 2 Abs. 2 KfzPflVV auch Deckung für den
- Beifahrer
- Omnibusschaffner und
- Arbeitgeber oder öffentlichen Dienstherrn

gewähren.

Dieser Personenkreis ist in § 10 Abs. 2 AKB aufgenommen worden.

II. Die Rechtsstellung der mitversicherten Personen

63 Der VN ist Vertragspartner des Versicherers. Er versichert primär sein eigenes Haftpflichtinteresse (soweit er im Einzelfall als Haftender in Frage kommt). Ihn treffen alle Pflichten aus dem Versicherungsvertrag. Er hat demnach die Prämie zu bezahlen und Obliegenheiten zu beachten.

64 Durch die Einbeziehung der mitversicherten Personen in § 10 Abs. 2 AKB versichert der VN zugleich auch deren Haftpflichtinteressen. Damit handelt es sich bei der Kraftfahrt-Haftpflichtversicherung um eine Versicherung für fremde Rechnung (*Römer/Langheid* zu § 74 VVG Rdnr. 16).

Demgemäß hat dieser Personenkreis einen Deckungsanspruch gegen den Versicherer (§ 75 Abs. 1 VVG). Nach der generellen Regelung der §§ 3 Abs. 2 AKB, 76 Abs. 1 VVG könnte nur der VN über diese Rechte verfügen. Abweichend hiervon sehen jedoch für die KH-Versicherung die §§ 2 Abs. 3 KfzPflVV, 10 Abs. 4 AKB vor, daß die mitversicherten Personen ihre Versicherungsansprüche selbständig geltend machen können.

Ob daneben der VN zusätzlich die Rechte der mitversicherten Person geltend machen kann, ist umstritten, aber auch nur von geringer praktischer Bedeutung (vgl. hierzu *Bauer* Rdnr. 557).

Die mitversicherten Personen müssen die als Obliegenheiten bezeichneten Pflichten erfüllen (§ 3 Abs. 1 AKB). Sie verlieren demgemäß bei schuldhafter Verletzung von Obliegenheiten teilweise den Versicherungsschutz.

65 Verletzt der VN vertragliche oder gesetzliche Pflichten und ist der KH-Versicherer deswegen leistungsfrei, erstreckt sich die Leistungsfreiheit grundsätzlich auch auf die mitversicherten Personen (§ 3 Abs. 3 AKB). Allerdings kann der Versicherer den mitversicherten Personen diese Leistungsfreiheit nur entgegenhalten, wenn „die der Leistungsfreiheit zugrundeliegenden Umstände in der Person dieses Versicherten vorliegen oder wenn diese Umstände dem Versicherten bekannt oder grob fahrlässig nicht bekannt waren" (§ 158i Satz 1 VVG).

66 Verletzt eine mitversicherte Person eine Obliegenheit, so wirkt sich die daraus resultierende Leistungsfreiheit nicht zu Lasten des VN aus (Ausfluß von § 79 VVG).

67 Gemäß § 158k VVG gelten die Vorschriften des PflVG auch für mitversicherte Personen, die nicht in § 1 PflVG genannt sind (Beifahrer, Omnibusschaffner, Arbeitgeber).

III. Die mitversicherten Personen im einzelnen

1. Halter

Neben dem Fahrer hat der Halter eines Kraftfahrzeugs das größte Interesse, gegen **68** Ansprüche Dritter versichert zu sein. Ihn trifft nämlich – auch ohne daß er das Fahrzeug steuert – die Gefährdungshaftung der §§ 7 ff StVG. Da er als mitversicherte Person auch die Obliegenheiten zu erfüllen hat (§ 3 Abs. 1 AKB), kann er den Versicherungsschutz auch wieder verlieren, wenn er gegen eine solche verstößt (z. B. schuldhafte Ermöglichung einer Schwarzfahrt). Schließlich trifft ihn die Versicherungspflicht nach § 1 PflVG. Ein Verstoß hiergegen wird durch § 6 PflVG sanktioniert.

In der Praxis entsteht relativ selten Streit über die Haltereigenschaft – schließlich wird der verursachte Schaden vom KH-Versicherer und nicht vom Halter bezahlt. Für den Einzelfall kann die Begriffsbestimmung aber im Hinblick auf die haftungs- und versicherungsrechtlichen Folgen von Bedeutung sein.

Der **Halterbegriff** ist durch das Gesetz nicht definiert. Die Haltereigenschaft **69** ist weder an die Eigentümerstellung noch an die Eintragung im Fahrzeugbrief geknüpft. Die Rechtsprechung leitet die Haltereigenschaft vielmehr aus den tatsächlichen und wirtschaftlichen Verhältnissen ab. Danach ist
Halter eines Kraftfahrzeuges, wer die tatsächliche Verfügungsgewalt über das Kraftfahrzeug besitzt und es für eigene Rechnung und nicht nur vorübergehend in Gebrauch hat (BGH VersR 60, 650; 62, 509).

Fallbeispiel: **70**
OLG Hamm VersR 81, 1021

E ließ mit dem Mercedes seiner Ehefrau F den O fahren, obwohl er wußte, dass O keinen Führerschein besaß. O stieß schuldhaft mit einem anderen Fahrzeug zusammen und verursachte einen Schaden in Höhe von 28 000 DM. Nachdem der KH-Versicherer den Schaden reguliert hatte, wollte er bei E in Höhe von 10 000 DM Regreß nehmen. E habe als Halter die führerscheinlose Fahrt des O schuldhaft ermöglicht (§ 2b Abs. 1 S. 2 AKB)

Demgegenüber meint E, daß er überhaupt nicht Halter des Fahrzeugs sei. Halter und Eigentümerin sei seine Frau F. Vor Gericht ergab sich, daß die F einen Imbiß betrieb, der gewerbe- und steuerrechtlich auf sie lief. E wurde als mitarbeitender Ehemann geführt. Das Fahrzeug lief buchmäßig und steuerlich als Betriebsvermögen und war auf F zugelassen. E benutzte das Fahrzeug manchmal für private Zwecke (Transport seiner Pferde).

Lösung:
Nur wenn E Halter war kommt ein Regreß des KH-Versicherers wegen schuldhaften Ermöglichens des Fahrens ohne Führerschein von O in Betracht. Halter eines Kfz ist, wer die tatsächliche Verfügungsgewalt über das Fahrzeug

---

besitzt und es für eigene Rechnung in Gebrauch hat. Das gilt für § 2 b Abs. 1 S. 2 AKB, für § 10 a Abs. 2 AKB und § 11 Ziff. 2 AKB ebenso wie für § 7 StVG. Hierbei kommt es nicht auf den rechtlichen Eigentumsbegriff oder die Eintragung im Kfz-Schein an, vielmehr liegen die Voraussetzungen der Haltereigenschaft überwiegend auf tatsächlichem und wirtschaftlichem Gebiet. Hiernach ist **nicht** entscheidend, daß die Ehefrau F den Pkw im Juli 1970 im eigenen Namen gekauft hat, daß der Wagen buchmäßig und steuerlich als Betriebsvermögen des auf den Namen der Ehefrau betriebenen Imbißbetriebs behandelt worden ist, und daß im Kfz-Schein die Ehefrau eingetragen war. Entscheidend ist vielmehr, daß die tatsächliche Verfügungsgewalt über den Wagen im wesentlichen der Ehefrau F zustand und sie den Pkw auch auf eigene Rechnung in Gebrauch hatte. Wie sich aus den Aussagen der beiden Eheleute ergibt, wurde der Pkw in erster Linie als Geschäftswagen eingesetzt. Insoweit lag die Verfügungsgewalt allein bei der Ehefrau F. Die Eheleute hatten ihr letztlich gemeinsam betriebenes Geschäft so gestaltet, daß allein die Ehefrau, auf deren Namen der Betrieb lief, gewerberechtlich und steuerlich Inhaberin war, während der Ehemann als mithelfender Ehemann geführt wurde. Hieraus folgt, daß die tatsächliche Verfügungsgewalt, die der Ehemann bei der betrieblichen Nutzung über den Wagen hatte, keine eigene Verfügungsgewalt war, sondern eine von der Ehefrau als Geschäftsinhaberin abgeleitete, die aber nicht die Haltereigenschaft begründen kann.

Der Mercedes ist allerdings auch für private Zwecke benutzt worden, von E vor allem für den Transport seiner Pferde. Insoweit stand dem E also eine eigene tatsächliche Verfügungsgewalt über den Wagen zu. Ob er dadurch Mithalter geworden ist, hängt – abgesehen von der Frage des Gebrauchs auf eigene Rechnung – davon ab, ob die private Benutzung gegenüber der geschäftlichen einen erheblichen Umfang hatte (BGH VersR 62, 509). Das läßt sich hier nicht feststellen. Nach der Aussage der Ehefrau F überwog die geschäftliche Nutzung bei weitem. Es ist auch nicht festzustellen, daß der Ehemann F den Pkw für eigene Rechnung gebraucht hat. Die Unterhaltungs- und Betriebskosten auch privat genutzter Geschäftswagen werden vom Finanzamt in der Regel pauschal in einen Betriebsanteil und einen Privatanteil aufgeteilt. Zwar werden die Kosten zunächst voll als Geschäftsunkosten verbucht, doch wird der pauschalierte Privatanteil dem steuerlichen Gewinn zugeschlagen. Wenn aber die Betriebskosten voll über das Geschäft liefen und die private Nutzung über eine entsprechende Erhöhung des Gewinns nur das Einkommen der Ehefrau als alleiniger Geschäftsinhaberin berührte, so kann nicht festgestellt werden, daß der Ehemann den Mercedes auf eigene Rechnung gebraucht hat.

Nach dem Ergebnis der Beweisaufnahme läßt sich demnach nicht feststellen, daß der Ehemann (Mit-)Halter des Mercedes war.

71 Versicherungsschutz genießt der jeweilige Halter des Fahrzeugs. Eine Begrenzung der Eintrittspflicht auf einen namentlich genannten Halter würde gegen § 1

PflVG verstoßen. Es ist daher unerheblich, wie oft die Person des Halters wechselt oder ob mehrere Personen Mithalter sind.

Auch der **unberechtigte Halter** ist versichert, z. B. der Dieb, der das entwendete Fahrzeug fortlaufend als eigenes weiter benutzt (KG VersR 89, 905, vgl. auch Rdnr 76). Eine nur vorübergehende und zeitlich eng begrenzte Gebrauchsüberlassung begründet grundsätzlich noch keine Haltereigenschaft. So wird der Mieter eines Fahrzeugs i. d. R. nicht Halter. Anderes gilt für den Fall, daß das Fahrzeug für eine mehrtägige Fahrt ins Ausland überlassen wird, während der es dem Einfluß des Halters (Vermieters) gänzlich entzogen ist (OLG Hamm r+s 90, 147).   **72**

2. Eigentümer

Wer Eigentümer ist, richtet sich nach den sachenrechtlichen Bestimmungen des Bürgerlichen Rechts (§ 929 ff BGB). Der häufigste Fall des der Eigentumsübertragung zu Grunde liegenden Rechtsgeschäfts ist der Kaufvertrag. Denkbar sind auch Schenkung, Erbfall und Versteigerung.   **73**

Die Praxis zeigt, daß der Eigentümer nur im Ausnahmefall haftet. Er benötigt deshalb den Versicherungsschutz nur selten.

Fallbeispiel:
Die Freunde A und B wohnen in einem Haus. A erwirbt einen Pkw, den er B zur Verfügung stellt. B trägt als Halter sämtliche laufenden Kosten für das Fahrzeug, welches bei der X-Versicherung haftpflichtversichert ist. Auf der gemeinsamen Fahrt zu einem Seminar (B fährt, A ist Insasse) verliert ein Reifen Luft und muß ausgewechselt werden. A übernimmt die Arbeit. Er paßt beim Abmontieren des Reifens nicht auf, so daß dieser gegen eine auf dem Gehweg von einem Glaser abgestellte Glasscheibe stößt und sie zerstört.

Lösung:
A haftet dem Glaser aus § 823 Abs. 1 BGB. Der Reifenwechsel gehört zum Gebrauch des Fahrzeugs i. S. v. § 10 Abs. 1 AKB. Damit besteht grundsätzlich eine Eintrittspflicht der X-Versicherung. Als Eigentümer ist A mitversicherte Person, § 10 Abs. 2 AKB. Er kann seinen Deckungsanspruch selbständig geltend machen, § 10 Abs. 4 AKB. Die X-Versicherung hat im Verhältnis zu A einzutreten.

---

3. Fahrer

Fahrer ist, wer das Fahrzeug zum Zeitpunkt des Unfalls unter eigener Verantwortung führt, d. h. die Verrichtungen ausübt, die erforderlich sind, damit die bestimmungsmäßigen Triebkräfte des Fahrzeugs auf dieses zur Fortbewegung einwirken (BGH VersR 62, 1147; OLG Hamm VersR 88, 457).   **74**

75 | **Fallbeispiel:**
OLG Celle VersR 91, 216, 217

A war gelernter Metallflugzeugbauer. Im Rahmen seiner Ausbildung hatte er auch das Schweißen gelernt. Er arbeitete als Blechschlosser in einer Kfz-Werkstatt. An einem Sonntag reparierte er in der Werkstatt seines Arbeitgebers den Volkswagenbus eines guten Bekannten und damaligen Freundes seiner Cousine. Nachdem der Bekannte das Fahrzeug auf dem Hof abgestellt hatte, fuhr A es in die Werkstatt. Das Fahrzeug befand sich auf der Hebebühne. A führte mit einem Schweißgerät Arbeiten aus. Hierbei entstand im Innern des Fahrzeugs ein Brand, der auf andere Fahrzeuge und das Gebäude übergriff.

Die Eigentümer der beschädigten Fahrzeuge und der Hauseigentümer bzw. sein Feuerversicherer nahmen A in Anspruch. Dieser meldete die Schäden vorsorglich dem KH-Versicherer seines Bekannten sowie seinem eigenen PH-Versicherer.

Der PH-Versicherer berief sich auf die sog. kleine Benzinklausel in Nr. III 1 BBR (Besondere Bedingungen und Risikobeschreibungen für die Haftpflichtversicherung) mit dem Hinweis, es habe sich um den Gebrauch des Fahrzeugs gehandelt, weshalb seine Eintrittspflicht ausgeschlossen sei. Der Kraftfahrt-Haftpflichtversicherer vertrat die Auffassung, es fehle an den Voraussetzungen des § 10 Abs. 2 AKB.

Welcher Versicherer ist eintrittspflichtig?

Lösung:
Obwohl Reparaturarbeiten grundsätzlich zum Gebrauch des Fahrzeugs gehören, ist in diesem Fall nicht die Deckung aus der KH-Versicherung angesprochen. A ist nämlich nicht mitversicherte Person i. S. v. § 10 Abs. 2 AKB (Fahrer). Als solcher gebraucht er das Fahrzeug nur, wenn er Reparaturen ausführt, die in unmittelbarem Zusammenhang mit seiner Tätigkeit als Fahrer stehen, also vorwiegend kleine Reparaturen, wie etwa das Wechseln eines Rads. Jedenfalls kann das Führen des Fahrzeugs allein zu dem Zweck, es an den Ort der Reparatur zu bringen, nicht auch die Fahrereigenschaft für die Dauer der Reparaturarbeiten begründen. Im vorliegenden Fall hatte der BGH die Revision nicht angenommen mit der Begründung, daß die Reparaturen nicht von einer Person ausgeführt wurden, die zum Kreis der versicherten Personen gehörte.

Eintrittspflichtig ist der PH-Versicherer, der sich nicht auf die kleine Benzinklausel berufen kann, weil es sich bei A nicht um eine im Sinne der KH-Versicherung mitversicherte Person handelt (ausführlich hierzu Rdnr. 42).

76 Greift ein anderer dem Fahrer derart ins Steuer, daß dieser keine Gewalt mehr über die Steuerung hat, so ist von diesem Augenblick an derjenige der Fahrer, der sich des Steuers bemächtigt hat. Die Fahrereigenschaft geht indessen nicht verloren, wenn der Fahrer einen neben ihm sitzenden Insassen das Lenkrad mit anfassen und betätigen läßt (BGH VersR 56, 283).

Auch der unberechtigte Fahrer ist Fahrer i. S. v. § 10 Abs. 2 AKB, auch er ist mitversicherte Person. Er wird aber i. d. R. gegen die Obliegenheit des § 2b Abs. 1 b AKB (Schwarzfahrtklausel) verstoßen haben, so daß er keinen oder nur eingeschränkten Versicherungsschutz genießt (ausführlich hierzu Rdnr. 275).

4. Beifahrer

Beifahrer ist, wer im Rahmen seines Arbeitsverhältnisses zum VN oder Halter den berechtigten Fahrer zu seiner Ablösung oder zur Vornahme von Lade- und Hilfsarbeiten nicht nur gelegentlich begleitet (§ 10 Abs. 2 d AKB; vgl. auch § 2 Abs. 2 Ziff. 4 KfzPflVV).

Der Beifahrer ist also Arbeitnehmer des VN oder Halters. Zu seinem Aufgabenbereich gehört die mehr oder weniger regelmäßige Begleitung von berechtigten Fahrern zum Zwecke der Ablösung oder Unterstützung bei Lade- und Hilfsarbeiten. Es muß sich um solche Lade- und Hilfsarbeiten handeln, die sich auf die Fahrt mit dem betreffenden Fahrzeug beziehen.

Fallbeispiel (Variante 1): 77

A und B fahren seit Jahren für den Umzugsunternehmer U als erfolgreiches Gespann auf dem 20-Tonner ihres Arbeitgebers. Bei einem Umzug fährt A das Fahrzeug vor das Haus des Auftraggebers. B öffnet sofort die Fahrzeugtüre, wobei er den von hinten herannahenden Fahrradfahrer F übersieht. F wird von der sich öffnenden Tür erfaßt und zu Boden geschleudert. Er erleidet neben dem Fahrradschaden einen Bruch des rechten Handgelenks und ist 6 Wochen arbeitsunfähig. U. a. macht er ein Schmerzensgeld geltend.

F meldet beim KH-Versicherer des U diese Ansprüche an. Wie muß dieser regulieren?

Lösung:
Der Halter U haftet gem. § 7 StVG auf den Sachschaden und den materiellen Schaden. B haftet aus § 823 Abs. 1 BGB ebenfalls auf Ersatz des materiellen Schadens und gem. § 847 BGB darüber hinaus auf Schmerzensgeld. Der KH-Versicherer tritt für U und B ein. Für B hat er Deckung zu gewähren, weil dieser in seiner Eigenschaft als Beifahrer gehandelt hat.   *aufgehoben*

Fallbeispiel (Variante 2):

A und B fahren im Fahrzeug des A durch die Stadt. A steuert das Fahrzeug, B sitzt auf dem „Beifahrersitz". Als A das Fahrzeug an einer roten Ampel anhält, entdeckt B die W, Ehefrau seines besten Freundes. Unversehens öffnet er die Beifahrertür und stößt den gerade auf seinem Fahrrad vorbeifahrenden F um (s. Variante 1).

Lösung:

A haftet gem. § 7 Abs. 1 StVG. Gegen ihn kann F seinen materiellen Schaden, nicht aber Schmerzensgeld geltend machen. Insoweit (aber nicht bezüglich des Schmerzensgeldes) tritt auch der KH-Versicherer ein.

B haftet aus §§ 823 Abs. 1, 847 BGB auf den gesamten Schaden. Er ist aber nicht Beifahrer i. S. v. § 10 Abs. 2 d AKB, weil er A nicht im Rahmen eines Arbeitsverhältnisses zu dessen Ablösung oder zur Vornahme von Lade- und Hilfsarbeiten begleitet hat. Er ist nicht mitversicherte Person und hat deshalb auch keinen Deckungsanspruch gem. § 10 Abs. 4 AKB. Der KH-Versicherer ist im Verhältnis zu F nicht Gesamtschuldner mit dem B (§ 3 Nr. 2 PflVG), F hat **insoweit** auch keinen Direktanspruch (§ 3 Nr. 1 PflVG).

Sollte B eine PHV haben, könnte er diese in Anspruch nehmen. Die „kleine Benzinklausel" ist nicht anwendbar (vgl. oben zu Rdnr. 42).

5. Omnibusschaffner

78   Der Omnibusschaffner ist mitversichert, soweit er im Rahmen seines Arbeitsverhältnisses zum VN oder Halter tätig wird (§ 10 Abs 2 e AKB; vgl. auch § 2 Abs. 2 Ziff 5 KfzPflVV)

6. Arbeitgeber und öffentlicher Dienstherr

79   Diese sind mitversichert, wenn das versicherte Fahrzeug des Arbeitnehmers mit Zustimmung des VN für dienstliche Zwecke gebraucht wird (§ 10 Abs. 2 f AKB; vgl. auch § 2 Abs. 2 Ziff. 6 KfzPflVV).

7. Mitversicherte Personen als Repräsentanten?

79 a   In der Praxis kommt es immer wieder vor, daß ein mit dem VN nicht identischer Fahrer eine Obliegenheitsverletzung begeht, indem er z. B. ohne Führerschein oder unter Alkoholeinfluß fährt oder eine Unfallflucht begeht.

Muß sich der VN das Verhalten des Fahrers zurechnen lassen? Diese aktuell diskutierte Frage stellt sich vor allem dann, wenn der Fahrer als Repräsentant des VN anzusehen ist. In der Kaskoversicherung erfolgt in diesem Fall eine Zurechnung (näher hierzu *Maier/Biela*, Kaskoversicherung Rdnr. 397 ff), so daß sich in den genannten Beispielen der Versicherer gegenüber dem VN auf Leistungsfreiheit berufen könnte. Für die KH-Versicherung lehnt die überwiegende Meinung in der Rechtsprechung (BGH VersR 69, 695; r+s 96, 386; OLG Hamm r+s 95, 41) und Literatur (*Knappmann* in *Prölss/Martin* § 7 AKB Rdnr. 24; *Knappmann* VersR 97, 261; Münstermann Anm. zu LG Karlsruhe r+s 2000, 362) eine derartige Zurechnung des Verhaltens eines Fahrers generell ab. Allerdings haben in neuer Zeit mehrere Gerichte (AG Köln r+s 98, 490; AG Düsseldorf r+s 99, 140; LG Karlsruhe NVersZ 2000, 394) eine Zurechnung im Fall der Repräsentanteneigenschaft des betreffenden Fahrers bejaht und dabei Zustimmung in der Literatur (*Langheid* NversZ 2000, 463; *Bauer*, Kraftfahrtversicherung Rdnr. 960) gefunden.

Nach unserer Auffassung findet in der KH-Versicherung eine Verhaltenszurechnung unter dem Gedanken der Repräsentation grundsätzlich nicht statt. Das ergibt sich aus § 5 Abs. 2 KfzPflVV (§ 2b Abs. 2 AKB), wonach sich der Versicherer gegenüber dem VN nur dann auf Leistungsfreiheit berufen kann, wenn der VN die Obliegenheitsverletzung „schuldhaft ermöglicht" hat. Diesen Passus darf ein VN so verstehen, daß damit abschließend geregelt ist, in welchen Fällen er sich eine Obliegenheitsverletzung eines Fahrers zurechnen lassen muß. Zudem weist der BGH (BGH VersR 69, 695; r+s 96, 386) zutreffend darauf hin, daß das bloße Fahren des Fahrzeugs durch einen Dritten nicht als Repräsentation zu werten ist. Der Fahrer tue damit nur etwas, was sich im Rahmen des versicherten Risikos halte. Die KH-Versicherung solle den VN gerade auch gegen die Gefahren schützen, die aus dem Gebrauch des Fahrzeugs drohen, wenn es Dritten zur Nutzung überlassen wird.

Fallbeispiel:

LG Karlsruhe NVersZ 2000, 394

Sohn S hat sich einen Opel Manta gekauft. Um Versicherungsbeiträge zu sparen, wird das Auto über die Mutter des S versichert. Kurz darauf verursacht der alkoholisierte S (1,3 Promille) schuldhaft einen Verkehrsunfall mit einem Fremdschaden von 25 000 DM. Der KH-Versicherer der Mutter reguliert den Schaden und beruft sich nunmehr gegen S wegen dessen Trunkenheitsfahrt (Verstoß gegen § 2b Abs. 1 e AKB) auf eine Leistungsfreiheit in Höhe von 10 000 DM.

Lösung:

Eine Leistungsfreiheit des KH-Versicherers in Höhe von 10 000 DM könnte sich aus § 2b Abs. 1 e AKB ergeben. Der Tatbestand der Trunkenheitsklausel ist eindeutig erfüllt. Darüber hinaus müßten zu einer Leistungsfreiheit weiter die Voraussetzungen von § 6 Abs. 1 und Abs. 2 VVG gegeben sein. Zweifelhaft ist dabei insbesondere, ob der Versicherer gem. § 6 Abs. 1 S. 3 VVG gegenüber der Mutter zur Kündigung des Vertrags verpflichtet war. Das LG Karlsruhe hat dies bejaht, obwohl die Mutter selbst keine Obliegenheit verletzt hatte. S sei als Repräsentant der Mutter anzusehen, diese müsse sich demgemäß das Verhalten des S (wie eigenes) zurechnen lassen. Daraus wiederum folgert das Gericht, der Versicherer könne und müsse den Vertrag gegenüber der Mutter kündigen, wolle er sich auf eine Leistungsfreiheit berufen. Da der Versicherer das vorliegend unterlassen hatte, wies das Gericht die Klage ab.

Wie oben bereits ausgeführt ist diese Entscheidung nach unserer Auffassung unrichtig. Das Gericht übersieht, daß in § 5 Abs. 2 KfzPflVV und darauf basierend in § 2b Abs. 2 AKB eine aus Sicht des VN abschließende Regelung der

Zurechnung des Verhaltens mitversicherter Personen erfolgt und damit der Umfang des Versicherungsschutzes eindeutig festgelegt ist: Der VN verliert seinen Versicherungsschutz nur dann, wenn er eine Obliegenheitsverletzung des Fahrers „schuldhaft ermöglicht" hat. Nur in diesem Fall wäre demgemäß eine Kündigung des Vertrags der Mutter erforderlich.

F. Risikoausschlüsse

80 In § 10 Abs. 1 AKB ist das von der KH-Versicherung umfaßte Risiko (Schäden, die durch den Gebrauch des versicherten Fahrzeugs entstanden ist) näher beschrieben. Man spricht hier von einer primären Risikoabgrenzung mit der das Produkt des Versicherers ausgestaltet wird.

Als sekundäre Risikobeschränkungen werden dagegen die Risikoausschlüsse bezeichnet: Sie enthalten Ausnahmen und Korrekturen von primären Risikobeschreibungen, nehmen bestimmte Schäden von der Deckung wieder aus und schränken den vom Versicherer übernommenen Umfang der Versicherung ein (näher *Schimikowski*, Versicherungsvertragsrecht, Rdnr. 256).

Risikoausschlüsse wirken nicht nur gegenüber dem VN, sondern auch im Außenverhältnis, so daß sich der Geschädigte in diesem Fall nur an den schädigenden VN selbst halten kann.

Die Beweislast dafür, daß ein Risikoausschluß vorliegt, trägt der Versicherer (BGH VersR 57, 212)

Welche Risikoausschlüsse in der KH-Versicherung überhaupt vereinbart werden dürfen, ist abschließend in § 4 KfzPflVV geregelt. Die AKB haben die dort aufgeführten Tatbestände in die §§ 2b Abs. 3b und und 11 AKB umgesetzt. Da die in § 11 AKB geregelten Ausschlüsse praktisch wesentlich bedeutsamer als diejenigen des § 2b AKB sind, sollen zunächst die in § 11 AKB normierten Ausschlüsse behandelt werden.

I. Haftpflichtansprüche, soweit sie auf Grund Vertrages oder besonderer Zusage über den Umfang der gesetzlichen Haftpflicht hinausgehen (§ 11 Nr. 1 AKB)

81 Dieser Risikoausschluß ist in § 4 KfzPflVV überhaupt nicht enthalten, so daß man im ersten Moment an der Zulässigkeit dieser Bestimmung zweifeln könnte. Genauer betrachtet stellt § 11 Nr. 1 AKB aber überhaupt keinen Risikoausschluß, also keine Einschränkung des in § 10 Abs. 1 AKB beschriebenen Umfangs des Versicherungsschutzes dar. Vielmehr wird hier lediglich klargestellt, dass der Versicherer nur im Rahmen der gesetzlichen Haftpflichtbestimmungen privatrechtlichen Inhalts einzutreten hat. Insofern steht die Regelung, obwohl sie nicht in § 4 Kfz-

PflVV vorgesehen ist hiermit auch nicht im Widerspruch (*Feyock/Jacobsen/Lemor* § 11 Rdnr. 5).

Beispiel:

Hauseigentümer H möchte 10000 Liter Heizöl bestellen. Da bei der letzten Lieferung durch Ölhändler A Öl ausgelaufen war, A sein Verschulden hieran aber bestritten hatte, schließt H jetzt mit Ölhändler B einen Vertrag, in dem unter anderem geregelt ist, daß B für jeden Schaden – gleich ob verschuldet oder nicht – einzutreten hat. Nunmehr treten bei einer Lieferung durch B 3000 l Öl aus. Ist der KH-Versicherer des Tankzuges unabhängig von einem etwaigen Verschulden des B zur Regulierung verpflichtet?

Lösung:

Ölhändler B wäre durch § 11 Nr 1 AKB nicht gehindert, eine derartige Vereinbarung zu unterschreiben. Er müßte sich aber bewußt sein, daß im Schadensfall sein KH-Versicherer nur im Rahmen der gesetzlichen Haftpflicht zur Deckung eines etwaigen Schadens verpflichtet ist. Die Anspruchsgrundlage des § 823 BGB würde demgemäß nur dann eine Eintrittspflicht des Versicherers auslösen, wenn dem Ölhändler bzw. dessen Fahrer ein Verschulden zur Last gelegt werden könnte.

---

§ 11 Nr. 1 AKB spielt in der Praxis keine große Rolle. Zum Tragen kann diese Regelung bei Großraum- und Schwertransporten kommen, für die eine Ausnahmegenehmigung nach § 70 StVZO benötigt wird. Für die Erteilung der Genehmigung verlangen die Behörden häufig eine Haftungsklausel, die über § 7 StVG hinausgeht. An eine derartige Vereinbarung wäre der Versicherer nicht gebunden, allerdings wird sie im Normalfall gegen Beitragszuschlag übernommen (*Jacobsen/Feyock/Lemor* § 11 AKB Rdnr. 6)

II. Ansprüche des VN gegen mitversicherte Personen wegen Sach- oder Vermögensschäden, § 11 Nr. 2 AKB (§ 4 Nr. 1 KfzPflVV)

Haftpflichtansprüche des Versicherungsnehmers, Halters oder Eigentümers gegen **82** mitversicherte Personen (vgl. § 10 Abs. 2 AKB) wegen Sach- oder Vermögensschäden sind gem. § 11 Nr. 2 AKB vom Versicherungsschutz ausgeschlossen. Der Sinn dieser Klausel besteht darin, sogenannte **Eigenschäden** des VN aus dem Schutzbereich der KH-Versicherung herauszunehmen: Das Wesen einer Haftpflichtversicherung besteht darin, vom VN verursachte Fremdschäden zu regulieren, nicht aber, beim VN selbst entstandenen Schänden zu übernehmen.

Den Kern dieses Risikoausschlusses kann man leichter erschließen, wenn man die Klausel so umformuliert:

Ausgeschlossen sind Ansprüche

- des Versicherungsnehmers/Eigentümers/Halters
- gegen mitversicherte Personen (insbesondere dem Fahrer)
- wegen der Beschädigung ihm (VN) gehörender Sachen oder seines Vermögens

---

Beispiel:

VN V ist Insasse seines von seinem Sohn S gesteuerten Fahrzeug. S verschuldet einen Unfall, durch den das Fahrzeug beschädigt wird.

Hier steht dem V ein Anspruch gem. § 823 BGB auf Schadenersatz bezüglich des verunfallten Kraftfahrzeugs gegen S zu. Wegen § 11 Nr. 2 AKB ist die KH-Versicherung des V aber nicht eintrittspflichtig: Ausgeschlossen sind Ansprüche des VN wegen der Beschädigung ihm gehörender Sachen, sofern sich diese gegen eine mitversicherte Person (hier den Sohn als Fahrer, § 10 Abs. 2 AKB) richten.

---

83 Der Risikoausschluß des § 11 Nr. 2 AKB kann auch dann zum Tragen kommen, wenn in einer Familie mehrere Fahrzeuge existieren und wenn wegen Prämienvorteilen sämtliche Fahrzeuge über ein Familienmitglied versichert werden. Kommt es zwischen diesen „Familienfahrzeugen" untereinander zu einem Unfall, greift § 11 Nr. 2 AKB regelmäßig ein.

Fallbeispiel:

OLG Stuttgart NJW – RR 86, 904

Der VN, dessen Fahrzeug bereits bei der X-AG versichert war, ließ wegen eines Prämienvorteils den seiner Ehefrau gehörenden PKW als Zweitwagen auf seinen Namen ebenfalls bei der X AG gegen Haftpflicht versichern. Die Ehefrau beschädigte mit ihrem Fahrzeug (Zweitwagen) beim Ausparken den PKW des VN. Dieser verlangt von der X-AG als Haftpflichtversicherer des Fahrzeugs seiner Ehefrau Erstattung des Schadens in Höhe von DM 8467,–.

Lösung:

Zunächst soll mit einer Skizze der Sachverhalt verdeutlicht werden:

PKW 1	**Eigentümer: Ehemann**	**VN: Ehemann**
PKW 2	**Eigentümer: Ehefrau**	**VN: Ehemann**

PKW 2 – gefahren von der Ehefrau – beschädigt PKW 1

Zunächst gilt es sich klarzumachen, dass die geltend gemachten Ansprüche gegen die Haftpflichtversicherung des Zweitwagens (PKW 2) zu richten sind. Dieses Fahrzeug hat den Schaden verursacht. Dabei spielt es übrigens keine Rolle, daß die beiden Fahrzeuge bei derselben Gesellschaft versichert sind. Rechtlich werden über beide Fahrzeuge jeweils eigene Versicherungsverträge geschlossen, der Fall wäre genauso zu entscheiden, wenn die beiden Fahrzeuge bei unterschiedlichen Versicherungsgesellschaften versichert wären.

Aus der obigen Skizze wird gut ersichtlich, daß es hier um Ansprüche geht, die der Ehemann als VN wegen Beschädigung einer ihm gehörenden Sache (PKW) gegen eine mitversicherte Person (Ehefrau, § 10 Abs. 2 AKB) erhebt. Gerade derartige Ansprüche sind aber gem. § 11 Nr. 2 AKB ausgeschlossen. Dies wird deutlich, wenn man die oben in Rdnr. 82 vorgeschlagene, gedanklich umformulierte Fassung des § 11 Nr. 2 AKB heranzieht:

Ausgeschlossen sind Ansprüche
- des Versicherungsnehmers
- gegen mitversicherte Personen (Ehefrau als Fahrerin)
- wegen der Beschädigung ihm (VN) gehörender Sachen (PKW 1)

Ergebnis:
Die Schadenersatzansprüche des VN (§ 823 BGB gegen die Ehefrau) sind in der hier gegebenen Fallkonstellation wegen § 11 Nr. 2 AKB nicht von der KH-Versicherung umfaßt (ebenso AG Oldenburg ZfS 91, 165).

Dieses Ergebnis wirkt hart und dürfte den VN unerwartet getroffen haben. *Lemke* (r+s 97, 59) äußert aus diesem Grund Zweifel, ob diese Klausel nicht zu einer unangemessenen Benachteiligung des VN im Sinn des AGBG führt. Wegen § 11 Nr. 2 AKB bestehe eine empfindliche, sachlich nicht gerechtfertigte und auch überraschende Lücke im Versicherungsschutz. Dagegen weist *Knappmann* (*Prölss / Martin* § 11 AKB Rdnr. 5) zutreffend darauf hin, daß der sachliche Inhalt von § 11 Nr. 2 AKB durch § 4 Nr. 1 KfzPflVV und damit durch eine Rechtsverordnung „sanktioniert" wurde. Die Ausführungen *Lemkes*, für deren inhaltliche Berechtigung viel spricht, können aber in einer anderen, vom OLG Stuttgart (NJW – RR 86, 904, obiges Fallbeispiel) vorgegebenen Richtung Berücksichtigung finden: Das OLG Stuttgart hat im Ergebnis der Klage des VN doch stattgegeben: Der Versicherer hätte auf die im Zuge von § 11 Nr. 2 AKB eintretende Lücke im Versicherungsschutz hinweisen müssen. Eine derartige Hinweispflicht wurde vom Gericht insbesondere deswegen bejaht, weil der Versicherungsvertrag für den Zweitwagen gerade auf Empfehlung eines Versicherungsagenten vom Ehemann und nicht von der Ehefrau geschlossen wurde. Dem Ehemann steht daher gegen die Versicherungsgesellschaft ein Anspruch unter dem Gesichtspunkt des Verschuldens bei Vertragsabschluß (c. i. c.) wegen Verletzung der Aufklärungspflicht zu. Dieser Entscheidung ist zuzustimmen, der Versicherungsagent hätte den VN auf die Folgen des Risikoausschlusses des § 11 Nr. 2 AKB hinweisen und den Abschluß einer Kaskoversicherung empfehlen müssen. Zu beachten ist freilich, daß der vom OLG Stuttgart entschiedene Fall die Besonderheit aufweist, daß die Initiative zur Versicherung beider Fahrzeuge durch den Ehemann vom Versicherungsagenten ausging. Ist dies nicht der Fall, dürfte zweifelhaft sein, ob eine zum Schadenersatz führende Aufklärungspflicht besteht. Diese Frage kann sich übrigens auch dann stellen, wenn der VN ein Unternehmen ist und eine ganze Fahrzeugflotte versichert hat. Auch hier bestünde bei einem Unfall zwischen eigenen

Fahrzeugen kein Versicherungsschutz aus der Haftpflichtversicherung (vgl. *Lemke* r+s 97, 60). Auch in dieser Konstellation spricht bei einem unterlassenen Hinweis auf § 11 Nr. 2 AKB viel für ein Beratungsverschulden des Agenten.

Zur Vertiefung ein weiteres

Fallbeispiel:
OLG Hamm r+s 89, 173

VN E besaß einen PKW Alfa Romeo. Als weiteres Fahrzeug kaufte er einen Golf. E überführte den Golf mit Hilfe seiner Frau F. Er fuhr mit seinem Alfa Romeo voraus, seine Frau folgte mit dem Golf. An einer Ampel fuhr F auf den Alfa Romeo auf. An diesem entstand ein Schaden in Höhe von DM 6503,–. Unstreitig ist, daß F den Unfall schuldhaft verursacht hat.

E verlangt von der KH-Versicherung des Golfs Schadenersatz. Ist dies möglich?

Lösung:
Skizze:

PKW 1 (Alfa Romeo)   Eigentümer: Ehemann   VN: Ehemann
PKW 2 (Golf)   Eigentümer: Ehemann   VN: Ehemann

PKW 2 – gefahren von der Ehefrau F – beschädigt PKW 1

Aus einem Vergleich dieser Skizze mit der des obigen Fallbeispiels (OLG Stuttgart NJW RR 86, 904) zeigt sich der Unterschied in den jeweiligen Sachverhalten: Im Fall des OLG Stuttgart stand das schädigende Fahrzeug in Eigentum der Ehefrau, im hier zu entscheidenden Fall des OLG Hamm gehörten beide Fahrzeuge dem Versicherungsnehmer. Bei den weiteren Betrachtungen ist auch hier auf das schädigende Fahrzeug (Golf) bzw. auf dessen Schutz aus der KH-Versicherung abzustellen. Nach § 6 Abs. 1 AKB ist wegen des Kaufs des Fahrzeugs die Haftpflichtversicherung des Golfs auf E übergegangen (näher zu § 6 AKB unten Rdnr. 216 ff). Auf jeden Fall aber war E Eigentümer des Golfs geworden. Auch hier greift der Risikoausschluß des § 11 Nr. 2 AKB ein:

Ausgeschlossen sind Ansprüche
– des Versicherungsnehmers/Eigentümers/Halters (hier E)
– gegen mitversicherte Personen (Ehefrau F)
– wegen der Beschädigung ihm (VN) gehörender Sachen (Alfa Romeo)

E ist VN, jedenfalls aber Eigentümer. Ansprüche dieser Personen wegen Verletzung ihnen gehörender Sachen gegen mitversicherte Personen (Ehefrau als Fahrerin, § 10 Abs. 2 AKB) sind ausgeschlossen. An diesem Beispiel ist gut ersichtlich, daß sich der Risikoausschluß des § 11 Nr. 2 nicht nur auf das versicherte Fahrzeug (Golf) erstreckt. Die Vorschrift spricht allgemein von Sach- und Vermögensschäden des Versicherungsnehmers, Eigentümers und Halters.

Erfaßt sind damit alle Sachen bzw. das gesamte Vermögen dieser Personen. Es kommt daher nicht einmal darauf an, ob die beschädigte Sache ein Kraftfahrzeug ist oder nicht. Wäre im obigen Fallbeispiel die Ehefrau nicht auf das Auto ihres Mannes, sondern auf dessen Fahrrad aufgefahren, bestünde ebenfalls kein Versicherungsschutz: Ausgeschlossen sind Ansprüche des E als VN und/oder Eigentümer des Golf bezüglich **aller** ihm gehörender Sachen, sofern der Schaden durch eine mitversicherte Person herbeigeführt wird.

Allerdings darf der Risikoausschluß des § 11 Nr. 2 nicht zu weit ausgedehnt werden. Es ist also immer zu fragen, ob es um einen beim VN entstandenen Sachschaden geht, der durch eine mitversicherte Person verursacht wurde. **84**

Fallbeispiel:
Ehemann E hat seinen PKW bei der A-Versicherung gegen Haftpflicht versichert. Wegen Prämienvorteilen wird auch der seiner Frau F gehörende Pkw als Zweitwagen über den Ehemann versichert. Nunmehr beschädigt E beim Ausparken mit seinem Fahrzeug den PKW von F. Besteht hier Versicherungsschutz aus der KH-Versicherung?

Lösung:
Skizze:

PKW 1	**Eigentümer: Ehemann**	**VN: Ehemann**
PKW 2	**Eigentümer: Ehefrau**	**VN: Ehemann**

PKW 1 – gefahren von Ehemann E – beschädigt PKW 2

§ 11 Nr. 2 AKB würde eingreifen ginge es um Ansprüche
– des Versicherungsnehmers/Eigentümers/Halters (hier E)
– gegen mitversicherte Personen (Ehefrau F)
– wegen der Beschädigung dem VN gehörender Sachen
   Im Unterschied zu den vorigen Beispielen geht es nicht um den Anspruch eines VN oder eines Eigentümers, den dieser aktiv geltend macht, weil eine ihm gehörende Sache beschädigt worden ist. Vielmehr geht es hier um Ansprüche, die **gegen** den VN erhoben werden weil er **fremdes** Eigentum (seiner Frau) beschädigt hat. In dieser Konstellation greift § 11 Nr. 2 AKB weder nach seinem Wortlaut, noch nach seinem Sinn und Zweck ein. Ausgeschlossen sollen nur sogenannte Eigenschäden werden, also solche Schäden, die an dem VN gehörenden Sachen entstanden sind und die gegen eine mitversicherte Person geltend gemacht werden. Behält man dies im Auge und vergegenwärtigt sich weiter, daß die Voraussetzungen des § 11 Nr. 2 im Hinblick auf das schadensstiftende Fahrzeug (hier PKW 1) vorliegen müssen, wird klar, daß der Risikoausschluß hier nicht eingreift. Es geht hier nämlich nicht um Ansprüche des VN gegen mitversicherte Personen (in § 11 Nr. 2 AKB ausgeschlossen), sondern um Ansprüche von mitversicherten Personen gegen den VN.

85 § 11 Nr. 2 AKB schließt nur Ansprüche des VN wegen Sach- und Vermögensschäden aus. Dagegen sind Ansprüche wegen **Personenschäden** (Schmerzensgeld,
Heilbehandlung aber auch aus dem Personenschaden resultierender Verdienstausfall) nicht vom Versicherungsschutz ausgenommen. Der VN kann die Ansprüche
gegen den unfallverursachenden Fahrer seines Fahrzeugs wegen Personenschäden
direkt gegen seinen eigenen Versicherer geltend machen, BGH VersR 86, 1010.

> **Beispiel:**
> Am Steuer des der VN F gehörenden Fahrzeugs sitzt Ehemann E. Dieser ver-
> schuldet einen Unfall, bei dem das Fahrzeug beschädigt und die VN (F) ver-
> letzt wird.
>
> F hat gegen E Ansprüche gem. § 823 BGB auf Ersatz des Sachschadens am
> Auto, aber auch bezüglich des ihr entstandenen Personenschadens.
>
> Die KH-Versicherung des Fahrzeugs der Frau F ist nicht verpflichtet, den
> Sachschaden zu regulieren: Nach § 11 Nr. 2 sind ausgeschlossen Ansprüche der
> VN (F) gegen mitversicherte Personen (E als Fahrer) wegen Sachschäden (am
> Pkw). Nicht in § 11 Nr. 2 erwähnt sind dagegen Personenschäden, so daß die-
> se auch nicht ausgeschlossen sind. Diese Ansprüche kann F direkt (§ 3 Nr. 1
> PflVG) gegen ihren eigenen KH-Versicherer geltend machen. Das ist nicht
> unproblematisch, und entspricht nicht dem auf die Regulierung von Fremd-
> schäden gerichteten Wesen der Haftpflichtversicherung. Dennoch ist der BGH
> (VersR 86, 1010 m. Anm. *Bauer*) der Auffassung, der VN sei hier als geschä-
> digter Dritter im Sinne des PflVG anzusehen.

III. Ansprüche wegen Beschädigung, Zerstörung oder Abhandenkommen des Fahrzeugs, auf das sich die Versicherung bezieht, § 11 Nr. 3 AKB (§ 4 Nr. 2 KfzPflVV)

86 Dieser Risikoausschluß, der auf § 4 Nr. 2 KfzPflVV beruht, dient in erster Linie
der Abgrenzung gegenüber der Kaskoversicherung. Letzlich soll § 11 Nr. 3 AKB,
dessen Anwendungsbereich sich häufig mit dem des § 11 Nr. 2 AKB deckt, verhindern, daß vom Eigentümer oder Halter des versicherten Pkw Ansprüche gegen
den schuldigen Fahrer geltend gemacht und dafür Deckung aus der KH-Versicherung verlangt werden kann (*Stiefel/Hofmann* § 11 Rdnr. 20).

> **Beispiel:**
> Die VN überläßt ihrem Verlobten das Steuer des Fahrzeugs. Dieser fährt gegen
> einen Baum.
>
> Hier steht der VN gegen ihren Verlobten ein Schadenersatzanspruch gem.
> § 823 BGB in Höhe des am Fahrzeug entstandenen Schadens zu. Für diesen
> ist allerdings der KH-Versicherer der VN nicht eintrittspflichtig, der Ver-

sicherungsschutz ist gem. § 11 Nr. 3 AKB ausgeschlossen – es handelt sich um einen Ersatzanspruch wegen Beschädigung des (haft)pflichtversicherten Fahrzeugs.

Als Fahrzeug, „auf das sich die Versicherung bezieht", sind auch Anhänger (§ 10 a **87** AKB) oder abgeschleppte Fahrzeuge anzusehen. Wird daher ein abgeschlepptes Fahrzeug vom Zugfahrzeug beschädigt, ist der Haftpflichtversicherer des Zugfahrzeugs nicht eintrittspflichtig. Der BGH (VersR 78, 1071; VersR 81, 322) begründet dies zum einen damit, daß das abschleppende und das abgeschleppte Fahrzeug eine Betriebseinheit bilden, so daß auch das abgeschleppte Fahrzeug als Fahrzeug „auf das sich die Versicherung bezieht" anzusehen sei (kritisch hierzu *Johannsen* im *Bruck/Möller/Johannsen* Anm. G 75). Zum anderen handelt es sich nach Auffassung des BGH bei dem abgeschleppten Fahrzeug um eine beförderte Sache im Sinne des § 11 Nr. 4 AKB, so daß auch unter diesem Gesichtspunkt eine Eintrittspflicht des KH-Versicherers des Zugfahrzeugs ausgeschlossen sei. Unter diesem Aspekt kommt es übrigens nicht darauf an, ob das abgeschleppte Fahrzeug selbst versichert ist oder nicht (vgl. BGH VersR 78, 1071; ebenso OLG Koblenz VersR 87, 707; anders aber *Feyock/Jacobson/Lemor* § 11 Rdnr. 18).

Ob ein durchschnittlicher Versicherungsnehmer die Schlußfolgerungen des BGH aus dem Wortlaut des § 11 Nr. 3 und § 11 Nr. 4 AKB wirklich ziehen kann erscheint zweifelhaft – jedenfalls ist in § 11 Nr. 3 AKB an keiner Stelle ausdrücklich gesagt, daß „Fahrzeug auf das sich die Versicherung bezieht" auch ein abgeschlepptes Fahrzeug sein soll. Für die wichtigsten Fälle in der Praxis, die sog. „Erste-Hilfe"-Fälle besteht allerdings Versicherungsschutz: Nach § 11 Nr. 3 2. HS AKB greift der Risikoausschluß nicht ein bei der Beschädigung betriebsunfähiger Fahrzeuge beim nicht gewerbsmäßigen Abschleppen im Rahmen üblicher Hilfeleistung. Beschädigt also ein freundlicher Pannenhelfer beim Abschleppvorgang das abgeschleppte Fahrzeug, besteht hierfür Versicherungsschutz.

Denkbar ist bei derartigen Abschleppvorgängen auch, daß durch einen Fehler **88** des Fahrers des abgeschleppten Fahrzeugs das abschleppende Fahrzeug beschädigt wird. Hier besteht in der Literatur (*Bruck/Möller/Johannson* Anm. G 75; *Feyock/Jacobsen/Lemor* § 11 AKB Rdnr. 18; *Knappmann* in *Prölss/Martin* § 11 AKB Rdnr. 8) Einigkeit darüber, daß in diesen Fällen eine Eintrittspflicht des Versicherers des abgeschleppten Fahrzeugs gegeben ist. Diese Ansicht ist richtig, § 11 Nr. 3 AKB greift hier nicht ein: Kein Versicherungsnehmer käme auf die Idee, ein ihn abschleppendes KfZ als „Fahrzeug, auf das sich die (Kraftfahrt) Versicherung bezieht" anzusehen.

Fallbeispiel:
OLG Koblenz VersR 87, 707

T war Eigentümer eines Sonderfahrzeugs zum Transport von Fäkalien und Industrieschlamm. Da er mit diesem Fahrzeug einen Motorschaden hatte, rief er Herrn O an, der eine Reparaturwerkstatt betrieb und fragte diesen, ob er ihn abschleppen könne. O sagte dies zu und erschien mit einem Omnibus. Die beiden Fahrzeuge wurden mit einer Stange verbunden. O steuerte den Omnibus, T den LKW. Auf einer Strecke mit leichtem Gefälle kam der LKW des T von der Fahrbahn ab, geriet auf das weiche Bankett und schlug um. Warum sich der Unfall zugetragen hatte, ließ sich nicht exakt aufklären – möglicherweise war O zu schnell gefahren, möglicherweise hatte aber auch T eine falsche Lenkbewegung gemacht. T verlangt von O bzw. dessen KH-Versicherung den am LKW entstandenen Schaden in Höhe von 13 402 DM ersetzt.

Lösung:

Haftungsrechtliche Vorbemerkung: Auch wenn sich ein Verschulden des O nicht nachweisen läßt, ergibt sich seine Haftung aus § 7 StVG. Der Unfall hat sich beim Betrieb des Omnibusses zugetragen; daß es sich um ein unabwendbares Ereignis gemäß § 7 Absatz 2 StVG handelte, konnte O nicht dartun.

Versicherungsrechtlich ist zunächst davon auszugehen, daß sich der Schaden beim Gebrauch des Omnibusses zugetragen hat. Allerdings könnte hier der Risikoausschluß des § 11 Nr. 3 AKB eingreifen. Das OLG Koblenz hat dies ohne weitere Ausführungen unter Bezugnahme auf BGH VersR 78, 1070 bejaht. Das abgeschleppte Fahrzeug sei als Fahrzeug anzusehen, auf das sich die Versicherung des Zugfahrzeuges bezieht.

Zu prüfen ist aber weiter, ob nicht die Ausnahmevorschrift des § 11 Nr. 3 2. HS AKB eingreift. Der Risikoausschluß nach § 11 Nr. 3 ist nämlich dann nicht anwendbar, wenn die folgenden drei Voraussetzungen vorliegen:
– Das Abschleppen darf nicht gewerbsmäßig durchgeführt werden
– Das abgeschleppte Fahrzeug muß betriebsunfähig sein
– Das Abschleppen muß im Rahmen üblicher Hilfeleistungen erfolgen
Vorliegend fehlt es bereits an der ersten Voraussetzung. O betrieb eine Fachwerkstatt, an die sich T gerade wegen dieser Eigenschaft gewandt hat. Das Abschleppen von Fahrzeugen gehörte zur Ausübung seines Gewerbebetriebs. Für die Annahme der Gewerbsmäßigkeit spricht grundsätzlich, wenn eine selbständige, auf Dauer berechnete, in Erwerbs- oder Gewinnabsicht vorgenommene Betätigung vorliegt, die sich als Beteiligung am allgemeinen Wirtschaftsverkehr darstellt. Diese Voraussetzung ist in der Person des O erfüllt. Um in vergleichbaren Fällen Versicherungsschutz zu erhalten müßte O eine Händler- und Reparatur-Kaskoversicherung nach den Sonderbedingungen für Kfz-Handel- und Handwerk abschließen.

Ergebnis:

Der KH-Versicherer des O hat sich zu Recht auf den Risikoausschluß des § 11 Nr. 3 AKB berufen.

89 Für den Fall der üblichen Pannenhilfe durch Privatpersonen sind zwei Besonderheiten zu beachten: Schädigt der abschleppende Helfer das gezogene Fahrzeug, so haftet er nach dem BGH (NJW 72, 475) nur, wenn der Verschuldensgrad des § 680 BGB (grobe Fahrlässigkeit) zu bejahen ist (näher hierzu *Bauer* Rdnr. 745). Weiter ist zu beachten, daß der Versicherungsschutz des Pannenhelfers nicht etwa deswegen entfällt, weil er ein Trinkgeld erhalten hat – dies macht das Abschleppen noch nicht zur Ausübung eines Gewerbes.

§ 4 Nr. 2 KfzPflVV und der beinahe wortgleiche § 11 Abs. 3 AKB sind gute **90** Beispiele dafür, wie man Gesetze bzw. Verordnungen und allgemeine Versicherungsbedingungen nicht gestalten soll. Zwar ist der erste Halbsatz, wonach Ersatzansprüche wegen Beschädigung, Zerstörung oder Abhandenkommens des versicherten Fahrzeugs ausgeschlossen sein sollen verständlich. Der zweite Halbsatz dieser Bestimmung ist aber vollkommen unklar und zumindest für den Laien ohne jeden Bezug auf Halbsatz 1. Die unvermittelte Aussage, daß der Risikoausschluß bei der Beschädigung betriebsunfähiger Fahrzeuge beim nichtgewerbsmäßigen Abschleppen im Rahmen üblicher Hilfeleistungen nicht eingreifen soll ergibt nämlich nur Sinn, wenn man weiß, daß das abgeschleppte Fahrzeug als ein solches anzusehen ist, auf das sich die Versicherung des Zugfahrzeuges bezieht. Diese Erkenntnis läßt sich aber frühestens durch eine Lektüre der hierzu ergangenen Judikatur des BGH und nicht aus den Versicherungsbedingungen selbst ableiten.

IV. Ansprüche wegen Beschädigung, Zerstörung oder Abhandenkommen von mit dem Fahrzeug beförderten Sachen, § 11 Nr. 4 AKB (§ 4 Nr. 3 KfzPflVV)

Nicht jede Sache, die sich in oder auf einem Fahrzeug befindet, wird damit auch **91** befördert. Befördert i. S. d. § 11 Nr. 4 AKB wird eine Sache nur dann, wenn es dem Fahrer darum geht, diese zweckgerichtet von A nach B zu bringen.

Fallbeispiel:
BGH r+s 94, 324

VN A ist Frachtführer und sollte mit seinem LKW bei der Spedition S beladene Paletten übernehmen. Er fuhr mit dem LKW rückwärts an die Laderampe heran und überbrückte die Lücke zwischen Ladefläche und Rampe mit einem Verbindungsblech. Als A zum Beladen mit einer Elektroameise über das Verbindungsblech fuhr, stellt er fest, daß das Verbindungsblech nicht richtig auflag. Er wollte den LKW daher näher an die Laderampe heranfahren, dabei ließ er Palette und Elektroameise auf der Ladefläche stehen. Beim Anfahren fiel die Elektroameise von der Ladefläche und wurde erheblich beschädigt.

Lösung:
Die Haftung des A ergibt sich aus § 823 BGB und § 7 StVG.
Eine Pflicht zur Deckung dieses Schadens würde zunächst voraussetzen, daß

die Ameise beim Gebrauch des Fahrzeugs gem. § 10 Abs. 1 AKB beschädigt wurde. Dies ist zu bejahen, Be- und Entladen zählt zum Fahrzeuggebrauch i. S. dieser Vorschrift (hierzu oben Rdnr. 29)

Jedoch könnte sich der KH-Versicherer auf den Risikoausschluß des § 11 Nr. 4 AKB berufen, falls es sich bei der Elektroameise um eine beförderte Sache handelt.

Für die Fage, wie der Begriff „beförderte Sache" zu interpretieren ist, kommt es zunächst entscheidend darauf an, wie ein durchschnittlicher VN diesen Begriff verstehen muß. Nach dem BGH versteht der VN unter dem Befördern einer Sache, daß diese mit Hilfe eines hierfür eingesetzten Transportmittels von einem Ort zu einem anderen gebracht wird. Hier war dem Fahrer A klar, daß sich die Elektorameise auf der Ladefläche seines LKW befand und daß diese beim Rangieren ebenfalls ihren Standort verändern würde. Dennoch sieht der BGH die Elektroameise nicht als befördert an und begründet dies mit dem wirtschaftlichen Zweck des § 11 Nr. 4 AK: Diesem Risikoausschluß liege wirtschaftlich gesehen der Gedanke zugrunde, daß die KH-Versicherung nicht dazu bestimmt ist, dem VN das normale Unternehmerrisiko abzunehmen – der VN soll also nicht von Ansprüchen wegen Schlechterfüllung (seiner Verpflichtung als Frachtführer, Ware zu transportieren) freigestellt werden. Das bedeutet, daß der Risikoausschluß des § 11 Nr. 4 AKB nur solche Schäden an der Fracht erfaßt, die durch den zweckgerichteten Einsatz eines Kraftfahrzeugs als Beförderungsmittel entstanden sind.

Folge: **Beförderung** i. S. d. § 11 Nr. 4 AKB ist als **zweckgerichtetes Handeln** zu verstehen, das gerade darauf abzielt, eine Ortsveränderung der Sache zu bewirken.

Im vorliegenden Fall diente das Bewegen des Fahrzeugs aber nicht dazu, die Elektroameise an einen andern Ort zu bringen. Diese blieb nur aus Bequemlichkeit des Fahrers auf der Ladefläche, ohne daß beabsichtigt war, diese zweckgerichtet von A nach B zu bringen.

Ergebnis:
§ 11 Nr. 4 AKB greift nicht ein, der KH-Versicherer ist eintrittspflichtig.

92 Das Problem, wann eine Sache befördert wird, stellt sich insbesondere im Zusammenhang mit dem Be- und Entladen eines Fahrzeugs. Wird eine Sache, die gerade be- oder entladen wird, befördert? Hierzu folgendes

Fallbeispiel:
OLG Hamm r+s 96, 123:

VN sollte mit seinem versicherten LKW bei der Firma X eine Palettenladung „Vestamid" aufnehmen. Nachdem der Beladevorgang eine Weile gedauert hatte, rief ein Mitarbeiter der Firma X dem VN zu, es sei alles aufgeladen, er könne losfahren. Tatsächlich war der Beladevorgang aber noch nicht beendet.

Vielmehr belud nach wie vor ein Mitarbeiter der Firma X mit einem Gabelstapler die rechte Hälfte des LKW. Beim Anfahren riß der LKW den Gabelstapler um und beschädigte diesen. Dabei fiel auch eine auf der Gabel des
Staplers befindliche Palette „Vestamid" zu Boden, so daß das „Vestamid" aus-
lief.

Die Firma X fordert von VN bzw. dessen KH-Versicherer Ersatz der Schäden am Gabelstapler und bezüglich des ausgelaufenen „Vestamids".

Ist der KH-Versicherer eintrittspflichtig?

Lösung:

Haftungsrechtlich ergibt sich die Schadenersatzpflicht der VN aus §§ 823
BGB, 7 StVG.

Die Deckungspflicht der KH-Versicherung setzt zunächst voraus, daß der
Schaden im Rahmen des Gebrauchs des versicherten Fahrzeugs entstanden ist,
§ 10 Abs. 1 AKB. Das ist hier zu bejahen, das Be- und Entladen stellt grundsätzlich einen Gebrauch des Fahrzeugs dar.

Allerdings könnte vorliegend der Risikoausschluß des § 11 Nr. 4 AKB eingreifen. Dann müßte es sich bei dem Gabelstapler bzw. bei der auf der Gabel
des Staplers liegenden Palette „Vestamid" um beförderte Sachen i. S. d. § 11
Nr. 4 AKB handeln. Beförderung ist zweckgerichtetes Handeln, das darauf
abzielt, eine Ortsveränderung einer Sache zu bewirken (BHG r+s 94, 324).

Bezüglich des Gabelstaplers liegt eindeutig keine zweckgerichtete Beförderung vor, so daß der an diesem entstandene Schaden nicht unter § 11 Nr. 4
AKB fällt und somit vom KH-Versicherer zu ersetzen ist.

Bezüglich des „Vestamids" ist die Lösung weniger eindeutig, schließlich
befand sich dieses zum Zeitpunkt der Beschädigung überhaupt nicht auf der
Ladefläche des LKW, sondern noch auf dem Gabelstapler. Dennoch bejaht
das Gericht die Anwendung von § 11 Nr. 4 AKB: Befördert ist eine Sache
nicht nur während des Vorgangs der Ortsveränderung. Vielmehr umfaßt der
Beförderungsbegriff auch Vorgänge, die der eigentlichen Ortsveränderung
vorangehen und mit dieser in einem engen zeitlichen und räumlichen Zusammenhang stehen. Dies gilt insbesondere für das Be- und Entladen – auch
zu diesem Zeitpunkt ist eine Sache schon befördert. Hinter diesem Verständnis des Risikoausschlusses steht die Erwägung, daß sich dieser auf den gleichen
Zeitraum erstrecken soll, während dessen auf der anderen Seite von einem
Fahrzeuggebrauch ausgegangen wird. Das ist beim Be- und Entladen aber der
Fall, hierzu oben Rdnr. 29 ff.

Ähnlich wie beim Beladen stellt sich auch beim Abladevorgang die Frage, ob eine **93**
während des Abladens beschädigte Sache als „befördert" i. S. d. § 11 Nr. 4 AKB
anzusehen ist. Hierzu folgendes

Fallbeispiel:

OLG Hamm r+s 92, 219

Der VN ist Halter eines Tanklastzuges mit dem er Milch von den Bauern holen läßt und dann zur Molkerei fährt. Dort erfolgt der Entladevorgang in der Weise, daß die Milch über den Entleerungsschlauch des Tankzugs in einen 3000 l fassenden Kellertank der Molkerei gelangt. Sobald der Tank voll ist, springt eine Pumpe an, die die Milch in entfernt gelegene Milchtürme befördert. Das Klappventil der Pumpe muß vor jedem Entladen vom Fahrer überprüft werden. Weil Fahrer F das vergaß, liefen 16 975 l mit dem Lastzug transportierte Milch aus und wurden unbrauchbar. Ferner lief eine vergleichbare Menge Milch aus den Milchtürmen aus. Diesen Schaden hat der KH-Versicherer des Tankzugs ersetzt. Der Versicherer weigert sich aber, den Wert der im Tanklastzug transportierten Milch in Höhe von 11 896 DM zu ersetzen.

Lösung:

Zunächst ist problematisch, ob es sich bezüglich der unbrauchbar gewordenen antransportierten Milch um einen Schaden handelt, der durch den Gebrauch des versicherten Fahrzeugs eingetreten ist.

Ein Gebrauch eines Fahrzeugs liegt nicht nur dann vor, wenn es bewegt wird, sondern auch, wenn die für das Fahrzeug typischen Funktionen in Tätigkeit gesetzt werden. Das Be- und Entladen gehört daher zum Gebrauch. Dennoch könnte man daran zweifeln, ob die Milch hier wirklich durch einen Gebrauch des Fahrzeugs ausgelaufen ist, schließlich hat F nicht ein am LKW angebrachtes, sondern ein zum Tank der Molkerei gehörende Ventil nicht richtig eingestellt. Diese Tatsache spielt nach Ansicht des Gerichts aber keine Rolle: Entscheidend ist, daß der Schaden beim Entladen der Milch und damit beim bestimmungsgemäßen Gebrauch des Fahrzeugs eingetreten ist.

Allerdings könnte der KH-Versicherer nach § 11 Abs. 4 AKB leistungsfrei geworden sein. Auch beim Entladen zieht das Gericht eine zeitliche Parallele zum Gebrauch: Wenn man den Abladevorgang als Gebrauch ansieht, ist eine Sache in diesem Zeitraum „befördert". Der Ausschluß bezüglich der beförderten Sache greift auch dann noch ein, wenn mit dem Abladen schon begonnen, der Abladevorgang aber noch nicht beendet ist – und damit auch der Fahrzeuggebrauch noch andaudert.

Ergebnis:

Der Versicherer hat sich bezüglich der mit dem LKW transportierten Milch zu Recht auf den Risikoausschluß des § 11 Nr. 4 AKB berufen.

Auf derselben Linie wie das geschilderte Urteil des OLG Hamm liegt auch eine Entscheidung des OLG Nürnberg (VersR 82, 1092): Eine Beförderung gem. § 11 Nr. 4 AKB ist bis zur Beendigung des Abladevorgangs zu bejahen. Daher besteht keine Ersatzpflicht des KH-Versicherers bezüglich mit einem Tankwagen transportierten Dieselöls, das in einen Behälter mit Superbenzin abgefüllt und beschädigt wird. Für das unbrauchbar gewordene Superbenzin wäre der KH-Versicherer dagegen eintrittspflichtig – dabei handelt es sich nicht um eine beförderte Sache.

Der Risikoausschluß des § 11 Nr. 4 AKB ist also strikt auf die beförderte **94** Sachen selbst zu beschränken.

Fallbeispiel:
BGH r+s 95, 45

VN wurde mit dem Transport von Fernsehgeräten beauftragt. Während des Transports geriet das mit den Fernsehgeräten beladene Fahrzeug in Brand, weil es durch Reibung der Hinterreifen an der Ladepritsche zu einer starken Erhitzung der Ladefläche gekommen war. Den auf dem Fahrzeug verbliebenen, von den Geräten und deren Verpackung herrührenden Brandschutt entsorgte die Y-GmbH für 52 346 DM. Hierfür begehrt VN bei seinem KH-Versicherer Versicherungsschutz.

Lösung:
Nach dem BGH ist die Risikoausschlußklausel des § 11 Nr. 4 AKB auf Haftpflichtansprüche wegen solcher Schäden beschränkt, die an den beförderten Sachen **selbst** eintreten. Ausgeschlossen sind also nur Schäden, die unmittelbar an den beförderten Sachen selbst eingetreten sind. Dagegen fallen anderweitige Schäden, die sich nicht als Schäden an der beförderten Sache, sondern als deren weitere Auswirkung darstellen, nicht unter den Deckungsausschluß des § 11 Nr. 4 AKB.

Hier geht es bei dem vom VN geltend gemachten Schaden nicht um einen Schaden an den beförderten Fernsehgeräten selbst, vielmehr hat sich deren Zerstörung dahin ausgewirkt, daß weitere Schäden, nämlich Entsorgungskosten, eingetreten ist.

Vom Versicherer waren demnach auch die Kosten der Beseitigung des auf die Straße geratenen Brandschutts zu ersetzen.

Zu beachten ist, daß der Risikoausschluß der beförderten Sache in § 11 Nr. 4 **95** 2. HS (basierend auf § 4 Nr. 3 KfzPflVV) wieder eingeschränkt wird. Nicht als befördert anzusehen (und damit nicht vom Risikoausschluß erfaßt) sind solche Sachen, die mit dem Willen des Halters beförderte Personen üblicherweise mit sich führen, oder, sofern die Fahrt überwiegend der Personenbeförderung dient, als Gegenstände des persönlichen Bedarfs mit sich führen.

Für die Frage, welche Sachen beförderte Personen üblicherweise mit sich führen, kommt es auf die individuellen Gepflogenheiten des jeweiligen Fahrgastes an (*Knappmann* in *Prölss/Martin* § 12 AKB Rdnr. 14). Entscheidend ist also, was die betreffende Person auch sonst mit sich zu führen pflegt. Dabei dürfte es sich im Wesentlichen um Kleidung, Brieftasche, Brille, Uhr und ähnliche Gegenstände handeln (zahlreiche Beispiele bei *Feyock/Jacobsen/Lemor* § 11 AKB Rdnr. 32).

Bei einer Fahrt die überwiegend der Personenbeförderung dient (Omnibus, Taxi; näher hierzu § 15 d StVZO), wird der Versicherungsschutz auf die mitgeführten Gegenstände des persönlichen Bedarfs erweitert. Hierunter fallen insbesondere das mitgeführte Gepäck, aber auch Instrumente, Sportgeräte, Notebook, Photo etc.

V. Haftpflichtansprüche aus reinen Vermögensschäden, die auf die Nichteinhaltung von Liefer- und Beförderungsfristen zurückzuführen sind, § 11 Nr. 4 AKB (§ 4 Nr. 5 KfzPflVV)

96 Sehr praxisrelevant ist diese Klausel nicht. Liefer- und Beförderungsfristen können sich nur aus Verträgen über den Transport von Personen (Taxi) oder Gütern ergeben. Die Ausschlußklausel betrifft daher den gewerblichen Güterverkehr. Mit ihr soll klargestellt werden, daß Schadenersatzansprüche gegen den Unternehmer (z. B. aus Verzug) nicht unter den Schutzbereich der KH-Versicherung fallen.

Beispiel:

Frachtführer F verpflichtet sich gegenüber der Maschinenfabrik M, am 1. 7. Ersatzteile zu deren Zweigwerk zu bringen. Durch ein Verschulden des F wird der Transport erst am 3. 7. durchgeführt.

Zivilrechtlich könnte M von F Ersatz eines etwaigen Verspätungsschadens aus Nichteinhaltung der Lieferfrist gem. §§ 284 ff BGB geltend machen.

Für diesen Schadenersatzanspruch ist der KH-Versicherer des F aus zwei Gründen nicht eintrittspflichtig: Zum einen liegt kein Fahrzeuggebrauch vor: Das ist klar, wenn F überhaupt nicht losgefahren sein sollte. Aber auch wenn er zu spät gefahren wäre, ließe sich der Verspätungsschaden wohl kaum als durch den Gebrauch des Fahrzeugs entstanden qualifizieren – Der LKW und damit die von diesem als Kfz ausgehende Gefahr war an der schadensstiftenden Verrichtung nicht zeit- und ortsnah beteiligt. Zum anderen sind Ansprüche aus der Nichteinhaltung von Beförderungsfristen (hier 1. 7.) nach § 11 Nr. 5 AKB ausgeschlossen.

Gleiches gilt, wenn ein für 10 Uhr bestelltes Taxi erst um 10 Uhr 30 kommt, der Fahrgast deswegen ein Flugzeug und damit wiederum einen vorteilhaften Geschäftsabschluß versäumt: auch hier greift § 11 Nr. 5 AKB als Risikoausschluß zugunsten des KH-Versicherers ein. Hätte sich der Taxichauffeur dagegen verfahren und hierdurch die Verspätung des Kunden verursacht, käme § 11 Nr. 5 mangels vereinbarter Beförderungsfrist nicht zu Anwendung.

VI. Haftpflichtansprüche aus Schäden bei genehmigten Rennsportveranstaltungen, § 2 b Abs. 3 AKB (§ 4 Nr. 4 KfzPflVV)

Schäden, die bei der Beteiligung an behördlich genehmigen Fahrtveranstaltungen **97** entstehen, bei denen es auf die Erzielung einer Höchstgeschwindigkeit ankommt, sind vom Versicherungsschutz ausgeschlossen. Gleiches gilt für die dazugehörigen Übungsfahrten,

Dieser nicht sehr praxisrelevante Ausschluß ist deswegen in die KfzPflVV aufgenommen worden, weil für behörlich genehmigte Rennsportveranstaltungen bereits deswegen Versicherungsschutz besteht, weil der Veranstalter zum Abschluß einer Haftpflichtversicherung verpflichtet ist (Verwaltungsvorschrift Nr. 7 zu § 29 StVO). Die Teilnahme an behördlich nicht genehmigten Rennsportveranstaltungen stellt gem § 2 b Abs. 1 d AKB (§ 5 Abs. 1 Nr. 2 KfzPflVV) eine Obliegenheitsverletzung dar.

G. Der räumliche Geltungsbereich der KH-Versicherung

Gemäß § 1 KfzPflVV hat sich der Versicherungsschutz auf Europa (so schon vor **98** Erlaß der KfzPflVV) sowie die außereuropäischen Gebiete, die zum Geltungsbereich der EG-Länder gehören (Erweiterung durch § 1 KfzPflVV) zu erstrecken.

Es gehören damit – anders als nach altem Recht – z. B. die Kanarischen Inseln, Ceuta und die französischen Überseegebiete zum räumlichen Geltungsbereich. Nicht dazu zählt der asiatische Teil der Türkei, denn die Türkei ist nicht Mitglied der Europäischen Union, sondern nur assoziierter Staat.

Es ist Deckung in der Höhe zu gewähren, die in dem jeweiligen Besuchsland **99** vorgeschrieben ist, mindestens jedoch in der in Deutschland vorgeschriebenen Höhe. Für Auslandsfahrten hat demgemäß der Versicherer mindestens Versicherungsschutz nach den deutschen Mindestdeckungssummen zu gewähren, wenn die Deckungssummen des Besuchslandes geringer sind. Ist der Verssicherer nicht leistungsfrei, hat er seinem VN auch die vereinbarten höheren Summen zur Verfügung zu stellen.

Fallbeispiel:

A unterhält bei der X-Versicherung eine Kraftfahrt-Haftpflichtversicherung mit unbegrenzter Deckung. Auf einem Urlaub in Portugal verschuldet er einen Unfall, bei dem P eine Querschnittslähmung erleidet. Sein materieller und immaterieller Schaden beläuft sich auf 7 Mio. DM. Für Portugal wird eine

---

gesetzliche Pflichtdeckungssumme von umgerechnet 350 000,– DM unterstellt.

Hat die X-Versicherung für 350 000,– DM, in Höhe der deutschen Mindestdeckungssummen (hier 5 Mio. DM) oder für 7 Mio. DM einzutreten?

Lösung:

Die X-Versicherung übernimmt Deckung in Höhe von 7 Mio. DM, weil die Vereinbarung über die unbegrenzte Deckung für den gesamten räumlichen Geltungsbereich des § 1 KfzPflVV gilt. Nach dem Wortlaut von § 1 KfzPflVV soll der Versicherer ja **mindestens** Versicherungsschutz nach den deutschen Mindestdeckungssummen bieten. Nach § 2a AKB gehen die Versicherer darüber hinaus, indem sie den vertraglich vereinbarten Versicherungsschutz zur Verfügung stellen.

Fallbeispiel:

Wie oben, jedoch besteht die Haftpflichtversicherung nur über die gesetzlichen Mindestdeckungssummen (hier also 5 Mio. DM) und der Unfallort liegt in Belgien.

Welche Versicherungssumme muß der Versicherer zur Verfügung stellen?

Lösung:

Der Versicherer muß 7 Mio. zur Verfügung stellen. In Belgien ist die gesetzliche Mindestdeckungssumme unbegrenzt. Bis zu dieser Höhe hat der Versicherer nach § 1 KfzPflVV und § 2a AKB einzutreten.

H. Die vorsätzliche Herbeiführung des Versicherungsfalles (§ 152 VVG)

100   Im Rahmen von § 10 Abs. 1 AKB, § 2 Abs. 1 KfzPflVV hat der Kraftfahrt-Haftpflichtversicherer seinen VN und den mitversicherten Personen Versicherungsschutz zu gewähren, wenn Ersatzansprüche erhoben werden, die ihre Grundlage in gesetzlichen Haftpflichtbestimmungen privatrechtlichen Inhalts haben. Zu diesen Vorschriften gehören Bestimmungen wie § 7 StVG, § 823 BGB, § 22 WHG u. a.

101   Einige der Haftpflichtbestimmungen setzen Verschulden (Fahrlässigkeit bzw. Vorsatz, § 276 BGB) des Haftenden voraus, so §§ 823, 831 BGB und bestimmen eine unbegrenzte Haftung.

102   Sowohl aus §§ 10 Abs. 1 AKB, 2 Abs. 1 KfzPflVV wie aus der generellen – auch für die Kraftfahrt-Haftpflichtversicherung anwendbaren – Regel des § 149 VVG hat der Versicherer im Verhältnis zu seinem VN im Rahmen dessen (mitunter unbegrenzten zivilrechtlichen) Haftung uneingeschränkt einzutreten, also auch für Vorsatz. Diese sogenannte primäre Risikobeschränkung des § 149 VVG ist

jedoch auf vielfältige Weise durch sogenannte sekundäre Risikobeschreibungen, die durch Gesetz und AKB geregelt werden, eingeschränkt. Für die Kraftfahrt-Haftpflichtversicherung finden sich diese z. B. wieder in
– § 1 AKB (örtlicher Geltungsbereich)
– § 10 AKB (Gebrauch des Fahrzeugs, Deckungssumme)
– § 11 AKB (Risikoausschlüsse),
insbesondere auch in
– § 152 VVG („Vorsatztat").

§ 152 VVG ist ein subjektiver Risikoausschluß. Er schließt die „Haftung" des **103** Versicherers für vorsätzliche, widerrechtliche Herbeiführung des Haftungsfalles aus. Der Risikoausschluß legt **von vornehein** fest, daß ein durch eine Vorsatztat herbeigeführter Schadenfall nicht vom Deckungsumfang des Versicherungsvertrages erfaßt ist (BGH VersR 71, 239 m. w. N.) Damit unterscheidet sich der Risikoausschluß von Leistungsfreiheitstatbeständen wie Prämienverzug und Obliegenheitsverletzungen, die den Versicherer **nachträglich** von seiner Leistungspflicht ganz oder teilweise befreien.

Der Risikoausschluß wirkt auch gegenüber dem geschädigten Dritten (BGH **104** VersR 71, 239; a. A. neuerdings OLG Frankfurt r+s 96, 472 = VersR 97, 224 mit ablehnenden Anm. von *Lemcke*, r+s 96, 483, *Langheid* VersR 97, 348, *Lorenz* VersR 97, 349), so daß diesem der Direktanspruch des § 3 Nr. 1 PflVG von vornherein nicht zusteht. (Anders bei den erwähnten Leistungsfreiheitstatbeständen, bei denen trotz Leistungsfreiheit der Direktanspruch wegen § 3 Nr. 4 PflVG grundsätzlich erhalten bleibt). Anders (im Ergebnis aber gleich) sieht dies *Langheid* (VersR 97, 348; ders. in Römer/Langheid, VVG, zu § 3 PflVG Rdnr. 17), der grundsätzlich die Vorsatztat als Leistungsfreiheitstatbestand auffaßt und den Direktanspruch generell auch hierfür zuläßt. Konsequenterweise fällt nach dieser Ansicht die Vorsatztat unter § 3 Nr. 4 PflVG, nach welchem der Direktanspruch des Dritten trotz Leistungsfreiheit im Innenverhältnis erhalten bleibt. Im Ergebnis kommt aber auch *Langheid* zu dem Schluß, daß der Direktanspruch nicht besteht (wegfällt), weil über § 3 Nr. 6 PflVG die Vorschrift des § 158 c Abs. 3 VVG zum Tragen kommt. Danach haftet der Versicherer bei im Innenverhältnis bestehender Leistungsfreiheit dem geschädigten Dritten nur „im Rahmen ... der von ihm übernommenen Gefahr". In die von dem Versicherer übernommene Gefahr sei „die Vorsatztat ... aber gerade nicht einbezogen" (*Langheid* VersR 97, 348). Diesen komplizierten und u. E. falschen Weg schlägt auch *Lorenz* (VersR 97, 349) ein, der *Langheid* unterstützt und als zusätzlichen Grund für seine Meinung angibt, der Gesetzgeber habe § 152 VVG unglücklich formuliert. Wenn es in § 152 VVG heiße „Der Versicherer **haftet** nicht", sei tatsächlich gemeint, der Versicherer sei **leistungsfrei**. § 152 VVG sei eine Ausnahmevorschrift zu der Grundnorm des § 61 VVG, welcher bestimmt, daß der Versicherer „von der Verpflichtung zur Leistung frei" ist.

Diese Begründung ist nicht zwingend. Ausgehend von der unbestrittenen Ansicht, daß § 61 VVG ein subjektiver Risikoausschluß ist (vgl. *Prölss/Martin* zu

§ 61 VVG Anm.1 m. w. N.), besteht auch für den dort beschriebenen Sachverhalt von vorneherein kein Deckungsschutz. Spricht in diesem Zusammenhang der Gesetzgeber von „Leistungsfreiheit", ist eher dort als in § 152 VVG die von *Lorenz* beanstandete verunglückte Formulierung zu suchen, weil sie fälschlicherweise suggeriert, es handle sich um die gleiche nachträgliche Befreiung von der Leistungspflicht, wie sie im Obliegenheitsrecht (z. B. §§ 6, 25 Abs. 1, 33 Abs. 2 VVG) und bei Prämienverzug (§§ 38 Abs. 2, 39 Abs. 2 VVG) angeordnet ist.

Es besteht u. E. kein Anlaß, dem Gesetzgeber eine unpräzise Formulierung in § 152 VVG vorzuwerfen. Sie läßt eine eindeutige Schlußfolgerung auf den Deckungsumfang zu. Sie grenzt sich damit auch klar von den Leistungsfreiheitstatbeständen ab. Anders hat dies auch der BGH in seiner Entscheidung VersR 71, 239 nicht gesehen. Danach ist § 152 keine Obliegenheit, „die den Versicherer nachträglich von seiner Verpflichtung zur Leistung befreit, sondern um einen subjektiven Risikoausschluß, bei dem von vorneherein festgelegt ist, daß ein solcher Schadenfall nicht unter den Schutz des Versicherungsvertrages fällt". So sieht dies auch *Lemcke*, r+s 96, 483.

105 Der Risikoausschluß gilt im Rahmen der Fremdversicherung auch für die mitversicherten Personen (BGH VersR 71, 239). Handelt eine mitversicherte Person vorsätzlich, kann sich der Versicherer ihr gegenüber auf den Risikoausschluß berufen. Der geschädigte Dritte verfügt **insoweit** nicht über den Direktanspruch gegenüber dem Versicherer. Haftet der VN dem geschädigten Dritten z. B. als Halter und trifft ihn nicht der Vorwurf des vorsätzlichen Handelns, hat der geschädigte Dritte den Direktanspruch nach § 3 Nr. 1 PflVG nur, soweit der VN als Halter im Rahmen des StVG haftet.

Fallbeispiel:

D entwendet das Fahrzeug des A, welches bei der X-Versicherung haftpflichtversichert ist. Nach nur wenigen Minuten fährt D das Fahrzeug in das am Straßenrand abgestellte Fahrzeug des F. Wie sich später herausstellt, wollte D sich an F rächen, weil dieser ihn zuvor wegen Schwarzarbeit angezeigt hatte.

F wendet sich wegen des erlittenen Fahrzeugschadens an die X-Versicherung.

Lösung:

Zunächst ist zu prüfen, ob D den Schaden vorsätzlich und widerechtlich herbeigeführt hat.

Vorsatz ist das Wissen und Wollen des rechtswidrigen Erfolges (*Palandt-Heinrichs* § 276 Rdnr. 10). Der Handelnde muß „den rechtswidrigen Erfolg seines Verhaltens voraussehen und trotzdem den Willen haben, . . . sich entsprechend zu verhalten" (*Römer/Langheid* zu § 152 Rdnr. 3).

Der Vorsatz muß sich sowohl auf die schädigende Handlung wie auf den Handlungserfolg beziehen. Hierzu brauchte D nicht den Schaden in jeder

Einzelheit vorhergesehen zu haben (vgl. OLG Saarbrücken VersR 93, 1004). Es reicht aus, daß er sich in etwa den Fahrzeugschaden vorgestellt hat. Bedingter Vorsatz genügt insoweit (OLG Köln r+s 97, 95; OLG Hamm r+s 97, 103). Angesichts der Tatsache, daß D mit der Tat einen Racheakt ausgeübt hat, besteht kein vernünftiger Zweifel, daß D sowohl zielgerichtet gegen das Fahrzeug des F gefahren ist und einen Fahrzeugschaden herbeiführen wollte. Damit erfüllt er den Tatbestand des § 152 VVG.

Bei der Betrachtung eines solchen Falles sind weiterhin die Beteiligten und die Haftungsverhältnisse festzustellen. Sodann ist das Innenverhältnis zum Versicherer und die Auswirkungen auf den Direktanspruch zu prüfen.

Haftungsverhältnisse:
A könnte als Halter gem. § 7 Abs. 1 StVG für den Schaden verantwortlich sein. Hier greift aber die Vorschrift des § 7 Abs. 3 StVG, nach welcher im Falle der Schwarzfahrt (hier Diebesfahrt) die Halterhaftung auf den Schwarzfahrer übergeht, der Halter also von seiner Haftung befreit ist. Anhaltspunkte dafür, daß F die Entwendung schuldhaft ermöglicht hat und deswegen seine Haftung bestehen bleibt (§ 7 Abs. 3 S 1. 2. Hs. StVG) sind dem Sachverhalt nicht zu entnehmen.

D haftet dem F aus § 823 Abs. 1 BGB wegen vorsätzlich begangener Schadenszufügung.

Im übrigen trifft ihn als Schwarzfahrer die Halterhaftung nach § 7 Abs. 1 StVG i. V. m. § 7 Abs. 3 S. 1 StVG.

Innenverhältnis zur X-Versicherung:
Im Verhältnis zu A hat die X-Versicherung Deckung zu gewähren, weil A nicht vorsätzlich gehandelt hat (§ 152 VVG). Da A dem F gegenüber nicht haftet, gewährt die X-Versicherung gem. § 10 AKB Versicherungsschutz in Form der Abwehr unbegründeter Ansprüche.

Im Verhältnis zu D greift der Risikoausschluß des § 152 VVG. Dieser Ausschluß gilt entgegen dem Wortlaut nicht nur für den VN, sondern auch für versicherte Personen (BGH VersR 71, 239). Er bewirkt, daß die X-Versicherung dem D keine Deckung zu gewähren hat.

Direktanspruch:
Aus dem Verhältnis zwischen A und der X-Versicherung leitet sich kein Direktanspruch ab. Inhalt des Direktanspruch ist es, daß der deliktsrechtliche Anspruch des Dritten gegenüber dem Haftenden sich gleichzeitig auch gegen den Versicherer richtet (Akzessorietät des Direktanspruchs). Mangels eines deliktsrechtlichen Anspruchs des F gegen A kann es auch keinen Direktanspruch gegen die X-Versicherung geben.

Aus dem Verhältnis zwischen D und der X-Versicherung leitet sich ebenfalls kein Direktanspruch zu Gunsten des F ab. Der Risikoausschluß des § 152 VVG hat zur Folge, daß von vornherein keine Deckung für D bestand und damit eine Inanspruchnahme des Versicherers für eine Haftung des D gedanklich ausgeschlossen war. Deshalb ist auch von vorneherein ein Direktanspruch im Falle des 152 VVG ausgeschlossen.

Ergebnis:

F kann weder den A noch die X-Versicherung in Anspruch nehmen. Ihm bleibt der Anspruch gegen D, notfalls die Verkehrsopferhilfe nach den §§ 12 ff PflVG.

Fallbeispiel:

Wie vor, jedoch hatte A das Fahrzeug nicht verschlossen und den Schlüssel stecken lassen.

Lösung:

Unterschiede zum vorstehenden Fallbeispiel ergeben sich nur wegen der Person des A.

Haftungsverhältnis:

A hat hier die Schwarzfahrt schuldhaft ermöglicht. Deshalb ist er nicht gemäß § 7 Abs. 3 StVG von seiner Haftung als Halter gem. § 7 Abs. 1 StVG befreit.

Innenverhältnis zur X-Versicherung:

Im Verhältnis zu A kann sich die X-Versicherung auch hier nicht auf § 152 VVG berufen, weil es an einer vorsätzlichen Handlung in bezug auf die Fremdschädigung fehlt. Allerdings hat A die Schwarzfahrt des D dadurch schuldhaft ermöglicht, daß er den Schlüssel stecken ließ. Dies erfüllt den Tatbestand der Obliegenheit nach § 2b Abs. 1 S. 2 AKB. Im Hinblick auf § 5 Abs. 1 Nr. 3 KfzPflVV ist Leistungsfreiheit nur anzunehmen, wenn der VN das Fahrzeug **wissentlich** unberechtigt in Gebrauch hat nehmen lassen, hierzu Rdnr. 283. Vorsätzliches Handeln in bezug auf den unberechtigten Gebrauch durch D ist vorliegend nicht anzunehmen. Die X-Versicherung ist deshalb auch nicht (teilweise) leistungsfrei.

Direktanspruch:

Da A dem F aus § 7 Abs. 1 StVG haftet, besteht zu Gunsten des F der Direktanspruch gem. § 3 Nr. 1 PflVG. Auch wenn dem A eine Obliegenheitsverletzung (schuldhaftes Ermöglichen einer Schwarzfahrt, § 2b Abs. 1 S. 2 AKB) trifft und die X-Versicherung deswegen bis 10 000 DM leistungsfrei ist, würde der Direktanspruch des F wegen § 3 Nr. 4 und 6 PflVG nicht entfallen.

Ergebnis:

Für A muß die X-Versicherung eintreten und den Schaden regulieren. Mangels Leistungsfreiheit kann die X-Versicherung auch keinen Regreß bei A nehmen. Gegenüber D hat die X-Versicherung einen Rückgriffsanspruch aus § 812 BGB, da dieser durch die Entschädigungszahlung von seiner Schuld dem F gegenüber befreit worden ist. Die Anspruchsgrundlage des § 3 Nr. 9 S. 2 PflVG (Gesamtschuldnerausgleich) ist hier nicht einschlägig, weil es mangels Direktanspruchs auch keine Gesamtschuldnerschaft von D und X-Versicherung i. S. v. § 3 Nr. 2 PflVG gibt.

2. Kapitel. Die KH-Versicherung als Pflichtversicherung

A. Die Grundgedanken des PflVG

Der Gesetzgeber hat die KH-Versicherung als Pflichtversicherung ausgestaltet. Er **106** bezweckt hiermit in erster Linie den Schutz des Verkehrsopfers. Wer durch ein Kraftfahrzeug geschädigt wird, kann seine Ansprüche in jedem Fall gegen ein Versicherungsunternehmen und damit gegen einen kompetenten und solventen Schuldner geltend machen. So heißt es in der amtlichen Begründung des im Jahr 1939 entstandenen PflVG: „Die fortschreitende Motorisierung erfordert einen erweiterten Schutz des Verkehrsopfers. Diesem Ziel dient das vorliegende Gesetz" (DJ 1939, 1771). Daneben dient das PflVG auch dem Schutz des VN und der mitversicherten Personen. Dieser Aspekt kommt in der Gesetzesbegründung zur Neufassung vom 29. 7. 1994 zum Ausdruck, wonach die erfolgten Änderungen sicherstellen sollen, „daß auch künftig ein dem Zweck des Gesetzes gerecht werdender Schutz von Verkehrsopfern und Versicherten gewährleistet ist." Wer durch ein Kraftfahrzeug einen anderen schädigt, muß den Schaden nicht selbst ersetzen und ist damit vor einer Gefährdung seiner wirtschaftlichen Existenz geschützt – der entstandene Schaden wird von einem Versicherer reguliert.

B. Die Regelungen zum Schutz des Unfallopfers und der Versicherten im PflVG

Ein umfassender Schutz von Geschädigten und den KH-Versicherten wird namentlich durch folgende Vorschriften bezweckt:

I. Versicherungspflicht (§ 1 PflVG)

Nach § 1 PflVG ist der Halter eines Kraftfahrzeugs verpflichtet, für sich, den **107** Eigentümer und den Fahrer eine Haftpflichtversicherung abzuschließen. Die Pflicht zum Abschluß einer Haftpflichtversicherung trifft den Halter und damit die Person, die nach § 7 StVG einer umfassenden Gefährdungshaftung ausgesetzt ist. Da das Gesetz den Begriff des Halters nicht definiert, ist die Fehlvorstellung verbreitet, Halter sei stets derjenige, auf den das Fahrzeug zugelassen ist. Demgegenüber ist zu betonen, dass weder die Zulassung noch das Eigentum an einem Fahrzeug eine Stellung als Halter begründen, hierin sind lediglich Indizien für eine Haltereigenschaft zu sehen. Nach ständiger Rechtsprechung ist Halter, wer das Fahrzeug für eigene Rechnung in Gebrauch hat und die Verfügungsgewalt besitzt, die ein solcher Gebrauch voraussetzt (BGH VersR 69, 907; *Römer/Langheid* § 1 PflVG Rdnr. 8 m. w. N.). Der Halter des Fahrzeugs muß nicht unbedingt auch VN sein. Seiner Verpflichtung zum Abschluß einer KH-Versicherung kann der Halter auch dadurch genügen, daß (z. B. wegen Prämienvorteilen) andere Personen den KH-Vertrag abschließen. So erklärt es sich auch, daß in § 10 Abs. 2 AKB (fußend auf § 2 Abs. 2 KfzPflVV) neben dem Fahrer und dem Eigentümer auch der Halter als mitversicherte Person aufgeführt ist. Auch in den Fällen, in denen der Halter nicht VN ist, trifft ihn die Halterhaftung aus § 7 StVG und für diesen Fall ist es wichtig, daß der Halter als mitversicherte Person Versicherungsschutz genießt.

108   Ausnahmen von der Versicherungspflicht bestehen gem. § 2 PflVG für Bund, Länder und Gemeinden mit über 100 000 Einwohnern.

109   Gem. § 2 Abs. 1 Ziff. 6 PflVG sind von der Versicherungspflicht ausgenommen:
– Kraftfahrzeuge, die nicht schneller als 6 km/h fahren können
– selbstfahrende Arbeitsmaschinen mit einer Höchstgeschwindigkeit von 20 km/h, wenn sie den Vorschriften über das Zulassungsverfahren nicht unterliegen. Ob letzteres der Fall ist, richtet sich nach § 18 Abs. 2 Nr. 1 StVZO und einem hierzu ergangenen Verzeichnis des Bundesverkehrsministeriums. Selbstfahrende Arbeitsmaschinen sind Fahrzeuge, die zur Leistung von Arbeit, nicht aber zur Beförderung von Personen oder Gütern bestimmt und geeignet sind (Bagger, Straßenwalzen, Mähmaschinen).

Dagegen sind Gabelstapler keine selbstfahrenden Arbeitsmaschinen, da sie zum Transport von Gütern bestimmt sind. Gabelstapler unterliegen daher nur dann nicht der Pflichtversicherung, wenn sie entweder nicht schneller als 6 km fahren können (§ 2 Abs. 1 Nr. 6 a PflVG) oder wenn sie – ohne Rücksicht auf die erzielbare Höchstgeschwindigkeit – lediglich auf nichtöffentlichen Wegen und Plätzen verkehren, vgl § 1 PflVG. (Näher zur versicherungsrechtlichen Behandlung von Gabelstaplern *Schmalzel* VersR 79, 510; ausführlich zum Begriff des Kfz *Schug* VersR 98, 819).

II. Kontrahierungszwang (§ 5 Abs. 2 PflVG)

110   § 5 Abs. 2 PflVG verpflichtet den KH-Versicherer, den Antrag eines VN anzunehmen (Kontrahierungszwang). Nach dem eindeutigen Wortlaut von § 5 Abs. 2 PflVG gilt der Kontrahierungszwang zugunsten aller VN und für alle Fahrzeugarten (zutreffend *Feyock/Jacobsen/Lemor* § 5 PflVG Rdnr. 6). Auch das BAV (VerBAV 96, 19) geht von einem alle Fahrzeuge umfassenden Kontrahierungszwang aus. Das BAV weist darauf hin, daß sich § 5 Abs. 3 PflVG mit den dort genannten

Ausnahmen nur auf die Annahmefiktion bezieht. Hinzu kommt, daß auch der Zweck des PflVG, einen möglichst lückenlosen Schutz von Verkehrsopfern zu gewährleisten, eine umfassende Geltung des Annahmezwangs erfordert (anderer Ansicht allerdings *Schirmer/Höhne* DAR 96, 498).

Der Annahmezwang entfällt also nur, wenn die Gründe des § 5 Abs. 4 PflVG vorliegen. Danach darf der Antrag nur abgelehnt werden,

– wenn sachliche (z. B. nur bestimmte Berufsgruppen sollen versichert werden) oder örtliche Beschränkungen im Geschäftsplan des Versicherers dem Abschluß des Vertrags entgegenstehen, oder

– wenn der Antragsteller bereits bei dem Versicherungsunternehmen versichert war und

• der Versicherer den Versicherungsvertrag wegen Drohung oder arglistiger Täuschung angefochten hat

• der Versicherer vom Vertrag wegen Verletzung der vorvertraglichen Anzeigepflicht oder wegen Nichtzahlung der ersten Prämie zurückgetreten ist

• der Versicherer den Versicherungsvertrag wegen Prämienverzug oder nach Eintritt eines Versicherungsfalls gekündigt hat.

Zu beachten ist, daß sich der Kontrahierungszwang auf einen Versicherungsschutz nach den „gesetzlichen Vorschriften", also auf die Mindestversicherungssummen beschränkt, § 5 Abs. 2 PflVG.

III. Annahmefiktion (§ 5 Abs. 3 PflVG)

Die in § 5 Abs. 3 PflVG vorgesehene Annahmefiktion gilt nicht für alle Fahr- **111** zeuge in gleicher Weise, vielmehr muß zwischen verschiedenen Fahrzeugarten differenziert werden:

1) Zweiräder, Personen- und Kombinationskraftwagen bis zu 1 t Nutzlast **112**
   Im Schweigen auf ein Angebot ist normalerweise keine Annahmeerklärung zu sehen. Eine Ausnahme von diesem Grundsatz stellt § 5 Abs. 3 PflVG auf: Für die dort genannten Risiken – das sind Zweiräder, Personen – und Kombinationskraftwagen bis zu 1 t Nutzlast – gilt der Antrag auf Abschluß einer KH-Versicherung zu den für den Geschäftsbetrieb des Versicherers maßgebenden Grundsätzen und zum allgemeinen Unternehmenstarif als angenommen, wenn der Versicherer nicht innerhalb einer Frist von zwei Wochen nach Eingang des Antrags

– den Antrag schriftlich ablehnt (die möglichen Ablehnungsgründe sind in § 5 Abs. 4 PflVG enumerativ aufgezählt)

oder

– wegen einer nachweisbar höheren Gefahr ein vom allgemeinen Unternehmenstarif abweichendes schriftliches Angebot unterbreitet. Eine höhere Gefahr gilt dann als nachgewiesen, wenn ohne weiteres nachvollziehbar ist, daß es sich um ein besonders gefahrträchtiges Risiko handelt, das aus dem üblichen

Rahmen der Kalkulation des Unternehmentarifs fällt. Nach *Feyock/Jacobsen/Lemor* (§ 5 PflVG Rndnr. 59) kann der Nachweis einer höheren Gefahr dann als geführt angesehen werden, wenn eine Konstellation vorliegt, die nach der inzwischen aufgehobenen TVO nicht kalkulierbar war. Das ist etwa dann der Fall, wenn für ein Kfz in zwei aufeinander folgenden Kalenderjahren zwei oder mehrere Schäden gemeldet wurden und der Unternehmenstarif kein Schadensfreiheits-System enthält, das diese Gefahrenlage erfaßt.

Die Forderung nach der nachweisbar höheren Gefahr resultiert aus der Furcht des Gesetzgebers, daß nach der 1994 erfolgten Aufhebung der Tarifgenehmigung eine „Diskriminierung bestimmter Ausländer oder anderer Bevölkerungsgruppen" (amtl. Begründung) eintreten könnte. Um dies zu vermeiden, sollten im Bereich der Kraftfahrzeug-Haftpflichtversicherung „die Versicherer verpflichtet werden, Anträge auf Gewährung von Versicherungsschutz mit einem dem Risiko gerechten Angebot zu beantworten. Hierbei kann die Staatangehörigkeit keine Rolle spielen, weil sie für die Kraftfahrzeug-Versicherung kein Risikofaktor ist." (Amtl. Begründung).

Für alle Versicherungsverträge (also auch für die KH-Versicherung) gilt nunmehr § 81e VAG, nach welchem es als Mißstand im aufsichtsrechtlichen Sinne anzusehen ist, wenn Tarifbestimmungen und Prämienkalkulationen auf die Staatsangehörigkeit des VN oder Versicherten oder auf deren Zugehörigkeit zu einer ethnischen Gruppe abstellen. Mit der Einführung des § 81e VAG ist im übrigen die seit langen Jahren mit Blick auf die EG-rechtlichen, verfassungsrechtlichen, aufsichtsrechtlichen und zivilrechtlichen Bedenken geführte Diskussion um den sog. Ausländertarif beendet.

Der Versicherer kann im Rahmen der Pflichtversicherung also nur noch unter individueller Betrachtung des jeweiligen Risikos von seinem Unternehmenstarif abweichen. Für das Gegenangebot muß er sich im Hinblick auf die 2-Wochen-Frist beeilen. Diese Frist ist sehr kurz bemessen und dürfte für die Versicherer erhebliche organisatorische und technische Probleme aufwerfen.

Der Versicherer, der ein solches Gegenangebot macht, vorher aber eine Deckungskarte ausgegeben hat, muß daran denken, die vorläufige Deckung wieder zu kündigen.

113 2) Fahrzeuge bis zu 1 t Nutzlast, Taxen, Personenmietwagen und Mietfahrzeuge für Selbstfahrer.

Für diese – im Regelfall gewerblich genutzten Fahrzeuge – gilt die Annahmefiktion nicht (§ 5 Abs. 3 Satz 1 und Satz 3 PflVG). Der Versicherer muß demgemäß auch kein Gegenangebot für den Fall einer nachweisbar höheren Gefahr unterbreiten. Rührt der Versicherer sich auf ein Angebot des VN nicht oder lehnt er das Angebot ausdrücklich ab, ist ein Vertrag nicht zustande gekommen. Auf der anderen Seite könnte der VN den Versicherer auf den Abschluß eines KH-Vertrages verklagen: Der grundsätzliche Kontrahierungszwang gemäß § 5 Abs. 2 PflVG gilt für alle Fahrzeugtypen. Zwar ist von einer Reihe von Versicherern, aber auch von *Stiefel/Hofmann* (§ 1 Rdnr 25, 26) die

Meinung vertreten worden, nach der Neufassung des § 5 PflVG im Jahre 1994 bestehe für gewerblich genutzte Fahrzeuge der Annahmezwang nicht mehr. Diese Meinung findet aber weder im Gesetzestext noch in dessen Begründung eine Stütze. § 5 Abs. 3 PflVG beschränkt seine Anwendung zwar auf Zweiräder und Pkw/Kombis ohne Taxen, Mietfahrzeuge und Selbstfahrervermietfahrzeuge. Das gilt aber nur für die Annahmefiktion, nicht aber für den Annahmezwang. Nach wie vor bleibt nämlich der Grundsatz (für alle versicherungspflichtigen Fahrzeuge) bestehen, der sich aus § 5 Abs. 2 PflVG ergibt: Der Versicherer ist „verpflichtet, den in § 1 genannten Personen nach den gesetzlichen Vorschriften Versicherung gegen Haftpflicht zu gewähren". Der Versicherer muß also den Antrag für gewerblich genutzte Fahrzeuge annehmen, es sei denn, ihm stehen die Ablehnungsgründe des § 5 Abs. 4 PflVG zur Seite.

Für die gewerblich genutzten Fahrzeuge kommt der Vertrag demnach nur **114** durch Annahmeerklärung (ausdrücklich oder durch Zusendung des Versicherungsscheins) zustande, während für die in § 5 Abs. 3 S. 1 PflVG genannten Fahrzeuge die Annahmefiktion gilt.

Dies läßt sich so darstellen:

Annahmezwang

gilt für alle Fahrzeuge.

Kein Annahmezwang

für alle Fahrzeuge wenn die Gründe aus § 5 Abs. 4 PflVG vorliegen; das sind:

– sachliche oder örtliche Beschränkungen des Geschäftsplans
– Vorversicherung bei demselben Versicherer, der
  • den Vertrag wegen Drohung oder arglistiger Täuschung angefochten hat
  • vom Vertrag wegen Verletzung der vorvertraglichen Anzeigepflicht oder wegen Nichtzahlung der ersten Prämie zurückgetreten ist oder
  • den Vertrag wegen Prämienverzugs oder nach Eintritt eines Versicherungsfalls gekündigt hat.

Annahmeerklärung

für alle Fahrzeuge ausdrücklich oder durch Zugang des Versicherungsscheins beim VN
für Zweiräder und Pkw/Kombis i. S. v. § 5 Abs. 3 zusätzlich **fiktiv**, wenn der Versicherer innerhalb einer Frist von 2 Wochen nicht

– schriftlich ablehnt oder
– ein Gegenangebot macht.

Die in § 5 Abs. 3 PflVG vorgeschriebene differenzierte Ausgestaltung der Annahmefiktion kann sowohl für den VN als auch für den Versicherer mit Nachteilen verbunden sein. Während der Versicherer bei Zweirädern und Pkw/Kombis bei individuell schlechterer Risikolage vom Unternehmenstarif abweichen darf, ist ihm dies bei gewerblich genutzten Fahrzeugen nicht möglich. Aber auch aus Sicht des Privatkunden ist eine Benachteiligung eingetreten. Denn ihm gegenüber hat der Versicherer – anders als beim gewerblichen Kunden – neben den Gründen des § 5 Abs. 4 PflVG noch die Möglichkeit, ihm im Wege eines Gegenangebots einen höheren Beitrag anzubieten.

Die Annahmefiktion bewirkt die Annahme des Antrags nur im Umfang des PflVG, d. h. insbesondere nur im Rahmen der Pflichtdeckungssummen und nur für die in § 1 PflVG genannten Personen (Halter, Eigentümer und Fahrer). Der darüber hinaus beantragte Versicherungsumfang kommt erst mit der Annahme durch den Versicherer zustande.

IV. Die KfzPflVV (§ 4 Abs. 1 PflVG)

115 Der im Jahre 1994 erfolgte, durch § 4 Abs. 1 PflVG vorgegebene Erlaß der KfzPflVV hängt mit der Deregulierung des Versicherungsmarktes und dem damit einhergehenden Entfallen der Bedingungsgenehmigung durch das BAV zusammen. Die KfzPflVV soll sicherstellen, daß weiterhin ein für Verkehrsopfer und versicherte Personen ausreichender Versicherungsschutz besteht. Allerdings greift die Verordnung nicht unmittelbar in den Versicherungsvertrag ein. Sie schafft vielmehr den Rahmen, innerhalb dessen sich ein Versicherer bei der Gestaltung seiner Verträge bewegen muß und stellt hierfür konkrete Vorgaben auf. In § 1 KfzPflVV ist der räumliche, in § 2 KfzPflVV der inhaltliche Bereich des Versicherungsschutzes normiert und damit für den KH-Versicherer verbindlich vorgeschrieben. Nach § 3 der Verordnung hat die Versicherung eines Kraftfahrzeugs auch die Haftung für Schäden zu umfassen, die durch einen Anhänger verursacht werden. § 4 Kfz-PflVV regelt die zulässigen Ausschlüsse, in §§ 5 bis 7 KfzPflVV sind die Obliegenheiten und die Folgen ihrer Verletzung näher bestimmt. § 8 KfzPflVV enthält Vorschriften für die Kapitalwertberechnung von Renten, in § 9 KfzPflVV wird die vorläufige Deckung behandelt. Auf die einzelnen Inhalte der KfzPflVV wird im Zusammenhang mit der Darstellung der jeweils angesprochenen Themen eingegangen.

V. Mindestdeckungssummen (§ 4 Abs. 2 PflVG)

116 Um einen ausreichenden Schutz der Verkehrsopfer zu gewährleisten, sieht § 4 Absatz 2 PflVG Mindestversicherungssummen vor. Diese sind von großer Bedeutung, obwohl in der Praxis meist höhere Versicherungssummen oder eine unbegrenzte Deckung vereinbart werden. Die Höhe der Mindestversicherungssummen ergibt sich aus einer Anlage zu § 4 Abs. 2 PflVG. Sie beträgt derzeit 5 Mio DM für Personenschäden, 15 Mio DM bei der Verletzung bzw. Tötung von drei und mehr Personen, 1 Mio DM für Sachschäden und 100 000 DM für reine Vermögensschäden.

VI. Direktanspruch des Geschädigten (§ 3 Nr. 1 PflVG)

Gemäß § 3 Nr. 1 PflVG kann der Dritte im Rahmen der Leistungspflicht des **117**
Versicherers seinen Anspruch auf Ersatz des Schadens direkt gegen den Versicherer geltend machen. Wenn das PflVG vom „Dritten" spricht, meint es das durch
den KH – VN geschädigte Unfallopfer. Trotz des Anspruchs gegen den Versicherer bleibt es dem Geschädigten unbenommen, auch den VN bzw. den mitversicherten Fahrer zu verklagen. Das ist prozeßtaktisch häufig sinnvoll, weil hierdurch
der gegnerische Fahrer zur Partei wird und damit als Zeuge ausscheidet.

Der Direktanspruch besteht „im Rahmen der Leistungspflicht des Versicherers
aus dem Versicherungsverhältnis". Daraus folgt, daß sich der Umfang des Direktanspruchs nicht aus den Mindestversicherungssummen, sondern aus den vertraglich vereinbarten und meist höheren Versicherungssummen ergibt.

VII. Fortbestehen des Direktanspruchs bei Leistungsfreiheit des Versicherers (§ 3 Nr. 4 PflVG)

Nach § 3 Nr. 4 PflVG bleibt dem geschädigten Opfer der Direktanspruch auch **118**
dann erhalten, wenn der Versicherer im Innenverhältnis (gegenüber seinem VN
und/oder einer mitversicherten Person) von der Verpflichtung zur Leistung ganz
oder teilweise frei ist. Man spricht hier von einem sog. „kranken" Versicherungsverhältnis. Leistungsfreiheit des Versicherers kommt insbesondere in Betracht bei
– § 38 Abs. 2 VVG (die Erstprämie wird nicht bezahlt)
– § 39 Abs. 2 VVG (Zahlungsverzug mit einer Folgeprämie)
– Obliegenheitsverletzungen (z. B. § 2b AKB, § 7 Abs. 2 AKB, §§ 23, 25 VVG)

Obwohl in den genannten Fällen Leistungsfreiheit zwischen VN und Versicherer besteht, kann der Geschädigte seinen Direktanspruch im Außenverhältnis
gegen den KH-Versicherer in voller Höhe geltend machen. Die Folgen einer
Leistungsfreiheit bleiben auf das Innenverhältnis zwischen Versicherer und VN
beschränkt und führen zu Regreßansprüchen des Versicherers gegen den VN.

Naturgemäß besteht der Direktanspruch nur dann, wenn die KH-Versicherung
überhaupt eingreift. Das ist beispielsweise nicht der Fall, wenn der Versicherungsfall vorsätzlich herbeigeführt wurde (§ 152 VVG) oder wenn ein Risikoausschluß
gemäß § 4 KfzPflVV eingreift.

VIII. Nachhaftung des Versicherers (§ 3 Nr. 5 PflVG)

Nach § 3 Nr. 5 PflVG bleibt der Direktanspruch dem Geschädigten auch dann **119**
noch erhalten, wenn der Versicherungsvertrag zwischen Versicherer und VN schon
beendet ist. Allerdings ist die Nachhaftung zeitlich begrenzt. Der Versicherer haftet dem Geschädigten gegenüber nur noch einen Monat ab dem Zeitpunkt, in

dem er der Kfz-Zulassungsstelle angezeigt hat, daß das Versicherungsverhältnis beendet ist. Hierzu kann es vor allem dann kommen, wenn der Versicherer oder der VN den Vertrag vor dem Unfall gekündigt hat. Kündigungsmöglichkeiten bestehen z. B. in folgenden Fällen:

- § 24 VVG (Gefahrerhöhung)
- § 39 Abs. 3 VVG (Zahlungsverzug mit einer Folgeprämie)
- § 1 Abs. 2 Satz 5 AKB (Kündigung der vorläufigen Deckung)
- §§ 4a und 4b AKB (Kündigung zum Ablauf und im Schadensfall)

Auch in den Fällen des § 3 Nr. 5 PflVG kann der im Außenverhältnis zur Regulierung verpflichtete Versicherer gegen den VN Regreßansprüche geltend machen. Dies gilt insbesondere beim rückwirkenden Wegfall der weitläufigen Deckung gem. § 1 Abs. 3 Satz 2 AKB.

IX. Gesamtschuldnerische Haftung von VN und Versicherer (§ 3 Nr. 2 PflVG)

120   Der KH-Versicherer und der versicherte Schädiger haften gemäß § 3 Nr. 2 PflVG als Gesamtschuldner. Nach § 421 ff BGB besteht das Wesen der Gesamtschuld darin, daß jeder der Gesamtschuldner zur Bewirkung der gesamten Leistung verpflichtet ist, der geschädigte Dritte kann die Leistung aber nur einmal fordern. Demgemäß tilgt die Leistung des Haftpflichtversicherers auch die Schuld des VN gegenüber dem geschädigten Dritten, § 422 BGB.

Ein Gesamtschuldner muß davor bewahrt werden, daß der andere Gesamtschuldner zu seinen Lasten erhöhte Verpflichtungen eingeht. Daher bestimmt § 3 Nr. 7 Satz 3 PflVG i. V. mit § 158e Absatz 2 VVG, daß der Versicherer an einen vom VN geschlossenen Vergleich oder an ein vom VN abgegebenes Anerkenntnis nur dann gebunden ist, wenn er damit einverstanden war.

X. Der Ausgleich der Gesamtschuld zwischen Versicherer und VN (§ 3 Nr. 9 PflVG)

121   Hat ein Gesamtschuldner die Leistung bewirkt, führt dies nach § 426 BGB dazu, daß die Gesamtschuldner im Innenverhältnis einander zu gleichen Anteilen verpflichtet sind. Für die KH-Versicherung würde eine Beibehaltung dieses Grundsatzes bedeuten, daß der KH-Versicherer, der den Schaden reguliert hat, die Hälfte der Ersatzleistung vom VN zurückfordern könnte. Da der VN zu einer derartigen Ausgleichszahlung häufig wirtschaftlich nicht in der Lage wäre und weil hierdurch der mit dem PflVG bezweckte Schutz des Versicherten vor Vermögensverfall nicht gewährleistet wäre, bestimmt § 3 Nr. 9 Satz 1 (als Ausnahme von § 426 BGB), daß im Innenverhältnis der Versicherer allein verpflichtet ist (Normalfall).

122   Hiervon macht § 3 Nr. 9 Satz 2 PflVG für den Fall der Leistungsfreiheit des

Versicherers (sog. krankes Versicherungsverhältnis) eine Ausnahme: Soweit Leistungsfreiheit besteht, muß der VN den Schaden tragen. Diese Pflicht des VN, den Schaden zu übernehmen, wirkt sich allerdings nur im Verhältnis zum Versicherer aus: Wegen § 3 Nr. 4 PflVG bleibt der Versicherer im Außenverhältnis gegenüber dem geschädigten Dritten zur Regulierung verpflichtet. Die für das versicherungsvertragliche Innenverhältnis bestehenden Folgen sehen so aus: Der Versicherer ist berechtigt, gemäß § 3 Nr. 9 Satz 2 PflVG i. V. mit § 426 BGB (Gesamtschuldnerausgleich) im Außenverhältnis erbrachte Leistungen vom VN zurückzufordern. § 3 Nr. 9 Satz 2 PflVG ist also die Anspruchsgrundlage des Versicherers für einen Regreß gegen den VN in den Fällen der Leistungsfreiheit. Zu beachten ist allerdings, daß der VN nach § 3 Nr. 9 Satz 2 PflVG nur insoweit verpflichtet ist, wie die Leistungsfreiheit des Versicherers reicht. Resultiert sie aus einer Obliegenheitsverletzung des VN, ist die Leistungsfreiheit des Versicherers auf einen Betrag von 10 000,– DM (§ 5 KfzPflVVO § 2b Abs. 2 AKB) bzw. 5 000,– DM (§ 6 KfzPflVVO, § 7 V Absatz 1 AKB) limitiert. Das wiederum bedeutet, daß auch ein Regreß des Versicherers gegen seinen VN nur in dieser Höhe möglich ist. Besteht dagegen volle Leistungsfreiheit (das ist insbesondere bei mangelnder Zahlung der Erstprämie gemäß § 38 Absatz 2 VVG, bei Zahlungsverzug mit einer Folgeprämie § 39 Absatz 3 VVG und bei einem rückwirkenden Wegfall der vorläufigen Deckung gemäß § 1 Absatz 4 AKB der Fall), kann der Versicherer Regreß in Höhe der gesamten an den geschädigten Dritten erbrachten Ersatzleistungen vom VN fordern.

Zusammengefaßt ergibt sich bei einer Leistungsfreiheit des Versicherers in der KH-Versicherung folgendes:

– Der Geschädigte kann im Wege des Direktanspruches (§ 3 Nr. 1 PflVG) Ersatz seines Schadens vom KH-Versicherer auch dann verlangen, wenn dieser gegenüber seinem VN von der Verpflichtung zur Leistung frei ist, § 3 Nr. 4 PflVG.

– Die Leistungsfreiheit des Versicherers wirkt sich im Innenverhältnis zum eigenen VN aus und führt dazu, daß der Versicherer seinen VN in Regreß nehmen kann, § 3 Nr. 9 Satz 2 PflVG.

– Die Leistungsfreiheit des Versicherers und damit die Regreßmöglichkeit wird bei Obliegenheitsverletzungen durch die § 5 und 6 KfzPflVVO auf 5 000,– DM bzw. auf 10 000,– DM limitiert. In allen anderen Fällen der Leistungsfreiheit (Fälle des § 3 Nr. 4 PflVG) und in den Fällen des § 3 Nr. 5 PflV kann der Versicherer vollen Regreß in Höhe der erbrachten Leistungen fordern.

3. Kapitel. Der Vertragsschluß in der KH-Versicherung

A. Das Zustandekommen des Vertrags

Wie jeder Vertrag kommt auch der Versicherungsvertrag durch Antrag und An- **124** nahme (§§ 145 ff BGB) zustande.

Der Antrag wird vom Kunden üblicherweise mittels eines vom Versicherers entwickelten Formulars gestellt. In diesem wird regelmäßig vereinbart, daß der VN an seinen Antrag für eine bestimmte Frist – meist einen Monat – gebunden ist.

Die Annahme liegt regelmäßig in der Aufforderung zur Zahlung der Erstprämie bzw. in der Aushändigung des Versicherungsscheins.

Bezüglich des Vertragsschlusses kann bzw. muß sich der Versicherer zwischen zwei Verfahrensweisen entscheiden:

I. Das Antragsmodell

Nach **§ 10 a VAG** hat der Versicherer dem VN bei Stellung des Antrags eine **125** **Verbraucherinformation** über die maßgeblichen Tatsachen und Rechte zu erteilen. Die erforderlichen Informationen – zu denen insbesondere die einschlägigen AVB gehören – finden sich im Teil D der Anlage zum VAG. Nur wenn diese Informationen erfolgen und der VN die AVB **zusammen mit dem Antrag erhält**, ist der VN an seinen Antrag endgültig gebunden. Diese Art der Einbeziehung von Verbraucherinformation und AVB entspricht dem Leitbild von § 2 AGBG, wonach AGB dem Kunden bei, also vor Vertragsschluß überlassen werden müssen.

II. Das Policenmodell (§ 5 a VVG)

Neben dem Weg, dem VN die AVB vor Vertragsschluß zugänglich zu machen und **126** nach § 2 AGBG zu verfahren, eröffnet § 5 a VVG (als eine versicherungsrechtliche Besonderheit) dem Versicherer zusätzlich die Möglichkeit, die AVB erst mit der Police zu versenden. Damit in diesem Fall der Versicherungskunde die ihm überlassenen Vertragsunterlagen noch prüfen kann, wird ihm durch § 5 a VVG das Recht eingeräumt, dem Vertragsschluß zu widersprechen.

(Näher zum Vertragsschluß nach Einführung der §§ 10 a VAG und 5 a VVG *Dörner/Hofmann* NJW 96, 153; *E. Lorenz* VersR 95, 616; *Präve* ZfV 94, 255; *Schimikowski* r+s 96, 1; *Schirmer* VersR 96, 1045; *Wandt*, Verbraucherinformation und

Vertragsschluß nach neuem Recht; speziell zum Vertragschluß in der Kraftfahrtversicherung *Schirmer/Höhne* DAR 96, 477.

1. Das Widerspruchsrecht des VN

127 Der VN kann einem Vertragsschluß nach dem Policenmodell widersprechen, wenn ihm
 – bei Antragstellung
 – die AVB (AKB) und/oder
 – eine Verbraucherinformation nach § 10 a VAG
nicht überlassen wurde.

Die Widerspruchsfrist beträgt 14 Tage. Diese Frist beginnt, wenn
 – der VN den Versicherungsschein sowie die AKB und die Verbraucherinformation erhalten hat und
 – der VN schriftlich, in drucktechnisch deutlicher Form über das Widerspruchsrecht, den Fristbeginn und die Dauer belehrt wurde.

Endgültig erlischt das Widerspruchsrecht ein Jahr nach Zahlung der Erstprämie. Das gilt auch dann, wenn die Informationsverschaffung bzw. die Belehrung über das Widerspruchsrecht unterblieben sind (§ 5 a Abs. 2 S. 4 VVG).

128 Insbesondere von *Feyock/Jacobsen/Lemor* (§ 5 PflVG Rdnr. 79) wird die Auffassung vertreten, wegen der Annahmefiktion des § 5 Abs. 3 PflVG sei das Widerspruchsrecht des VN (§ 5 a VVG) in der KH-Versicherung ausgeschlossen. Gegen die gesetzliche Fiktion eines Vertragsschlusses sei der Widerspruch eines der Vertragspartner rechtssystematisch nicht denkbar. Diese Auffassung erscheint aus folgenden Gründen nicht zwingend:

Ausgangspunkt der Überlegungen muss zunächst die Tatsache sein, daß die Annahmefiktion des § 5 Abs. 3 PflVG auch für das Policenmodell gilt. Konkret bedeutet das, daß zwei Wochen nach Zugang eines Antrags seitens des VN eine Annahmeerklärung des Versicherungsunternehmens fingiert wird. Die spätere Zusendung der Versicherungspolice hat daher nicht wie sonst die Wirkung einer konstitutiven Annahme, sondern dient deklaratorisch nur noch Beweiszwecken. Mit anderen Worten: Die Annahmefiktion hat die gleiche Wirkung wie üblicherweise die Zusendung der Police: Sie führt zum Zustandekommen eines (wegen des Widerspruchsrechts nach § 5 a VVG) zunächst schwebend unwirksamen Vertrags. Endgültig wirksam wird dieser Vertrag erst, wenn der Versicherungsnehmer (im Regelfall zusammen mit der Police) die AVB und die Verbraucherinformationen erhält und nunmehr von seinem Widerspruchsrecht keinen Gebrauch macht. In diesem Fall tritt der Vertrag rückwirkend zum Zeitpunkt der fingierten Annahme in Kraft (*Schirmer* VersR 96, 1055; *Schirmer/Höhne* DAR 96, 484; *Prölss* in *Prölss/Martin* § 5 a VVG Rdnr. 78). § 5 Abs. 3 PflVG und § 5 a VVG schließen sich also nicht aus, sondern gehen zeitlich gestuft nahtlos ineinander über, so daß sich die Frage nach dem Vorrang einer der beiden Vorschriften nicht stellt (überzeugend *Schirmer* VersR 96, 1055). Hinzu kommt die Erwägung, dass Kontrahierungszwang und Annahmefiktion Vorschriften sind, die den VN in der KH-Versicherung schützen und begünstigen sollen. Mit diesem Schutzzweck wäre es aber nicht vereinbar, wenn die Annahmefiktion das dem VN zustehende Widerspruchsrecht verdrängen würde.

2. Rechtswirkungen des Widerspruchs

Solange die Widerspruchsfrist läuft, ist der Vertrag nach h. M. schwebend unwirksam. **129**
- Bei fristgerechter Ausübung des Widerspruchsrechts scheitert der Vertrag endgültig und ist von Anfang an unwirksam. Sofern vor Ausübung des Widerspruchs ein Versicherungsfall eingetreten ist, besteht daher keine Deckung. Der Kunde kann eine evtl. gezahlte Prämie nach § 812 I BGB zurückverlangen
- Übt der Kunde das Widerrufsrecht nicht aus
  - wird der Vertrag rückwirkend auf den Zeitpunkt des Zugangs der Police wirksam
  - werden die AVB in den Vertrag einbezogen (dies gilt auch dann, wenn der VN die AVB nie erhält und die Jahresfrist des § 5 a II 4 VVG abgelaufen ist)
  - wird die Erstprämie mit Ablauf der Widerspruchsfrist fällig und beginnt die Zahlungsfrist für die Einlösung des Versicherungsscheins (OLG Hamm r+s 99, 357)
  - hat der VN Leistungsansprüche für während der Widerspruchsfrist eingetretene Versicherungsfälle.

3. Leistungsverlangen des VN innerhalb der Widerspruchsfrist

Verlangt ein VN während der Widerspruchsfrist vom Versicherer Leistungen aus **130**
dem Versicherungsvertrag, liegt hierin ein konkludenter Verzicht auf das Widerspruchsrecht. Damit wird der bislang schwebend unwirksame Vertrag endgültig wirksam. Weiter ist davon auszugehen, daß der VN in diesem Fall konkludent sein Einverständnis mit der Geltung der ihm überlassenen AKB erteilt.

Problematisch ist die Rechtslage allerdings dann, wenn der VN die AKB nicht **131**
erhalten hat oder wenn der Versicherer den Zugang der AKB jedenfalls nicht beweisen kann.

Kennt der VN die AVB überhaupt nicht, wird man kaum annehmen können, dass er mit der Erhebung von Ansprüchen gegen den Versicherer gleichzeitig das Einverständnis mit der Geltung – ihm völlig unbekannter – AVB erklärt. Mit der Stellung von Ansprüchen an den Versicherer erklärt der VN nur, dass er einen Vertrag zu den allgemeinen üblichen Bedingungen abschließen möchte. Der Inhalt dieses Vertrags müßte im Streitfall durch ergänzende Vertragsauslegung ermittelt werden (*Schimikowski*, Versicherungsvertragsgesetz, Rdnr. 45). Wie der Inhalt eines derartigen Vertrags zu bestimmen ist, läßt sich schwer sagen, Rechtsprechung hierzu existiert nicht. Es liegt aber nahe, die gesetzlichen Vorgaben des PflVG und der KfzPflVVO umzusetzen. Das gilt insbesondere bezüglich der Mindestdeckungssummen, der mitversicherten Personen und des Umfangs (Fahrzeuggebrauch) des Versicherungsschutzes. Schwieriger zu sagen ist schon, ob der Katalog der in den §§ 5 und 6 KfzPflVVO enthaltenen Obliegenheiten als Vertragsinhalt anzusehen wären. Auch das ist zu bejahen – auch wenn es sich hierbei nicht um gesetzliche, sondern um vertraglich zu vereinbarende Obliegenheiten handelt, werden diese ausnahmslos in die üblichen Kfz-Versicherungsverträge aufgenommen. Dagegen wird man nicht sagen können, daß auch ein rückwirkender Wegfall der vorläufigen Deckung bei nicht rechtzeitiger Prämienzahlung im Rahmen ergänzender Vertragsauslegung als vereinbart anzusehen ist. Diese Vorschrift begünstigt die eine Vertragspartei (Versicherer) ebensosehr, wie sie die andere (VN) benachteiligt. Eine Regelung, die aber einseitig nur dem Interesse der einen Vertragspartei dient, wird den hypothetischen Willen beider Parteien nicht entsprechen. An der Relevanz der geschilderten Probleme ändert übrigens die Tatsache, daß bei der KH-Versicherung am Beginn des Versicherungsschutzes üblicherweise eine vorläufige Deckung steht, nichts. Auch in diesem Fall steht bezüglich des Hauptvertrags dem VN ein Widerrufsrecht zu gem § 5a VVG zu.

B. Besonderheiten bei der vorläufigen Deckung

Häufig geht dem Abschluß des (Haupt)Vertrags eine Vereinbarung über einen vorläufigen Versicherungsschutz (vorläufige Deckung) voraus. Hier bestehen für den Versicherer ebenfalls zwei Möglichkeiten den Vertragsschluß herbeizuführen:

I. Antragsmodell

132 Auch im Rahmen der vorläufigen Deckung kann der Versicherer nach dem oben unter Rdnr. 125 dargestellten Antragsmodell vorgehen und dem VN die AVB bereits bei Vertragsschluß, also bei Antragstellung aushändigen. In diesem Fall steht dem VN weder bezüglich der vorläufigen Deckung noch bezüglich des späteren Hauptvertrags ein Widerspruchsrecht zu.

Im Rahmen des Antragsmodells verspätet – weil nicht bei, also vor Vertragsschluß – wäre die Überlassung der AKB erst mit der Versicherungsbestätigung, etwa wenn der VN mündlich um eine vorläufige Deckung nachgesucht hat.

II. Vereinbarungsmodell (§ 5a Abs. 3 VVG)

133 Aus diesem Grund oder aber weil nicht sichergestellt werden kann, daß der Außendienst eine Versicherungsbestätigung nur dann ausgibt, wenn der VN nachweisbar vorher eine Verbraucherinformation erhalten hat, kann es für den Versicherer sinnvoll sein, bei der vorläufigen Deckung (zusätzlich) nach dem Verein-

barungsmodell vorzugehen. Nach § 5 a Abs. 3 VVG kann zwischen dem Versicherer und dem Versicherungskunden ein Verzicht auf Überlassung der AKB und der Verbraucherinformation bei Vertragsschluß vereinbart werden. In diesem Fall steht dem VN bezüglich der vorläufigen Deckung (nicht bezüglich des späteren Hauptvertrags) kein Widerrufsrecht zu. Zweifelhaft ist, wie eine derartige Vereinbarung zu erfolgen hat:

– Vorab könnte man überlegen, ob der Antrag des Versicherungskunden auf **134** vorläufige Deckung und damit auf sofortigen Versicherungsschutz nicht von vornherein als Verzichtserklärung des Kunden auf Überlassung der AKB auszulegen ist (so wohl *Präve* ZfV 94, 374, 383; *Prölss* in *Prölss/Martin*, VVG, 26. Aufl. 1998, § 5 a Rdnr. 60). Diese Ansicht wird freilich dem Grundgedanken von § 5 a Abs. 3 VVG nicht gerecht – der VN muß erst einmal darauf hingewiesen werden, daß er wegen der Schnelligkeit, mit der er sein Fahrzeug versichern möchte, einen Vertrag abschließen soll, dessen genauen Inhalt er nicht kennt. Nur wenn das dem VN klar ist, kann er über diesen Punkt eine wirksame Verzichtsvereinbarung treffen.

– Die optimale Lösung würde darin liegen, daß der Versicherer einen **135** gesonderten Vereinbarungstext vorbereitet. Durch seine Unterschrift erkennt der VN den Verzicht auf die Überlassung der Vertragsunterlagen an.

– Eine Regelung über den Verzicht auf Überlassung der AKB könnte weiter in **136** das Antragsformular aufgenommen werden. Der VN beantragt in diesem Fall eine Vereinbarung über den Verzicht auf Überlassung der AKB, diese Vereinbarung wird vom Versicherer mit Überlassung der Versicherungsbestätigung angenommen. Das dürfte auf jeden Fall dann zulässig sein, wenn der fragliche Passus im Antragsformular für den VN durch drucktechnische Hervorhebung ohne weiteres erkennbar ist (ebenso *Schirmer/Höhne* DAR 96, 477, 479).

– Ebenso praxisrelevant wie problematisch ist, ob der Verzicht auf Überlassung **137** der AKB allein durch eine Verzichtsklausel auf der Versicherungsbestätigung erfolgen kann. Diese Frage spielt dann eine Rolle, wenn der Versicherungskunde bei einem Agenten telefonisch um vorläufige Deckung nachsucht und der Agent diesem Antrag durch Zusendung einer Doppelkarte entspricht. Zahlreiche Versicherer haben auf den von ihnen verwendeten Doppelkarten folgenden Hinweis aufgedruckt: „Auf die Aushändigung der AKB und der Verbraucherinformation wird verzichtet". Gegen diese Möglichkeit spricht der Wortlaut von § 5 a Abs. 3 VVG, wonach der Verzicht „bei" Vertragsschluß zu vereinbaren ist. Da der Vertrag über die vorläufige Deckung mit der Überlassung der Versicherungsbestätigung zustande kommt, wäre eine zu diesem Zeitpunkt getroffene Vereinbarung nicht mehr bei, sondern erst nach dem Vertragsschluß getroffen (ebenso *Schimikowski* r+s 96, 1, 3; *Schirmer/Höhne* DAR 96, 477, 480 halten einen derartigen Verzicht auf der Doppelkarte aber für wirksam). Daher kann sich ein Versicherer auf einen auf der Doppelkarte vereinbarten Verzicht nur dann berufen, wenn er bzw. sein Agent auf den Verzicht vor Übergabe der Versicherungsbestätigung hingewiesen hat.

138   Wird beim Abschluß der vorläufigen Deckung der Verzicht auf Überlassung der AKB wirksam vereinbart, steht dem VN bezüglich des Vertrags über die vorläufige Deckung kein Widerspruchsrecht zu, der Vertrag kommt auf der Basis der AVB des Versicherers wirksam zustande. Hat der Versicherungsnehmer allerdings keine (wirksame) Verzichtserklärung abgegeben, steht ihm noch ein Widerrufsrecht zu, der Vertrag über den vorläufigen Versicherungsschutz ist also schwebend unwirksam. Auch hier führt der Ablauf der Widerspruchsfrist dazu, daß der Vertrag wirksam wird und die AVB einbezogen werden. Verursacht der VN während der Zeit schwebende Unwirksamkeit einen Verkehrsunfall und verlangt er vom Versicherer Regulierung, liegt darin ein konkludenter Verzicht auf das Widerspruchsrecht, der Vertrag wird also wirksam. Aber auch hier stellt sich die Frage nach dem Vertragsinhalt. Da der Versicherungskunde die AKB nicht erhalten hat, sind die oben entwickelten Grundsätze auch im Rahmen der vorläufigen Deckung anzuwenden. Es muß also im Wege der ergänzenden Vertragsauslegung der Umfang des Versicherungsschutzes ermittelt werden (hierzu oben Rdnr. 131; *Schimikowski*, Versicherungsvertragsrecht, Rdnr. 46).

C. Widerrufs- und Rücktrittsrechte

139   Widerrufs- und Rücktrittsrechte nach § 8 VVG spielen in der KH-Versicherung keine Rolle. Die Voraussetzungen des § 8 IV VVG (Laufzeit über ein Jahr) sind nicht erfüllt, vgl. § 5 Abs. 5 Nr. 1 PflVG.

D. Der Vertragsschluß im Internet (Electronic Commerce)

140   Während in den USA der Online-Abschluß von Versicherungsverträgen zum Alltag gehört, machen die deutschen Versicherer von den Möglichkeiten des E-Commerce nur allmählich Gebrauch. Gerade die Kraftfahrtversicherung als Standardprodukt gilt für einen Online-Abschluß als gut geeignet, Fachleute gehen davon aus, daß das Prämienvolumen von via Internet abgeschlossenen Kfz-Versicherungen bis zum Jahr 2003 auf das 28fache im Vergleich zu 1998/99 anwachsen wird (Bericht ZfV 99, 156). Derzeit sind die Rechtsfragen beim Internet-Vertrieb von Versicherungen noch nicht abschließend geklärt, hierin liegt sicherlich der Hauptgrund für die eher abwartende Haltung der Versicherungswirtschaft. Im folgenden sollen die rechtlichen Grundlagen kurz dargestellt werden.

I. Die Grundlagen des Vertragsschlusses

Auch für den Online-Abschluß von Versicherungsverträgen gelten die allgemei- **141**
nen Regelungen des BGB.

1. Formfreiheit

Von Ausnahmefällen abgesehen können Verträge auch mündlich geschlossen wer- **142**
den. Auch der Versicherungsvertrag setzt keine Schriftform voraus. An die Police
stellt das VVG (§ 3) keine besonderen Formerfordernisse, es genügt, wenn der Versicherungsschein mit Hilfe des Internets oder einer e-mail dem Kunden zugänglich gemacht wird.

2. Willenserklärungen

Auch ein Vertragsschluß im Internet erfordert die Abgabe zweier sich deckender **143**
Willenserklärungen. Dabei stellt sich zunächst die Frage, ob die Homepage des
Versicherers als Angebot oder als unverbindliche invitatio ad offerendum zu qualifizieren ist. Da in der KH-Versicherung eine Bonitätsprüfung üblicherweise
nicht stattfindet und da der Versicherer ohnedies einem Abschlußzwang (§ 5 Abs. 2
PflVG) unterliegt, dürfte im Anbieten einer Kraftfahrt-Haftpflichtversicherung im
Internet aus der Sicht des Kunden ein verbindliches Angebot zu sehen sein. Freilich kommt es auf den Einzelfall und die individuelle Ausgestaltung der Homepage durch den Versicherer an.

3. Zugang

Für die Frage, wann elektronische Mitteilungen dem Empfänger zugehen, **144**
kommt es zunächst darauf an, ob es sich um Willenserklärungen unter Abwesenden oder Anwesenden handelt.

– Ist der Vertragsabschluß Online möglich, findet eine Art elektronischer Kom- **145**
  munikation statt. Diese ist mündlichen Erklärungen unter Anwesenden gleich
  zu stellen, wenn das Datenverarbeitungsgerät des Versicherers eine Erklärung
  des Kunden sofort empfängt, verarbeitet und beantwortet – hier besteht eine
  dem Telefonat vergleichbare Kommunikation zwischen den Beteiligten und
  damit eine unmittelbare Nachfragemöglichkeit. Bei einer derartigen Online-
  Dialog-Kommunikation liegt – ebenso wie bei einem Telefonat (§ 147 Abs. 1
  Satz 2 BGB) – eine Willenserklärung unter Anwesenden vor. Die elektronische
  Willenserklärung des Kunden ist dem Versicherer zugegangen, sobald sie in dessen Datenverarbeitungsanlage eingegangen ist. Der Antrag ist ab diesem Zeitpunkt wirksam gestellt und entfaltet Bindungswirkung. Eine sofortige automatische Annahme durch den Versicherer durch eine Datenverarbeitungsanlage
  ist möglich. Zwar handelt es sich hier nicht um das Resultat einer menschlichen Willensbildung. Da der Programmablauf aber durch die Programmierung

letztlich auf einen menschlichen Willen beruht, ist die vom Computer erzeugte Erklärung als menschliche Willenserklärung anzusehen. Allerdings stellt die geschilderte unmittelbare Online-Dialog-Kommunikation derzeit – soweit ersichtlich – einen selten anzutreffenden Ausnahmefall dar.

146 – Im Normalfall liegt eine Willenserklärung unter Abwesenden vor. Der VN, der die Homepage des Versicherers ansteuert, kann über Links im Programm hin und her wandern und oft auch einen elektronischen Antrag ausfüllen – eine unmittelbare Kommunikations- und Nachfragemöglichkeit besteht aber nicht. Stellt der Versicherungskunde einen elektronischen Antrag, handelt es sich im Normalfall um eine Erklärung unter Abwesenden. Diese Erklärung ist dann gemäß § 130 Abs. 1 BGB dem Versicherer zugegangen, wenn sie in seinen Machtbereich gelangt ist und wann üblicherweise Kenntnisnahme erwartet werden kann. Das ist innerhalb der üblichen Geschäftszeiten der Fall, dem Versicherer nachts zugeschickte e-mails gehen am nächsten Morgen zu. Nur in diesem Fall besteht die Möglichkeit eines Widerrufs gemäß § 130 Abs. 1 Satz 2 BGB.

4. Die Einbeziehung von AKB und Verbraucherinformation

147 Auch bei einem internetgestützten Vertragsschluß muß sich der Versicherer zwischen dem Antrags- und dem Policenmodell entscheiden.

148 – Beim Antragsmodell muß der Versicherer zum Zeitpunkt des Vertragsschlusses ausdrücklich auf die AVB hinweisen und dem Verbraucher eine zumutbare Möglichkeit der Kenntnisnahme einräumen. Dabei wird vorausgesetzt, daß die AVB dem Kunden tatsächlich ausgehändigt werden. Dieses Erfordernis ist als erfüllt anzusehen, wenn der Kunde sich die AVB ausdrucken lassen kann. Dabei kann durch eine entsprechende Programmgestaltung gewährleistet werden, daß der VN seinen elektronischen Antrag nur dann absenden kann, wenn er vorher die Seiten mit den AVB „überblättert" hat.

Das eigentlichen Problem beim Antragsmodell liegt darin, daß gemäß § 10a VAG dem VN bei Vertragsschluß auch eine **schriftliche** Verbraucherinformation erteilt werden muss. Nach der überwiegenden Meinung in der Literatur wird das Schriftlichkeitserfordernis von einer Webseite im Internet nicht erfüllt (*Reusch* NVersZ 99, 197 m.w.N.; anders mit beachtlichen Gründen allerdings *Schimikowski* r+s 99, 485 (489). Geht man davon aus, daß die Verbraucherinformation im Rahmen des Antragsmodells schriftlich erfolgen muß, führt kein Weg an der Feststellung vorbei, daß ein derartiger Vertragsschluß im Internet derzeit nicht möglich ist.

149 – Das in § 5a VVG normierte Policenmodell läßt sich durch das Internet dagegen realisieren: Der Versicherer nimmt den elektronisch gestellten Antrag des Kunden durch Zusendung der Police, der AVB und der Verbraucherinformation an. Mit Ablauf der Widerspruchsfrist wird der Vertrag auf Grundlage der überlassenen Unterlagen wirksam.

Ergebnis:
Ein vollständiger Vertragsschluß im virtuellen Raum (Antragsmodell) ist derzeit noch nicht möglich. Dies wird sich voraussichtlich durch eine von der EG-Kommission geplante Fernabsatzrichtlinie für Finanzdienstleistungen (hierzu *Hoppmann/Moos* NVersZ 197 (201) in einigen Jahren ändern.

II. Die vorläufige Deckungszusage über das Internet

Bereits nach heutiger Rechtslage ist es zulässig und möglich, daß der Vertrag über **150** die vorläufige Deckung ausschließlich durch einen Online-Abschluß erfolgt. Grundlage dieser Aussage ist § 5a Abs. 3 VVG, wonach Kunde und Versicherer im Rahmen einer vorläufigen Deckungszusage vereinbaren können, daß auf die Überlassung der AVB und der Verbraucherinformation verzichtet wird.

Schriftform wird für eine derartige Vereinbarung in § 5a Abs. 3 VVG nicht vorausgesetzt. Bedenken gegen einen formularmäßig erklärten Verzicht bestehen nicht (*Schirmer/Höhne* DAR 96, 479; *Schimikowski*, Versicherungsvertragsgesetz Rdnr. 42). Auf diesem Weg könnte den Bedürfnissen des Kunden im doppelter Weise entsprochen werden: Zum einen ist ein beinahe sofortiger Erhalt der Doppelkarte gewährleistet, zum anderen erfolgt der Vertragsschluß ohne Medienbruch ausschließlich über das Internet.

Allerdings akzeptieren derzeit leider nicht alle Zulassungsstellen die über das Internet angeforderten und letztlich vom VN selbst ausgedruckten Doppelkarten als ordnungsgemäße Versicherungsbestätigung. Auch das BAV hat sich bereits kritisch über die Erstellung der Doppelkarten auf dem kundeneigenen Computer geäußert (Bericht ASS-Compact 99, S. 150).

4. Kapitel. Die vorläufige Deckung
(§ 1 Abs. 2 AKB; § 9 KfzPflVV)

A. Die Rechtsnatur der vorläufigen Deckung

Die amtliche Zulassung eines Fahrzeugs setzt gem. § 23 Abs. 1 Satz 4 Nr. 5 **151** StVZO voraus, daß für das betreffende Kfz eine KH-Versicherung besteht. Müßte der Käufer eines Fahrzeugs warten, bis sein Antrag vom Versicherer angenommmen wird und die Erstprämie bezahlt werden kann (§ 38 Abs. 2 VVG), könnte er sein Auto häufig erst einige Wochen nach dem Kauf benutzen. In der Praxis besteht daher die Notwendigkeit sofortigen Versicherungsschutzes. Erreicht wird dies mit einer sog. vorläufigen Deckung. Was unter einer vorläufigen Deckung zu verstehen ist, ist weder gesetzlich noch in den AKB definiert, in § 9 KfzPflVV und in § 1 Abs. 2 bis 5 AKB sind lediglich Teilbereiche geregelt.

Am ehesten läßt sich die vorläufige Deckung als ein eigenständiger Versicherungsvertrag des Inhalts beschreiben, daß der VN sofortigen Versicherungsschutz bis zum Abschluss des endgültigen Vertrages erhält. Zu betonen ist, daß es sich dabei nicht um einen Bestandteil des Hauptvertrages handelt, mit dem der (materielle) Versicherungsbeginn vorverlegt wird. Vielmehr handelt es sich bei der vorläufigen Deckung um einen völlig selbständigen Vertrag, der dem in der Regel noch abzuschließenden Hauptvertrag vorausgeht (sog. Trennungstheorie, näher hierzu *Stiefel/Hofmann* § 1 Rdnr. 67; *Blumberg* NZV 98, 305).

Die Vereinbarung vorläufigen Deckungsschutzes ist formlos möglich. Der Antrag kann vom VN mündlich gestellt werden, meist ist auf den vorgedruckten Antragsformularen der Versicherer die für die Gewährung von vorläufiger Deckung vorgesehene Spalte anzukreuzen. Die Annahme des Versicherers liegt in der Aushändigung der für die Kraftfahrzeugzulassungsstelle vorgesehenen Versicherungsbestätigung gem. § 29 a StVZO an den Versicherungsnehmer. In der Aushändigung dieser sog. Doppelkarte liegt gem. § 9 Satz 1 KfzPflVV, § 1 Abs. 3 AKB die Zusage einer vorläufigen Deckung für die Kraftfahrt-Haftpflichtversicherung.

In der Praxis kommt die vorläufige Deckung meist über Versicherungsagenten **152** zustande. Zwar sind Vermittlungsvertreter zum Abschluß von Versicherungsverträgen in der Regel nicht bevollmächtigt, § 43 VVG. Überläßt ein Versicherer einem Vermittlungsagenten aber mit faximilierter Unterschrift versehene Versicherungsbestätigungen, so resultiert hieraus eine Vollmacht kraft Rechtscheins (BGH VersR 86, 131).

Eine Besonderheit der vorläufigen Deckung ist, daß der VN Versicherungsschutz erhält, obwohl er noch keine Prämie bezahlt hat. Die Prämie wird zunächst gestundet und dem VN erst mit der Prämienforderung für den Hauptvertrag in Rechnung gestellt.

B. Der Beginn der vorläufigen Deckung

153 Die vorläufige Deckung beginnt nach § 9 KfzPflVV ab dem Zeitpunkt der behördlichen Zulassung des Fahrzeugs oder bei einem zugelassenen Fahrzeug vom Zeitpunkt der Einreichung der Versicherungsbestätigung bei der Zulassungsstelle. Aus dieser Regelung (Versicherungsschutz ab Zulassung) könnte man schließen, dass Fahrten zur Zulassungsstelle noch nicht vom zeitlichen Umfang der vorläufigen Deckungszusage umfaßt sind. Gemäß der vorgeschriebenen Gestaltung der Doppelkarte (Muster 6 und 8 StVZO) hat der Versicherungsschutz nach Wahl der Vertragsparteien entweder ab dem Tag der Zulassung oder an einem bestimmten Kalendertag, mindestens aber ab dem Tag der Zulassung, zu beginnen. Ab dem Tag der Zulassung heißt aber ab 0.00 Uhr, also vor dem Zeitpunkt der Zulassung (ausführlich zu dieser Problematik *Feyock/Jacobsen/Lemor* § 9 Kfz-PflVV Rdnr. 3). Eigentlich hätte dieser Versicherungsbeginn (0.00 Uhr) in § 9 KfzPflVV ausdrücklich festgelegt werden müssen. Dies hätte auch § 23 Abs. 4 Satz 7 StVZO entsprochen, wonach Fahrten von Fahrzeugen mit ungestempelten Kennzeichen, also ohne Zulassung, ausgeführt werden dürfen, wenn diese Fahrten wegen der Abstempelung der Kennzeichen bzw. Entfernung des Stempels durch die Zulassungsstelle unternommen werden.

154 Aufgrund der unklaren Regelung des § 9 KfzPflVV war bei den Kfz-Zulassungsstellen Unsicherheit über den Versicherungsschutz bei Fahrten mit ungestempelten Kennzeichen entstanden. Dies hat letztlich zu einer Neufassung des § 23 Abs. 4 Satz 7 StVZO geführt. Nunmehr sind Fahrten mit ungestempeltem Kennzeichen im Zusammenhang mit dem Zulassungsverfahren nur dann zulässig, wenn hierfür ausdrücklich Schutz aus der Haftpflichtversicherung besteht. Ob Kfz-Haftpflichtversicherungsschutz besteht, muß sich aus einer Eintragung auf der Doppelkarte gem. § 29 a StVZO ergeben („gilt auch für Fahrten mit ungestempeltem Kennzeichen nach § 23 Abs. 4 Satz 7 StVZO"). Dies wiederum hat dazu geführt, daß in § 1 AKB die Nr. 3 a eingeführt wurde. Dort ist ausdrücklich klargestellt, daß Versicherungsschutz auch für Fahrten mit ungestempelten Kennzeichen zur Zulassungsstelle besteht (ausführlich zu § 1 Nr. 3 a AKB *Feyock/Jacobsen/Lemor* § 1 AKB Rdnr. 14 a ff.).

All das erscheint ziemlich umständlich. Festzuhalten bleibt jedenfalls, daß der Versicherungsschutz aus der vorläufigen Deckung spätestens um 0.00 Uhr des Tages beginnt, an dem die Zulassung des Fahrzeugs erfolgt (so ausdrücklich *Feyock/Jacobsen/Lemor* § 1 AKB Rdnr. 14 g).

Nach unserer Auffassung spricht viel dafür, den Versicherungsschutz aus der vorläufigen Deckung bereits in dem Moment beginnen zu lassen, in dem der Versicherungsnehmer die Doppelkarte erhält. Diesen Schluß legt § 1 Nr. 3 AKB nahe, wonach die Aushändigung der Versicherungsbestätigung (nur) für die Kraftfahrzeug-Haftpflichtversicherung als Zusage der vorläufigen Deckung gilt. Diese Formulierung wird der Versicherungsnehmer dahingehend verstehen, daß er bereits ab dem Zeitpunkt der Aushändigung der Versicherungsbestätigung Versicherungsschutz genießt.

C. Das Ende der vorläufigen Deckung

Für das Ende der vorläufigen Deckung kommen mehrere Gründe in Betracht:

– Der Versicherer ist berechtigt, die vorläufige Deckung mit einer Frist von einer 155 Woche zu kündigen (§ 1 Abs. 5 AKB). Von dieser Möglichkeit wird der Versicherer insbesondere dann Gebrauch machen, wenn ein Hauptvertrag nicht zustande kommt, weil der VN keinen dahingehenden Antrag stellt. Wichtig ist, daß der Versicherer die Kündigungsmöglichkeit in diesem Fall tatsächlich ausübt. Wird nämlich der Antrag auf Abschluß eines Hauptvertrages nicht gestellt, bleibt der gesonderte Vertrag aus der vorläufigen Deckung weiterhin in Kraft und fällt nicht automatisch fort (OLG Hamm r+s 92, 149). Dies wiederum bedeutet, daß der Versicherer nach wie vor aus der vorläufigen Deckung verpflichtet ist.

– Übt der VN bezüglich des (Haupt)Vertrages sein Widerrufsrecht gem. § 5a 156 VVG aus, so wird der Versicherer seine Verpflichtung aus der vorläufigen Deckung beenden wollen. Daher sieht § 1 Abs. 6 AKB für diesen Fall eine Kündigungsmöglichkeit (mit Wochenfrist) vor.

– Gleiches gilt, falls der VN ein Gegenangebot des Versicherers nach § 5 Abs. 3 157 PflVG ablehnt, § 1 Abs. 6 AKB.

– Begründet der VN zu einem anderen Versicherer ein (zweites) Haftpflichtver- 158 hältnis (z. B. mit einer weiteren vorläufigen Deckung), endet die vorläufige Deckung des ersten Versicherers. Es fehlt in diesem Fall an der für den Fortbestand der vorläufigen Deckung vereinbarungsgemäß vorausgesetzten Lücke im Versicherungsschutz (BGH r+s 95, 124).

– Nach § 1 Abs. 4 AKB endet die vorläufige Deckung mit der Einlösung des 159 Versicherungsscheins bezüglich des endgültigen Versicherungsvertrags (Hauptvertrags). Im Normalfall bleibt also die vorläufige Deckung nur solange in Kraft, bis der VN die Erstprämie des Hauptvertrages bezahlt hat und somit aus diesem gem. § 38 Abs. 2 VVG Versicherungsschutz erhält. Ab diesem Zeitpunkt ist der VN auf den Versicherungsschutz durch eine vorläufige Deckung nicht mehr angewiesen.

D. Der rückwirkende Wegfall der vorläufigen Deckung (§ 1 Abs. 4 AKB)

160 Was aber passiert mit der vorläufigen Deckung, wenn ein VN den Versicherungsschein nicht einlöst und die Beitragsrechnung des Versicherers nicht bezahlt? Für diesen Fall bestimmt § 1 Abs. 4 AKB, daß die vorläufige Deckung rückwirkend außer Kraft tritt, wenn der VN den Versicherungsschein (des Hauptvertrags) nicht innerhalb von 14 Tagen nach dessen Zugang einlöst.

Der rückwirkende Wegfall der vorläufigen Deckung kann für den VN mit sehr einschneidenden, ja geradezu existentiellen Folgen verbunden sein. Bezahlt er die ihm zugegangene Beitragsrechnung nicht innerhalb von 14 Tagen, so bedeutet der sich daran anschließende Wegfall der vorläufigen Deckung, daß der VN rückwirkend für alle von ihm verschuldeten Verkehrsunfälle nicht versichert ist, die sich während der Dauer der vorläufigen Deckung ereignet haben. Die Leistungsfreiheit des Versicherers bezieht sich natürlich auch auf die Versicherungsfälle, die nach Ablauf der Zahlungsfrist von zwei Wochen eintreten.

Fallbeispiel:

Der VN hat sein Fahrzeug mittels einer vorläufigen Deckungszusage am 1. 7. zugelassen. Am Dienstag, den 15. 9. erhält er die Police des Hauptvertrags nebst Beitragsrechnung. Obwohl er nunmehr innerhalb von 2 Wochen, also spätestens am Dienstag, den 29. 9. (zu Fristbeginn und Fristende §§ 187, 188 BGB) den Erstbeitrag bezahlen müßte (zur Fristberechnung beim Policenmodell unter Rdnr. 170), wird dies vom VN unterlassen. Nunmehr verschuldet er am 1. 10. einen Verkehrsunfall, aus dem er zu Schadenersatzleistungen von insgesamt 85 000 DM verpflichtet ist.

Lösung:

Zwar ist der KH-Versicherer gem. § 3 Nr. 1 und Nr. 4 PflVG verpflichtet, im Außenverhältnis dem Geschädigten gegenüber diesen Betrag zu erstatten. Jedoch kann der Versicherer im Innenverhältnis den geleisteten Betrag vom VN in voller Höhe zurückverlangen (§ 3 Nr. 9 Satz 2 PflVG).

An diesem Beispiel läßt sich gut erkennen, welch schwerwiegende Folgen an die Nichteinhaltung der Zahlungsfrist von zwei Wochen geknüpft sind. Daher machen § 9 Satz 2 KfzPflVO und darauf fußend § 1 Abs. 4 AKB den rückwirkenden Wegfall der vorläufigen Deckung von genau beschriebenen Voraussetzungen abhängig. Der rückwirkende Verlust der vorläufigen Deckung tritt nur ein, wenn kumulativ folgende Voraussetzungen gegeben sind:

– Der Antrag auf Abschluß des Versicherungsvertrags seitens des VN muß vom Versicherer unverändert angenommen worden sein.

- Der Versicherungsschein ist spätestens innerhalb von 2 Wochen nach Zugang nicht eingelöst worden.
- Der Versicherungsnehmer muß die verspätete Zahlung zu vertreten haben.
- Der Versicherungsnehmer muß über die oben genannten Voraussetzungen und deren Folgen belehrt werden
- Die vom Versicherer verlangte Prämie muß korrekt berechnet und bezeichnet sein.

Sollte nur eine dieser Voraussetzungen nicht vorliegen, kommt ein rückwirkender Wegfall der vorläufigen Deckung nicht in Betracht.

Die Voraussetzungen des rückwirkenden Wegfalls der vorläufigen Deckung werden nachfolgend im einzelnen dargestellt:

I. Die unveränderte Annahme des Antrags des VN durch den Versicherer

Der Versicherer nimmt einen Antrag des VN auf Abschluß einer KH-Versiche- **161** rung insbesondere dann nicht unverändert an, wenn der im Antrag aufgeführte Beitrag nicht mit dem Beitrag laut Versicherungsschein übereinstimmt (BGH VersR 86, 986). Die Rechtslage hat sich hier seit dem Wegfall der Tarifbindung im Jahr 1994 geändert. Solange die Genehmigungspflicht der Tarife in der KH-Versicherung bestand, lag eine unveränderte Annahme des Versicherungsvertrages nach der Rechtsprechung (z. B. OLG Hamm r+s 88, 95) auch dann vor, wenn im Versicherungsantrag eine unrichtige (geringere) Prämienhöhe genannt war und im Versicherungsschein (Annahme) die dem Tarif entsprechende richtige Prämie zugrunde gelegt war. Da die Tarifbeiträge verbindlich waren, kam es auf den Parteiwillen nicht an, es konnten immer nur die dem Tarif entsprechenden Prämien gelten (ausführlich hierzu *Bauer* Rdnr. 227). Da inzwischen die Genehmigungspflicht der Tarife und damit die Tarifbindung aber entfallen ist, sind auch Abänderungen von falschen Einordnungen im Antrag vertragliche Abweichungen (*Knappmann* in *Prölss/Martin* § 1 AKB Rdnr. 12). Eine unveränderte Annahme liegt auch dann nicht vor, wenn der Antrag des VN nur zum Teil (z. B. nicht bezüglich der Kaskoversicherung) angenommen wird oder wenn eine andere Zahlungsregelung getroffen wird.

Fallbeispiel:
OLG Bremen VersR 1971, 313

Der VN beantragte am 14. 9. eine KH-Versicherung und erhielt an diesem Tag vorläufige Deckung. Auf dem Antragsformular beantragte der VN vierteljährliche Prämienzahlung.

Am 23. 10. verschuldete der VN einen Verkehrsunfall, der Versicherer regulierte den verursachten Schaden in Höhe von 12 000 DM.

Am 26. 10. stellte der Versicherer einen Versicherungsschein aus. Die Zahlungsweise war mit „halbjährlich im voraus" angegeben.

Der VN bezahlte den Einlösungsbetrag bis auf einen Rest von DM 27,80. Nach einer vergeblichen Mahnung nahm der Versicherer den VN in Regreß.

Lösung:

Ein Regreß gem. § 3 Nr. 9 S. 2 PflVG würde Leistungsfreiheit des Versicherers voraussetzen. Diese könnte sich aus einem rückwirkenden Wegfall der vorläufigen Deckung gem. § 1 Abs. 4 AKB ergeben.

Zunächst ist festzuhalten, daß der VN die geschuldete Erstprämie nicht entrichtet hat.

Zwar hat der VN den geforderten Beitrag bis auf einen kleinen Restbetrag bezahlt, dies ändert aber nichts daran, daß er seiner Zahlungsverpflichtung nicht nachgekommen ist. Zwar kann die Berufung auf einen Minimalbetrag treuwidrig gem. § 242 BGB sein (so bei einem Betrag von 2,70 DM, hierzu BGH VersR 56, 482). Bei 27,80 DM wird man aber noch nicht von einem Verstoß gegen § 242 BGB ausgehen können.

Jedoch fehlt es an einer unveränderten Annahme des Versicherungsantrags. Der VN hatte vierteljährliche Prämienzahlung beantragt, demgegenüber sah der Versicherungsschein eine halbjährliche Prämienzahlung vor.

Ergebnis: Der Versicherer ist gegenüber dem VN nicht leistungsfrei geworden, ein Regreß kommt nicht in Betracht.

II. Mangelnde Prämieneinzahlung innerhalb von zwei Wochen nach Zugang des Versicherungsscheins

1. Die Berechnung der Zwei-Wochenfrist

162 Die Zahlungsverpflichtung des VN beginnt mit dem Zugang der Police bzw. der Beitragsrechnung. Das Ende der Zwei-Wochenfrist bestimmt sich nach § 188 Abs. 1 BGB. Danach endet eine Frist, die nach Wochen bestimmt ist, mit Ablauf desjenigen Tages der letzten Woche, welcher durch seine Benennung dem Tag entspricht, in den das die Frist in Lauf setzende Ereignis fällt.

Beispiel:

Die Prämienrechnung geht dem VN am Mittwoch, den 11. 8. zu. Die Zwei-Wochenfrist endet am Mittwoch, den 25. 8. Das ist der Tag (Mittwoch) der letzten Woche, welcher durch seine Benennung dem Tag entspricht, in den das Ereignis (Zugang der Beitragsrechnung) fällt, durch welches der Fristbeginn erfolgt.

Zu betonen ist, daß der geschuldete Beitrag nicht unbedingt am letzten Tag der Zwei-Wochenfrist beim Versicherer eingegangen sein muß. Da es sich bei

Geldschulden im Regelfall um Schickschulden handelt (§ 270 BGB) ist für die Rechtzeitigkeit der Zahlung entscheidend, ob der Schuldner für die Übermittlung des Geldes das seinerseits Erforderliche getan hat (§ 270 BGB, 36 VVG). Dabei kommt es auf die Leistungshandlung (Versenden eines Schecks, Einreichen eines Überweisungsauftrags) an. Mit der Einreichung des Überweisungsauftrags hat der VN das seinerseits Erforderliche getan, wenn sein Konto Deckung aufweist (*Römer/Langheid* § 35 Rdnr. 8; *Schimikowski*, Versicherungsvertragsrecht, Rdnr. 157; offengelassen von BGH VersR 64, 129). Im obigen Beispielsfall hätte der VN daher fristgerecht bezahlt, wenn er noch am Mittwoch, dem 25. 8. den Überweisungsauftrag bei seiner Bank abgegeben oder einen Scheck in den Briefkasten eingeworfen hätte.

2. Der Beweis des Zugangs des Versicherungsscheins

In der Praxis steht der Versicherer vor der Schwierigkeit, daß er die Beweislast **163** dafür trägt, daß dem VN der Versicherungsschein mit Prämienrechnung überhaupt zugegangen ist. Dabei genügt der Versicherer seiner Beweislast nicht, wenn er beweist, daß der Versicherungsschein abgesandt worden ist – damit steht noch nicht fest, daß dieser den Empfänger tatsächlich erreicht hat. Weder aus dem Ablauf eines Computer-Verarbeitungsprogramms für Versicherungsanträge, noch aus der nachgewiesenen Absendung des Versicherungsscheins kann der Zugang des Versicherungsscheins beim VN bewiesen werden (OLG Hamm r+s 93, 365) vgl. hierzu Rdnr. 198 ff.

Die Beweislast des Versicherers erstreckt sich auch auf den Zeitpunkt des **164** Zugangs der Prämienrechnung (BGH r+s 96, 87; OLG Hamm r+s 96, 164). Wendet ein VN ein, er könne sich an den genauen Zugangszeitpunkt nicht erinnern, obliegt es dem Versicherer, den exakten Zeitpunkt des Zugangs darzutun. Da Versicherungsschein und Prämienrechnung von den Versicherern üblicherweise nicht per Einschreiben mit Rückschein versandt werden, muß der Versicherer die Einwendung des VN, er habe den Versicherungsschein nicht oder erst verspätet erhalten in der Regel akzeptieren (vgl. Rdnr. 200).

3. Wegfall der Zahlungsverpflichtung innerhalb der Zwei-Wochenfrist

In der Praxis sind zwei Fallkonstellationen zu beachten, die zu einem Wegfall der **165** Zahlungsverpflichtung des VN führen können. Zum einen kann es innerhalb der Zweiwochenfrist zu einem Totalschaden und damit zu einem Wagniswegfall kommen. Zum anderen kann es sein, daß der vollkaskoversicherte VN innerhalb der Zwei-Wochenfrist des § 1 Abs. 4 AKB einen Kaskoschaden erleidet. Hier stellt sich die Frage, ob der VN mit seinem Entschädigungsanspruch aus der Kaskoversicherung gegen die Prämienforderung des (selben) KH-Versicherers aufrechnen kann.

a) Totalschaden

166 Eine völlige Zerstörung oder die Verschrottung des versicherten Fahrzeugs führt in der KH-Versicherung zu einem endgültigen Wagniswegfall (§ 68 Abs. 2 VVG). Dem Versicherer steht nunmehr nach § 6 a Abs. 2 AKB, der wiederum auf § 6 Abs. 3 AKB verweist, nur der auf den Zeitraum des Versicherungsschutzes entfallende, anteilige Betrag zu. Hat der Versicherungsvertrag weniger als ein Jahr bestanden, so wird für die Zeit vom Beginn des Versicherungsvertrags bis zum Wagniswegfall der Beitrag nach Kurztarif berechnet. Anders ausgedrückt: Wird das Fahrzeug des VN innerhalb der Zwei-Wochenfrist des § 1 Abs. 4 AKB total beschädigt, steht dem Versicherer nur noch die nach Kurztarif zu berechnende Prämie bis zum Eintritt des Wagniswegfalls zu, der zunächst in Rechnung gestellte Erstbeitrag wird dagegen nicht mehr geschuldet. Die Konsequenzen dieser Rechtslage für einen etwaigen rückwirkenden Wegfall der vorläufigen Deckung sollen an zwei Beispielen verdeutlicht werden:

Fallbeispiel:
BGH VersR 83, 574

Am 14. 9. erteilte der Versicherer dem VN eine vorläufige Deckungszusage.

Am 19. 9. verschuldete der VN einen Unfall, das Fahrzeug des VN erlitt einen Totalschaden.

Am 20.12. übersandte der Versicherer einen Versicherungsschein mit einem auf der Basis von § 6 a Abs. 2 i.V.m. § 6 Abs. 3 AKB errechneten Kurztarif über DM 442,70 unter ordnungsgemäßer Belehrung.

Der VN bezahlte nicht.

Am 1. 3. des Folgejahres will der Versicherer wegen der an den Geschädigten geleisteten Zahlungen Regreß nehmen. Möglich?

Lösung:
Anspruchsgrundlage: § 3 Nr. 9 S. 2 PflVG

Voraussetzung: Leistungsfreiheit des Versicherers

Voraussetzung hierfür: Rückwirkendes Außerkrafttreten der vorläufigen Deckung gem. § 1 Abs. 4 S. 2 AKB:

1. Der VN hat den VersSchein nicht innerhalb von 14 Tagen nach Zugang eingelöst.

2. Der Versicherer hat den Antrag des VN aber nicht unverändert angenommen. Vielmehr hat er in Abweichung hiervon lediglich eine gem. § 6 Abs. 3 i.V.m. § 6 a Abs. 2 AKB AKB zu berechnenden Prämie für die Zeit (14.–19. 9.) gefordert, in der wegen der vorläufigen Deckungszusage Versicherungsschutz zu gewähren war. Daher liegt nach Ansicht des BGH in der Geltendmachung des Kurztarifs eine Abweichung von der im ursprünglichen Versicherungsantrag niedergelegten Prämienforderung.

Da es somit an einer Voraussetzung (unveränderte Annahme) des § 1 Abs 4 S. 2 AKB fehlt, ist der Versicherer auch nicht dadurch leistungsfrei geworden, daß der VN die geforderte Kurzprämie nicht innerhalb der Frist von 14 Tagen bezahlt hat.

Abwandlung:
OLG Hamm VersR 88, 621

Angenommen, der Versicherer hätte sich das obige Urteil des BGH zu Herzen genommen und dem VN die vereinbarte Erstprämie in Rechnung gestellt. Wie oben zahlt VN wieder nicht.

Lösung:
Auch hier tritt kein rückwirkender Wegfall der vorläufigen Deckung ein.
    Wegen des Totalschadens stand gem. § 6a Abs. 2 i.V.m. § 6 Abs. 3 AKB dem Versicherer nur noch ein Beitrag in Höhe des Kurztarifs zu. Daher ist der Anspruch auf die Erstprämie entfallen und kann der Versicherer deren Bezahlung nicht mehr verlangen. Wenn der Versicherer aber die Einlösung des Versicherungsscheins nicht mehr verlangen kann, fehlt es an einer tatbestandlichen Voraussetzung des § 1 Abs. 4 S. 2 AKB, so daß ein rückwirkender Wegfall der vorläufigen Deckung nicht mehr eintreten kann. Dies gilt nach Ansicht des Gerichts auch dann, wenn die dem Versicherer eigentlich zustehende Kurzprämie höher ist, als die geltend gemachte Erstprämie.

Diese beiden Entscheidungen verdeutlichen, daß sich der Versicherer trotz mangelnder Einlösung nicht auf den Wegfall der vorläufigen Deckung berufen kann, wenn das Wagnis vor Ausfertigung des Versicherungsscheins oder innerhalb von zwei Wochen nach dessen Zugang beim VN wegen eines Totalschadens weggefallen ist. Dies ist eine Konsequenz der in der vorläufigen Deckung liegenden Vorleistung des Versicherers.

b) Aufrechnung des VN mit einer Forderung aus der Kaskoversicherung
Nicht zu einem rückwirkenden Wegfall der vorläufigen Deckung kommt es mangels einer Zahlungsverpflichtung des VN weiter dann, wenn der VN neben der KH auch eine Kaskoversicherung beim selben Unternehmen abgeschlossen hat und nunmehr in der Kaskoversicherung der Versicherungsfall vor Ablauf der 14 Tagesfrist des § 1 Abs. 4 S. 2 AKB eintritt. In diesem Fall ist die Forderung des VN auf die Kaskoentschädigung mit der Beitragsforderung des Versicherers zu verrechnen (BGH VersR 85, 877 mit Anm. Hofmann).
    Diese zunächst nur für die Kaskoversicherung geltende Rechtsprechung hat das OLG Koblenz auf die KH-Versicherung übertragen.

167

Fallbeispiel:
OLG Koblenz r+s 94, 282 mit Anm. Langheid

Der VN hatte eine Haftpflicht- und eine Kaskoversicherung bei der T-Versicherung beantragt. Er erhielt am 7. 1. 95 eine Versicherungsbestätigung und ließ seinen Ford Scorpio am gleichen Tag zu. Am 25. 1. 95 verursachte der VN schuldhaft einen Unfall. Am gegnerischen Fahrzeug war ein Schaden von 8943 DM, am Fahrzeug des VN ein Schaden von 3284 DM entstanden. Am 27.1. erstattete der VN der T-Versicherung eine telefonische Unfallmeldung. Am 29. 1. gingen dem VN Versicherungsschein und Beitragsrechnung zu, ohne daß daraufhin eine Zahlung erfolgte. Einige Monate später erhielt der VN ein Schreiben der T-Versicherung, in dem diese in Höhe des von ihr regulierten Fremdschadens von 8934 DM Regreß forderte.

Lösung:

Ansspruchsgrundlage: § 3 Nr. 9 S. 2 PflVG

Voraussetzung: Leistungsfreiheit des Versicherers

Vorliegend könnte der Versicherungsschutz des VN gem. § 1 Abs. 4 AKB entfallen sein. Immerhin hat er den Versicherungsschein nicht innerhalb von zwei Wochen eingelöst. Andererseits stand ihm aber gegen die Erstprämienforderung des Versicherers eine (weitaus höhere) Gegenforderung aus dem Kaskoschaden zu. Nach Auffassung des Gerichts kann der VN auch gegenüber der Erstprämienanforderung aus dem **Haftpflicht**versicherungsvertrag mit einem inzwischen eingetretenen Kaskoschaden aufrechnen. Dies setzt voraus, daß der Kaskoschaden vor Ablauf der Zwei-Wochenfrist des § 1 Abs. 4 AKB eingetreten und gemeldet worden ist.

Zwar hält das Gericht daran fest, daß es im Bereich der Haftpflichtversicherung an einer Aufrechnungsmöglichkeit fehlt, weil dem VN kein Zahlungsanspruch gegen den Versicherer zuwächst, mit dem er aufrechnen könnte. Anders sei aber zu entscheiden, wenn es um einen gleichzeitig eingetretenen Haftpflicht- und Kaskoschaden gehe. Auch wenn es sich dabei um zwei selbständige Versicherungsvertrage handele, seien diese doch auf einer Urkunde zusammengefaßt. Nach Treu und Glauben sei es daher dem Versicherer zuzumuten, auch wegen der Haftpflichtprämie eine Aufrechnung mit der Kaskoprämie zuzulassen oder diese letztlich von sich aus vorzunehmen.

Der Rechtsprechung des OLG Koblenz haben sich das OLG Hamm (r+s 96, 164) und das OLG Köln (r+s 97, 406) angeschlossen.

III. Vom VN zu vertretender Zahlungsverzug

168 Wenn ein Schuldner seinen Zahlungsverpflichtungen wegen finanzieller Schwierigkeiten nicht nachkommen kann, hat er dies im Normalfall immer zu vertreten. Das folgt aus § 279 BGB, wonach der Schuldner einer Gattungsschuld und damit auch einer Geldschuld sein Unvermögen zur Leistung stets vertreten muß. Das gilt auch dann, wenn der Schuldner beispielsweise wegen Krankheit oder Arbeitslosigkeit ohne Verschulden in Zahlungsschwierigkeiten geraten ist.

Daß ein VN die verspätete Einlösung des Versicherungsscheins nicht zu vertreten hat, kommt daher selten in Betracht. Praxisrelevant ist der Fall, daß der VN vom Zugang des Versicherungsscheins unverschuldet deswegen keine Kenntnis hat, weil er in Urlaub ist. Da ein VN normalerweise nicht weiß, wann ihm Versicherungsschein mit Prämienrechnung zugehen, kann man nicht verlangen, daß der VN einen Nachsendeantrag stellt (so aber LG Köln r+s 85, 29). Ist die Zwei-Wochenfrist des § 1 Abs. 4 AKB während der Urlaubszeit des VN abgelaufen, muß er allerdings den Versicherungsschein unverzüglich einlösen, nachdem er ihn vorgefunden hat. Anderenfalls hätte der VN die Verspätung zu vertreten (LG Frankfurt, VersR 91, 655).

IV. Belehrung

1. Grundlagen

Der Versicherer kann sich auf den rückwirkenden Wegfall der vorläufigen **169** Deckung nur berufen, wenn er den VN mit der Aufforderung zur Zahlung der Erstprämie auf die Rechtsfolge nicht fristgerechter Zahlung hingewiesen hat. Die Pflicht zu dieser Rechtsbelehrung ergibt sich aus § 9 Satz 2 KfzPflVV. Grund für das Belehrungserfordernis sind die weitreichenden und nicht selten existenzgefährdenden Folgen des Verlustes des Versicherungsschutzes für den VN (OLG Hamm r+s 91, 183; OLG Schleswig r+s 92, 112).

Die Belehrung setzt einen drucktechnisch hervorgehobenen Hinweis auf der Vorderseite des Versicherungsscheins voraus. Sie muß optisch und drucktechnisch so auffällig gestaltet werden, daß ein durchschnittlicher VN den Text als wichtig erkennt und beachtet (OLG Düsseldorf r+s 93, 90, OLG Celle VersR 2000, 314). Erforderlich ist, daß auf der Vorderseite (und nicht auf der Rückseite) des Versicherungsscheins in Fett- und Großdruck auf die Möglichkeit des rückwirkenden Wegfalls des Versicherungsschutzes hingewiesen wird (LG Bremen, VersR 95, 287; OLG Hamm r+s 98, 99). Die Belehrung muß bereits auf dem Versicherungsschein enthalten sein, erfolgt sie erst in einem weiteren Schreiben, ist das verspätet (OLG Celle, VersR 2000, 314)

> **Fallbeispiel:**
> OLG Hamm VersR 91, 221 = r+s 90, 401
>
> Mit Antrag vom 12. 2. 1996 beantragte die VN den Abschluß einer Haftpflicht- und Teilkaskoversicherung für ihren PKW. Am selben Tag ließ sie das Fahrzeug nach Erteilung einer vorläufigen Deckungszusage zum Straßenverkehr zu.
> Der Versicherer nahm den Antrag an und übersandte den Versicherungsschein am 18. 3. 96, mit dem er den ordnungsgemäß errechneten und ausgewiesenen Erstbeitrag für die KH-Versicherung einforderte. Im Anschluß daran erteilte er folgende Belehrung:

„Sehr geehrter Versicherungsnehmer,
wird mit diesem Dokument ein Erstbeitrag gefordert, beginnt der Versicherungsschutz mit der Zahlung des Beitrags. Auf Grund einer vorläufigen Deckungszusage haben Sie nur vorläufigen Versicherungsschutz. Wenn Sie nach Erhalt des Versicherungsscheins den Erstbeitrag nicht innerhalb der gesetzten Frist zahlen, geht der Versicherungsschutz rückwirkend verloren. Sie müssen den Beitrag auch dann in dieser Frist zahlen, wenn inzwischen ein Schaden eingetreten ist, weil Sie sonst den Versicherungsschutz verlieren und für diesen Schaden selbst aufkommen müssen (§ 38 VVG). Sollten Sie die Zahlungsfrist versäumt haben, so empfehlen wir Ihnen dringend, den Betrag gleichwohl sofort zu zahlen, damit sie wenigstens für die Zukunft Versicherungsschutz haben."

Die VN bezahlte nicht. Am 22. 4. 96 verursachte sie schuldhaft einen Unfall. Der Versicherer zahlte an den Geschädigten Reparaturkosten in Höhe von 12 000 DM und verlangt diese nunmehr von der VN zurück.

Lösung:
Wegen § 3 Nr. 1 und Nr. 4 PflVG war der KH-Versicherer verpflichtet, den Schaden des Unfallopfers im Außenverhältnis zu regulieren. Anspruchsgrundlage für eine Rückforderung der an den Geschädigten bezahlten Beträge ist § 3 Nr. 9 Satz 2 PflVG. Diese wiederum greift ein, wenn im Verhältnis zwischen Versicherer und VN Leistungsfreiheit besteht. Eine Leistungsfreiheit könnte hier wegen eines rückwirkenden Wegfalles des Versicherungsschutzes, also der vorläufigen Deckung, bestehen. Im Rahmen dieses Fallbeispiels soll nun geprüft werden, ob die für eine Leistungsfreiheit des Versicherers zwingend erforderliche Belehrung über das rückwirkende Außerkrafttreten der vorläufigen Deckungszusage ordnungsgemäß erfolgt ist.

Bei der Frage, ob die erteilte Belehrung inhaltlich zutreffend ist, gilt es sich klarzumachen, daß dem VN die für den Wegfall der vorläufigen Deckung entscheidenden Punkte (unveränderte Annahme des Antrags durch den Versicherer, keine Zahlung innerhalb zwei Wochen nach Zugang der Police nebst Beitragsrechnung, Verschulden) deutlich vor Augen geführt werden sollen. Vorliegend ist die Belehrung gleich in mehrfacher Hinsichtlich mangelhaft:

Zum einen ist die Erwähnung von § 38 VVG völlig verfehlt. Die Leistungsfreiheit wegen nicht rechtzeitiger Einlösung des Versicherungsscheins ergibt sich nicht aus § 38 VVG, sondern aus § 1 Abs. 4 AKB, der als speziellere Regelung § 38 VVG verdrängt (OLG Köln r+s 99, 444).

Die Belehrung ist weiter deshalb zu beanstanden, weil sie den Eindruck erweckt, daß jedwede Versäumung der gesetzten Zwei-Wochenfrist zum Verlust des Versicherungsschutzes führt, obwohl nur eine schuldhafte Versäumung schadet. Ein VN ist nur dann zur Wahrung seiner Rechte ausreichend informiert, wenn er auch weiß, daß er bei unverschuldeter Versäumung der Zahlungsfrist selbst durch nachträgliche Zahlung den Versicherungsschutz auch für die Vergangenheit erhalten kann. Deshalb muß die Belehrung des Versicherers sich auch auf diesen Punkt erstrecken (OLG Köln r+s 96, 388; OLG Hamm r+s 99, 357). Richtigerweise hätte im vorliegenden Fallbeispiel der letzte Satz der Belehrung etwa so lauten müssen:

„Sollten Sie die Zahlungsfrist versäumt haben, so empfehlen wir Ihnen dringend, den Beitrag gleichwohl unverzüglich zu zahlen. Die unverzügliche nachträgliche Zahlung sichert Ihnen einerseits den Versicherungsschutz für die Zukunft, andererseits sichert sie auch den Versicherungsschutz für die Vergangenheit, sofern Sie die Versäumung der Frist nicht zu vertreten hatten."

Die fehlerhafte Belehrung führt dazu, daß der Versicherer nicht wegen fehlender Einlösung des Versicherungsscheins leistungsfrei geworden ist – obwohl der Versicherungsnehmer nachweislich die fällige Erstprämie nicht innerhalb von zwei Wochen nach Erhalt des Versicherungsscheins bezahlt hat.

Anmerkung: Auch über die Tatsache, daß der Versicherungsantrag vom Versicherer unverändert angenommen worden sein muß schweigt sich die vorliegende Belehrung aus. Die zitierten Gerichtsentscheidungen haben dies nicht beanstandet, obwohl sie nach Inkrafttreten von § 9 KfzPflVV erlassen wurden und obwohl § 9 Satz 2 KfzPflVV ein derartiges Belehrungserfordernis zumindest nahelegt.

2. Belehrungserfordernisse im Rahmen des Policenmodells

a) Beginn der Zahlungsfrist

Die im obigen Fallbeispiel enthaltene Formulierung der Belehrung ist dann problematisch, wenn (wie in der Regel) der Vertrag über das sogenannte Policenmodell zustande kommt. In diesem Fall entsteht die Zahlungspflicht des Versicherungsnehmers erst mit Ablauf der zweiwöchigen Widerspruchsfrist des § 5 a Abs. 1 VVG (inzwischen herrschende Meinung, OLG Hamm r+s 99, 357; *Schirmer/Höhne* DAR 96, 477; 487; *Lorenz* VersR 95, 616, 621), so daß die vorläufige Deckung wiederum erst zwei Wochen nach diesem Zeitpunkt rückwirkend außer Kraft treten kann. **170**

Fallbeispiel:
LG Essen VersR 97, 993 mit ablehnender Anmerkung von *Lorenz* (VersR 97, 994) und zustimmende Anmerkung von *Hofmann* (VersR 97, 1257); OLG Hamm r+s 99, 357

Am 24. 7. beantragte die VN bei Versicherer V vorläufigen Deckungsschutz für ihr Kfz. Noch am selben Tag wurde der VN eine Doppelkarte ausgehändigt, mit der sie das Fahrzeug zuließ. Am 11. 8. erhielt die VN den Versicherungsschein nebst Beitragsrechnung, AKB und den sonstigen Verbraucherinformationen zugesandt (Vertragsschluß nach dem sog. Policenmodell).

Der Versicherungsschein erhielt als letzte Passage eine Widerspruchsbelehrung mit folgendem Wortlaut:

„Sofern Sie nicht innerhalb von 14 Tagen nach Erhalt der vorgenannten Unterlagen schriftlich widersprechen, gilt der Vertrag als abgeschlossen. Zur Wahrung der Frist genügt die rechtzeitige Abzeichnung des Widerspruchs."

Bezüglich des Wegfalls der vorläufigen Deckung wurde die VN wie folgt belehrt:

„Wenn Sie nicht spätestens innerhalb von 14 Tagen nach Erhalt des Versicherungsscheins bzw. der Rechnung den Erstbeitrag zahlen und Sie die Verspätung zu vertreten haben, geht der Versicherungsschutz rückwirkend verloren..."

Am 4. 9. erlitt die VN einen selbstverschuldeten Verkehrsunfall, am Fahrzeug des Unfallgegners entstand ein Schaden in Höhe von 5467,91 DM.

Am 5. 9. bezahlte die VN die Prämienrechnung.

Versicherer V regulierte den entstandenen Schaden und verlangt nunmehr von der VN die Erstattung des aufgewendeten Betrags. Er ist der Meinung, die VN hätte den ihr am 11. 8. zugegangenen Versicherungsschein spätestens 14 Tage nach Erhalt, also am 25. 8. einlösen müssen.

Lösung:
Das Problem des Falles besteht in der Frage, ob die vorläufige Deckung gem. § 1 Abs. 4 AKB rückwirkend außer Kraft getreten ist, weil die VN den Versicherungsschein später als 14 Tage nach dessen Zugang eingelöst hat.

Fraglich ist nämlich, ob die VN zu diesem Zeitpunkt überhaupt schon zur Zahlung verpflichtet war. Da sie die Verbraucherinformation einschließlich der AKB erst zusammen mit dem Versicherungsschein erhalten hat (Policenmodell), stand ihr gem. § 5 a VVG ab Zugang dieser Unterlagen ein Widerspruchsrecht von 14 Tagen zu. Geht man davon aus, daß der (Haupt)vertrag erst nach Ablauf der Widerspruchsfrist (25. 8.) wirksam zustandegekommen ist, konnte vor diesem Zeitpunkt noch keine Zahlungsverpflichtung der VN entstehen. Erst ab diesem Zeitpunkt bestand auch die Pflicht, den Versicherungsschein einzulösen, so daß auch die Zwei-Wochenfrist des § 1 Abs. 4 AKB erst ab diesem Zeitpunkt zu laufen beginnt und am 8. 9. endet. So gesehen hätte die VN mit ihrer Zahlung am 5. 9. den Versicherungsschein rechtzeitig innerhalb der gesetzen Frist von 14 Tagen eingelöst. Der Versicherer hatte daher aus der nach wie vor wirksam bestehenden vorläufigen Deckungszusage Versicherungsschutz zu gewähren, so daß ein Regreß gegen die VN nicht in Betracht kommt (OLG Hamm r+s 99, 357).

Dieser Standpunkt überzeugt: Das OLG Hamm (r+s 99, 57) hebt zutreffend darauf ab, daß nach dem Wortlaut, sowie Sinn und Zweck des § 5 a VVG der Versicherungsvertrag erst nach Ablauf der Widerspruchsfrist zustande kommt – wenn auch rückwirkend auf den Zeitpunkt des Zugangs des Versicherungsscheins. § 5 a Abs. 1 Satz 1 VVG („gilt der Vertrag als abgeschlossen") enthält eine gesetzliche Fiktion des Vertragsschlusses (erst) mit Ablauf der Widerspruchsfrist. Nach Sinn und Zweck der Vorschrift soll der VN nicht an seinen Antrag gebunden sein, solange er nicht vollständig über Inhalt und Umfang des Versicherungsschutzes und die sonstigen das Vertragsverhältnis bestimmenden Umstände unterrichtet worden ist. Die Frist zur Kenntnisnahme und Prüfung der erst nach Antragstellung bei dem Versicherungsschein übersandten Verbraucherinformation und Versicherungsbedingungen beträgt 14 Tage. Vor Fristablauf kann ein den Versicherungsnehmer bindender Vertrag nicht zustande kommen (vgl. *Römer* in *Römer/Langheid*, VVG, § 5a Rdnr. 20 ff; *Prölss* in *Prölss/Martin*, VVG, 26. Aufl., § 5a VVG Rdnr. 9 ff). Deshalb entsteht die Verpflichtung des VN zur Zahlung der Erstprämie auch erst mit Ablauf der Widerspruchsfrist. Erst ab diesem Zeitpunkt ist der Versicherungsnehmer zur Bezahlung der Prämienrechnung verpflichtet und wird die Zwei-Wochenfrist des § 1 Abs. 4 AKB in Lauf gesetzt.

Diese nach unserer Auffassung richtige Lösung hat das LG Essen allerdings nicht gewählt. Das Gericht ist der Meinung daß die Zahlungspflicht des VN grundsätzlich bereits mit der Übersendung des Versicherungsscheins entsteht, so daß auch zu diesem Zeitpunkt die Zwei-Wochenfrist des § 1 Abs. 4 AKB zu laufen beginnt. Danach hätte der Versicherungsschein spätestens bis zum 25. 8. eingelöst werden müssen, danach trat die vorläufige Deckung rückwirkend außer Kraft. Das Gericht ist der Meinung, daß auch bei einem Abschluß nach § 5a VVG unabhängig vom Widerspruchsrecht des VN der Versicherungsvertrag mit Übersendung der Police wirksam zustandekommt. § 5a VVG betreffe nur die AKB und die weiteren Verbraucherinformationen, so daß lediglich die Einbeziehung der AKB erst nach Ablauf der Widerspruchsfrist erfolgt. Im übrigen sei der Vertrag als „Rumpfvertrag" aber wirksam. Das Gericht folgt damit der vor allem von *Hofmann* (Die neue Kfz-Versicherung, S. 28 ff.) vertretenen Auffassung.

Schließt man sich der zutreffenden Ansicht des OLG Hamm (r+s 99, 357) an, hat dies zur Folge, daß die vom Versicherer erteilte Belehrung über den Wegfall der vorläufigen Deckung deswegen falsch ist, weil sie unzutreffend als Beginn der Zahlungsfrist den Erhalt des Versicherungsscheins nennt. Richtigerweise müßte der Versicherungsnehmer aber dahingehend belehrt werden, daß die angeforderte Erstprämie binnen zwei Wochen nach Ablauf der Widerspruchsfrist zu bewirken ist.

b) Belehrungserfordernisse

Etliche Versicherer hatten sich nach Inkrafttreten des § 5a VVG von Anfang an auf **171** den Standpunkt gestellt, daß die Zahlungspflicht des Versicherungsnehmers erst mit Ablauf der Widerspruchsfrist des § 5a VVG beginnt. Daher wurde von einigen Unternehmen die Belehrung über den rückwirkenden Wegfall der vorläufigen Deckung folgendermaßen neu gefaßt:

„Wenn Sie nicht spätestens innerhalb von zwei Wochen nach Ablauf der Widerspruchsfrist gemäß § 5a VVG den Versicherungsschein einlösen, d. h. den Erstbeitrag zahlen und die Nichtzahlung von Ihnen zu vertreten ist, geht der Versicherungsschutz rückwirkend verloren…".

Diese Formulierung ist vom OLG Oldenburg (r+s 99, 188 = NZV 99, 382) beanstandet worden. Ein durchschnittlicher VN sei nicht in der Lage, die Zahlungsfrist ohne Einholung rechtskundiger Berater zu ermitteln. Aus der Belehrung liesse sich nämlich nicht entnehmen, wann die Widerspruchsfrist nach § 5 a VVG ablaufe. Der Gesetzestext der Vorschrift sei nicht abgedruckt, aber auch dies würde wegen der komplizierten Regelung nicht genügen, um einen durchschnittlichen VN in zumutbarer Weise eine Fristberechnung zu ermöglichen. Nach Ansicht des Gerichts wäre es erforderlich gewesen, daß der Versicherer eine Erläuterung gegeben hätte, die es dem VN ermöglicht, den Fristablauf aus der Belehrung selbst zu entnehmen. Diese Argumente des Gerichts sind nicht von der Hand zu weisen und so dürfte es für die Versicherer in Zukunft ratsam sein, in die Belehrung aufzunehmen, daß die Widerspruchsfrist gem. § 5 a VVG 14 Tage beträgt und ab dem Zugang des Versicherungsscheins zu laufen beginnt.

V. Korrekte Anforderung der Erstprämie

172 Erstprämie ist bei Ratenzahlung nur die (eine) erste Prämie, z. B. bei vierteljährlicher Prämienzahlung nur die Rate für das erste Quartal. Das gilt auch dann, wenn zum Zeitpunkt der geschuldeten Einlösung bereits die zweite Rate fällig ist. Der Versicherer soll es nicht in der Hand haben, den Einlösungsbetrag, an dessen Nichtzahlung wesentliche Rechtsfolgen geknüpft sind, durch verzögerliche Übersendung des Versicherungsscheins zu erhöhen (OLG Hamm VersR 1982, 867). Auch wenn diese Begründung nicht unbedingt überzeugt bleibt es dabei, daß die nicht rechtzeitige Zahlung der unrichtig angegebenen Erstprämie (z. B. Geltendmachung der ersten beiden Vierteljahresprämien) nicht zum Entfallen des vorläufigen Deckungsschutzes führt.

Die beiden ersten Raten könnten allerdings dann zusammen angefordert werden, wenn auf den genauen Betrag der Erstprämie und auf die Folge mangelnder Zahlung genau dieses Betrags hingewiesen wird (OLG Hamm r+s 88, 95).

Kein rückwirkender Wegfall der vorläufigen Deckung würde weiter dann eintreten, wenn der Erstbeitrag zwar richtig angefordert wird, der Versicherer aber im Lastschriftverfahren die beiden ersten Raten einzieht (OLG Oldenburg, VersR 1986, 1012) oder zusammen mit der ersten Rate die Prämie aus einer anderen Versicherung mit eingezogen wird (BGH VersR 1985, 447). Ist also beispielsweise vierteljährliche Beitragsweise vereinbart, muß der VN lediglich dafür sorgen, daß eine Abbuchungsmöglichkeit in Höhe der Erstprämie sichergestellt ist. Fordert der Versicherer wegen Zeitablaufs Zahlung der Erst- und der Folgeprämie, ist aber das Konto in dieser Höhe nicht gedeckt, kommt es nicht zu einem Wegfall der vorläufigen Deckung (OLG Hamm ZfS 84, 19).

E. Die stillschweigende Einbeziehung der Kaskoversicherung

Die Aushändigung der Versicherungsbestätigung gilt gemäß § 1 Abs. 3 AKB nur **173** für die KH-Versicherung als Zusage einer vorläufigen Deckung. Das führt in den Fällen zu Problemen, in denen der VN sowohl für die KH- als auch für die Kaskoversicherung Versicherungsschutz beantragt hat. Darf der VN, falls der Versicherer sich hierzu nicht ausdrücklich äußert, davon ausgehen, daß er auch in der Kasko-Versicherung (vorläufigen) Versicherungsschutz genießt? Dagegen könnte zunächst sprechen, daß die Versicherer regelmäßig Doppelkarten verwenden, auf denen der VN daraufhin hingewiesen wird, daß die Versicherungsbestätigung nur für die beantragte KH-Versicherung als Zusage einer vorläufigen Deckung gelte. In einer wichtigen Entscheidung (NZV 99, 465) hat der BGH klargestellt, daß der VN trotz § 1 Abs. 3 AKB und trotz eines entgegenstehenden Hinweises auf der Doppelkarte zunächst einmal davon ausgehen darf, daß die vorläufige Deckung sich auch auf die Kasko-Versicherung erstreckt.

Fallbeispiel:
BGH NZV 99, 465

VN A hatte sich Anfang August einen BMW für 120 000 DM gekauft und diesen am 12. 8. zugelassen. Bereits am 24. 8. wurde das Fahrzeug gestohlen.

A meint er sei kaskoversichert, so daß ihm für das gestohlene Fahrzeug eine Ersatzleistung zustehe. Er habe dem Agenten S mitgeteilt, daß das anzuschaffende Fahrzeug mit einer Selbstbeteiligung von 2000,– DM vollkaskoversichert werden solle. Einige Tage darauf hatte S dem A Blankodoppelkarten überlassen. Diese enthalten auf der Vorderseite den Hinweis, daß die Versicherungsbestätigung nur für die beantragte KH-Versicherung als Zusage einer vorläufigen Deckung gelte und vorläufige Deckung in der Kasko-Versicherung für Fahrzeuge bis 100 000,– DM Gesamtneuwert nur bestehe, wenn in der (auf der Rückseite befindlichen) Zeile „Vermerke des Versicherers zum Versicherungsvertrag" ein entsprechendes Kästchen angekreuzt sei. In der für die Zulassung verwendeten Doppelkarte war kein Kästchen angekreuzt. Deshalb und wegen des einschränkenden Hinweises auf der Vorderseite der Doppelkarte meint die X-Versicherung, in der Aushändigung der Versicherungsbestätigung liege keine Zusage vorläufiger Deckung auch in der Kasko-Versicherung.

Lösung:
Der BGH führt zunächst aus, daß ein VN davon ausgehen darf, daß der Versicherer die kombinierten Kasko- und Haftpflichtversicherungen im Stadium vorläufigen Deckungsschutzes einheitlich behandelt. Dies gilt jedenfalls so lan-

ge, wie dem VN nichts Gegenteiliges erklärt wird. Die Aushändigung der Versicherungsbestätigung an einen VN, der einen einheitlichen Antrag auf Abschluß einer Haftpflicht- und einer Fahrzeugversicherung gestellt hat, führt daher regelmäßig dazu, daß der Versicherer auch zur Gewährung vorläufigen Deckungsschutzes in der Fahrzeugversicherung verpflichtet ist. Der VN könne nach Treu und Glauben und der Verkehrsauffassung die Aushändigung der Versicherungsbestätigung als uneingeschränkte Annahme des Antrags auf vorläufigen Deckungsschutz auffassen.

Das gilt nur dann nicht, wenn der Versicherer dem VN durch einen an ihn gerichteten Hinweis unmißverständlich klargemacht hat, daß entgegen seinem Wunsch nach Kaskoversicherungsschutz vorläufig nur das Haftpflichtrisiko gedeckt ist (so schon BGH VersR 86, 541; OLG Koblenz r+s 97, 404).

Neu an der vorliegenden Entscheidung des Gerichts ist insbesondere, daß der BGH die bislang offene Frage beantwortet, ob der Vermerk auf der Doppelkarte, daß vorläufige Deckung nur für die KH-Versicherung bestehe, als ausreichender Hinweis anzusehen ist. Der BGH hat dies verneint, weil der durchschnittliche VN nicht annehmen müsse, daß die Doppelkarte, von der die eine Hälfte bei der Zulassungsstelle bleibt und die andere von dort an den Versicherer zurückgeschickt wird, überhaupt eine an ihn gerichtete Willenserklärung enthält. Deshalb wird ein VN die Doppelkarte nicht unbedingt daraufhin überprüfen, ob sie Einschränkungen des beantragten Versicherungsschutzes enthält.

Sogar dann, wenn der VN die Doppelkarte liest und feststellt, daß die Kästchen über den Versicherungsschutz in der Kasko-Versicherung nicht angekreuzt sind, muß er nicht davon ausgehen, daß der Versicherer entgegen seinem Wunsch nur die Haftpflichtversicherung decken will. Der VN könne nämlich auch annehmen, der Versicherer werde das betreffende Kästchen noch nachträglich ankreuzen.

Auch § 1 Abs. 3 AKB, wonach sich die vorläufige Deckung grundsätzlich nur auf die KH-Versicherung erstrecken soll, führt zu keinem anderen Ergebnis:

Hat ein VN Versicherungsschutz in der KH-Versicherung und in der Kaskoversicherung beantragt und wird ihm ohne einschränkenden Hinweis eine Doppelkarte ausgehändigt, ist dies nach der Rechtsprechung als eine stillschweigende individualvertragliche Vereinbarung der Vertragsparteien auf vorläufigen Versicherungsschutz auch in der Kaskoversicherung anzusehen. Diese Individualvereinbarung geht den AKB (§ 1 Abs. 3) vor (BGH VersR 86, 541; OLG Koblenz r+s 97, 404).

Sehr relevant für die Praxis ist weiter die Feststellung des BGH, daß die geschilderten Grundsätze auch dann gelten, wenn der VN noch keinen verbindlichen schriftlichen Antrag auf Abschluß des Hauptvertrags gestellt hat. Der BGH begründet das zutreffend mit dem Wesen der vorläufigen Deckung: Mit einer vorläufigen Deckungszusage wird ein vom eigentlichen Versicherungsvertrag losgelöster, rechtlich selbständiger Vertrag begründet, der unabhängig vom endgültigen Versicherungsvertrag Ansprüche auf Versicherungsschutz entstehen läßt. Für die Leistungspflicht des Versicherers aus der vorläufigen Deckungszusage ist es daher ohne Bedeutung, ob der endgültige Versicherungsvertrag zustande kommt oder ob dies mangels eines Antrags nicht der Fall ist.

Zusammenfassend läßt sich also zum Problem vorläufige Deckung und Kasko- **174** Versicherung folgendes sagen:

Die Aushändigung der Doppelkarte an einen VN, der einen einheitlichen Antrag auf Abschluß einer Haftpflicht- und einer Fahrzeugversicherung gestellt hat, ist nur dann nicht als uneingeschränkte Annahme des Antrags auf vorläufigen Deckungsschutz auch in der Kasko-Versicherung zu verstehen, wenn der Versicherer den VN hierauf ausdrücklich und unmißverständlich hingewiesen hat. Ein diesbezüglicher Hinweis auf der Doppelkarte reicht nicht aus. Darauf, ob der VN einen verbindlichen schriftlichen Antrag auf Abschluß eines Hauptvertrages gestellt hat, kommt es nicht an.

F. Vorläufige Deckung und Beitragszahlung

Für die vorläufige Deckung als selbständigen Versicherungsvertrag würde grund- **175** sätzlich § 38 Abs. 2 VVG gelten, diese Vorschrift gilt aber als vertraglich abbedungen. Der VN genießt also aufgrund der vorläufigen Deckung Versicherungsschutz ohne Gegenleistung, es handelt sich daher um einen Fall deckender Stundung.

– Kommt ein endgültiger Versicherunsvertrag zustande, wird die Prämie für die Zeit der vorläufigen Deckung in die Prämie des endgültigen Vertrags mit eingerechnet, indem die Prämie für den Hauptvertrag ab dem Zeitpunkt der Vereinbarung sofortigen Versicherungsschutzes berechnet wird. Die erstmals zu entrichtende Prämie für den endgültigen Versicherungsvertrag ist die Erstprämie, auch wenn in ihr die Prämie für die vorläufige Deckung enthalten ist.

– Kommt ein endgültiger Versicherungsvertrag nicht zustande weil der Versicherer von seinem Kündigungsrecht gem. § 1 Abs. 5 AKB Gebrauch macht, ist der Prämienanspruch nach § 1 Abs. 5 S. 2 AKB anteilig zu berechnen. Die Kurztarifstaffel gem. TB Nr. 3 kommt also nicht zur Anwendung (*Feyock/Jacobsen/ Lemor* § 1 Rdnr. 21). Anders allerdings *Stiefel/Hofmann* § 1 Rdnr. 83 die aber nicht berücksichtigen, daß § 1 Abs. 5 S. 2 AKB als speziellere Vorschrift § 4a Abs. 4 AKB vorgeht).

5. Kapitel. Die Beitragszahlung

A. Allgemeines

Hauptpflicht des VN aus dem Versicherungsvertrag ist die Erfüllung der Prämien- **176** forderung des Versicherers (§ 1 Abs. 2 S. 1 VVG). Der Prämie gleichgestellt ist der Beitrag, den Versicherungsnehmer (Mitglieder) von Versicherungsvereinen auf Gegenseitigkeit zu entrichten haben (§ 1 Abs. 2 S. 2 VVG).

Beitragsschuldner ist der VN als der Vertragspartner des Versicherers. Sind meh- **177** rere Personen VN, hat jeder von Ihnen als Gesamtschuldner für den Beitrag ein-zustehen (LG Saarbrücken VersR 65, 945). Bei Veräußerung des Fahrzeugs tritt der Erwerber in die Rechte und Pflichten des Veräußerers ein (§ 6 Abs. 1 S. 1 AKB, § 69 Abs. 1 VVG). Er wird also VN und damit auch Beitragsschuldner. Für den Bei-trag, der auf das zur Zeit der Veräußerung fallende Versicherungsjahr entfällt, sind der Veräußerer und der Erwerber Gesamtschuldner (§ 6 Abs. 1 S. 3 AKB, § 69 Abs. 2 VVG; zur Problematik der Veräußerung generell vgl. Rdnr. 213 ff)

Insbesondere nach Eintritt des Versicherungsfalles wird der Versicherer prüfen, ob der VN seine Beiträge ordnungsgemäß entrichtet hat. Ist das nicht der Fall, ste-hen die Fragen nach der Leistungsfreiheit des Versicherer gem. §§ 38, 39 VVG (vgl. hierzu Rdnr. 343 ff, 364 ff) oder dem rückwirkenden Wegfall der vorläufigen Deckung im Raum (§ 9 KfzPflVVO, 1 Abs. 4 AKB; vgl. hierzu Rdnr. 160 ff).

B. Beitragsarten

Das Gesetz unterscheidet in § 35 VVG zwei Arten von Beiträgen: **178**
> den Einmalbeitrag
> den laufenden Beitrag.

Der Einmalbeitrag wird nur einmal für die gesamte Laufzeit des Versicherungs- **179** vertrages erhoben. Dies kommt in der Kraftfahrtversicherung z. B. für Verträge mit Versicherungskennzeichen (Moped), Kurzzeitkennzeichen oder für den Fall in Frage, daß eine Verlängerungsklausel gem. § 4a Abs. 1 AKB und zugleich eine Ratenzahlung für den versicherten Zeitraum nicht vereinbart sind.

Der laufende Beitrag wiederum kann **180**
> Erstbeitrag oder
> Folgebeitrag

sein.

181   Der Erstbeitrag bezieht sich auf den ersten Zeitabschnitt des Versicherungsvertrages, der Folgebeitrag auf nachfolgende Zeitabschnitte. Der erste Zeitabschnitt kann im Einzelfall eine vollständige Versicherungsperiode von einem Jahr (§ 9 VVG) darstellen. Dann ist der Beitrag für den nachfolgenden Zeitabschnitt der Folgebeitrag. Ist Ratenzahlung des Jahresbeitrags vereinbart, ist nur die erste Rate Erstbeitrag, die nachfolgenden Beiträge sind Folgebeiträge (BGH VersR 56, 482; OLG Hamburg VersR 63, 819; *Prölls/Martin* § 38 Rdnr. 1; *Römer/Langheid* § 38 Rdnr. 4; BK/*Riedler* § 38 VVG Rn 6 ff). Eine Sonderregelung gilt im Falle der Veräußerung des Fahrzeugs und Abschluß eines neuen Vertrages beim selben Versicherer (s. nachfolgend 3. Fallbeispiel Rdnr. 184).

Die Unterscheidung zwischen Erst- und Folgebeitrag ist nicht nur von theoretischem Interesse. Will sich der Versicherer wegen mangelnder Beitragszahlung auf Leistungsfreiheit berufen, sind je nach Beitragsart die Voraussetzungen von § 38 VVG, oder bei einem Folgebeitrag die vielfältigen und komplizierten Erfordernisse von § 39 VVG einzuhalten.

182   **Fallbeispiel:**
Der VN beantragt für sein Fahrzeug eine Haftpflichtversicherung mit Beginn 1. 1. 1999. Bei „Zahlungsweise" kreuzt er „jährlich" an. Hauptfälligkeit ist der 1.1. eines Jahres. Er wünscht zugleich die Verlängerung nach § 4 a Abs. 1 AKB. Der Versicherer bestätigt dies mit Zusendung des Versicherungsscheins und fordert den Jahresbeitrag für 1999 an. Im November 1999 erhält der VN eine Beitragsrechnung für das Jahr 2000. Handelt es sich insoweit um den Erst- oder um den Folgebeitrag?

Lösung:
Der Jahresbeitrag für 1999 ist der Erstbeitrag. Jeder weitere Beitrag, also auch der für das Jahr 2000, ist Folgebeitrag.

183   **Fallbeispiel:**
Wie vor, jedoch vereinbart der VN $^1/_4$-jährliche Zahlweise. Der Versicherer berechnet im Versicherungsschein den Jahresbeitrag für 1999 und stellt den Beitragsanteil für die Zeit vom 1. 1.–31. 3. 1999 in Rechnung. Im März erhält der VN die Rechnung für das 2. Vierteljahr 1999.

Lösung:
Der entsprechend der vereinbarten Zahlweise in Rechnung gestellte Betrag für das erste Vierteljahr 1999 ist der Erstbeitrag, jeder nachfolgende Betrag, also auch der für das 2. Vierteljahr 1999 ist Folgebeitrag.

Fallbeispiel: 184

Der VN hat seit mehreren Jahren beim Versicherer X seinen PKW versichert. Diesen veräußert er am 1. 3. 2000 und versichert seinen neuen PKW ab dem 2. 3. 2000 wieder beim Versicherer X. Wird mit der Beitragsrechnung für das neue Fahrzeug der Erst- oder ein Folgebeitrag in Rechnung gestellt?

Lösung:

Bei dem Vertrag für das neue Fahrzeug handelt es sich um ein neues Versicherungsverhältnis. In der Praxis wird dies häufig mißverständlich als Fortführung des (alten) Vertrages bezeichnet. Das ist nicht richtig. Im Falle der Veräußerung geht der (alte) Vertrag auf den Erwerber über (vgl. Rdnr. 216 ff), so daß der VN für das neue Fahrzeug zwangsläufig einen neuen Vertrag schließen muß. Nichts anderes gilt im übrigen für den Fall des Risikofortfalls nach § 6 a AKB, weil mit dem Risikofortfall das Vertragsverhältnis beendet wird. An diesem Ergebnis ändert auch die Tatsache nichts, daß die Versicherer i. d. R. das neue Fahrzeug unter Beibehaltung der Versicherungsschein-Nummer des Vorfahrzeugs versichern. Dies ist nur eine Verwaltungsvereinfachung, die jedoch unter Umständen zu einer erheblichen Verwirrung bis hin zu falschen Entscheidungen des Versicherers führen kann (z. B. unrichtige Vertragsbelastung, wenn der Erwerber einen Schaden verursacht vgl. hierzu Rdnr. 239).

Da es sich um einen neuen Vertrag handelt, ist der erste Betrag, den der Versicherer fordert, der Erstbeitrag für das neue Fahrzeug. Vorliegend erfüllt der VN aber die Voraussetzungen des § 6 Abs. 5 AKB. Danach gilt der erste Beitrag für das Ersatzfahrzeug als Folgebeitrag, wenn der VN ein Fahrzeug der gleichen Art und des gleichen Verwendungszwecks innerhalb von 6 Monaten seit Veräußerung des alten Fahrzeugs beim selben Versicherer versichert. In diesem Fall werden der Wegfall der vorläufigen Deckung und die Folgen aus § 38 VVG ausdrücklich ausgeschlossen. Dementsprechend muß der Versicherer im Falle der fehlenden Zahlung des ersten Beitrags für das neue Fahrzeug das Erinnerungsverfahren nach § 39 Abs. 2 VVG einleiten. Dies ist eine wesentliche Besserstellung des VN, die als Entgegenkommen des Versicherers für den vom VN gezeigten Treuebeweis zu verstehen ist.

Es ist wichtig, sich die Unterscheidung von Einmal-, Erst- und Folgebeitrag zu 185
verdeutlichen, weil hiervon unterschiedliche Fälligkeitsregelungen abhängen. Ebenso bestehen unterschiedliche Leistungsverzugstatbestände, die mit unterschiedlichen Rechtsfolgen verknüpft sind. Kommt der VN seiner Beitragszahlungspflicht nicht oder verspätet nach, sieht das Gesetz hierfür den Rücktritt (§ 38 Abs. 1 VVG), die Kündigung (§ 39 Abs. 3 VVG) und die Leistungsfreiheit (§§ 38 Abs. 2, 39 Abs. 2 VVG) des Versicherers vor. Im Hinblick auf diese erheblichen Folgen haben Gesetzgeber und Rechtsprechung dem Versicherer unterschiedliche Pflichten (Belehrungen, Fristsetzung etc.) auferlegt. (im einzelnen hierzu Rdnrn. 210 ff). Ist vorläufige Deckung vereinbart, kann bei fehlender oder verspäteter

Zahlung des Erstbeitrags der rückwirkende Wegfall in Frage kommen (§ 1 Abs. 4 AKB; § 9 KfzPflVVO).

C. Die Fälligkeit des Beitrags

I. Die Fälligkeit des Erstbeitrags

186 Die Fälligkeit des Erstbeitrags richtet sich nach § 35 VVG. Danach ist der Erstbeitrag, wenn laufende Beiträge vereinbart sind, sofort nach Abschluß des Versicherungsvertrages zu zahlen (§ 35 S. 1 VVG). Demnach tritt Fälligkeit mit dem Zustandekommen des Vertrages ein (vgl. OLG Karlsruhe VersR 91, 1125 m. w. N.). „Sofort" heißt nicht „unverzüglich" (§ 121 Abs. 1 S. 1 BGB), so daß es auf ein Verschulden des VN nicht ankommt (*Römer/Langheid*, § 35 Rdnr. 4).

187 Für den Abschluß des Versicherungsvertrages (Hauptvertrag) kommen in der KH-Versicherung zwei Zeitpunkte in Frage:
– Annahme des Vertrages durch Zustellung des Versicherungsscheins
– Annahme des Vertrages durch die Fiktion des § 5 Abs. 3 PflVG für die dort genannten Fahrzeuge

188 Für den Vertrag über die vorläufige Deckung gelten die Regelungen des § 1 Abs. 4 AKB, die als eine zu Gunsten des VN vereinbarte Abweichung von § 38 Abs. 2 VVG, der die Fälligkeit nach § 35 VVG voraussetzt, angesehen wird (s. Fallbeispiel OLG Hamm VersR 92, 1269, Rdnr. 199, vgl. auch Rdnr. 175 und 204). Deshalb gelten in Zusammenhang mit der vorläufigen Deckung auch nicht die Fälligkeitsregeln des § 35 VVG.

189 Die Frage der Fälligkeit beim Erstbeitrag wirft in der Regel keine Probleme auf, weil trotz früher Fälligkeit dem VN ein Zurückbehaltungsrecht bis zur Zustellung des Versicherungsscheins zusteht (§ 35 S. 2 VVG). Tritt z. B. sofortige Fälligkeit mit der Annahmefiktion des § 5 Abs. 3 PflVG ein, braucht der VN selbst bei Kenntnis der Höhe des Beitrages noch nicht zu zahlen, weil ihm bis zum Zugang des Versicherungsscheines das Zurückbehaltungsrecht des § 35 S. 2 VVG zur Seite steht. Die Zahlungspflicht entsteht erst mit der Zustellung des Versicherungsscheins. Allerdings wird dem VN i. d. R. eine Zahlungsfrist von 14 Tagen eingeräumt.

Eine Abweichung von der Fälligkeitsregelung bewirkt § 5 a VVG während des Laufs der Widerspruchsfrist (vgl. hierzu Rdnr. 170)

190 Problemfälle im Bereich der Erstbeitragszahlung ergeben sich, wenn im Anschluß an die Versendung des Versicherungsscheins der Erstbeitrag nicht oder verspätet gezahlt wird. Hierbei spielen die vorläufige Deckung und ihr Wegfall wegen nicht rechtzeitiger Zahlung eine zentrale Rolle. Deshalb werden diese Fälle im Zusammenhang mit der vorläufigen Deckung im 4. Kapitel (Rdnrn. 160 ff) dargestellt. Die in der Praxis nur ganz vereinzelt auftretenden Fälle, in denen eine vorläufige Deckung nicht vereinbart wurde, werden hier nicht angesprochen.

II. Die Fälligkeit des Folgebeitrags

Hierfür gibt es keine gesetzliche Regelung. Es ist demnach dem Versicherungs- **191**
vertrag überlassen, die Fälligkeit des Folgebeitrags zu gestalten.

In den AKB findet sich eine Vereinbarung hierüber nicht. Es ist deshalb an Hand
der allgemeinen Vorschriften des BGB, insbesondere § 271 Abs. 1 BGB zu prüfen,
wann Fälligkeit eintritt.

I. d. R. wird dies der Beginn der Versicherungsperiode sein, d. h. bei jährlicher
Beitragszahlung der jeweilige 1.1. eines Jahres, sonst der 1. Tag des vereinbarten
$^1/_4$- oder $^1/_2$-Jahreszeitraums. Diese Fälligkeitsdaten werden dem VN üblicherweise im Versicherungsschein mitgeteilt.

Normalerweise ist im Versicherungsvertrag vorgesehen, daß der Versicherer dem
VN vor dem jeweiligen Fälligkeitsdatum eine Beitragsrechnung zusendet, auf der
dem VN eine Zahlungsfrist gesetzt wird. Bis zum Ablauf dieser Frist ist der Beitrag als gestundet anzusehen.

D. Die Rechtzeitigkeit der Beitragszahlung

Wie bereits erwähnt, wird die Frage der Beitragszahlung namentlich im Zusam- **192**
menhang mit einem Versicherungsfall gestellt. War zu diesem Zeitpunkt der Beitrag nicht gezahlt (§§ 38 Abs. 2) oder war der VN mit der Zahlung im Verzuge
(§ 39 Abs. 2 VVG) oder war der Versicherungsschein innerhalb der Zahlungsfrist
von 14 Tagen nicht eingelöst (§ 1 Abs. 4 AKB für die vorläufige Deckung), kann
der Versicherer leistungsfrei bzw. die vorläufige Deckung fortgefallen sein. Es
steht mithin die Frage nach der Rechtzeitigkeit der Beitragszahlung im Raum. Es
ist deshalb von großer Bedeutung, ob „Zahlung" bzw. „Einlösung des Versicherungsscheins" erst mit Erfüllung bewirkt sind oder ob ein früherer Zeitpunkt in
Frage kommt.

Aufschluß hierüber gibt § 36 VVG. Dort ist für alle Arten des Beitrags be- **193**
stimmt, daß Leistungsort für die Entrichtung des Beitrags der jeweilige Wohnsitz
des VN ist. Daraus wird abgeleitet, daß der VN rechtzeitig gezahlt hat, wenn er vor
dem Versicherungsfall bzw. vor dem Ablauf der Zahlungsfrist „an seinem Wohnsitz die Leistungshandlung vollendet hat" (*Römer/Langheid* § 36 Rdnr. 1). Es
kommt demnach allein auf die Leistungshandlung, nicht auf die Erfüllungswirkung an, die erst mit dem Eingang des Beitrags beim Versicherer gegeben ist.

Dafür hat der VN den Beitrag auf seine Gefahr und seine Kosten dem VR zu
übermitteln (§ 36 Abs. 1 2. Hs. VVG). Diese Gefahrtragungsregelung verdeutlicht,
daß es sich bei der Beitragsschuld um eine sog. qualifizierte Schickschuld handelt
(BGH VersR 71, 216). Damit trägt der VN die Gefahr, daß z. B. sein Überweisungsauftrag nicht ausgeführt wird.

Die Leistungshandlung ist beendet, wenn der VN an seinem Wohnsitz alles **194** getan hat, damit der geschuldete Betrag beim VR eingeht (BGH VersR 71, 216). Das heißt bei

- **Überweisung vom VN-Konto:** spätestens Abbuchungszeitpunkt vom VN-Konto (BGH VersR 64, 129; 71, 216); die Versicherer lassen häufig bereits den Zeitpunkt ausreichen, an dem der Überweisungsauftrag des VN bei der Bank eingegangen ist. Die Überweisung muß aber auch ausgeführt werden. Kommt das Geld nicht beim Versicherer an, sondern wird es dem VN-Konto wieder gutgeschrieben, gilt eine Überweisung als überhaupt nicht erfolgt (*Stiefel/Hofmann* § 1 AKB Rdnr. 56 unter Bezugnahme auf BGH VersR 64, 129; NJW 71, 380).
- **Einzahlung auf VR-Konto:** Zahlung am Bankschalter (BGH VersR 64, 129; OLG Düsseldorf VersR 76, 429).
- **Scheckzahlung:** Aufgabe der Postsendung, Einwurf in den Postkasten (BGH VersR 69, 368; 85, 447). Maßgebend ist, daß der VN sich jeder Verfügungsmöglichkeit über den Scheck begeben hat (*Stiefel/Hofmann* § 1 AKB Rdnr. 58 m. w. N.). Hier kann der VN in bezug auf den Absendezeitpunkt in Beweisnot geraten, wenn der Scheck erst nach dem Versicherungsfall oder Ablauf der Zahlungsfrist beim Versicherer eingeht. Der VN muß allerdings auch durch Kontodeckung dafür sorgen, daß der Scheck vom VR eingelöst werden kann.
- **Lastschrift:** hier ist keine eigentliche Leistungshandlung des VN mehr erforderlich. Es ist Sache des Versicherers, für die rechtzeitige Abbuchung zu sorgen. Mit der Einzugsermächtigung soll die Verantwortung für die rechtzeitige Übermittlung des Beitrags auf den Versicherer übertragen werden (BGH VersR 77, 1153). *Römer/Langheid* § 35 Rdnr. 9 weisen unter Hinweis auf BGH VersR 85, 447 zutreffend darauf hin, daß aus der Schickschuld eine Holschuld geworden ist.

Pflicht des VN: Das Konto muß gedeckt sein oder ausreichend Kredit aufweisen (BGH VersR 77, 1153): Hat der Versicherer vergeblich versucht abzubuchen oder tut er konkrete Anhaltspunkte dafür dar, daß entsprechende Versuche im Zeitpunkt der Fälligkeit vergeblich gewesen wären, so muß der VN seinerseits beweisen, daß er entsprechende Deckung auf seinem Konto bereitgestellt hatte, ebenso wie dem Schuldner auch sonst der Beweis der Erfüllung und der rechtzeitigen Leistung obliegt.

Pflicht des Versicherers: Ankündigung der Beitragseinziehung (regelmäßig durch Zusendung des Versicherungsscheins bzw. der Beitragsrechnung), damit der VN für die Deckung des Kontos sorgen kann.

Verlangt der Versicherer wegen Zeitablaufs mehrere Beitragsraten (Erst- und Folgebeitrag) in einer Rechnung, muß der VN lediglich dafür sorgen, daß eine Abbuchungsmöglichkeit in Höhe der Erstprämie sichergestellt ist. Ist das Konto in Höhe der ersten Beitragsrate, nicht aber auch in Höhe des gesamten Forderungsbetrages gedeckt, ist der Versicherer gleichwohl zur Deckung des entstandenen Schadens verpflichtet (OLG Hamm ZfS 84, 19).

E. Teilzahlungen

Es sind grundsätzlich zwei Fälle zu unterscheiden: **195**
- Der VN hat nur einen Kraftfahrt-Haftpflichtvertrag abgeschlossen.
- Der VN hat einen Kraftfahrt-Haftpflichtvertrag und einen Kasko-Vertrag abgeschlossen.

Die Unterscheidung ist erforderlich, weil es sich, auch wenn die Teildeckungen in einem Versicherungsschein und unter einer Versicherungsscheinnummer dokumentiert werden, um zwei verschiedene Verträge handelt, die rechtlich gesehen unterschiedliche „Schicksale" erleiden können.

Der VN hat als Beitragsschuldner den gesamten Beitrag ungekürzt zu zahlen (§ 266 BGB).

Fallbeispiel: **196**

Der VN hat bei der X-Versicherung einen Kraftfahrt-Haftpflichtvertrag geschlossen. Der Beitrag wird mit 759,70 DM berechnet. Der Versicherungsschein und die Beitragsrechnung gehen dem VN am 22. 1. 99 zu. Der VN füllt den Überweisungsträger versehentlich falsch aus, so daß nur 659,70 DM innerhalb der Zahlungsfrist von 14 Tagen überwiesen werden. Am 13. Februar 99 verursacht er einen Verkehrsunfall. Die X-Versicherung beruft sich auf teilweisen Beitragsverzug und versagt dem VN den Versicherungsschutz für diesen Schadensfall.

Lösung:

Eindeutig hat der VN zum Unfallzeitpunkt nicht den vollen Beitrag gezahlt. Auf ein Verschulden kommt es im Rahmen von § 38 Abs. 2 VVG nicht an. Sollte auch hier – wie in solchen Fällen üblich – vorläufige Deckung erteilt worden sein, wäre diese entfallen, weil der VN fahrlässig den falschen Betrag in den Überweisungsträger eingetragen und damit den Beitragsverzug i. S. v. § 1 Abs. 4 AKB zu vertreten hatte.

Der BGH hat aber bereits in seiner Entscheidung VersR 56, 482 erklärt, daß auch im Bereich von Beitragszahlungen die Grundsätze von Treu und Glauben (§ 242 BGB) Anwendung finden. Danach sei es treuwidrig, wenn sich der Versicherer wegen eines nur ganz geringfügigen Beitragsrückstands (2,70 DM bei einem Beitrag von 47,30 DM) auf Leistungsfreiheit berufe.

Rechtsprechung und Lehre sind einhellig der Meinung, daß nur ganz geringfügige Beitragsrückstände im Hinblick auf § 242 BGB unschädlich sind (BGH VersR 56, 482; 86, 54; 85, 981; OLG Hamm r+s 87, 182; *Prölss/Martin* § 38 Rdnr. 11; *Römer/Langheid* § 38 Rdnrn. 13 f; *Lang* VersR 87, 1157, 1161; *Bauer* Rdnr. 176). Ein Betrag von 100 DM gilt nicht als geringfügig.

---

197 | **Fallbeispiel:**

OLG Düsseldorf VersR 76, 429

A hatte für seinen Pkw bei der X-Versicherung eine KH-Versicherung beantragt. Unstreitig war der Versicherungsschein in der ersten Hälfte des Monats April 1969 bei A eingegangen. Der Beitrag betrug 162 DM.

Am 24. 6. 1969 gegen 18.30 Uhr verursachte A mit dem Fahrzeug einen Unfall. Die X-Versicherung erbrachte an die Geschädigten Leistungen in Höhe von 23 627,43 DM.

A hatte am 24. 6. 1969 einen Betrag in Höhe von 159,30 DM beim Postamt in L einbezahlt. Der von A vorgelegte Einlieferungsschein wies diesen Betrag und das Datum des 24. 6. 1969 aus.

Die X-Versicherung nahm wegen ihrer Aufwendungen Regreß gegen A mit der Behauptung, A habe den Betrag nach dem Unfall eingezahlt. Darüber hinaus sei der Beitrag nicht vollständig entrichtet. A wehrt sich hiergegen mit dem Argument, er habe den Beitrag vor dem Unfall eingezahlt.

Lösung:

Dem Sachverhalt ist zu entnehmen, daß A die Zahlungsfrist des § 1 Abs. 4 AKB hat verstreichen lassen. Sollte vorläufige Deckung vereinbart worden sein, ist diese offenbar rückwirkend fortgefallen.

Dementsprechend konnte A für das Schadensereignis materielle Deckung nur noch über den Hauptvertrag erhalten. Voraussetzung dafür war aber, daß der Versicherungsschein zum Unfallzeitpunkt eingelöst war (§ 1 Abs. 1 AKB, sog. Einlösungsklausel).

Das Gericht ging davon aus, daß die Einzahlung bei der Post grundsätzlich für die Rechtzeitigkeit der Zahlung ausreicht.

Da die Postämter erfahrungsgemäß um 18 Uhr schließen, kam es zu dem Ergebnis, daß A den Betrag von 159,30 DM vor dem Unfall, der sich gegen 18.30 Uhr ereignete, eingezahlt haben mußte. Die X-Versicherung hatte nichts dazu vorgetragen, daß das Postamt in L. auch nach 18 Uhr geöffnet hatte. Es blieb deshalb auch bei diesem Ergebnis.

Die Minderleistung von 2,70 DM sah das Gericht gegenüber der Prämienrechnung als zu geringfügig an, als daß sie der Rechtzeitigkeit der Zahlung entgegenstehen könnte.

F. Der Zugang des Versicherungsscheines und der Beitragsrechnung

198 Hat der VN den Beitrag nicht bezahlt, sieht sich der Versicherer häufig mit der Einlassung konfrontiert, der VN habe den Versicherungsschein bzw. die Beitragsrechnung nicht erhalten. Da den Versicherer die Beweislast für den Zugang trifft, geht die Nichtbeweisbarkeit zu seinen Lasten. Er kann sich dem VN gegenüber nicht auf die Folgen der Nichtzahlung berufen.

Fallbeispiel: **199**
OLG Hamm VersR 92, 1269

Am 23.12. 1983 verursacht K mit seinem Fahrzeug einen Verkehrsunfall, bei dem der S geschädigt wurde. Dieser macht Ansprüche bei der X-Versicherung geltend.

Der Vertragsverlauf stellt sich so dar:

28. 9. 83: Aushändigung der Doppelkarte und Zusage der vorläufigen Deckung, beginnend mit dem 12. 9. 83

15. 11. 83 Eingang des Antrags bei der X-Versicherung

23. 11. 83 Versendung des Versicherungsscheins und Beitragsrechnung für die Zeit vom 12. 9.–31. 12. 83 durch die X-Versicherung

23. 12. 83 Verkehrsunfall

27. 6. 84 Rücktritt des VR vom Vertrag wegen fehlender Beitragszahlung

31. 7. 84 Versicherungsschutzversagung für den Unfall vom 23. 12. 83 wegen Nichtzahlung des Erstbeitrags

K behauptet, er habe zu keiner Zeit einen Versicherungsschein erhalten.

Lösung:
Die X-Versicherung beruft sich zu Unrecht auf Leistungsfreiheit wegen § 38 Abs. 2 VVG.

Zwar hatte K den Beitrag zum Zeitpunkt des Versicherungsfalles nicht entrichtet. Da das Gesetz nicht an ein Verschulden des VN anknüpft, wäre Leistungsfreiheit tatsächlich eingetreten, wenn der Beitrag i. S. v. § 35 VVG fällig gewesen wäre. Diese Frage wird vom Gericht erst gar nicht diskutiert, weil es mit der einhelligen Meinung annimmt, daß die Regelung des § 38 VVG auf die unstreitig bestehende vorläufige Deckung nicht anzuwenden ist (BGH VersR 86, 39; OLG Hamm VersR 87, 926). Durch die abweichende Regelung von § 1 Abs. 4 AKB i. V. m. § 9 KfzPflVV gilt § 38 Abs. 2 VVG als zu Gunsten des VN abbedungen (BGH a.a.O.; OLG Hamm VersR 93, 43; *Römer/Langheid* § 38 Rdnrn. 21 und 30 m. w. N.).

Aus diesem Grunde kann die X-Versicherung die Deckung nur verweigern, wenn die Voraussetzungen für den rückwirkenden Fortfall der vorläufigen Deckung gem. § 1 Abs. 4 AKB (in jener Entscheidung noch nach alten AKB § 1 Abs. 2) vorliegen und der VR den VN ordnungsgemäß belehrt hat (zu den Voraussetzungen des § 1 Abs. 4 AKB und die Belehrungspflicht im Einzelnen vgl. Rdnr. 169 f).

Den Fortfall der vorläufigen Deckung hat das Gericht im Ergebnis verneint, weil nicht nachgewiesen war, daß der Versicherungsschein dem K zugegangen war. Die Beweislast liege bei der X-Versicherung (BGH VersR 64, 375; 96,

445). Eine Beweiserleichterung steht dem Versicherer nicht zur Seite, da es keinen Erfahrungssatz gibt, der für den tatsächlichen Zugang von Schreiben spricht.

200 Den Zugangsbeweis können die Versicherer praktisch nicht führen, weil sie i. d. R. die Versicherungsscheine bzw. Beitragsrechnungen nicht per Einschreiben (mit Rückschein) versenden.

Mitunter haben die Versicherer versucht, den Zugangsbeweis durch den Beweis des Versendens zu ersetzen. Die Beweisführung bezieht sich in diesen Fällen auf die Funktionsfähigkeit der maschinell gesteuerten Poststraßen. Von vereinzelt gebliebenen Urteilen zu Gunsten der Versicherer abgesehen konnte sich diese Beweisführung nicht durchsetzen, weil der Versand nicht die Vermutung des Zugangs beinhaltet (BGH VersR 84, 45).

201 Die Beweislast des Versicherers bezieht sich nicht allein auf den Zugang der Dokumente, sondern auch auf den Zeitpunkt des Zugangs. Will der Versicherer sich auf den Ablauf der Zahlungsfrist berufen, muß er den Beginn, also den Tag des Zugangs beweisen (OLG Hamm r+s 96, 164).

202 **Fallbeispiel:**
nach OLG Hamm VersR 96, 1408

Antrag des VN:	12. 11. 1998
Versand des Versicherungsscheins	11. 12. 1998
Versicherungsfall	20. 1. 1999
Zahlungseingang des Beitrags	25. 1. 1999

Der Versicherer reguliert die Ansprüche des Geschädigten und fordert seine Aufwendungen vom VN unter Berufung auf Leistungsfreiheit wegen Beitragsverzugs gem. § 3 Nr. 9 PflVG zurück.

Der VN wehrt sich mit dem Argument, er habe den Versicherungsschein innerhalb der Frist eingelöst. Wann genau der Versicherungsschein bei ihm eingegangen sei, wisse er nicht mehr.

Lösung:
Unstreitig ist der Versicherungsschein zugegangen.

Aus Sicht des Versicherers hat der VN den Beitrag aber verspätet gezahlt. Bei normalem Postlauf wäre der Versicherungsschein spätestens am 14. 12. 1998 (Montag) beim VN eingegangen, so daß die 14tägige Zahlungsfrist am 28. 12. 1998 ausgelaufen wäre. Eine sicherheitshalber zu kalkulierende weitere Frist von einigen Tagen sowohl bei der Postzustellung wie bei der Ausführung der Überweisung des Beitrags würde beim Versicherer zur Annahme führen, daß etwa am 7. 1. 1999 der Beitrag hätte eingehen müssen. Der Versicherer – und seine hierauf eingestellte EDV – geht daher von einem Leistungsverzug aus und versagt dem VN für den Schadenfall die Deckung. Der Sachbearbeiter des Versicherers wird seine Entscheidung als sicher ansehen, zumal der festgestellte Zahlungseingang am 25. 1. 1999 noch weitere 18 Tage nach dem durch die EDV bereits „großzügig" berechneten Fristablauf (7. 1. 1999) liegt.

Auch die Tatsache, daß der Versicherungsschein zugegangen ist, führt nicht dazu, daß der VN nunmehr den Zeitpunkt des Zugangs beweisen muß (BGH VersR 96, 445). Beruft sich der Versicherer auf Verzug, muß er die Voraussetzungen hierfür beweisen. Dazu gehört auch der Beweis, daß die Zahlungsfrist an einem bestimmten Tag begonnen hat. Diesen Beweis wird der Versicherer im Regelfall nicht erbringen können.

Fraglich ist, ob extreme Differenzzeiten zwischen Versand des Versicherungs- **203** scheins und Zahlungseingang des Beitrages dafür sprechen, daß der VN in Verzug geraten ist.

Fallbeispiel:
Wie vor, der Beitrag geht aber erst am 1. 3. 1999 ein.

Lösung:
Bei der Einzelfallbetrachtung wird man auch hier zu dem Ergebnis kommen, daß eine extreme Verspätung in der Postzustellung nicht ausgeschlossen ist. Es muß daher bei der Beweislast des Versicherers bleiben. Eine Beweiserleichterung steht dem Versicherer auch hier nicht zur Verfügung, weil es keinen dahingehenden Erfahrungssatz gibt, daß eine solche Verspätung ausgeschlossen ist.

G. Leistungsfreiheit bei mangelnder Zahlung des Beitrags

Für die Schadenspraxis kommt es darauf an, ob der VN trotz fehlender oder ver- **204** späteter Beitragszahlung Versicherungsschutz besitzt. Bezahlt der VN verspätet oder nicht, kann der Versicherer sich unter Umständen auf Leistungsfreiheit berufen. Dies ergibt sich für den Erstbeitrag aus § 38 Abs. 2 VVG, für den Folgebeitrag aus § 39 Abs. 2 VVG.

Die Vorschrift des § 38 Abs. 2 VVG normiert das sogenannte Einlösungsprinzip (*Römer/Langheid* § 38 Rdnr. 2), das sich in § 1 Abs. 1 AKB wiederfindet. Damit hat der VN aus dem Hauptvertrag keine Deckung, wenn der Beitrag nicht entrichtet ist (zum Schicksal der vorläufigen Deckung vgl. Rdnr. 160 ff). Besteht vorläufige Deckung, kann sich der Versicherer nicht auf § 38 Abs. 2 VVG berufen, weil insoweit durch § 1 Abs. 4 AKB diese Vorschrift abbedungen ist. Deshalb kann die Leistungsfreiheit aus § 38 Abs. 2 VVG nur in Betracht kommen, wenn nicht vorher eine vorläufige Deckung bestanden hat.

205 Die Vorschrift des § 39 Abs. 2 VVG macht die Leistungsfreiheit des Versicherers vom Vorliegen bestimmter Voraussetzungen abhängig. Danach ist der VR leistungsfrei, wenn

- der VN den Beitrag auf Grund der Beitragsrechnung nicht rechtzeitig gezahlt hat
- der Versicherer qualifiziert gemahnt hat (i. S. v. § 39 Abs. 1 S. 2 VVG)
- der Versicherungsfall nach Ablauf der im qualifizierten Mahnschreiben gesetzten Frist von 2 Wochen eingetreten ist
- der VN bis dahin den Beitrag nicht entrichtet hat.

206 **Fallbeispiel:**

Grundfall:
Antrag des VN am 1. 4. 98.
Vereinbarte Zahlweise $^1/_4$ jährlich
Erstbeitrag ist entrichtet.
Beitragsrechnung für die Versicherungsperiode vom 1. 7.–30. 9. 98 vom 10. 6. 98
Qualifizierte Mahnung vom 20. 7. 98
Versicherungsfall am 20. 8. 98, 7 Uhr
Zahlung am 20. 8. 98, 10 Uhr

Lösung:
Der Versicherer ist leistungsfrei. Er hat das erforderliche Prozedere eingehalten. Der VN hat erst nach dem Unfall gezahlt. Die Zahlungsfrist aus dem qualifizierten Mahnschreiben war am Unfalltag bereits abgelaufen.

207 **Variante 1:**
VN behauptet, die Beitragsrechnung vom 10. 6. 98 nicht erhalten zu haben.
    Er zahlt den Beitrag auch nicht auf Grund der unstreitig zugegangenen qualifizierten Mahnung.

Lösung:
Der Zugang der Beitragsrechnung ist Voraussetzung für den Verzug nach § 39 Abs. 1 S. 1 VVG. Darüber hinaus ist die Nichtbeachtung der durch die Beitragsrechnung gesetzten Frist Voraussetzung für die qualifizierte Mahnung, die ihrerseits erst die Leistungsfreiheit auslösen kann. Daher ist bereits die Beitragsrechnung unverzichtbare Voraussetzung einer Leistungsfreiheit – ist die Beitragsrechnung nicht zugegangen oder kann der Versicherer den Zugang nicht beweisen, kann sich der Versicherer nicht auf Leistungsfreiheit berufen.
    Hieraus folgt, daß der VN – ohne im Schadenfall Nachteile befürchten zu müssen – die in der qualifizierten Mahnung bestimmte Zahlungsfrist unbeachtet lassen kann. Dies ist für den VN gegenüber der Regelung für den Erstbeitrag eine erhebliche Besserstellung.

Variante 2:   208

VN behauptet, die qualifizierte Mahnung nicht erhalten zu haben.

Lösung:

Da die qualifizierte Mahnung Voraussetzung für die Leistungsfreiheit ist, obliegt es dem Versicherer, den Nachweis für den Zugang zu erbringen. Gelingt ihm dies nicht, ist er nicht leistungsfrei.

Variante 3:   209

Wie Grundfall, aber Unfall am 25. 7. 98

Lösung:

Der Versicherer ist nicht leistungsfrei, weil der Unfall noch vor Ablauf der in der qualifizierten Mahnung gesetzten Frist eingetreten ist. Es fehlt für die Leistungsfreiheit mithin an einer wesentlichen Voraussetzung des § 39 Abs. 2 VVG.

H. Belehrungserfordernisse:
Gemeinsames Einfordern von Erst- und
Folgebeitrag in einem Abrechnungsschreiben

Ein Belehrungserfordernis im Rahmen des § 38 VVG besteht in der Kraftfahrt- 210
Haftpflichtversicherung nicht.

Beim Folgebeitrag muß der Versicherer über die Folgen der Nichtzahlung 211
belehren. Der Hinweis muß sich auf die Möglichkeiten des VN beziehen, den Versicherungsschutz erhalten zu können (BGH r+s 88, 191). Dazu gehört auch, daß der VN darüber informiert wird, daß er durch eine nachträgliche Zahlung Versicherungsschutz für später eintretende Versicherungsfälle erhält. Inhalt der Belehrung muß weiter sein, daß der Versicherer sein Kündigungsrecht nach § 39 Abs. 3 VVG verliert, sobald der VN gezahlt hat. Schließlich muß der VN darüber aufgeklärt werden, daß die Wirkung einer vom Versicherer gemäß § 39 Abs. 3 VVG bereits ausgesprochenen Kündigung unter den Voraussetzungen des § 39 Abs. 3 Satz 3 wegfällt.

Eine ordnungsgemäße Belehrung ist formelle Wirksamkeitsvoraussetzung für eine wirksame Mahnung nach § 39 Abs. 2 VVG.

Fallbeispiel:		212
Vereinbarter Versicherungsbeginn:	20. 3. 1999	
Hauptfälligkeit:	1. 1. eines Jahres	
Zahlweise:	$\frac{1}{4}$jährlich	
Vertragsverlängerung gem. § 4 Abs. 1 AKB:	ja	
Vorläufige Deckung:	ja	

Lösung:

Der Beitrag für den Zeitraum vom 20. 3. bis 31. 3. 1999 (Ende des ersten Jahresviertels) ist Erstbeitrag. Die nächsten Beitragsraten sind Folgebeiträge.

In der vorliegenden Fallkonstellation fällt auf, daß bis zum Ende der ersten Zahlperiode nur wenige Tage liegen. Der Versicherer wird in dieser Zeit den Versicherungsschein noch nicht erstellt haben. Deshalb werden Erst- und Folgebeitrag gemeinsam in der später erstellten Beitragsrechnung abgerechnet. Richtigerweise weist der Versicherer die Vierteljahresraten getrennt nach Erst- und Folgebeitrag aus. Er wird diese Teilbeträge aber i. d. R. unter dem Strich zu einem Gesamtbetrag zusammenziehen und die Summe vom Versicherungsnehmer einfordern. In dieser Verfahrensweise liegen mehrere Fehlerquellen:

Fehlerquelle 1: Hat der Versicherer richtig belehrt?

Wie bereits gezeigt, muß der Versicherer den VN mit der Beitragsrechnung über die Folgen einer nicht rechtzeitigen Beitragszahlung belehren. Die Belehrungen des Versicherers zu Erstbeitrag (vorläufige Deckung) und Folgebeitrag sind inhaltlich jedoch unterschiedlich. Deshalb hält eine solche Abrechnung den Anforderungen der Rechtsprechung nur stand, wenn sich die Belehrung jeweils auf den Erst- und den Folgebeitrag bezieht, inhaltlich also unterschiedliche Belehrungen erfolgen.

Die Praxis vieler Versicherer ist es aber, daß eine Belehrung nur zum Erstbeitrag (vorläufige Deckung) erfolgt. Da diese auf den zugleich angeforderten Folgebeitrag nicht zutrifft, ist die Belehrung insgesamt fehlerhaft. Leistet der VN den Beitrag nicht, kann sich der Versicherer nicht auf Leistungsfreiheit berufen.

Fehlerquelle 2: Der Versicherer wird beim Erinnerungsverfahren auch nicht mehr zwischen Erst- und Folgebeitrag unterscheiden, weil dieses maschinell angestoßen wird. Das EDV-System simuliert den gesamten Beitrag als Erstbeitrag. Das Erinnerungsverfahren läuft demgemäß nach der Vorschrift des § 38 VVG, so daß über den Folgebeitrag auch nicht qualifiziert gemahnt wird. Damit kann der Versicherer bei Nichtzahlung des Folgebeitrags nicht leistungsfrei werden.

6. Kapitel.
Die Veräußerung des versicherten Fahrzeugs

Wird das Fahrzeug veräußert, stellt sich die Frage nach dem Schicksal des Ver- **213** sicherungsvertrages. Wie nachstehend noch zu zeigen sein wird, gehen die Rechte und Pflichten aus dem Vertrag auf den Erwerber über. Damit können aber die Probleme erst beginnen, z. B. wenn der Veräußerer den Beitrag nicht bezahlt oder ein Vertragsverhältnis nicht mehr bestanden hatte. Wen treffen in solchen Fällen die gesetzlichen oder vertraglich vereinbarten Folgen, wenn der Erwerber mit dem Fahrzeug einen Unfall verursacht? Wem gegenüber kann sich der Versicherer auf Leistungsfreiheit berufen, wenn die Veräußerung ihm nicht angezeigt wird? Schließlich muß sich die Praxis immer wieder mit der Frage auseinandersetzen, ob im Falle eines durch den Erwerber verursachten Unfalles der Versicherungsvertrag des **Veräußerers** belastet werden darf.

A. Der Begriff der Veräußerung

Veräußerung ist jede rechtsgeschäftliche Eigentumsübertragung. Sie setzt Eini- **214** gung und Übergabe gem. § 929 BGB voraus (vgl. *Jacobsen* in *Feyock/Jacobsen/ Lemor* § 6 AKB Rdnr. 2; *Langheid* in *Römer/Langheid* zu § 69 VVG Rdnr. 10, jeweils m. w. N.). Der Begriff der Veräußerung umfaßt neben dem Kauf auch andere Eigentumsübertragungsvorgänge, wovon hier nur Schenkung und Tausch erwähnt werden sollen (weitere Aufzählung vgl. *Jacobsen* a.a.O.). Als einzige nicht rechtsgeschäftliche Eigentumsverschaffung gilt der Erwerb durch Zwangsversteigerung, der ausdrücklich in § 73 VVG geregelt ist. Hier erfolgt der Eigentumsübergang durch Zuschlag und Ablieferung (§ 817 ZPO).

In der Praxis wird – abgesehen von der Zwangsversteigerung – dem Versicherer i. d. R. vom Veräußerer oder Erwerber der Kaufvertrag vorgelegt oder die Veräußerung formlos angezeigt. Dies und die Tatsache, daß dem Erwerber das Fahrzeug übergeben wurde, reicht zur der Annahme, daß eine Eigentumsübertragung stattgefunden hat, aus. Liegen dem Versicherer jedoch Indizien vor, die gegen eine wirksame Eigentumsübertragung sprechen, wird er weiter ermitteln müssen. Ein solches Indiz kann sich für den Versicherer z. B. ergeben, wenn er erkennt, daß ein Sicherungsschein ausgegeben wurde bzw. ein Leasinggeber involviert ist.

215 | **Fallbeispiel:**

A hat für sein bei der Leasing-Firma L geleastes Fahrzeug eine KH-Versicherung bei der X-Versicherung abgeschlossen. Am 1. 2. 99 unterzeichnen A als Verkäufer und B als Käufer eine als „Kaufvertrag" bezeichnete Vereinbarung, wonach B das Fahrzeug für einen Preis von 18 000 DM erwirbt. Nach Zahlung des Kaufpreises übergibt A dem B das Fahrzeug mit dem Fahrzeugschein. Den Fahrzeugbrief konnte A nicht vorlegen, weil dieser bei L lag. Über das Leasingverhältnis sagte A dem B nichts.

Ist der Versicherungsvertrag auf den B übergegangen?

Lösung:

Voraussetzung wäre eine Veräußerung des Fahrzeugs an B (§ 69 Abs. 1 VVG).

Eine Veräußerung wäre gegeben, wenn der B Eigentum an dem Fahrzeug erworben hätte. Dies wiederum setzt Einigung und Übergabe gem. §§ 929 ff. BGB voraus. Diese sind anzunehmen. Allerdings scheidet eine Eigentumsübertragung allein über § 929 BGB aus, weil nicht A, sondern L Eigentümerin des Fahrzeugs war, so daß A als Nichtberechtigter verfügt hatte. Deshalb kommt ein Eigentumsübergang nur unter den Voraussetzungen des gutgläubigen Erwerbs nach § 932 BGB in Betracht. Der gute Glaube scheitert hier aber daran, daß der A dem B den Fahrzeugbrief nicht aushändigen konnte, weil dieser bei L lag. Wird kein Brief vorgelegt, ist regelmäßig grobe Fahrlässigkeit i. S. v. § 932 Abs. 2 BGB anzunehmen (BGH NJW 1965, 687; OLG Karlsruhe NJW-RR 1989, 1461; a. A. OLG Saarbrücken NJW 1968, 1936).

Das Versicherungsverhältnis ist mangels eines Erwerbs gem. § 69 Abs. 1 VVG nicht auf B übergegangen. L ist Eigentümerin, A VN geblieben. B ist allenfalls Halter des Fahrzeugs geworden. Der Übergang des Versicherungsverhältnisses knüpft aber nicht an den Wechsel in der Person des Halters, sondern des Eigentümers an (BGH VersR 67, 572; 74, 1191; 84, 455).

Ein VN-Wechsel gem. § 69 Abs. 1 VVG findet also nur statt, wenn auch eine wirksame Eigentumsübertragung stattgefunden hat.

Nicht als Veräußerung gelten z. B. die Beschlagnahme des Fahrzeugs, die Enteignung oder Kauf unter Eigentumsvorbehalt (*Jacobsen* a.a.O.)

B. Die Rechtsfolgen der Veräußerung

216 Die Rechtsfolgen ergeben sich für die Haftpflichtversicherung aus § 158 h VVG, für die – hier nicht zu behandelnde – Kaskoversicherung aus §§ 69 ff VVG. § 158 h VVG erklärt aber die Vorschriften der §§ 69 ff VVG für die Haftpflichtversicherung als sinngemäß anwendbar.

Gemäß § 69 Abs. 1 VVG tritt der Erwerber an Stelle des Veräußerers in die sich

aus dem Versicherungsverhältnis ergebenden Rechte und Pflichten des Versicherungsnehmers ein. Sinngemäß wiederholt § 6 Abs. 1 S. 1 AKB diese Vorschrift. Der
Versicherungsvertrag geht auf den Erwerber über. Neuer VN ist der Erwerber.

Der Vertrag geht in dem „Zustand" auf den Erwerber über, in dem er sich zum   **217**
Zeitpunkt der Eigentumsübertragung befindet. Damit ist gewährleistet, daß kein
vertragsloser Zustand eintritt und das Opfer im Sinne der Pflichtversicherung
geschützt ist.

Der Erwerber kann sich aber keineswegs darauf verlassen, daß das Vertragsver-   **218**
hältnis stets „gesund" ist. War z. B. der Vertrag bereits gekündigt, befand sich der
Versicherer in der Nachhaftung gem. § 3 Nr. 5 PflVG, oder war der Beitrag nicht
entrichtet, so treffen den Erwerber die sich hieraus ergebenden Folgen (BGH
VersR 82, 466; OLG Düsseldorf VersR 96, 1267).

Fallbeispiel: **219**
BGH VersR 84, 455

6. 3. 79	B erhält von der X-Versicherung eine Versicherungsbe- stätigungskarte, mit der das Fahrzeug zugelassen wird.
25. 4. 79	B beantragt bei der X-Versicherung eine Kraftfahrt-Haft- pflicht- und Teilkasko-Versicherung.
Ca. Anfang Mai	Übersendung des Versicherungsscheins an B.
20. 9. 79	Rücktritt vom Vertrag durch die X-Versicherung, nach- dem B den Beitrag nicht entrichtet hatte.
8. 11. 79	Mitteilung der X-Versicherung gem. § 29 c StVZO an die Zulassungsstelle, weil der Beitrag immer noch offen war.
19. 11. 79	E erwirbt das Fahrzeug von B.
25. 11. 79	E verursacht mit dem Fahrzeug schuldhaft einen Verkehrs- unfall. Die X-Versicherung erstattet dem Geschädigten 3789,12 DM.

Bis dahin war das Fahrzeug weder umgemeldet, noch der X-Versicherung die
Veräußerung angezeigt worden.

Die X-Versicherung nimmt den E im Wege des Regresses gem. § 3 Nr. 9
S. 2 PflVG in Anspruch. E ist der Meinung, Regreßschuldner sei nicht er,
sondern B. Im übrigen habe B erklärt, das Fahrzeug sei ordnungsgemäß versichert.

Die X-Versicherung vertritt die Auffassung, der E sei in das zwischen ihr
und dem Veräußerer B bestehende Abwicklungsverhältnis eingetreten.

Lösung:
Der BGH gab der X-Versicherung recht.

Die zwischen B und der X-Versicherung bestehenden Vertragsverhältnisse
waren sämtlich aufgehoben. Der Hauptvertrag war durch Rücktritt erloschen,
die vorläufige Deckung war rückwirkend entfallen. Damit bestanden zwischen

B und der X-Versicherung schon vor der Veräußerung des Fahrzeugs keine vertraglichen Rechte und Pflichten mehr, aber die sich für den Fall eines Schadensereignisses aus §§ 426 Abs. 1 BGB, 3 Nr. 2 und 9 PflVG ergebende Pflichtenposition hatte Bestand. Diese entfällt erst, wenn der Unfall nach der Monatsfrist des § 3 Nr. 5 PflVG (sog. Nachhaftung) eintritt.

Zum Zeitpunkt des Erwerbs des Fahrzeugs durch E war diese Pflichtenposition aus den §§ 426 Abs. 1 BGB, 3 Nr. 2 und 9 PflVG offen. Gem. § 158 h, der die Vorschriften über die Veräußerung (§§ 69 ff VVG) für entsprechend anwendbar erklärt, sei diese Position auf E übergegangen. Der Erwerber tritt nach dem BGH nicht in bestimmte Rechte und Pflichten ein, sondern in eine **Rechtslage.** Hierzu zählen auch solche Rechtsbeziehungen, die sich nur als **Nachwirkungen eines Versicherungsverhältnisses** darstellen; insbesondere gehören hierzu Bindungen, die sich aus § 3 Nr. 5 PflVG i. V. m. § 29 c StVZO ergeben.

Die Voraussetzungen des § 3 Nr. 9 S. 2 PflVG sind erfüllt: E hatte den Unfall schuldhaft verursacht und war zum Schadensersatz verpflichtet. Dem Geschädigten stand der Direktanspruch zu. Das Nichtbestehen des Versicherungsverhältnisses konnte die X-Versicherung gem. § 3 Nr. 5 PflVG dem Geschädigten nicht entgegenhalten. Damit bestand zwischen der X-Versicherung und dem E auch ein Gesamtschuldverhältnis nach § 3 Nr. 2 PflVG.

Der Regreßanspruch war zuzusprechen.

220 Will der Erwerber sich vor solchen Gefahren schützen, sollte er sich bereits vor dem Erwerb des Fahrzeugs eine Versicherungsbestätigungskarte (Doppelkarte) bei einem Versicherer beschaffen, um auf diesem Wege sofortige vorläufige Deckung zu erhalten.

221 Der Erwerber wird auch Beitragsschuldner. Für Beiträge der laufenden Versicherungsperiode haftet er gemeinsam mit dem Veräußerer (§ 69 Abs. 2 VVG, § 6 Abs. 1 S. 3 AKB), für sich anschließende Beiträge ist er allein eintrittspflichtig, falls der Vertrag nicht gekündigt wird (s. u.). Allerdings kann sich der Beitrag ändern, wenn auf Grund des Wechsels in der Person des neuen VN subjektive Merkmale zu einer veränderten Tarifierung führen. Dies gilt z. B. für den Schadenfreiheitsrabatt, den Beamten- oder Landwirttarif oder Beitragsnachlässe für Wenigfahrer, Garagenbesitzer u. v. m.

C. Die Kündigung des Versicherungsvertrags

222 Weder der Versicherer noch der neue VN sind verpflichtet, das übergegangene Vertragsverhältnis fortzusetzen. Deshalb räumt das Gesetz beiden Parteien ein Kündigungsrecht ein.

I. Kündigung durch den Versicherer

Will der Versicherer kündigen, muß er dies innerhalb eines Monats, nachdem er   **223**
von der Veräußerung Kenntnis erlangt hat, tun (§ 70 Abs. 1 S. 2 VVG, § 6 Abs. 2
S. 2 AKB). Die Kündigungsfrist beträgt einen Monat (§ 70 Abs. 1 S. 1 VVG, § 6
Abs. 2 S. 3 AKB). Innerhalb dieser Frist kann der Erwerber sich um eine anderweitige Versicherung kümmern. Wünscht der Erwerber die Fortsetzung des Versicherungsschutzes, wird sich der Versicherer u. E. hiergegen insoweit nicht wehren können, als er im Rahmen des PflVG kontrahierungspflichtig ist. Ob die
Parteien den übergegangenen Vertrag unter Einbeziehung der Mindestdeckungssumme fortsetzen oder einen entsprechenden neuen Vertrag schließen, steht in
deren Benehmen.

II. Kündigung durch den Erwerber

Der Erwerber verfügt über drei Möglichkeiten, das Versicherungsverhältnis zu   **224**
kündigen:
– durch ausdrückliche Erklärung gegenüber dem Versicherer (Kündigung gem.
  § 70 Abs. 2 VVG)
– konkludent über den Abschluß einer neuen Versicherung für das erworbene
  Fahrzeug (Fiktion der Kündigung gem. § 158 h VVG)
– konkludent durch Vorlage einer Versicherungsbestätigung bei der Zulassungsstelle (Fiktion der Kündigung gem. § 6 Abs. 2 S. 4 AKB)

1. Kündigung gem. § 70 Abs. 2 VVG

Will der Erwerber kündigen, muß er dies innerhalb eines Monats nach Erwerb   **225**
des Fahrzeugs tun. Erfährt er von der Versicherung und dem Versicherer erst später, hat er binnen Monatsfrist ab Kenntnis zu kündigen. Die Kündigung muß entweder
– fristlos
  oder
– zum Ablauf der laufenden Versicherungsperiode
erfolgen.

2. Kündigungsfiktion gem. § 158 h VVG und § 6 Abs. 2 S. 4 AKB

Gemäß § 158 h VVG gilt der Vertrag als gekündigt, wenn der Erwerber für das   **226**
erworbene Fahrzeug eine neue Kraftfahrzeug-Haftpflichtversicherung geschlossen hat. Die Fiktion tritt mit Beginn des neuen Versicherungsverhältnisses ein.
  § 6 Abs. 2 S. 4 AKB bestimmt, daß der Vertrag als gekündigt gilt, wenn der

Erwerber für das erworbene Fahrzeug eine Versicherungsbestätigung (Doppelkarte) bei der Zulassungsstelle vorlegt. Diese Fiktion gilt zum Beginn der neuen Versicherung.

227   Beide Vorschriften haben zum Ziel, eine Doppelversicherung zu vermeiden. Allerdings treffen sie unterschiedliche Regelungen bezüglich des Zeitpunkts zu dem die Kündigungsfiktion eintreten soll. Während die AKB-Regelung die Kündigungsfiktion mit der Zulassung/Umschreibung des Fahrzeugs bei der Zulassungsstelle greifen läßt, geschieht dies nach der gesetzlichen Regelung des § 158 h VVG zum Zeitpunkt des Vertragsschlusses mit der neuen Versicherung. Die unterschiedlichen Regelungen haben jedoch praktisch keine Bedeutung. Die Kündigungsfiktion des § 6 Abs. 2 S. 4 AKB würde zeitlich später greifen und ist damit im Grunde genommen überflüssig

228   Nicht eindeutig geregelt ist, zu welchem Zeitpunkt die Kündigungsfiktion zur Geltung gelangen soll. § 158 h VVG stellt auf den Beginn des neuen „Versicherungsverhältnisses", § 6 Abs. 2 S. 4 AKB auf den Abschluß der neuen „Versicherung" ab. Diese Begriffe stiften eher Verwirrung als daß sie deutlich einen genauen Zeitpunkt benennen. Sinnvollerweise müssen beide Formulierungen auf den Beginn der materiellen Deckung bezogen werden.

229   Die Gesamtproblematik wird mit den nachfolgenden Beispielsfällen verdeutlicht.

Fallbeispiel:

A erwirbt am 1. 2. 99 von B einen Pkw, der bei der X-Versicherung haftpflichtversichert ist. Am 2. 2. 99 unterschreibt er bei der Y-Versicherung einen Antrag auf Abschluß einer Kraftfahrt-Haftpflichtversicherung mit unbegrenzter Deckung. Als Versicherungsbeginn wird der 2. 2. 99 angegeben. A erhält zugleich eine Doppelkarte zum Zwecke der Ummeldung des Fahrzeugs beim Straßenverkehrsamt. In der Doppelkarte steht u. a. folgender Vermerk:

„Der Versicherungschutz beginnt   am...
                                    am Tag der Zulassung"

A erhält die Doppelkarte mit dem angekreuzten Feld: „am Tag der Zulassung".

Am 4. 2. 99 läßt A das Fahrzeug mit der Doppelkarte auf sich zu. Am 6. 2. 99 verursacht er mit dem Pkw einen Unfall, bei dem Drittschaden entsteht.

Welcher Versicherer ist eintrittspflichtig?

Lösung:

Eintrittspflicht der Y-Versicherung

Die Y-Versicherung ist eintrittspflichtig, wenn zwischen ihr und A ein Versicherungsvertrag geschlossen wurde und materielle Deckung besteht.

Der von A unterzeichnete Antrag vom 2. 2. 99 war zum Unfallzeitpunkt noch nicht durch die Y-Versicherung angenommen worden. Die Annahme

---

war auch (noch) nicht durch die Fiktion des § 5 Abs. 3 PflVG erfolgt. Mithin fehlte es am Unfalltag am Abschluß des Hauptvertrages.

Es ist aber mit Aushändigung der Doppelkarte ein Vertrag über die vorläufige Deckung zustande gekommen. Dies ergibt sich aus § 9 S. 1 KfzPflVV. Danach sagt der Versicherer mit Aushändigung der Doppelkarte vorläufigen Deckungsschutz zu. So ist auch § 1 Abs. 3 AKB zu verstehen, wonach die Aushändigung der Doppelkarte als Zusage einer vorläufigen Deckung gilt. Diese Zusage führt zum Abschluß eines Kraftfahrt-Haftpflichtvertrages. Deshalb ist vorliegend mit Aushändigung der Doppelkarte am 2. 2. 99 der Vertrag über die vorläufige Deckung vereinbart worden.

Nach der Vereinbarung der Parteien sollte der Versicherungsschutz – also die materielle Deckung – mit Zulassung des Fahrzeugs auf den A beginnen. Dies ist am 4. 2. 99 geschehen.

Die Y-Versicherung hat daher für diesen Schadenfall zugunsten des A einzutreten.

Eintrittspflicht der X-Versicherung

Eine Eintrittspflicht des X-Versicherung ist nicht gegeben.

Sowohl gemäß § 158 h VVG wie nach § 6 Abs. 2 S. 4 AKB gilt der (gem. § 158 h S. 1 i. V. m. § 69 Abs. 1 VVG) auf A übergegangene Vertrag als gekündigt. Gemäß § 158 h VVG gilt der Abschluß eines neuen Vertrages als Kündigung. Deshalb bedarf es keiner weiteren Handlung wie etwa der Vorlage der neuen Versicherungsbestätigung bei der Zulassungsbehörde. Die Vorschrift des § 6 Abs. 2 S. 4 AKB, die diese Art von Kündigungshandlung vorsieht, ist mithin überflüssig.

Die Kündigung nach § 158 h VVG ist auch vor dem Unfallereignis (fiktiv) wirksam geworden. Maßgeblicher Zeitpunkt ist der „Beginn des neuen Versicherungsverhältnisses" (§ 158 h S. 2 VVG). Zwar mag zweifelhaft sein, ob hiermit bereits der Zeitpunkt des Vertragsschlusses – hier der vorläufigen Deckung – gemeint ist. (Eingehend hierzu nächstes Fallbeispiel unter Rdnr. 220). Jedenfalls ist spätestens mit Beginn der materiellen Deckung der „Beginn des neuen Versicherungsverhältnisses" anzunehmen. Denn der Beginn der materiellen Deckung setzt einen mindestens gleichzeitigen Vertragsschluß voraus. Der materielle Deckungsschutz ist vorliegend durch Vorlage der Versicherungsbestätigung bei der Zulassungsbehörde am 4. 2. 99 bewirkt worden.

Somit gilt der auf A übergegangene Vertrag zum 4. 2. 99 als gekündigt.

Bei diesem Fallbeispiel war nicht zu entscheiden, was das Gesetz unter dem „Beginn des neuen Versicherungsverhältnisses" versteht. Auf diese Frage kommt es aber dann entscheidend an, wenn der Erwerber die Versicherungsbestätigung nicht bei der Zulassungsstelle einreicht, das Fahrzeug also nicht ummeldet.

230

Fallbeispiel:

Wie vor, A war bis zum Unfallereignis jedoch nicht dazu gekommen, das Fahrzeug mit der Doppelkarte auf sich zuzulassen.

Welcher Versicherer ist eintrittspflichtig?

Lösung:

Eintrittspflicht der Y-Versicherung

Die Y-Versicherung ist eintrittspflichtig, wenn zwischen ihr und A ein Versicherungsvertrag geschlossen wurde und materielle Deckung besteht.

Wie oben bereits gezeigt, war zwischen den Parteien ein Vertrag über die vorläufige Deckung abgeschlossen worden. Dies war am 2. 2. 99 der Fall.

Da am Unfalltag die Versicherungsbestätigung der Zulassungsstelle nicht vorgelegen hatte, erzielte dieser Vertrag keine materielle Wirkung. Nach dem auf der Doppelkarte aufgebrachten Vermerk sollte der Versicherungsschutz erst am Tag der Zulassung beginnen. Aus der vorläufigen Deckung steht A deshalb kein Versicherungsschutz zu.

Der geschädigte Dritte kann sich nicht auf den Direktanspruch berufen. Gemäß § 3 Nr. 1 PflVG besteht der Direktanspruch im Rahmen der Leistungspflicht des Versicherers aus dem Versicherungsverhältnis und, soweit eine solche nicht besteht, im Rahmen der Nummern 4 und 5 dieser Vor-schrift.

Da der Vertrag über die vorläufige Deckung keine materielle Wirkung erzielt hatte, entstand auch keine Leistungspflicht der Y-Versicherung. Es handelt sich aber auch nicht um einen Fall von § 3 Nrn. 4 oder 5 PflVG. Es liegt weder ein Fall der Leistungsfreiheit nach § 3 Nr. 4 PflVG vor, noch fehlte es an einem Vertragsverhältnis i. S. v. § 3 Nr. 5 PflVG.

Eintrittspflicht der X-Versicherung

Die X-Versicherung ist eintrittspflichtig, wenn der gem. § 158 h VVG i. V. m. § 69 Abs. 1 VVG auf den A übergegangene Vertrag zum Unfallzeitpunkt noch bestanden hat.

An einer ausdrücklichen Kündigung fehlt es.

Ebensowenig kommt die Kündigungsfiktion des § 6 Abs. 2 S. 4 AKB mangels Umschreibung mit der neuen Doppelkarte zum Tragen.

Der Vertrag könnte aber durch die Fiktion des § 158 h VVG als gekündigt gelten.

Die erste Voraussetzung hierfür, daß nämlich eine neue Kraftfahrt-Haftpflichtversicherung geschlossen wurde, ist erfüllt. Wie oben bereits erläutert (vgl. Rdnr. 229), war zwischen A und der Y-Versicherung ein Vertrag über die vorläufige Deckung zustande gekommen.

Für die Wirksamkeit der Kündigungsfiktion hat das Gesetz als zweite Voraussetzung den „Beginn des neuen Versicherungsverhältnisses" bestimmt. Ob dieser Zeitpunkt vorliegend eingetreten ist, erscheint fraglich. Zwei Möglichkeiten sind denkbar:

Zum einen könnte man den Beginn des neuen Versicherungsverhältnisses mit dem Zeitpunkt des formellen Zustandekommens des neuen Vertrages gleichsetzen: In diesem Moment entsteht das Rechts„verhältnis" zwischen den Parteien. Dementsprechend wäre vorliegend mit dem Zustandekommen des Vertrages über die vorläufige Deckung mit der Y-Versicherung der alte Vertrag mit der X-Versicherung als gekündigt anzusehen (§ 158 h VVG).

Dieses Ergebnisses würde freilich dazu führen, daß A zwar einen Vertrag mit der Y-Versicherung hätte – diese bräuchte aber keine Deckung für den Schadenfall gewähren, weil der materielle Deckungsschutz mangels Ummeldung (Zulassung) noch nicht zur Entfaltung gelangt war.

Somit hätte A durch die Kündigungsfiktion des § 158 h VVG den materiellen Deckungsschutz aus dem alten Vertrag in einen für ihn nachteiligen, weil noch nicht materiell wirksamen Versicherungsschutz eingetauscht. Nun könnte man zwar die Meinung vertreten, A habe sich dies selbst zuzuschreiben, weil er die Versicherungsbestätigung nicht abgegeben habe. Jedoch wäre dieses Ergebnis hart und kann vom Gesetzgeber so nicht gewollt sein. Durch die Regelung des § 158 h VVG sollte der Verkehrsopferschutz verbessert (vgl. Römer/Langheid zu § 158 h VVG Rdnr. 3) und eine Doppelversicherung vermieden werden. Mit dieser Zielvorstellung wäre es nicht zu vereinbaren, wenn der Erwerber eines Kfz (und damit auch ein geschädigtes Unfallopfer) nur deswegen keinen Versicherungsschutz genießen würde, weil das neue Kfz noch nicht zugelassen war. Eine derartige zeitliche Lücke im materiellen Deckungsschutz wäre mit dem Gebot des Opferschutzes nicht zu vereinbaren.

Damit liegt die Lösung auf der Hand: die Kündigungswirkung nach § 158 h VVG darf erst eintreten, wenn für den neuen Vertrag materielle Deckung besteht.

Dies deckt sich auch mit dem Inhalt der vom damaligen HUK-Verband empfohlenen „Vereinbarung zur Lösung von Doppelversicherungen" vom 21. 10. 1965. Dort ist in Absatz III Ziff. 1 geregelt, daß die Kündigungswirkung mit Beginn der neuen Versicherung eintritt. Der Schiedsspruch zum Rundschreiben des Verbandes vom 11. 1. 1994 (K 2/94 zur Lösung von Doppelversicherungen) weist hierzu aus, daß damit der Beginn der materiellen Deckung gemeint ist.

Da es hieran vorliegend mangelt, besteht weiterhin Deckung aus dem alten Vertrag.

Die X-Versicherung ist eintrittspflichtig.

Wenn in der Versicherungsbestätigung keine Vereinbarung über den Beginn des Versicherungsschutzes getroffen ist, tritt die Wirksamkeit mit Aushändigung der Versicherungsbestätigung ein. In diesem Falle beginnt der materielle Deckungsschutz mit Aushändigung dieser Bescheinigung, § 1 Abs. 3 AKB.

D. Die unterlassene Anzeige der Veräußerung (§ 6 Abs. 1 S. 4 AKB)

231 Gem. § 6 Abs. 1 AKB in Verbindung mit §§ 158 h und 69 Abs. 1 VVG tritt mit der Veräußerung des Fahrzeugs der Erwerber in die Rechte und Pflichten des Veräußerers ein. Mit der Veräußerung wird der Erwerber VN des Versicherers (vgl. Rdnr. 216 ff).

Nach § 6 Abs. 1 Satz 4 AKB und § 71 Abs. 1 Satz 1 VVG ist die Veräußerung dem Versicherer unverzüglich anzuzeigen. Es handelt sich um eine Obliegenheit. Sie ist zwar auch in den AKB geregelt. Gleichwohl ist sie keine vertraglich vereinbarte, sondern eine gesetzlich (§ 71 Abs. 1 VVG) normierte Obliegenheit. Dies folgt aus dem Umstand, daß allein im Gesetz, nämlich in § 71 Abs. 1 Satz 2 VVG, die Rechtsfolge der Leistungsfreiheit vorgesehen ist. Für diese Leistungsfreiheit gilt keine Begrenzung.

232 Nach dem Wortlaut der Vorschriften könnte man es als ausreichend ansehen, wenn die Anzeige lediglich die Veräußerung des Fahrzeugs beinhaltet. Tatsächlich muß die Anzeige auch die Person des Erwerbers erkennen lassen (BGH VersR 53, 102). Diese Auffassung ist insoweit konsequent, als der Begriff der Veräußerung der Sache mit dem im Sachenrecht des BGB identisch ist, so daß Einigung und Übergabe der beweglichen Sache erforderlich sind. Erst mit Übergabe der Sache ist der Erwerb vollendet. Um dies prüfen zu können, muß der Versicherer von der Person des Erwerbers Kenntnis haben. Die Kenntnis über die Person des Erwerbers dient dem Versicherer insbesondere zur Geltendmachung des Kündigungsrechts nach § 70 Abs. 1 VVG, aber auch um weitere Rechtshandlungen dem Erwerber gegenüber vornehmen zu können (vgl. unten Rdnr. 233, 236 f).

233 Die Anzeigepflicht trifft sowohl den Veräußerer als auch den Erwerber. Unterlassen beide die Anzeige oder ist sie dem Inhalte nach unzureichend, liegt eine Obliegenheitsverletzung vor (§ 71 Abs. 1 Satz 2 VVG). In diesem Zusammenhang ist ein wichtiger Umstand zu berücksichtigen: Die Leistungsfreiheit kann immer nur die Person treffen, die zum Zeitpunkt des Versicherungsfalles VN war. Das ist der Erwerber. Nach § 6 Abs. 1 AKB (§ 158 h VVG) ist er VN geworden, und damit kann jetzt nur noch er Leistung aus dem Schadenereignis verlangen (Haftpflicht wie Kasko). Nur den Erwerber kann der Versicherer im Haftpflichtfall gem. § 3 Nr. 9 PflVG in Regreß nehmen, weil nur er mit dem Versicherer Gesamtschuldner (§ 3 Nr. 2 PflVG) sein kann.

234 Der Eintritt der Leistungsfreiheit setzt zudem voraus, daß der Versicherungsfall erst einen Monat nach dem Zeitpunkt eintritt, in welchem die Anzeige dem Versicherer hätte zugehen müssen (§ 71 Abs. 1 Satz 2 VVG).

Selbst wenn das der Fall ist, kann sich der Versicherer nicht ohne weiteres auf Leistungsfreiheit berufen. Die Rechtsprechung hat ein weiteres Hindernis eingerichtet. Getragen vom Gedanken, daß die unbegrenzte Leistungsfreiheit eine harte Regelung bedeutet, soll sie nur eintreten, wenn sie nicht außer Verhältnis zur Schwere des Verstoßes steht (BGH VersR 87, 477; 87, 705). Dabei ist auf seiten des Versicherers abzuwägen, wieweit seine Interessen in ernster Weise beeinträchtigt sind. Auf der Seite des VN ist der Umfang des Verschuldens abzuwägen und welches Gewicht die Entziehung der Versicherungsleistung für den VN hat.

Diese Kriterien sind ziemlich „schwammig" (*Römer/Langheid* § 71 Rdnr. 3). Es kommt hinzu, daß die Urteile des BGH nicht zur Kraftfahrtversicherung ergangen sind. Jedenfalls kommt ein schweres Verschulden nur dann in Betracht, wenn besondere Umstände vorliegen, z. B. wenn eine gesonderte Nachfrage des Versicherers unbeachtet geblieben ist. Liegt das Verschulden auf seiten des Veräußerers, tritt die Frage hinzu, ob dessen Unterlassen dem Erwerber zuzurechnen ist.

Fallbeispiel: 235

Der Veräußerer meldet die Veräußerung, vergißt aber, den Namen des Erwerbers zu nennen. Auch auf ausdrückliche Nachfrage des Versicherers nennt er den Namen nicht. Der Erwerber verursacht einen Unfall. Nunmehr beruft sich der Versicherer auf Leistungsfreiheit.

Lösung:

Hier könnte ein höheres Maß an Verschulden und damit Leistungsfreiheit angenommen werden, wenn festzustellen ist, daß der Veräußerer die Angaben verweigert.

Da, wie oben gezeigt, die Folgen der Leistungsfreiheit allein den Erwerber treffen, fragt sich aber, ob dieser sich das Fehlverhalten des Veräußerers zurechnen lassen muß. Dies ist zu verneinen. Nach allgemeinen versicherungsrechtlichen Grundsätzen wäre dies nur der Fall, wenn der Veräußerer Repräsentant des Erwerbers wäre oder zu diesem in einem Vertretungsverhältnis nach § 164 BGB stünde.

Eine Zurechnung kann nicht aus dem Gedanken abgeleitet werden, daß der Erwerber in die Rechtslage eintritt, wie er sie zum Zeitpunkt des Erwerbs vorgefunden hat. Denn die Anzeigepflicht ergibt sich erst aus der bereits vollzogenen Veräußerung. Die Obliegenheit kann also erst nach der Veräußerung verletzt werden und ist deshalb nicht Inhalt des übergegangenen Rechtsverhältnisses.

Der Versicherer kann sich im übrigen auch dann nicht auf Leistungsfreiheit berufen, wenn er von der Veräußerung Kenntnis erlangt hat, bevor die Monatsfrist nach § 71 Abs. 1 Satz VVG abgelaufen war (§ 71 Abs. 2 Satz 1 VVG). Das gilt auch dann, wenn zur Zeit des Eintritts des Versicherungsfalles die Frist für die Kündigung des Versicherers (§ 70 Abs. 1 VVG) abgelaufen war und der Versicherer nicht gekündigt hat.

E. Gutglaubensschutz des Versicherers (§ 69 Abs. 3 VVG)

236 Solange weder Veräußerer noch Erwerber die Veräußerung angezeigt haben und der Versicherer nicht auf andere Weise Kenntnis von der Veräußerung erlangt hat, braucht er diese nicht gegen sich gelten zu lassen. Rechtshandlungen des Versicherers muß der Erwerber (gem. §§ 406–408 BGB) gegen sich gelten lassen (BGH VersR 90, 881). Dazu gehören Kündigung, Rücktritt, Mahnung der Prämienzahlung, Deckungsschutzversagung aber auch Beitragserstattungen oder andere Erfüllungshandlungen.

237 Kenntnis ist das Wissen um die Umstände des Veräußerungsgeschäfts. Zudem ist auch hier wie bei der Obliegenheitserfüllung (vgl. Rdnr. 232) die Kenntnis von der Identität des Erwerbers erforderlich. Hierduch soll es dem Versicherer ermöglicht werden, die Rechtshandlungen nun dem Erwerber gegenüber vorzunehmen, einschließlich der Kündigung nach § 70 Abs. 1 VVG.

238 Den VN trifft die Beweislast dafür, daß der Versicherer Kenntnis vom Erwerb hat (BGH VersR 90, 881; *Prölls/Martin* zu § 69 Rdnr. 37).

F. Verlust des Schadensfreiheitsrabatts bei einem Unfall des Erwerbers

239 In der Praxis treten immer wieder Unsicherheiten auf, wie nach Veräußerung des Fahrzeugs und Verursachung eines Unfalls durch den Erwerber der Schadensfreiheitsrabatt (SFR) zu behandeln ist.

> **Fallbeispiel:**
>
> Dr. Thomas K ist mit seinem Fahrzeug Opel Astra bei der Y-Versicherung haftpflichtversichert. Am 25. 11. 1998 erhält er die Beitragsrechnung für das Jahr 1999. Weil ihm der Betrag zu hoch erscheint, überprüft er die Rechnung und stellt fest, daß er beim SFR schlechter statt besser eingestuft worden war.
>
> Ein Anruf beim Vertragssachbearbeiter der Y-Versicherung klärt ihn darüber auf, daß sein Vertrag wegen eines am 20. 1. 1998 eingetretenen Schadenfalles belastet werden mußte. Sein spontaner Einwand, er habe mit dem versicherten und auch mit keinem anderen Fahrzeug einen Unfall gehabt, fand kein Gehör.
>
> Dr. Thomas K trägt folgenden Sachverhalt zusammen:
> Seit vielen Jahren war er mit einem Pkw Opel Kadett bei der Y-Versicherung haftpflicht- (und teilkasko-) versichert. Die Beiträge waren stets ord-

nungsgemäß bezahlt. Der Vertrag wurde unter der Versicherungsschein-Nr. ABC123 geführt.

Am 17. 1. 1998 veräußerte er das Fahrzeug Opel Kadett an Frau C. Dr. Thomas K teilte dies noch am 17. 1. 1998 mittels einer Postkarte der Y-Versicherung mit. (Der Zugang dieser Postkarte wurde nie bestritten.)

Am 18. 1. 1998 unterschrieb Dr. Thomas K für den bereits erwähnten Pkw Opel Astra einen Antrag auf Abschluß einer Kraftfahrt-Haftpflicht- und Teilkasko-Versicherung bei der Y-Versicherung. Dieser Vertrag wurde unter der bestehenden Versicherungsschein-Nr. ABC123 fortgeführt.

Am 19. 1. 1998 ließ er den Opel Astra mit der von der Y Versicherung übergebenen Doppelkarte auf sich zu.

Am 20. 1. 1998 verursachte Frau C mit dem kurz zuvor von Dr. Thomas K erworbenen Opel Kadett einen Verkehrsunfall, durch den G geschädigt wurde.

Am 24. 1. 1998 schloß Frau C für den Opel Kadett eine neue Haftpflichtversicherung bei der Z-Versicherung ab und ließ das Fahrzeug beim Straßenverkehrsamt mit einer Doppelkarte dieser Gesellschaft auf sich umschreiben.

Da Frau C dem G am Unfallort die Haftpflichtversicherung des erworbenen Fahrzeugs nicht nennen konnte, schaltete G den Zentralruf des GDV ein, der mitteilte, daß das Fahrzeug Opel Kadett bei der Y-Versicherung versichert sei.

Daraufhin meldete sich G bei der Y-Versicherung, die den Schaden unter dem Namen des VN Dr. Thomas K und dem Opel Kadett im EDV-System erfaßte. Sie forderte Dr. Thomas K auf, ein beigefügtes Schadenmeldeformular auszufüllen. Wahrheitsgemäß erwiderte dieser, daß er von dem Unfall nichts wisse. Er habe der Y-Versicherung bereits am 17. 1. 1998 mitgeteilt, daß er das Fahrzeug an Frau C veräußert habe.

Dr. Thomas K hörte weiter nichts von der Y-Versicherung, bis er am 25. 11. 1998 die Beitragsrechnung für das Jahr 1999 erhielt.

Der Sachbearbeiter der Y-Versicherung weist Dr. Thomas K noch darauf hin, daß sein Vertrag mit dem durch die Erwerberin C verursachten Schaden deshalb belastet werden müsse, weil bis zu dem Unfall das veräußerte Fahrzeug Opel Kadett noch auf ihn zugelassen gewesen sei, der Y-Versicherung also bis dahin noch keine Ummeldebescheinigung des Straßenverkehrsamtes vorgelegen habe.

Lösung:
Die Vertragsbelastung durch den von der Erwerberin C verursachten Schaden ist nicht zutreffend.
– Unstreitig war das Fahrzeug Opel Kadett zum Unfallzeitpunkt an C veräußert. Über § 158 h VVG sind die Vorschriften über die Veräußerung (§§ 69 ff VVG) analog anzuwenden. Das führt zum ersten Zwischenergebnis: C ist gem. § 69 Abs. 1 VVG an die Stelle des Dr. Thomas K in die

sich aus dem Versicherungsverhältnis ergebenden Rechte und Pflichten getreten. Kurz: C ist für den Opel Kadett alleinige Versicherungsnehmerin der Y-Versicherung geworden.

- Daraus folgt: Zwischen C und der Y-Versicherung bestand zum Unfallzeitpunkt eine vertragliche Beziehung.

- Zwischen Dr. Thomas K und der Y-Versicherung bestand zum Unfallzeitpunkt ebenfalls eine vertragliche Beziehung, jedoch über das Folgefahrzeug, den Opel Astra. Es handelt sich hierbei um einen neuen Vertrag, nicht etwa um die Fortführung des Vertrages, der ehemals über den Opel Kadett geschlossen war. Dies ist auch nicht denkbar, weil ja die C in die Rechtsstellung des über den Opel Kadett geschlossenen Vertrages eingetreten war (§ 69 Abs. 1 VVG). An dem Ergebnis ändert auch die Tatsache nichts, daß die Y-Versicherung den Vertrag über den Opel Astra unter der alten Vertrags-Nr. ABC123 fortgeführt hat. Dies ist eine Maßnahme zur Verwaltungsvereinfachung und dient dem Kunden, weil er unter derselben Vertrags-Nr. „bedient" werden kann. Es bleibt dabei: Über den Opel Astra wurde ein rechtlich neuer Versicherungsvertrag geschlossen.

- Da Dr. Thomas K mit diesem Fahrzeug keinen Unfall verursacht hat, durfte der Vertrag auch nicht belastet werden.

- Belastet werden mußte der auf C übergegangene Vertrag, durch welchen der am Unfall beteiligte Opel Kadett versichert war. Hierzu ist es aber nicht gekommen: Dieser Vertrag ist bei der Y-Versicherung überhaupt nicht erfaßt und damit nicht abrufbar. Die Vertrag-Nr. ABC123 ist nicht mit dem Fahrzeug zu C mitgegangen, sondern für das neue Fahrzeug bei Dr. Thomas K geblieben. Zugleich hat die Y-Versicherung trotz Kenntnis von der Veräußerung keine neue Vertrags-Nr. für C generiert. Deshalb „konnte" sie den Vertrag mit C auch nicht belasten.

- Dieser Geschehensablauf scheint in der Versicherungswirtschaft sehr verbreitet zu sein. Man wartet zu, bis – erfahrungsgemäß – der Erwerber das veräußerte Fahrzeug mit einer – meistens von einem anderen Versicherer ausgegebenen – Doppelkarte ummeldet. Damit spart man sich einerseits die Kündigung und die Versendung der Anzeige nach § 29 c StVZO. Andererseits vergibt man freilich auch die Chance, den Erwerber als neuen Kunden zu gewinnen.

- Die Tatsache, daß die Y-Versicherung die Erwerberin C vertragsmäßig nicht erfaßt und mithin den Schaden vom 20. 1. 98 nicht als vertragsbelastend registriert hat, führt dazu, daß dieser Schadenfall bei der Z-Versicherung für C bei der Einstufung des SFR gänzlich unberücksichtigt bleibt. Grundsätzlich macht der Versicherer eine sog. Vorversicherer-Anfrage. C wird aller Voraussicht nach die Y-Versicherung als Vorversicherung überhaupt nicht erwähnen. Falls sie ein Vorfahrzeug hatte, wird sie den Versicherer für **dieses** Fahrzeug benennen. Dieser Versicherer kennt aber den Schaden vom 20. 1. 1998 nicht. (Rein theoretisch: Selbst wenn C die Y-Versicherung benennen würde, würde diese ein Vertragsverhältnis mit C nicht feststellen können. Sie könnte der Z-Versicherung im Wege der Vorversicherer-Anfrage überhaupt keinen SFR mitteilen.) Im Ergebnis führt diese Verfahrensweise dazu, daß den Versicherern für die SFR-Einstufungen Schadenfälle verlorengehen.

– Wie hätte die fehlerhafte und damit kundenunfreundliche Zusendung der falschen Beitragsrechnung verhindert werden können?

• Die Y-Versicherung hätte sofort nach Kenntnis von der Veräußerung des Opel Kadett die C als Vertragspartnerin erfassen können.

• Wenn ihr hierfür bis zur Unfallmeldung zu wenig Zeit verblieben war, hätte spätestens dem Schadenssachbearbeiter beim Lesen der Schadensanzeige auffallen müssen, daß wegen der nunmehr nochmals mitgeteilten Veräußerung zum Unfallzeitpunkt nicht Dr. Thomas K, sondern C VN war. Bei richtiger Verfahrensweise hätte der Schaden nicht mehr unter der Vertrags-Nr. von Dr. Thomas K bearbeitet werden dürfen. Da aber für C ein Vertrag nicht generiert war, hätte jetzt ein solcher erfaßt und ein Schaden hierauf angelegt werden müssen. Zumindest hätte die Y-Versicherung den Vertrag von Dr. Thomas K von dem Schaden wieder freistellen müssen.

7 Kapitel. Die gesetzlichen Obliegenheiten

A. Allgemeines zum Recht der Obliegenheiten

Obliegenheiten sind Verhaltenspflichten, die der VN im eigenen Interesse einzuhalten hat: Er riskiert andernfalls den Versicherungsschutz. Zu unterscheiden sind Obliegenheiten, die sich aus dem Gesetz ergeben (z. B. §§ 16 ff, 23 ff. VVG), und Obliegenheiten, die im Versicherungsvertrag (meist in AVB) festgeschrieben sind. Häufig (z. B. gem. §§ 6 oder 25 VVG) führt ein Verstoß des VN gegen Obliegenheiten zur Leistungsfreiheit des Versicherers. Fährt z. B. ein VN ohne gültige Fahrerlaubnis, und verursacht er dabei einen Unfall, so hat der Verstoß gegen die vertragliche Obliegenheit des § 2b Abs. 1 c AKB (Führerscheinklausel) in der Kaskoversicherung die völlige Leistungsfreiheit des Versicheres zu Folge: Bezüglich der Schäden am eigenen Kfz erhält der VN keinerlei Ersatz. Etwas anderes muß allerdings in der KH-Versicherung bezüglich der beim Unfallgegner entstandenen Schäden gelten: Um den vom PflVG gewollten, umfassenden Schutz des Unfallopfers zu gewährleisten, besteht in der KH-Versicherung die Besonderheit, daß der Geschädigte Ersatz seines Schadens vom KH-Versicherer auch dann verlangen kann, wenn dieser seinem VN gegenüber von der Verpflichtung zur Leistung frei ist, § 3 Nr. 4 PflVG (vgl. Rdnr. 118). **240**

Da der KH-Versicherer trotz einer Obliegenheitsverletzung seines VN gegenüber dem geschädigten Unfallgegner (im Außenverhältnis) zur Regulierung verpflichtet bleibt, kann sich Leistungsfreiheit in der KH-Versicherung nur im Innenverhältnis auswirken: Nach § 3 Nr. 9 S. 2 PflVG kann der leistungsfreie Versicherer seinen VN in Regreß nehmen. In § 3 Nr. 9 S. 1 und S. 2 PflVG ist das ein wenig komplizierter ausgedrückt: Zunächst wird in S. 1 der Grundsatz aufgestellt, daß im Verhältnis von Versicherer und VN (die gem. § 3 Nr. 2 PflVG als Gesamtschuldner haften) der Versicherer die Ersatzleistung an den Unfallgegner allein zu tragen hat (Normalfall). Hiervon macht S. 2 für den Fall der Leistungsfreiheit des Versicherers (sog. krankes Versicherungsverhältnis) eine Ausnahme: Soweit Leistungsfreiheit besteht, muß der VN den Schaden tragen. Hat aber der Versicherer (wegen § 3 Nr. 4 PflVG) den Schaden schon reguliert, kann er im Wege des Gesamtschuldausgleichs gem. § 426 BGB, § 3 Nr. 9 S. 2 PflVG von seinem VN Regreß fordern (vgl. Rdnr. 122). **241**

Freilich wäre der VN bei einem Regreß in der vollen Höhe des vom Versicherer regulierten Unfallschadens häufig existenzbedrohend hohen Zahlungsansprüchen ausgesetzt. Daher beschränken die §§ 5 und 6 KfzPflVVO die Leistungsfreiheit des Versicherers (und damit die Höhe der Regreßforderung) auf 5000 DM bei Obliegenheitsverletzung nach Eintritt des Versicherungsfalles (§ 6

Abs. 3 KfzPflVV) bzw. auf 10 000 DM in den Fällen der Gefahrerhöhung (§§ 23 ff VVG) und bei Obliegenheitsverletzungen vor Eintritt des Versicherungsfalles (§ 5 Abs. 3 KfzPflVV). Hierin liegt ein sozialer Aspekt der Pflichtversicherung auch gegenüber dem schädigenden KH-VN.

Zusammengefaßt ergeben sich bei Obliegenheitsverletzungen des VN in der KH-Versicherung folgende **Grundsätze**:

– Der Geschädigte kann im Wege des Direktanspruchs Ersatz seinens Schadens vom KH-Versicherer auch dann verlangen, wenn dieser gegenüber seinem VN von der Verpflichtung zur Leistung frei ist, § 3 Nr. 4 PflVG.

– Die Leistungsfreiheit des Versicherers wirkt sich im Innenverhältnis zum eigenen VN aus und führt dazu, daß der Versicherer seinen VN in Regreß nehmen kann, § 3 Nr. 9 S. 2 PflVG.

– Die Leistungsfreiheit des Versicherers und damit die Regreßmöglichkeit wird durch die §§ 5 und 6 KfzPflVV auf 5 000 bzw. auf 10 000 DM limitiert.

B. Gefahrerhöhung

I. Einführung

243   Die Regeln über die Gefahrerhöhung (§§ 23 ff. VVG) sollen verhindern, daß das bei Stellung des Antrags vorhandene Risiko des Versicherers nachträglich zu seinen Ungunsten verändert wird; es soll also die „Stabilität" des Risikos gewährleistet werden. Die Bestimmungen über die Gefahrerhöhung dienen mit anderen Worten dem Zweck, das Gleichgewicht zwischen Prämienhöhe und Leistung des Versicherers während der Dauer des Versicherungsvertrags aufrechtzuerhalten. Eine Gefahrerhöhung liegt vor bei einer nachträglichen Änderung der bei Vertragsschluß tatsächlich vorhandenen gefahrerheblichen Umstände, die den Eintritt des Versicherungsfalles oder eine Vergrößerung des Schadens wahrscheinlicher machen (*Schimikowski*, Versicherungsvertragsrecht, Rdnr. 200; *Bauer* Rdnr. 342 ff). Der neu geschaffene Gefahrzustand muß erheblich und von einiger Dauer sein. Einmalige, kurzzeitig wirksame Gefahrenvorgänge – sog. Gefahrsteigerungen – reichen nicht aus.

244   § 23 Abs. 1 VVG setzt voraus, daß die Gefahrerhöhung vom VN vorgenommen wird, also von ihm willentlich veranlaßt ist. Man spricht hier von einer subjektiven, gewollten oder veranlaßten Gefahrerhöhung. Hiervon zu unterscheiden ist die objektive, nicht gewollte Gefahrerhöhung, deren Eintritt unabhängig vom Willen des VN erfolgt (§ 27 VVG). Da die nicht gewollte Gefahrerhöhung i. S. des § 27 VVG in der KH-Versicherung ohne praktische Bedeutung ist, soll dieser Punkt im folgenden nicht weiter erörtert werden. (Näher hierzu *Maier/Biela*, Kaskoversicherung, Rdnr. 307 f).

Die Folgen einer Verletzung der subjektiven (gewollten) Gefahrstandspflicht ergeben sich insbesondere aus § 25 VVG. Danach ist der Versicherer im Fall der

Gefahrerhöhung von der Verpflichtung zur Leistung frei. Allerdings beschränken § 5 Abs. 3 KfzPflVV und darauf fußend § 2 b Abs. 2 AKB die Regreßmöglichkeit des Versicherers gegen den VN auf 10 000,– DM.

Ein Regreß des KH-Versicherers als Folge einer Gefahrerhöhung wird allerdings durch die § 23 ff VVG von mehreren, dem Schutz des VN dienenden Voraussetzungen abhängig gemacht. Ein Versicherer kann sich nur dann auf Leistungsfreiheit wegen Gefahrerhöhung berufen, wenn alle im folgenden **Prüfungsschema** aufgeführten Punkte gegeben sind:

– Zunächst muß eine **Gefahrerhöhung** von einer gewissen **Dauerhaftigkeit**   **245** vorliegen, § 23 Abs. 1 VVG.
– Diese Gefahrerhöhung darf **nicht unerheblich** sein, § 23 VVG.
– Die Gefahrerhöhung muß vom VN willentlich **vorgenommen** oder **gestattet** worden sein, § 23 Abs. 1 VVG. Dies setzt **positive Kenntnis** des VN von der Gefahrerhöhung voraus, auch grob fahrlässige Unkenntnis wäre hier nicht ausreichend. Der positiven Kenntnis gleichgestellt ist es, wenn sich der VN der Kenntnis **arglistig** entzieht.
– Zur Leistungsfreiheit ist ferner **Verschulden** des VN erforderlich, § 25 Abs. 2 Satz 1 VVG, einfache Fahrlässigkeit genügt.
– Grundsätzlich muß der Versicherer weiter das **Kündigungserfordernis** des § 25 Abs. 3 1. Alt VVG eingehalten haben. Zu beachten ist allerdings, daß keine Kündigungspflicht besteht, wenn der Versicherer erst mit der Schadenmeldung von einer Gefahrerhöhung erfährt; auch ohne Kündigung ist der Versicherer bezüglich des eingetretenen Versicherungsfalls leistungsfrei.
– Die Gefahrerhöhung muß für den Schadenfall adäquat **kausal** sein, § 25 Abs. 3 2. Alt. VVG. Hier kann der VN den sog. **Kausalitätengegenbeweis** führen.

II. Die Folgen der Gefahrerhöhung

Eigentlich wird der Versicherer im Fall einer subjektiven Gefahrerhöhung nach   **246** § 25 Abs. 1 VVG von seiner Verpflichtung zur Leistung frei. In der Kaskoversicherung führt dies dazu, daß dem VN kein Anspruch auf Ersatzleistung gegen den Versicherer zusteht. Von diesen Grundsätzen macht das PflVG für die KH-Versicherung eine Ausnahme: Im Außenverhältnis bleibt der KH-Versicherer gegenüber dem geschädigten Dritten zur Leistung verpflichtet, § 3 Nr. 4 PflVG (näher hierzu und zum Schutz des Unfallopfers durch das PflVG unter Rdnr. 118).

Im Innenverhältnis zum VN steht dem Versicherer ein Regreßanspruch gem. § 3 Nr. 9 S. 2 PflVG zu. Um die Versicherten vor existenzbedrohenden Zahlungsverpflichtungen zu schützen, bestimmt § 5 Abs. 3 KfzPflVV (und darauf fußend § 2 b Abs. 2 AKB), daß die Leistungsfreiheit des KH-Versicherers im Fall der Gefahrerhöhung auf 10 000 DM beschränkt ist.

III. Die Voraussetzungen der Leistungsfreiheit wegen Gefahrerhöhung

1. Der Tatbestand der Gefahrerhöhung

a) Mängel am Fahrzeug

247 Die Benutzung eines Kfz, dessen technischer Zustand nicht den §§ 32 ff StVZO entspricht, stellt eine Gefahrerhöhung dar (*Bauer* Rdnr. 353; BGH r+s 90, 8 = VersR 90, 80). Das gilt auch dann, wenn die Betriebsuntauglichkeit auf einer Abnutzung beruht (*Stiefel/Hofmann* § 2 Rdnr. 97). Dabei tritt die Gefahrerhöhung ein, wenn das mangelhafte Fahrzeug vom VN weiter benutzt wird: Nicht in der Unterlassung der Reparatur, sondern in der Tatsache der Weiterbenutzung liegt die Erhöhung der Gefahr (BGH r+s 90, 8 = VersR 90, 80; OLG Hamm r+s 89, 2; ausführlich zu diesem Problemkreis *Römer/Langheid* §§ 23–25 Rdnr. 19). In der Praxis sind abgefahrene Reifen (gemäß § 36 Abs. 2 Satz 4 StVZO ist eine Profiltiefe von mindestens 1,6 mm vorgeschrieben) und mangelhafte Bremsen (Verstoß gegen § 41 StVZO) häufig anzutreffende Fahrzeugmängel.

b) Zustand des Fahrers

248 Die hier im Vordergrund des Interesses stehende Frage, ob die Fahrt eines alkoholisierten Fahrers als Gefahrerhöhung anzusehen ist, läßt sich im Normalfall verneinen. Bei einer vereinzelt gebliebenen Trunkenheitsfahrt fehlt es an dem im § 23 Abs. 1 VVG vorausgesetzten Merkmal der Dauerhaftigkeit der Gefahrerhöhung. Diese ist allenfalls dann gegeben, wenn eine regelmäßige Fahrzeugbenutzung durch einen alkoholisierten Fahrer erfolgt. Daß diese Voraussetzungen in der Praxis kaum nachgewiesen werden kann, bedarf keiner näheren Darlegung.

Dennoch riskiert seinen Versicherungsschutz, wer wegen Alkoholgenusses sein Fahrzeug nicht sicher führen kann: § 2 b Abs. 1 e AKB statuiert die Obliegenheit, ein Fahrzeug nicht unter Alkoholeinfluß zu steuern. (Näher zur sog. Trunkenheitsklausel unten Rdnr. 300 ff)

In Betracht kommt eine Gefahrerhöhung durch den Zustand des Fahrers bei Fahren trotz Kenntnis von regelmäßigen epileptischen Anfällen (OLG Stuttgart r+s 97, 230 = VersR 97, 1141), bei Fahrten eines VN, der seit Jahren unter schizophrenen Schüben leidet (OLG Hamm VersR 85, 751), ferner bei Fahrten eines Diabeteskranken im Zustand der Unterzuckerung (OLG Oldenburg ZfS 85, 55). Trägt ein sehbehinderter Fahrer entgegen einer im Führerschein gemachten Auflage keine Brille, kann hierin eine Gefahrerhöhung liegen (OLG Schleswig VersR 71,118; OLG Koblenz VersR 72, 921; OLG Karlsruhe VersR 69, 175). Auch in einem Verstoß gegen Lenkzeit- und Ruhezeitvorschriften kann eine Gefahrerhöhung zu sehen sein (OLG Köln r+s 97, 321). In allen Fällen ist aber sehr sorgfältig zu prüfen, ob wirklich eine dauerhafte Gefahrerhöhung oder nur eine einmalige, kurzzeitige und vorübergehende Gefahrsteigerung gegeben ist.

Die Beweislast für das Vorliegen einer Gefahrerhöhung trägt der Versicherer.

2. Erheblichkeit der Gefahrerhöhung

Die Gefahrerhöhung darf nicht unerheblich sein, § 29 VVG. Bei Verstößen gegen **249** die genannten Vorschriften der StVZO ist stets von einer erheblichen Erhöhung der Gefahr auszugehen.

3. Positive Kenntnis des VN

Aus dem Begriff der Vornahme im § 23 Abs. 1 VVG folgert der BGH seit einer **250** grundlegenden Entscheidung (VersR. 68, 1153), daß der VN positive Kenntnis von den gefahrerhöhenden Umständen haben muß. Nicht erforderlich ist, daß der VN den gefahrerhöhenden Charakter oder die Pflichtwidrigkeit der eingetretenen Änderung erkennt. Wenn daher etwa ein VN mit abgefahrenen Reifen fährt, muß er zwar den Zustand der Reifen kennen, nicht jedoch darüber hinaus die Kenntnis besitzen, daß das Fahrzeug mit solchen Reifen ins Schleudern kommen und verunfallen kann (ausführlich hierzu *Römer/Langheid* §§ 23–25 Rdnr. 26; OLG Köln VersR 90, 1226 = r+s 90, 192). Positive Kenntnis setzt definitives Wissen und damit mehr als grobe Fahrlässigkeit voraus. Die häufig anzutreffende Formulierung: „Die gefahrerhöhenden Umstände waren so offensichtlich, daß der VN sie erkannt haben müßte" ist problematisch, weil sie nur irgendeinen Grad an Fahrlässigkeit umschreibt, nicht aber – wie erforderlich – die positive Kenntnis des VN feststellt (*Münstermann*, Anm. zu LG Koblenz r+s 98, 8).

Die Beweislast für die positive Kenntnis des VN von den gefahrerhöhenden Umständen trägt der Versicherer (BGH VersR 71, 407).

Fallbeispiel:
BGH VersR 71, 407

Am 6. 7. wurde der VN von seiner Werkstatt darauf hingewiesen, daß er seine Reifen erneuern lassen müsse. Es ließ sich später nicht aufklären, ob der VN den Hinweis so verstanden hatte, daß seine Reifen gerade noch verkehrstüchtig seien.

Am 8. 7. wurde VN bei einer Geschwindigkeit von 90 km/h durch einen verkehrswidrig fahrenden Pkw zu einer Vollbremsung gezwungen, bei der sein Fahrzeug eine noch tagelang sichtbare Bremsspur hinterließ.

Am 9. 7. verursachte VN einen Unfall, bei dem mehrere Personen schwer verletzt wurden, das Fahrzeug erlitt einen Totalschaden.

Der KH-Versicherer regulierte den entstandenen Schaden und beruft sich gegenüber dem VN auf Leistungsfreiheit in Höhe von 10 000 DM. Der rechte Hinterreifen habe zum Unfallzeitpunkt eine 12 × 7 cm große, gänzlich abgefahrene Stelle und auch sonst ein Profil von teilweise weniger als 1 mm aufgewiesen.

Lösung:

Gem. § 3 Nr. 1 und Nr. 4 PflVG ist der KH-Versicherer gegenüber dem Geschädigten auch dann zur Leistung verpflichtet, wenn im (Innen)Verhältnis zum VN Leistungsfreiheit besteht.

Allerdings kommt in diesem Fall ein Regreß des KH-Versicherers gegen seinen VN gem. § 3 Nr. 9 S. 2 PflVG in Betracht. Voraussetzung hierfür ist, daß sich der KH-Versicherer auf Leistungsfreiheit berufen kann. Gemäß § 5 Abs. 3 KfzPflVV und darauf basierend gem. § 2 b Abs. 2 AKB ist die Leistungsfreiheit und damit die Regreßmöglichkeit des Versicherers auf 10 000,– DM limitiert.

Vorliegend könnte sich eine Leistungsfreiheit des Versicherers aus § 25 VVG ergeben. Voraussetzungen dazu wären:

– Zunächst müßte eine Gefahrerhöhung von einer gewissen Dauer vorliegen, § 23 VVG.

Wenn ein Fahrzeug, das sich in verkehrsunsicherem Zustand, insbesondere in bezug auf die Bereifung oder die Bremsen befindet, in Betrieb genommen und benutzt wird, liegt nach der Rechtsprechung eine Gefahrerhöhung vor. Dies gilt auch dann, wenn der Zustand die Folge einer allmählichen, betriebsbedingten Abnutzung ist. Vorliegend hat der VN entgegen § 36 Abs. 2 Satz 4 StVZO ein Fahrzeug mit zumindest einem Reifen benutzt, dessen Profiltiefe geringer als 1,6 mm ist, so daß der objektive Tatbestand einer Gefahrerhöhung erfüllt ist.

Auch das Merkmal der Dauer ist gegeben. Hieran fehlt es nur dann, wenn die Verkehrsunsicherheit während der Fahrt eintritt und der VN daraufhin nur noch nach Hause oder in eine Werkstatt fährt. Unternimmt jedoch der VN noch andere Fahrten, liegt eine Gefahrerhöhung (so auch hier) vor.

– Die Gefahrerhöhung ist auch nicht unerheblich, vgl. § 29 VVG.

– Weiter müßte der VN von der Gefahrerhöhung **positive Kenntnis** gehabt haben. Der Versicherer muß also vorliegend beweisen, daß sein VN gewußt hat, daß die Reifen nicht verkehrssicher sind. Dieser Beweis ist natürlich sehr schwer zu führen und war auch im konkreten Fall nicht zu erbringen, da nicht auszuschließen war, daß der VN den Hinweis der Werkstatt so verstanden hatte, als seien die Reifen noch verkehrssicher.

Allerdings könnte sich VN wegen der am 8. 7. durchgeführten Vollbremsung **arglistig** der Kenntnis der Mangelhaftigkeit der Reifen **verschlossen** haben. Arglistiges Entziehen der Kenntnis von Mängeln setzt nach dem BGH (VersR 71, 407; VersR 82, 793) dreierlei voraus:

• Der VN muß mit der Möglichkeit gerechnet haben, daß das Kfz Mängel aufweist.

• Der VN muß weiter damit rechnen, daß es für den Versicherungsschutz auf seine Kenntnis von diesen Mängeln ankommt.

• Der VN muß, um seinen Versicherungsschutz nicht zu gefährden, von einer Überprüfung des Kfz Abstand genommen haben.

Vorliegend ist aber schon fraglich, ob die erste Voraussetzung gegeben ist. Der VN müßte gewußt haben, daß bei einer extremen Vollbremsung ein erheblicher Teil des Reifenprofils abgerieben wird. Der VN hätte also bewußt mit der Möglichkeit rechnen müssen, daß zumindest ein Reifen durch die Vollbremsung eine fehlerhafte Profiltiefe (unter 1,6 mm) aufwies.

Erhebliche Beweisprobleme bestehen für den Versicherer auch bezüglich der weiteren Voraussetzungen des arglistigen Entziehens der Kenntnisnahme der Gefahrerhöhung. Wie soll er die subjektive Willensrichtung des VN erkunden und darlegen, daß dieser damit gerechnet hat, daß es für den Versicherungsschutz auf seine Kenntnis von den Mängeln ankommt? Wie soll der Versicherer nachweisen, daß der VN von einer Überprüfung des Fahrzeugs abgesehen hat, um seinen Versicherungsschutz nicht zu gefährden? Auch im vorliegenden Fall konnte der Versicherer diese Punkte nicht beweisen – das ist in der Praxis sehr häufig so und führt dazu, daß sich Versicherer nur selten mit Erfolg auf eine Leistungsfreiheit wegen Gefahrerhöhung berufen können. (instruktiv hierzu OLG Köln r+s 90, 192).

Ergebnis:
Da die Voraussetzungen von § 23 VVG nicht gegeben sind, ist der Versicherer nicht leistungsfrei geworden, ein Regreß gegen den VN kommt daher nicht in Betracht.

Zur Vertiefung, insbesondere zur Problematik der positiven Kenntnis der Gefahrerhöhung, ein weiteres

Fallbeispiel:
OLG Hamm r+s 89, 2

VN führte eine Schausteller-Zugmaschine mit zwei Anhängern. Auf einer Gefällstrecke wollte er das Fahrzeug abbremsen. Dies mißlang, weil die Bremsen nicht funktionierten. Daraufhin wurde das Fahrzeug immer schneller, infolge des hohen Tempos begann der hintere Anhänger mit dem Karussellaggregat zu schleudern, riß sich ab und geriet auf die Gegenfahrbahn. Der Fahrer eines entgegenkommenden Pkw stieß mit dem Karussellwagen zusammen, dabei wurde er getötet. Die Zugmaschine fuhr mit sich immer weiter erhöhender Geschwindigkeit in den Ort C., wo sie mitsamt dem verbliebenen Anhänger ins Schleudern geriet und schließlich an einer Hauswand umkippte. Ein Pkw wurde erfaßt und an der Hauswand eingeklemmt, der Fahrer verletzt.

Der KH-Versicherer regulierte den entstandenen Schaden, macht aber jetzt Leistungsfreiheit in Höhe von 10 000 DM wegen Gefahrerhöhung geltend: In der Membrane des Bremszylinders der Zugmaschine hatte sich ein Loch befunden. Infolge mangelnder Wartungsarbeiten hatte der Stempel der Feststellbremse über einen langen Zeitraum einen überhöhten Leerweg und war dadurch immer wieder gegen die aus nachgiebigem Material gefertigten

Membrane gestoßen. Dies wiederum führte zur Funktionslosigkeit der Bremsen. Der VN trägt vor, die Bremsen hätten bislang immer funkioniert.

Lösung:
Anspruchsgrundlage für einen Regreß des Versicherers: §§ 3 Nr. 9 Satz S. 2 PflG, 426 BGB.

Die hierfür vorausgesetzte Leistungsfreiheit könnte sich aus §§ 25, 23 VVG ergeben. Gemäß § 5 Abs. 3 KfzPflVV und darauf basierend gem. § 2 b Abs. 2 AKB ist die Leistungsfreiheit und damit die Regreßmöglichkeit des Versicherers auf 10 000 DM limitiert. Voraussetzungen einer Leistungsfreiheit wegen Gefahrerhöhungen sind:

– Zunächst müßte eine Gefahrerhöhung von einer gewissen Dauer vorliegen. Die Bremsanlage des Fahrzeugs war mangelhaft und entsprach nicht der Vorschrift des § 41 StVZO. Wird ein Fahrzeug, das sich in verkehrsunsicherem Zustand, insbesondere in bezug auf die Bereifung oder die Bremsen befindet, in Betrieb genommen und benutzt, liegt darin eine Gefahrerhöhung i. S. von § 23 VVG. Auch das Merkmal der Dauerhaftigkeit ist gegeben, nach dem Sachverständigengutachten stand fest, daß das Loch in der Membrane nicht kurzfristig durch plötzliche Gewalteinwirkung entstanden war, sondern durch einen längerfristigen, sich stets wiederholenden Vorgang.

– Defekte Bremsen stellen eine erhebliche Gefahrerhöhung i.S.d. § 29 VVG dar.

– Die Gefahrerhöhung führt jedoch nur dann zur Leistungsfreiheit des Versicherers, wenn der VN von der Gefahrerhöhung Kenntnis hatte. Dem VN schadet nur positive Kenntnis von den die Gefahrerhöhung begründenden Umständen, bloßes Kennenmüssen und selbst grob fahrlässige Unkenntnis reichen für einen Leistungsausschluß nicht aus. Beweispflichtig für die positive Kenntnis des VN ist der Versicherer. Diesen Beweis konnte der Versicherer vorliegend nicht erbringen – dazu hätte es einer Aussage des Sachverständigen bedurft, wonach der VN Mängel in der Bremsanlage schon früher hätte bemerken müssen. Das wäre etwa dann der Fall, wenn der Sachverständige festgestellt hätte, daß der VN schon in früheren Fällen eine Bremswirkung des Wagens nur herbeiführen konnte, indem er das Bremspedal mehrfach heruntertrat (pumpen). Da sich aus dem Gutachten des Sachverständigen aber nicht ergab, ein solches Pumpen sei bereits mehrere Tage vor dem Unfallereignis notwendig gewesen, war dem VN die positive Kenntnis von den Mängeln der Bremsanlage nicht nachzuweisen.

Auch den Nachweis, daß sich der VN arglistig der Kenntnis von der Mangelhaftigkeit der Bremsanlage entzogen hätte, konnte der Versicherer nicht führen.

Voraussetzung hierfür wäre,
– daß der VN positiv mit der Möglichkeit eines gefahrerhöhenden Umstandes rechnete,

- daß er damit rechnete, daß es für den Versicherungsschutz auf seine Kenntnis ankam und
- daß er von einer Überprüfung der Bremsanlage des Fahrzeugs deshalb absah, um seinen Versicherungsschutz nicht zu gefährden.

Zwar ist dem Versicherungsnehmer vorzuwerfen, daß er sich um den Zustand seines Fahrzeugs nicht kümmerte und erforderliche Wartungsarbeiten unterließ. Aus dieser Schlampigkeit folgt aber nicht, daß der VN vom Zustand der Bremsen des Fahrzeugs positive Kenntnis hatte oder sich der Kenntnis arglistig entzogen hätte.

Ergebnis:
Eine Leistungsfreiheit des Versicherers unter dem Aspekt der Gefahrerhöhung kommt nicht in Betracht.

Instruktiv zur Frage der Gefahrerhöhung wegen einer fehlerhaften Bremsanlage OLG Oldenburg r+ s 97, 10 (hierzu *Maier/Biela*, Kaskoversicherung Rdnr. 298) sowie OLG Düsseldorf r+s 89, 311.

4. Verschulden (§ 25 Abs. 2 Satz 1 VVG)

Die Leistungsfreiheit des Versicherers tritt nur ein, wenn der VN die Gefahr- **251** erhöhung schuldhaft (leichte Fahrlässigkeit genügt) verletzt hat. Zur Frage des Verschuldens existiert kaum Rechtsprechung. Das hängt damit zusammen, daß der BGH das Vorliegen einer Gefahrerhöhung von der positiven Kenntnis des VN von den gefahrerhöhenden Umständen abhängig macht. Wer diese Kenntnis hat und trotzdem ein verkehrsunsicheres Fahrzeug benutzt, wird meist schuldhaft handeln (*Bauer* Rdnr. 372). Von mangelndem Verschulden ist der BGH (VersR 74, 366) in einem Fall ausgegangen, in dem der TÜV wegen mangelhafter Bremsen die Plakette nicht erteilt, die weitere Benutzung des Kfz aber nicht untersagt und keine Frist zur Mängelbeseitigung gesetzt hatte. Unter diesen Umständen sah der BGH in der weiteren kurzfristigen Benutzung des Fahrzeugs keine schuldhafte Verletzung der Gefahrstandspflicht.

Mangelndes Verschulden ist vom VN zu beweisen (BGH VersR 66, 1022).

5. Kausalität der Gefahrerhöhung

Die Verpflichtung des Versicherers zur Leistung bleibt bestehen, wenn die **252** Erhöhung der Gefahr keinen Einfluß auf den Eintritt des Versicherungsfalles gehabt hat, § 25 Abs. 3 Satz 2. 2. Alt. VVG. Durch diese Vorschrift wird dem VN die Möglichkeit eines Kausalitätsgegenbeweises eröffnet. Der VN ist beweisbelastet und muß jede mögliche Mitursächlichkeit der vorgenommenen Gefahrerhöhung für den Eintritt des Versicherungsfalles ausschließen. Gelungen ist der Kausalitätsgegenbeweis etwa dann, wenn festgestellt wird, daß abgefahrenen Reifen keinen Einfluß auf den Unfall hatten, weil sie auf trockener Fahrbahn nicht schlechter, sondern sogar besser haften als Reifen mit der vorgeschriebenen Profiltiefe (OLG Karlsruhe, VersR 86, 882). Weiter sind abgefahrene Reifen für einen Unfall dann nicht kausal, wenn der VN vor dem Unfall überhaupt nicht zum Bremsen gekommen ist. In einem vom OLG Köln (r+s 88, 356) entschiedenen Rechtsstreit konnte sich der VN, der ein Mofa „frisiert" hatte, deswegen erfolgreich auf den Kausalitätsgegenbeweis berufen, weil er nachweisen konnte, daß er zum Unfallzeitpunkt unter 25 km/h gefahren war. Hierzu und zum „Frisieren" eines Mofas folgendes

---

Fallbeispiel:

OLG Saarbrücken r+s 90, 292

VN hatte sein Mofa nicht nur frisiert (50 statt 25 km/h), sondern auch eine Zwei-Personen-Sitzbank angeschweißt und einen anderen Lenker angebaut. Die Vorderradbremse war praktisch wirkungslos, Rückleuchten fehlten, die Vorderlampe hatte keinen ordnungsgemäßen Kontakt.

Bei einer Kollision mit einem von rechts kommenden Pkw wurde der Beifahrer des Mofas schwer verletzt. Der VN war nicht mehr dazu gekommen, die Bremsen zu betätigen.

Leistungsfreiheit des Versicherers?

Lösung:

Anspruchsgrundlage für einen Regreß des Versicherers: §§ 3 Nr. 9 Satz S. 2 PflG, 426 BGB.

Die hierfür vorausgesetzte Leistungsfreiheit könnte sich aus §§ 25, 23 VVG ergeben. Gemäß § 5 Abs. 3 KfzPflVV und darauf basierend gem. § 2 b Abs. 2 AKB ist die Leistungsfreiheit und damit die Regreßmöglichkeit des Versicherers auf 10 000,– DM limitiert. Voraussetzungen einer Leistungsfreiheit wegen Gefahrerhöhungen sind:

– Die über eine einmalige Gefährdungshandlung hinausgehende mehrfache Benutzung eines verkehrsunsicheren Kfz stellt eine Gefahrerhöhung (von einer gewissen Dauer) dar.

– Diese ist hier fraglos erheblich, § 29 VVG.

– Da die genannten Veränderungen ins Auge fallen bzw. vom VN selbst vorgenommen worden sind, ist von einer Kenntnis des VN auszugehen.

– Verschulden gem. § 25 Abs. 2 VVG ist gegeben, der VN hat trotz Kenntnis von den Mängeln das Mofa weiter benutzt.

– Eine Kündigung gem. § 25 Abs. 3 1. Alt. VVG war vorliegend nicht erforderlich, der Versicherer hat von der Gefahrerhöhung erst durch den Versicherungsfall Kenntnis erlangt.

– Kausalität: Das Fehlen der Rückleuchte hatte nach der Art des Unfalls ebensowenig Einfluß auf dessen Zustandekommen wie der unzulänglich eingebaute Lenker und der Defekt an der Vorderradbremse – der VN hatte keinen Brems- oder Ausweichversuch unternommen, § 25 Abs. 3 2. Alt. VVG. Anders verhält es sich aber bezüglich der vorgenommenen Geschwindigkeitserhöhung. Zwar konnte die tatsächlich gefahrene Geschwindigkeit nicht festgestellt werden. Da der Kausalitätsgegenbeweis aber vom VN zu führen ist, hätte dieser beweisen müssen, daß er unter 25 km/h gefahren ist. Da der VN diesen Beweis nicht erbringen konnte, ist von der Unfallursächlichkeit der Gefahrerhöhung auszugehen.

Weiter hat sich das Anschweißen der Sitzbank gefahrerhöhend ausgewirkt. Der ebenfalls vom VN nicht widerlegte Einfluß auf das Unfallgeschehen folgt daraus, daß in einer Gefahrensituation ein mit zwei Personen besetztes Mofa schwerer zu handhaben ist.

Der VN konnte schließlich nicht nachweisen, daß der mangelnde Kontakt der vorderen Lampe keinen Einfluß auf den Unfall hatte. Es herrschte Dämmerung, so daß die Beleuchtung gem. § 17 StVO eingeschaltet werden mußte. Da ein beleuchtetes Fahrzeug in der Abenddämmerung leichter zu erkennen ist, läßt es sich nicht ausschließen, daß der Unfallgegner das Mofa in diesem Fall früher erkannt hätte.

Ergebnis:
Der Versicherer ist in Höhe von 10 000 DM leistungsfrei geworden und kann den VN über diesen Betrag in Regreß nehmen.

Zur Gefahrerhöhung beim „Frisieren" eines Mofas ferner BGH r+s 90, 8; LG Aachen r+s 90, 361.

C. Vorvertragliche Anzeigepflicht

Nach den §§ 16, 17 VVG hat der VN bei Abschluß des Versicherungsvertrages alle ihm bekannten Umstände, die für die Übernahme der Gefahr erheblich sind, dem Versicherer anzuzeigen. Diese Obliegenheit ist in der Kraftfahrtversicherung nicht praxisrelevant. Im Rahmen des Versicherungsantrags werden hier dem VN nur wenige Fragen gestellt. Bezüglich der Frage nach dem Verwendungszweck des Fahrzeugs sehen die AKB in § 2b Abs. 1a (Verwendungsklausel) eine spezielle Regelung vor, die den §§ 16, 17 VVG vorgeht. 253

8. Kapitel. Die vertraglichen Obliegenheiten

Nach §§ 2 b, 5 Abs. 2 und 7 Abs. 2 AKB hat der VN eine Reihe von Verhaltens-pflichten (Obliegenheiten) zu erfüllen. Es handelt sich dabei um vertragliche Obliegenheiten, da sie in den AKB als Bestandteil des Versicherungsvertrags ab-schließend geregelt sind. Welche Obliegenheiten mit welchen Rechtsfolgen im Fall der Verletzung in die AKB aufgenommen werden können, ist durch die Kfz-PflVV vorgeschrieben. In § 5 Abs. 1 KfzPflVV sind die Obliegenheiten vor, in § 6 Abs. 1 KfzPflVV die Obliegenheiten nach Eintritt des Versicherungsfalles aufgeli-stet, die in der KH-Versicherung vereinbart werden dürfen. In den Musterbedin-gungen des Verbandes (AKB 95) sind die Vorgaben der KfzPflVV aufgegriffen und umgesetzt worden. Die nach § 5 Abs. 1 KfzPflVV zulässigen Obliegenheiten vor Eintritt des Versicherungsfalles finden sich in § 2 b AKB, die in § 6 KfzPflVV erwähnten Obliegenheiten nach Eintritt des Versicherungsfalles in § 7 Abs. 2 AKB.

    Zu betonen ist, daß eine etwaige Leistungsfreiheit des Versicherers wegen einer Obliegenheitsverletzung nicht schon dann eintritt, wenn der VN gegen den Tat-bestand einer Obliegenheit verstoßen hat, also z. B. ohne Führerschein gefahren ist. Vielmehr muß in jedem Fall geprüft werden, ob die weiteren Voraussetzungen der zum Schutz des VN erlassenen Vorschrift des § 6 VVG erfüllt sind. Auch dabei ist zwischen Obliegenheitsverletzungen vor und solchen nach Eintritt des Versi-cherungsfalles zu differenzieren. Bei ersteren müssen weiterhin die Voraussetzun-gen des § 6 Abs. 1 und 2 VVG, bei letzteren der Tatbestand von § 6 Abs. 3 VVG erfüllt sein.

A. Obliegenheiten, die vor dem Versicherungsfall zu erfüllen sind

Die vertraglichen Obliegenheiten vor Eintritt des Versicherungsfalles sind in § 2b Abs. 1 und § 5 Abs. 2 S. 2 AKB geregelt.

I. Allgemeine Voraussetzungen der Leistungsfreiheit

Steht die die Leistungsfreiheit des Versicherers wegen Verletzung einer vor dem Versicherungsfall zu erfüllenden Obliegenheit im Raum, sind folgende Prüfungs-schritte einzuhalten:

1. Tatbestand

256 Zunächst muß der (objektive) Tatbestand einer der genannten Obliegenheiten erfüllt sein.

257 – Dabei kommt zunächst in Betracht, daß der **Fahrer** selbst eine Obliegenheit verletzt, indem er z. B. ohne Fahrerlaubnis oder unter Alkoholeinfluß fährt.

258 – Für den **VN, Halter oder Eigentümer** des Fahrzeugs, der nicht selbst am Steuer sitzt, besteht die Verpflichtung, eine derartige Obliegenheitsverletzung durch den jeweiligen Fahrer nicht schuldhaft zu ermöglichen. In § 5 Abs. 2 KfzpflVV und § 2b Abs. 2 AKB ist das so ausgedrückt, daß sich der Versicherer gegenüber den genannten Personen auf Leistungsfreiheit berufen kann, wenn diese die Obliegenheitsverletzung des Fahrers **schuldhaft ermöglicht** haben. Damit ist zugleich klargestellt, daß es eine Repräsentantenhaftung in diesem Bereich nicht gibt: Auch wenn der Fahrer Repräsentant ist, wird sein alleiniges Fehlverhalten dem VN nicht zugerechnet. Dem VN gegenüber besteht nur dann Leistungsfreiheit, wenn ihn selbst ein Verschulden trifft, weil er die Obliegenheitsverletzung des Fahrers schuldhaft, also mindestens leicht fahrlässig, ermöglicht hat. (So schon vor Geltung des § 5 KfzPflVV OLG Hamm r+s 95, 41; anders aber unrichtig AG Köln SP 98, AG Düsseldorf r+s 99, 140 mit instruktiver Anmerkung von *Münstermann*.) Näher hierzu oben Rdnr. 79a.

259 Die Beweislast dafür, daß der (objektive) Tatbestand einer Obliegenheitsverletzung gegeben ist, trägt der Versicherer (BGH VersR 86, 541).

2. Verschulden

260 Nach § 6 Abs. 1 S. 1 VVG setzt Leistungsfreiheit des Versicherers weiter Verschulden des VN voraus. Der Verschuldensbegriff des VVG entspricht dem des BGB. Verschuldensformen sind nach § 276 BGB Vorsatz und Fahrlässigkeit, leichte Fahrlässigkeit reicht aus.

261 Die Beweislast für mangelndes Verschulden trägt der VN (BGH VersR 72, 342).

3. Kündigungserfordernis

262 Ferner muß der Versicherer gem. § 6 Abs. 1 S. 3 VVG den Versicherungsvertrag innerhalb eines Monats nach Kenntnis von der Obliegenheitsverletzung fristlos kündigen.

Hierdurch soll der Versicherer im Interesse des VN gezwungen werden, kurzfristig Klarheit darüber zu schaffen, ob er aus der Verletzung der Obliegenheit Rechtsfolgen herleiten will oder nicht. Kündigt der Versicherer nicht, gibt er zu erkennen, daß er dem Verstoß keine gravierende Bedeutung zumißt und deswegen den Vertrag fortführen will. Andererseits kann der Versicherer in diesem Fall nicht beanspruchen, von der Leistungspflicht freigestellt zu werden. (Grundlegend BGH VersR 52, 81; ferner *Stiefel/Hofmann* § 2 Rdnr. 62.)

263 Ausnahmsweise besteht dann **keine** Pflicht zur Kündigung, wenn

– der Versicherungsvertrag anderweitig, insbesondere wegen Wagniswegfalls auf
Grund eines technischen Totalschadens ein Ende findet (BGH VersR 72, 530).
Dagegen führt ein wirtschaftlicher Totalschaden noch nicht zum endgültigen
Wegfall des versicherten Interesses und damit der Kündigungspflicht, da das Kfz
noch repariert werden kann und häufig auch repariert wird;
– der Vertrag auf das Nachfolgefahrzeug umgeschrieben und damit einvernehm-
lich aufgehoben wurde (OLG Hamm r+s 96, 294);
– die Obliegenheitsverletzung von einer mitversicherten Person und nicht vom
VN als Vertragspartner begangen wurde (BGH VersR 82, 84).

Dagegen bleibt die Kündigungspflicht **bestehen**, wenn   264

– das Fahrzeug veräußert wird, da der Vertrag nicht endet, sondern gemäß § 69
VVG bzw. § 6 Abs. 1 AKB auf den Erwerber übergeht (BGH VersR 84, 550).
Anders ist es allerdings dann, wenn der Erwerber eine neue KH-Versicherung
abgeschlossen hat – dies gilt als Kündigung des bisherigen Vertrages (§ 6 Abs. 2
S. 4 AKB, § 158 h VVG);
– eine mitversicherte Person (z. B. Fahrer) und gleichzeitig der VN (durch
schuldhaftes Ermöglichen) eine Obliegenheitsverletzung begangen haben. Der
Versicherer kann sich auch gegenüber der mitversicherten Person nur auf
Leistungsfreiheit berufen, wenn er gegenüber dem VN den Vertrag vorher
gekündigt hat (BGH VersR 60, 1107; *Stiefel/Hofmann* § 2 Rdnr. 67).

Die Kündigungsfrist beginnt, sobald der Versicherer den vollen objektiven Sachverhalt kennt (*Prölss/Martin* § 6 VVG Rdnr. 107). Das kann, muß aber noch nicht
schon bei der Schadensmeldung der Fall sein.

Die Beweislast für die erforderliche Kündigung und deren Rechtzeitigkeit trägt
der Versicherer (BGH VersR 57, 678).

4. Kausalität

Nach § 6 Abs. 2 VVG ist Kausalität zwischen der Obliegenheitsverletzung und   265
dem Eintritt des Versicherungsfalles erforderlich. § 6 Abs. 2 VVG ist auf sämtliche
der in den AKB enthaltenen Obliegenheiten vor Eintritt des Versicherungsfalles
anwendbar, da diese jeweils dem Zweck der Verhütung einer Gefahrerhöhung dienen. An der erforderlichen Kausalität fehlt es, wenn die auf der Obliegenheitsverletzung beruhende Gefahrerhöhung ohne jede Bedeutung für das Schadenereignis war oder wenn der Eintritt des Versicherungsfalles ein unabwendbares Ereignis
darstellt (BGH VersR 72, 530; OLG Hamm r+s 98, 140).

Die Beweislast für das Fehlen der Kausalität zwischen Obliegenheitsverletzung
und Eintritt des Versicherungsfalles trägt der VN (BGH VersR 76, 531; OLG
Hamm VersR 90, 846).

II. Die Folgen einer Obliegenheitsverletzung vor Eintritt des Versicherungsfalles

266 Die Folge einer Obliegenheitsverletzung ist in § 5 Abs. 3 KfzPflVV und darauf fußend in § 2 b Abs. 2 AKB geregelt. Danach wird der Versicherer in Höhe von 10 000 DM leistungsfrei. Könnte der KH-Versicherer die Leistungsfreiheit dem vom VN geschädigten Unfallopfer entgegenhalten und von dessen Schadensersatzanspruch abziehen, wäre der mit der in der KH-Versicherung in erster Linie verfolgte Zweck des Schutzes von Verkehrsopfern erheblich eingeschränkt. Daher gilt in der KH-Versicherung die Besonderheit, daß der Geschädigte vollen Ersatz seines Schadens vom Versicherer auch dann verlangen kann, wenn dieser dem VN gegenüber leistungsfrei ist. Dieser Grundsatz ergibt sich aus § 3 Nr. 1 und 4 PflVG. Die Leistungsfreiheit des Versicherers wirkt sich daher nur im Innenverhältnis zum VN aus: Der Versicherer kann für die an den Geschädigten erbrachte Ersatzleistung gem. § 3 Nr. 9 S. 2 PflVG bei seinem VN Regreß nehmen. Nach dieser Vorschrift besteht die Regreßmöglichkeit aber nur, „soweit" der Versicherer nicht zur Leistung verpflichtet ist. Da § 5 Abs. 3 KfzPflVV und damit § 2 b AKB eine Leistungsfreiheit von höchstens 10 000 DM vorsehen, ist auch der Regreß des Versicheres auf diesen Betrag beschränkt.

267 Stets zu prüfen ist, ob neben dem Fahrer auch Leistungsfreiheit gegenüber dem VN, Halter oder Eigentümer besteht. Das ist dann der Fall, wenn eine der genannten Personen (die miteinander identisch sein können, aber nicht müssen) die Obliegenheitsverletzung des Fahrers schuldhaft ermöglicht hat. Das wiederum würde zur Leistungsfreiheit auch gegenüber VN, Halter oder Eigentümer führen, so daß sowohl gegenüber dem Fahrer, also auch z. B. gegenüber dem Halter Leistungsfreiheit von 10 000 DM, insgesamt also von 20 000 DM besteht. Daß die geschilderte doppelte Regreßmöglichkeit ohne weiteres möglich ist, ergibt sich aus dem Wortlaut von § 5 Abs. 3 KfzPflVV bzw. von § 2 b Abs. 2 AKB, wonach die Leistungsfreiheit des Versicherers gegegnüber dem VN und den mitversicherten Personen auf den Betrag von höchsten „ je" 10 000 DM beschränkt ist.

III. Die Obliegenheiten vor Eintritt des Versicherungsfalles im einzelnen

1. Die Verwendungsklausel, § 2 b Abs. 1 a AKB

a) Objektiver Tatbestand

268 Nach § 2b Abs. 1a AKB darf das Fahrzeug nur zu dem im Versicherungsantrag angegebenen Zweck verwendet werden. Adressaten der Verwendungsklausel sind in erster Linie der VN bzw. der Halter – sie haben dafür Sorge zu tragen, daß das Fahrzeug nicht zu einem anderen als im Antrag angegebenen Zweck verwendet wird. Ein Verstoß gegen die Verwendungsklausel liegt daher nicht nur vor, wenn der VN selbst während der antragswidrigen Verwendung am Steuer sitzt, sondern auch, wenn er einen angestellten Fahrer mit einer Fahrt beauftragt, die vom vereinbarten Verwendungszweck nicht gedeckt ist.

Die vereinbarte Verwendungsart bestimmt sich ausschließlich nach den diesbezüglichen Angaben des VN im Versicherungsantrag. Wegen des klaren Wortlauts von § 5 Abs. 1 Nr. 1 KfzPflVV bzw. von § 2b Abs. 1a AKB kommt es jedenfalls in der KH-Versicherung nicht darauf an, ob die fragliche Verwendungsart auch im Versicherungsschein dokumentiert ist (a. A. *Feyok/Jacobsen/Lemor* § 2 b AKB Rdnr. 14). **269**

In Nr. 7 der vom GdV empfohlenen Tarifbestimmungen für die Kraftfahrtversicherung vom 1. 1. 1995 (abgedruckt bei *Stiefel/Hofmann* S. 82 ff.) sind die Begriffsbestimmungen für Art und Verwendung von Fahrzeugen angeführt.

Die in der Praxis wichtigsten Verwendungsarten sind: **270**

– **Personenkraftwagen** im Sinne der Tarifbestimmung sind alle als Personenkraftwagen oder Kombinationskraftwagen zugelassene Fahrzeuge mit Ausnahme von Mietwagen, Kraftdroschken und Selbstfahrervermietfahrzeugen.

– **Selbstfahrervermietfahrzeuge** sind Kraftfahrzeuge, die gewerbsmäßig ohne Gestellung eines Fahrers vermietet werden.

– **Mietwagen** sind Personenkraftwagen, die unter Stellung eines Fahrers entgeltlich überlassen werden.

– **Laesing-Fahrzeuge** sind Kraftfahrzeuge, die gewerbsmäßig ohne Gestellung eines Fahrers vermietet werden und auf den Mieter zugelassen sind (oder bei Zulassung auf den Vermieter dem Mieter durch Vertrag mindestens 6 Monate überlassen werden).

– **Gewerblicher Güterverkehr** liegt vor, wenn Güterfahrzeuge zur Beförderung von Gütern aller Art gegen Entgelte für Dritte verwendet werden.

– **Güternahverkehr** ist die Beförderung von Gütern für andere innerhalb der Nahzone (innerhalb eines Umkreises von 50 km vom Standort).

– **Güterfernverkehr** ist die Beförderung von Gütern über die Grenzen der Nahzone hinaus.

– **Werkverkehr** liegt vor, wenn eigene Güterfahrzeuge nur zur Beförderung von Gütern für eigene Zwecke des Unternehmens verwendet werden.

(Ausführlich zu sämtlichen Verwendungsarten und deren Definition *Stiefel/Hofmann* § 2 Rdnr. 154).

Die Verwendungsklausel schließt als lex specialis die Anwendung der §§ 23 ff **271** VVG (Gefahrerhöhung) aus, BGH r+s 97, 148; OLG Köln, r+s 90, 111. Damit ist einem Versicherer, der das Kündigungserfordernis des § 6 Abs. 1 S. 3 VVG versäumt hat, die Möglichkeit genommen, sich neben eines Verstoßes gegen die Verwendungsklausel auch auf eine in der antragswidrigen Verwendung des Kfz liegende Gefahrerhöhung zu berufen. Auf der anderen Seite spielt es keine Rolle, ob die vom Antrag abweichende Verwendung im Einzelfall tatsächlich eine Gefahrerhöhung nach sich gezogen hat. Da die Verwendungsart im Vertrag ausdrücklich vereinbart ist, wird die Gefahrerhöhung bei anderweitiger Verwendung unwiderlegbar vermutet (*Stiefel/Hofmann* § 2 AKB Rdnr. 148 m.w.N). Das gilt allerdings nur dann, wenn die abredewidrige Verwendung des Fahrzeugs im Tarif höher eingestuft ist als die vertraglich vereinbarte: Nur in diesem Fall gibt der Versicherer zu erkennen, daß er die andersartige Verwendung des Fahrzeugs als gefahrerhöhend i. S. d. § 6 Abs. 2 VVG ansieht (BGH VersR 72, 530; ausführlich zu diesem Punkt OLG Karlsruhe VersR 95, 568).

Verstöße gegen § 2 b Abs. 1 a AKB hat die Rechtsprechung in folgenden Fällen angenommen:

BGH VersR 72, 530: Verwendung eines für den Werkverkehr versicherten Fahrzeugs im Güternahverkehr

BGH VersR 63, 527: Verwendung eines für den Güternahverkehr versicherten Fahrzeugs im Güterfernverkehr

OLG Koblenz r+s 99, 272: Vermietung eines zur Eigenverwendung vorgesehenen Fahrzeugs für einen Betrag von 2000 DM (und damit als Selbstfahrervermietfahrzeug)

OLG Hamm VersR 98, 1498 = r+s 98, 181: Überlassung des zur Eigenverwendung vorgesehenen Kfz an einen Dritten für einen Betrag von 900 DM pro Monat

OLG Hamm r+s 98, 140: Verwendung eines im Werkverkehr versicherten Lkw im Güterfernverkehr

OLG Frankfurt a. M.VersR 97, 1107; LG Halle SP 98, 25: Mißbräuchliche Verwendung eines roten Kennzeichens (str.: a. A. OLG Köln VersR 90 847; *Stiefel/Hofmann* Anm. 5 und 6 zu den Sonderbedingungen für Kraftfahrzeughandel – und Handwerk)

OLG Karlsruhe VersR 86, 1180: Verwendung eines Traktors (landwirtschaftliche Zugmaschine) beim Fastnachtsumzug

OLG Schleswig VersR 68, 487: Verwendung eines Personenwagens als Mietfahrzeug

BGH VersR 58, 158: Gelegentliche Überlassung eines Pkw an eine Autovermietung zur Vermietung

OLG Hamm r+s 92, 152: Überlassung eines „ohne Vermietung" versicherten Pkw an Dritten durch Leasingvertrag wegen geschäftlicher Zusammenarbeit.

Verneint wurden Verstöße gegen § 2 b Abs. 1 a AKB in folgenden Fällen:

BGH VersR 81, 780: Ständige Mitnahme von Arbeitskollegen zur Arbeitsstelle bei Benzinkostenbeteiligung (keine Vermietung mangels Gewerbsmäßigkeit)

BGH VersR 66, 577: Verleihen des Pkw

Stiefel/Hofmann § 2 Rdnr. 164: Vermittlung durch Mitfahrzentrale (keine Gewerbsmäßigkeit bei VN, auf die der Mitfahrzentrale kommt es nicht an).

Zur Vertiefung und insbesondere zur Erläuterung des Begriffes des „Selbstfahrervermietfahrzeugs" folgendes

Fallbeispiel:
OLG Koblenz r+s 99, 272

Der VN hat einen Kleintransport zur Eigenverwendung (Transport von Paketen und Zeitschriften) versichert. Nach einigen Monaten wurde das Fahrzeug in einen Verkehrsunfall verwickelt. Das Fahrzeug war von einem Herrn S gefahren worden. S. hatte seine Aussage bei der Polizei unterschrieben mit: „S, Mieter und Fahrer".

Daraufhin berief sich der KH-Versicherer des VN auf Leistungsfreiheit in Höhe von 10000,– DM, der VN habe das Fahrzeug vermietet und damit gegen die Verwendungsklausel verstoßen. Möglich?

Lösung:
Wegen § 3 Nr. 4 PflVG ist der KH-Versicherer zur Regulierung des verursachten Unfallschadens verpflichtet.

Allerdings kommt ein Regreß in Innenverhältnis gegen den VN in Betracht, Anspruchsgrundlage hierzu ist § 3 Nr. 9 Satz 2 PflVG. Die dort vorausgesetzte Leistungsfreiheit könnte sich aus § 2b Abs. 1a AKB ergeben, falls der VN gegen die Verwendungsklausel verstoßen hat. Aus § 2b Abs. 2 AKB in Verbindung mit § 5 Abs. 2 KfzPflVV folgt die Limitierung einer etwaigen Leistungsfreiheit auf 10000,– DM. Da es sich bei der Verwendungsklausel um eine Obliegenheit vor Eintritt des Versicherungsfalles handelt, sind folgende Schritte in die Prüfung einzubeziehen:

– Zunächst muß ein Verstoß gegen den objektiven **Tatbestand** der Verwendungsklausel (§ 2b bs. 1 a AKB) vorliegen. Nach dem Inhalt des Antrags sollte das Fahrzeug zur Eigenverwendung eingesetzt werden. Zu fragen ist, ob in der Vermietung des Fahrzeugs an S eine andere als im Antrag angegebene Verwendung zu sehen ist. Dadurch, daß der Pkw vermietet worden ist, könnte es sich um ein „Selbstfahrervermietfahrzeug" handeln. Das ist dann der Fall, wenn ein Fahrzeug gewerbsmäßig an Selbstfahrer ohne Stellung eines Fahrers vermietet wird. Eine gewerbsmäßige Betätigung liegt vor, wenn es sich nicht nur um eine vorübergehende, einmalige, sondern auf Dauer berechnete zu Erwerbszwecken dienende Tätigkeit handelt. Gewerbsmäßigkeit verlangt, daß von vornherein eine Bereitwilligkeit zur Wiederholung der Überlassung des Fahrzeugs gegen Entgelt besteht (*Stiefel/Hofmann* § 2 AKB Rdnr. 161; OLG Hamm VersR 98, 1498). Auf Grund der Gesamtumstände kam das Gericht zum Ergebnis, daß bei dem VN von vornherein die Bereitschaft bestand, auch zukünftig Fahrzeuge gegen Entgelt zu vermieten. Daher war von einer gewerbsmäßigen Vermietung und von einer Änderung des Verwendungszwecks von der Eigenverwendung hin zu einem „Selbstfahrervermietfahrzeug" auszugehen.

Die abredewidrige Verwendung muß weiter zu einem erhöhten Risiko des Versicherers geführt haben. Hiervon wird unwiderlegbar ausgegangen, sofern nicht der Tarif für beide Zwecke identisch ist (OLG Hamm r+s 98, 141; *Knappmann* in *Prölss/Martin* § 2 AKB Rdnr. 1 c). Auch diese Voraussetzung konnte der Versicherer vorliegend nachweisen.

– Der Verstoß gegen die Verwendungsklausel müßte vom VN **verschuldet** sein, § 6 Abs. 1 Satz 1 VVG. Das Urteil des OLG Koblenz enthält hierzu keine Ausführungen, es ist aber davon auszugehen, daß der VN wußte (oder durch einen Blick in die Tarifbestimmungen hätte wissen können), daß er zur Vermietung seines Fahrzeugs nicht berechtigt war – insofern ist von einem mindestens fahrlässigen Verhalten auszugehen.

– Nach § 6 Absatz 1 Satz 3 VVG ist eine **Kündigung** des Vertrags durch den Versicherer erforderlich. Da das Urteil des OLG Koblenz auf diesen Punkt nicht eingeht, soll vom Vorliegen einer Kündigung ausgegangen werden.

– Schließlich ist zu prüfen, ob die Obliegenheitsverletzung für den Eintritt des Versicherungsfalles (Verkehrsunfall) **kausal** war, § 6 Absatz 2 VVG. (Näher hierzu unten Rdnr. 274) Dabei ist zu fragen, ob die auf der Obliegenheitsverletzung beruhende Gefahrerhöhung ohne jede Bedeutung für das Schadensereignis war, ob also der Eintritt des Versicherungsfalles ein unabwendbares Ereignis gewesen ist. Letzeres konnte vom VN aber nicht bewiesen werden, so daß auch das Kausalitätserfordernis gegeben ist.

Ergebnis:
Gemäß § 3 Nr. 9 Satz 2 PflVG i. V. m. § 2b Abs. 1 a AKB, § 6 Abs 1 und Abs. 2 VVG besteht Leistungsfreiheit und damit eine Regreßmöglichkeit des KH-Versicherers in Höhe von 10 000,– DM.

b) Verschulden

272 Bei allen Obliegenheitsverletzungen vor Eintritt des Versicherungsfalles ist die Leistungsfreiheit des Versicherers weiter daran geknüpft, daß die Voraussetzungen des § 6 Abs. 1 und 2 VVG erfüllt sind. Zunächst ist daher gem. § 6 Abs. 1 S. 3 VVG zu prüfen, ob ein schuldhafter Verstoß gegen die Verwendungsklausel vorliegt. Das ist (vgl. § 276 BGB) dann der Fall, wenn dem Fahrer Vorsatz oder Fahrlässigkeit (leichte Fahrlässigkeit genügt) zur Last zu legen ist. Diese Voraussetzung muß insbesondere bei einem angestellten Fahrer sorgfältig geprüft werden – so ist es ohne weiteres möglich, daß ein Lkw-Fahrer nicht weiß, für welchen Verwendungszweck sein Arbeitgeber den Lkw versichert hat. In diesem Fall wäre dem Fahrer Fahrlässigkeit nicht vorzuwerfen. Hätte dagegen der VN bzw. der Halter (vgl. § 3 Abs. 1 AKB) veranlaßt, daß das Fahrzeug antragswidrig eingesetzt wird, läge hierin ein schuldhafter Verstoß gegen die Verwendungsklausel.

c) Kündigungserfordernis

273 Will sich der Versicherer auf eine Leistungsfreiheit wegen Verletzung einer vor dem Versicherungsfall zu beachtenden Obliegenheit berufen, muß er den Vertrag

gem. § 6 Abs. 1 S. 3 VVG innerhalb eines Monats nach Kenntnis von der Obliegenheitsverletzung fristlos kündigen. Dieses Kündigungserfordernis wird in der Praxis häufig übersehen.

d) Kausalität

Schließlich muß nach § 6 Abs. 2 VVG die antragswidrige Verwendung kausal für **274** den Eintritt des Versicherungsfalles sein. Hierzu und zum Kündigungserfordernis folgendes

---

Fallbeispiel:
BGH VersR 1972, 530

VN betrieb eine Mineralölhandlung mit zwei Tankwagen. In der Rubrik „Verwendung der Fahrzeuge" hatte VN im Versicherungsantrag „Werkverkehr" angekreuzt. Werkverkehr ist nach § 48 GüKG bzw. nach Nr. 7 Abs. 8 TB 95 nur der Transport für eigene Zwecke des Unternehmens. Einige Monate später verunglückte bei einem Transport für die Firma R ein Tankwagen auf der Autobahn. Der Fahrer war auf einen vor ihm fahrenden Lkw aufgefahren, dabei fand er den Tod, das Fahrzeug brannte vollständig aus.

Am 1. 3. ging die vollständige Schadensmeldung beim Versicherer ein.

Am 23. 3. berief sich der Versicherer auf Leistungsfreiheit wegen Verstoßes gegen die Verwendungsklausel und versagte Deckung bezüglich der KH-Versicherung. Da der Unfall sich im Rahmen eines Transports für eine außenstehende Firma ereignet habe, könne es sich bei der fraglichen Fahrt keinesfalls um Werkverkehr für eigene Zwecke gehandelt haben.

Der VN wendet ein, es habe sich bei dem verunglückten Fahrer um einen besonders vorsichtigen und erfahrenen Kraftfahrer gehandelt, es spiele daher keine Rolle, wo dieser gefahren sei. Ferner sei ihm die Eintragung im Versicherungsschein „Lkw Werkverkehr Mineralöl Bef." nicht verständlich gewesen.

Kann sich der Versicherer auf Leistungsfreiheit berufen?

Lösung:
Gem. § 3 Nr. 1 und 4 PflVG ist der KH-Versicherer dem Geschädigten gegenüber zur Regulierung verpflichtet. Allerdings kommt ein Regreß in Höhe von 10 000 DM gem. §§ 3 Nr. 9 S. 2 PflVG, 426 BGB gegen den VN in Betracht. Leistungsfreiheit in dieser Höhe könnte gem. § 2b Abs. 1a AKB i. V. mit § 6 Abs. 1 und Abs. 2 VVG wegen Verstoßes gegen die Verwendungsklausel eingetreten sein. Dazu müßten folgende Voraussetzungen erfüllt sein:
– Zunächst müßte der **Tatbestand** der in § 2b Abs. 1a AKB normierten Verwendungsklausel erfüllt sein. Dies wäre der Fall, wenn das Fahrzeug zu einem anderen als im Versicherungsantrag angegebenen Zweck verwendet worden wäre. Das trifft im vorliegenden Fall zu, im Versicherungsantrag, nach welchem sich ausschließlich die vereinbarte Verwendungsart bestimmt,

hat der VN „Werkverkehr" angegeben. Demgegenüber hat er das Kfz zumindest im Güternahverkehr benutzt.

Ob die vom Antrag abweichende Verwendung im Einzelfall tatsächlich eine Gefahrerhöhung nach sich gezogen hat, spielt keine Rolle. Da die Verwendungsart im Vertrag ausdrücklich vereinbart ist, wird die Gefahrerhöhung bei anderweitiger Verwendung unwiderlegbar vermutet (ebenso OLG Hamm r+s 92, 153). Der Einwand des VN, der betreffende Fahrer sei besonders umsichtig gewesen, ist daher unerheblich.

Das Leistungsverweigerungsrecht des Versicherers wegen andersartiger Verwendung entfällt allerdings dann, wenn im Tarif der vereinbarte Verwendungszweck nicht höher eingestuft ist als die konkret in Anspruch genommene Verwendungsart. Durch die Gleichheit des Tarifs gibt nämlich der Versicherer zu erkennen, daß er die andere Verwendung nicht als gefahrträchtiger ansieht. Vorliegend lag die für Güternahverkehr zu entrichtende Prämie rund 50% über der für den Werkverkehr, so daß hier von einem Verstoß gegen den objektiven Tatbestand der Verwendungsklausel auszugehen ist.

– Weiter müßte der VN die Verwendungsklausel **schuldhaft** verletzt haben, § 6 Abs. 1 Satz1 VVG. Dem VN mußte als branchenkundiger Kaufmann und Transportunternehmer der Unterschied zwischen Werk- und Güternahverkehr klar sein. Es war ihm auch bekannt, daß die Fahrzeuge im Güternahverkehr eingesetzt werden, zumindest leichte Fahrlässigkeit liegt daher vor.

– Ferner müßte der Versicherer das **Kündigungserfordernis** des § 6 Abs. 1 Satz 3 VVG eingehalten haben. Dieses besteht auch bei nur einmaligen Obliegenheitsverletzungen, von denen der Versicherer erst nach Eintritt des Versicherungsfalles erfahren hat (ständige Rechtsprechung des BGH, vgl. etwa BGH VersR 88, 1013). Vorliegend hat Versicherer nicht innerhalb eines Monats nach Erlangung der Kenntnis von der Obliegenheitsverletzung gekündigt, sondern lediglich den Deckungsschutz versagt. Eine Kündigung ist hierin nicht zu sehen.

Ausnahmsweise entfällt das Kündigungserfordernis aber dann, wenn das versicherte Wagnis vor Ablauf der Kündigungsfrist infolge Totalschadens des versicherten Fahrzeugs weggefallen ist. Hier endet nämlich der Versicherungsvertrag, ohne daß es einer Kündigung bedarf, § 6 a AKB i. V. m. § 68 VVG. Nach wie vor zur Kündigung verpflichtet ist der Versicherer aber bei einem wirtschaftlichen Totalschaden. Auch wenn die Reparaturkosten den Wiederbeschaffungswert des Fahrzeugs übersteigen, folgt allein daraus noch nicht, daß das Fahrzeug nicht doch noch repariert wird und das Wagnis damit nicht wegfällt. Vorliegend ist ein technischer Totalschaden eingetreten, das Fahrzeug war nicht mehr reparabel, ein Wagniswegfall ist damit eingetreten. Der Versicherer war daher zur Kündigung nicht verpflichtet.

– Weiter müßte der Verstoß gegen die Verwendungsklausel für den Unfall

kausal gewesen sein, § 6 Abs. 2 VVG. Dabei darf nicht gefragt werden, ob der Unfall nicht passiert wäre, wenn der Tankzug am Unfalltag nicht antragswidrig verwendet worden wäre. Zwar liegt hierin eine Ursache, die nicht hinweggedacht werden kann, ohne daß der Erfolg entfällt (conditio sine qua non). Jedoch würde eine solche Betrachtung den in § 6 Abs. 2 VVG vorgesehenen Gegenbeweis schlechthin ausschließen. Um dieses Ergebnis zu vermeiden, muß die uferlose Weite der conditio-sine-qua-non-Formel eingeschränkt werden. Dies geschieht dadurch, daß dem Schädiger (hier dem VN) nicht jeder Erfolg (hier Unfall), der sich unter Verstoß gegen die Verwendungsklausel ereignet hat, zugerechnet wird. Zugerechnet werden sollen dem Versicherungsnehmer nur solche Verstöße, vor denen nach dem Sinn der Verwendungsklausel der Versicherer gerade geschützt werden sollte (Theorie vom Schutzzweck der Norm). Der Sinn der Verwendungsklausel liegt darin, den Versicherer vor dem erhöhten Risiko zu schützen, das besteht, wenn ein Fahrzeug zu einem anderen als dem angegebenen Zweck verwendet wird. So ist üblicherweise eine Benutzung des Fahrzeugs im Güternahverkehr intensiver und damit gefahrträchtiger als im Werkverkehr. Demgemäß wäre der Nachweis mangelnder Kausalität der Verletzung der Verwendungsklausel dann als geführt anzusehen, wenn feststeht, daß Eintritt und Umfang des Versicherungsfalles (Unfall) nichts mit der in § 2b Abs. 1 a AKB vorausgesetzten typischen Risikoerhöhung zu tun hatte.

Das ist anzunehmen, wenn der Unfall für den VN bzw. den jeweiligen Fahrer ein **unabwendbares Ereignis** i. S. d. § 7 Abs. 2 StVG darstellt (BGH VersR 72, 531; OLG Karlsruhe VersR 1986, 1180).

Im konkreten Fall war der Unfall für den Fahrer des Tankwagens kein unabwendbares Ereignis, so daß der VN den Kausalitätsgegenbeweis nicht führen konnte.

Ergebnis:
Da sämtliche Voraussetzungen Ziff. 1 bis 4 gegeben sind, kann sich der KH-Versicherer auf Leistungsfreiheit wegen Verstoßes gegen die Verwendungsklausel berufen und den VN über 10 000 DM in Regreß nehmen.

In der Kaskoversicherung würde dieser Fall zur völligen Leistungsfreiheit des Versicherers führen („alles-oder-nichts-Prinzip"). Die Regreßlimitierungen der §§ 5 und 6 KfzPflVV finden nur in der KH-Versicherung Anwendung.

Anmerkung:
Nicht zu prüfen sind die §§ 23 ff. VVG (Gefahrerhöhung). Gegenüber den Vorschriften über die Gefahrerhöhung stellt § 2b AKB mit den dort normierten Obliegenheiten eine spezielle Regelung dar, neben der die §§ 23 ff VVG nicht anwendbar sind (BGH VersR 86, 693; OLG Köln r+s 90, 112 im übrigen mit einem instruktiven Beispiel zum Kündigungserfordernis gem. § 6 Abs. 1 Satz 3 VVG).

2. Die Schwarzfahrtklausel, § 2 b Abs. 1 b AKB

a) Tatbestand

275 Eine Schwarzfahrt liegt vor, wenn der Fahrer das Fahrzeug unberechtigt benutzt. Unberechtigter Fahrer ist, wer das Fahrzeug gegen den ausdrücklichen oder stillschweigenden Willen des Halters oder desjenigen benutzt, der anstelle des Halters über die Benutzung des Fahrzeugs bestimmen kann (BGH VersR 63, 770). Wer zur Benutzung eines Kfz zunächst berechtigt ist, kann unberechtigter Fahrer werden, wenn er eine zeitlich, örtlich oder inhaltlich begrenzte Benutzungsgenehmigung überschreitet – falls es sich nicht nur um geringfügige Abweichungen vom Fahrauftrag handelt (BGH VersR 84, 834). Eine nur geringfügige Abweichung vom Fahrauftrag und damit keine Schwarzfahrt hat der BGH (VersR 84, 834) in einem Fall angenommen, in welchem der Fahrer angewiesen war, das Fahrzeug nach Betriebsschluß bei einer Tankstelle aufzutanken, dann nach Hause zu fahren, um am anderen Morgen eine mehrere 100 Kilometer lange Tour nach Berlin zu unternehmen. Tatsächlich kehrte der Fahrer von der Tankstelle zum Betrieb zurück, um dort mit Kollegen zu feiern. Auf der Fahrt vom Betrieb nach Hause ereignete sich ein Unfall, wobei sich die Frage stellte, ob es sich hierbei um eine Schwarzfahrt handelte. Der BGH hat dies mit der Begründung verneint, angesichts der mehrere 100 Kilometer betragenden Fahrstrecke nach Berlin sei ein Umweg von 8 Kilometern als geringfügige Abweichung von der Benutzungsgenehmigung und daher nicht als Schwarzfahrt anzusehen.

276 Die Frage, ob eine Schwarzfahrt bzw. deren schuldhaftes Ermöglichen vorliegt, stellt sich auch dann, wenn ein angestellter Fahrer das Fahrzeug einer weiteren Person überläßt. Grundsätzlich steht einem angestellten Fahrer nicht die Befugnis zu, einer dritten Person das Steuer zu überlassen (*Stiefel/Hofmann* § 2 Rdnr. 188). Läßt daher der angestellte Fahrer einen Freund, eine Freundin oder auch einen Arbeitskollegen an das Steuer, so wird die Fahrt damit regelmäßig zur Schwarzfahrt. In diesem Fall ist aber sehr sorgfältig zu prüfen, ob das nach § 6 Abs. 1 S. 1 VVG vorausgesetzte Verschulden des – möglicherweise gutgläubig handelnden Fahrers – gegeben ist.

277 Liegt einmal eine Schwarzfahrt vor, kann dies nicht wieder dadurch beseitigt werden, dass der Berechtigte die Fahrt nachträglich genehmigt. Die mit einer unberechtigten Fahrt erhöhte Gefahr, der durch § 2 b Abs. 1 b AKB begegnet werden soll, kann nachträglich nicht mehr beseitigt werden (*Bauer* Rdnr. 439; *Müller* NJW 86, 962 (965); LG Köln VersR 76, 769; ohne Begründung a. A. BGH VersR 83, 233).

278 Nach § 10 Abs. 2 c AKB ist jeder Fahrzeugführer und damit auch der unberechtigte (Schwarz)Fahrer mitversichert und genießt Versicherungsschutz. Das geschädigte Unfallopfer kann daher auch im Fall der Schwarzfahrt den entstandenen Schaden direkt beim KH-Versicherer geltend machen (§ 3 Nr. 1 und Nr. 4 PflVG). Im Innenverhältnis zwischen Versicherer und Fahrer besteht nach § 2b

Abs. 1 b AKB Leistungsfreiheit in Höhe von 10 000 DM, wodurch ein Regreßanspruch des Versicherers in dieser Höhe entsteht, § 3 Nr. 9 Satz 2 PflVG.

b) Verschulden

Nach § 6 Abs. 1 S. 1 VVG muß der unberechtigte Fahrer schuldhaft gehandelt **279**
haben. Daran kann es insbesondere dann fehlen, wenn der Fahrer aus seiner Sicht
darauf vertrauen konnte, daß derjenige, der ihm das Fahrzeug (ohne Genehmigung des Halters) überlassen hat, hierzu auch berechtigt war. Ein Schuldvorwurf
ist dem Fahrer insbesondere dann nicht zu machen, wenn er davon ausgehen
konnte, der angestellte Fahrer sei zur privaten Nutzung des Kfz und damit auch
zur Überlassung des Steuers an einen Dritten berechtigt (BGH r+s 93, 364 = ZfS
93, 342 mit abl. Anm. von *Hofmann*).

c) Kündigung

Da eine Schwarzfahrt durch den VN kaum denkbar ist, besteht ein Kündigungs- **280**
erfordernis gegenüber dem VN im Regelfall nicht. Anders ist das dann, wenn der
VN selbst eine Obliegenheitsverletzung begangen hat, indem er die Schwarzfahrt
schuldhaft ermöglicht hat. Wenn sich der Versicherer in diesem Fall auf eine Leistungsfreiheit berufen will, muß er den Vertag kündigen. Das läßt sich auch nicht
dadurch umgehen, daß der Versicherer sich nur gegenüber dem Fahrer und nicht
gegenüber dem VN auf Leistungsfreiheit beruft. Auch in diesem Fall ist nach dem
BGH (VersR 60,1107) eine Kündigung erforderlich.

d) Kausalität

Im Rahmen einer unberechtigten Benutzung des Kfz kann es an der Kausalität **281**
der Obliegenheitsverletzung für den Eintritt des Versicherungsfalles insbesondere
dann fehlen, wenn der Unfall für den Fahrer ein unabwendbares Ereignis dargestellt hat. (Näher hierzu oben Rdnr. 265.)

e) Schuldhaftes Ermöglichen der Schwarzfahrt (§ 2 b Abs. 1 S. 2 AKB)

Bis zur Neufassung der AKB (1995) richtete sich die Schwarzfahrerklausel nur an **282**
den jeweiligen Fahrer, nicht an den VN, Halter oder Eigentümer. Nur der Fahrer
konnte diese Obliegenheit verletzen, nur ihm gegenüber konnte der Versicherer
leistungsfrei werden. Gegenüber dem nicht mit dem Fahrer identischen VN, Halter oder Eigentümer blieb der Versicherer leistungspflichtig – das galt auch dann,
wenn diese durch ein schuldhaftes Verhalten die Schwarzfahrt überhaupt erst
möglich gemacht hatten (BGH VersR 61, 529). Dies hat sich durch eine auf § 5
Abs. 2 KfzPflVV basierende Neufassung der AKB (95) geändert: Nach § 2 b Abs. 1
S. 2 AKB ist der Versicherer auch gegenüber dem VN, Halter oder Eigentümer leistungsfrei, wenn diese die Schwarzfahrt schuldhaft ermöglicht haben. In diesem
Fall kann sich der Versicherer sowohl gegenüber dem unberechtigten Fahrer als
auch z. B. gegenüber einem Halter, der die unberechtigte Fahrt schuldhaft ermöglicht hat, auf Leistungsfreiheit von jeweils 10 000 DM, insgesamt also auf 20 000
DM berufen. Diese zweifache Leistungsfreiheit des Versicherers ergibt sich aus § 5

Abs. 3 KfzPflVV bzw. aus § 2 b Abs. 2 AKB. Dort ist formuliert, dass die Leistungsfreiheit des Versicherers gegenüber dem VN und den mitversicherten Personen auf den Betrag von „je" 10 000 DM beschränkt ist.

Fallbeispiel:

BGH VersR 61, 529

VN betreibt eine Kohlehandlung, der zugehörige Lkw steht nachts unverschlossen auf dem Hof, der Zündschlüssel bleibt stecken. Der als unzuverlässig bekannte Kohlearbeiter G behielt den Schlüssel vom Werksgelände, obwohl er gekündigt hatte. Das war vereinbart, weil er noch öfter Aushilfstätigkeiten verrichtete. Nachdem er mit dem Lkw schon einige Male kurz auf die Straße gefahren war, holte er an einem Sonntag abend den LKW im Anschluß an einen ausgedehnten Kneipenaufenthalt vom Kohleplatz zu einer Spazierfahrt, auf der er mehrere Unfälle verursachte.

Der KH-Versicherer des Lkw ist der Meinung, er sei sowohl gegenüber dem Fahrer G als auch gegenüber dem VN leistungsfrei.

Lösung (unter Berücksichtigung der AKB 95):

Wegen § 3 Nr. 1 und Nr. 4 PflVG ist der KH-Versicherer im Außenverhältnis gegenüber dem Geschädigten zur Regulierung der verursachten Unfallschäden verpflichtet. G war auch als unberechtigter Fahrer gemäß § 10 Abs. 2 c AKB mitversicherte Person.

Allerdings könnte im Innenverhältnis sowohl gegenüber G als Fahrer als auch gegenüber dem VN Leistungsfreiheit gem. § 2 b Abs. 1 b AKB – begrenzt auf jeweils 10 000 DM – eingetreten sein. Dies wiederum würde bedeuten, daß der Versicherer die genannten Beträge gem. § 3 Nr. 9 S. 2 PflVG bei Fahrer und VN im Wege des Regresses geltend machen kann. Voraussetzung hierfür ist allerdings, daß Leistungsfreiheit gem. § 2b Abs. 1b AKB wegen Vorliegens einer Schwarzfahrt bzw. gem. § 2b Abs. 2 AKB wegen des schuldhaften Ermöglichens einer Schwarzfahrt eingetreten ist.

– Zunächst ist bezüglich des G eindeutig vom Vorliegen einer Schwarzfahrt auszugehen, die Fahrt geschah gegen den (stillschweigenden) Willen des VN. Daher tritt mit Sicherheit gegenüber G Leistungsfreiheit ein, auch die weiter hierfür gem. § 6 Abs. 1 und 2 VVG erforderlichen Voraussetzungen sind nach Sachlage erfüllt. Der KH-Versicherer kann somit von G gem. § 3 Nr. 9 S. 2 PflVG 10 000 DM verlangen.

– Auch gegenüber dem Halter kommt Leistungsfreiheit und damit ein Regreß in Betracht, wenn er die Schwarzfahrt schuldhaft ermöglicht hat. Davon dürfte vorliegend auszugehen sein, G war als unzuverlässig bekannt und hatte das Fahrzeug schon unberechtigt benutzt. Der VN hat daher mindestens leicht fahrlässig gehandelt, als er dem G weiterhin einen Schlüssel zum Werksgelände überlassen hat.

Beachten Sie: Auch beim schuldhaften Ermöglichen einer Obliegenheits-

---

verletzung durch den VN, Halter oder Eigentümer hängt die Leistungsfreiheit des Versicherers davon ab, daß die Voraussetzungen von § 6 Abs. 1 und Abs. 2 VVG gegeben sind. Will der Versicherer sich also gegenüber VN, Halter oder Eigentümer auf Leistungsfreiheit berufen, muß er den Versicherungsvertrag gem. § 6 Abs. 1 S. 3 VVG kündigen (*Feyock/Jacobsen/Lemor* § 2 b AKB, Rdnr. 72). Der Versicherer kann der Kündigungspflicht übrigens nicht dadurch entgehen, daß er Leistungsfreiheit nur isoliert gegen den nichtberechtigten Fahrer (und nicht gegen den VN) geltend macht. Im Fall des schuldhaften Ermöglichens einer Obliegenheitsverletzung kommt eine Leistungsfreiheit gegenüber mitversicherten Personen (Fahrer) nur in Betracht, wenn der Versicherer von seinem Kündigungsrecht Gebrauch gemacht hat (BGH VersR 61, 555; *Stiefel/Hofmann* § 2 Rdnr. 67).

Ergebnis:
Der Versicherer kann sich sowohl gegenüber dem Fahrer G als auch gegenüber dem VN und Halter auf eine Leistungsfreiheit in Höhe von je 10 000 DM berufen.

283 Nach § 5 Abs. 1 Nr. 3 KfzPflVV könnte die Schwarzfahrtklausel weiter auf den Fall ausgedehnt werden, daß der unberechtigte Fahrer das Fahrzeug durch einen Dritten wissentlich gebrauchen läßt. Danach wäre der unberechtigte Fahrer, der einem Dritten das Steuer überläßt, noch weiter „unberechtigter Fahrer" mit der Folge des Verlustes des Versicherungsschutzes, falls er auch nach Überlassung noch einem Geschädigten gegenüber schadensersatzpflichtig wäre (*Bauer* Rdnr. 434). In § 2 b AKB wird von dieser Möglichkeit aber kein Gebrauch gemacht.

f) Schwarzfahrt und Diebstahl

284 Der in der Praxis häufigste Fall eines unberechtigten Fahrers ist der des Fahrzeugdiebes. Auch der Dieb ist Fahrer im Sinne des § 10 Abs. 2 c AKB und damit mitversicherte Person, für deren Haftung gegenüber geschädigten Dritten der KH-Versicherer des gestohlenen Fahrzeugs einzutreten hat. Zwar kann sich der KH-Versicherer gegenüber dem Dieb auf eine unbegrenzte Leistungsfreiheit berufen. In § 5 Abs. 3 S. 2 KfzPflVV und darauf fußend in § 2 b Abs. 2 AKB ist ausdrücklich geregelt, daß die Beschränkung der Leistungsfreiheit auf 10 000 DM nicht gegenüber einem Fahrer gilt, der das Fahrzeug durch eine strafbare Handlung erlangt hat. Der KH-Versicherer kann also vom Dieb in voller Höhe des regulierten Schadens Regreß nehmen. Im Außenverhältnis bleibt der KH-Versicherer aber gem. § 3 Nr. 4 PflVG dem geschädigten Opfer gegenüber zur Regulierung verpflichtet. Allerdings haftet der KH-Versicherer dem Geschädigten gegenüber dann nicht, wenn der Fahrer den Schadenfall vorsätzlich herbeigeführt hat, § 152 VVG (OLG Hamm r+s 96, 435 mit ausführlicher Anm. von *Lemcke* insbesondere zum sog. „Berliner Modell"; ferner OLG Hamm r+s 96, 43).

285 Auch im Falle des Diebstahls kommt eine Haftung des Halters (neben der des

Diebes) gegenüber dem Geschädigten in Betracht, wenn der Halter den Diebstahl z. B. dadurch schuldhaft ermöglicht hat, daß er das Fahrzeug nicht abgeschlossen hat. Das ergibt sich aus der zweiten Satzhälfte von § 7 Abs. 3 StVG:

„Benutzt jemand das Fahrzeug ohne Wissen und Willen des Fahrzeughalters, ist er an Stelle des Halters zum Ersatz des Schadens verpflichtet; daneben bleibt der Halter zum Ersatz des Schadens verpflichtet, wenn die Benutzung des Fahrzeugs durch sein Verschulden ermöglicht worden ist."

Hat also der Fahrzeughalter die (unberechtigte) Fahrt des Diebes ermöglicht (z. B. weil er seinen Pkw nicht abgeschlossen hat), haftet er gegenüber dem Geschädigten gem. § 7 Abs. 3 2. HS StVG. Für diese Haftung genießt der Halter auch dann Versicherungsschutz, wenn er nicht VN ist: Er ist gem. § 10 Abs. 2 AKB mitversicherte Person. Der Versicherer kann sich in diesem Fall allerdings gem. § 2b Abs. 2 AKB auf eine Leistungsfreiheit in Höhe von 10 000 DM wegen schuldhaften Ermöglichens einer Schwarzfahrt berufen, im Außenverhältnis ist § 3 Nr. 4 PflVG zu beachten (instruktiv zur Haftung des Halters bei Schwarzfahrt wegen ungenügender Kfz-Sicherung OLG Köln r+s 96, 135).

3. Die Führerscheinklausel, § 2b Abs. 1c AKB

286 Nach § 2 Abs. 1c AKB ist der Versicherer von der Verpflichtung zur Leistung frei, wenn der Fahrer nicht die vorgeschriebene Fahrerlaubnis besitzt.

Ist der VN, Halter oder Eigentümer nicht gleichzeitig Fahrer, tritt diesen Personen gegenüber Leistungsfreiheit ein, wenn sie die führerscheinlose Fahrt schuldhaft ermöglicht haben, § 2b Abs. 1 S. 2 AKB.

Zweck der Bestimmung ist es, den Versicherer vor dem erhöhten Risiko zu schützen, das im allgemeinen besteht, wenn ein Fahrzeug von Personen ohne amtliche Kontrolle der erforderlichen Fahrkenntnisse geführt wird (BGH VersR 76, 531).

a) Tatbestand

287 – Der Tatbestand von § 2 Abs. 2c AKB setzt zunächst die Benutzung des Fahrzeugs auf öffentlichen Wegen oder Plätzen voraus. Das ergibt sich aus § 2 Abs. 1 StVG, § 4 Abs. 1 StVZO, wonach für das Lenken von Kfz außerhalb des öffentlichen Verkehrsraums eine Fahrerlaubnis nicht erforderlich ist. Private Straßen und privates Gelände (z. B. Firmenparkplätze) werden allerdings dann als öffentliche Verkehrsräume angesehen, wenn sie ohne Einfahrtskontrolle von einem unbegrenzten Besucherkreis benutzt werden können (*Stiefel/Hofmann* § 2 Rdnr. 219 m. w. N.).

288 – Ein Fahrer ist nur dann im Besitz der Fahrerlaubnis, wenn ihm der Führerschein von der Behörde nach bestandener Prüfung ausgehändigt worden ist, die Fahrt zum Abholen des Führerscheins stellt einen Verstoß gegen § 2 Abs. 2 c AKB dar (vgl. BGH VersR 66, 557, das Gericht geht allerdings von fehlendem Verschulden aus).

Wird die Fahrerlaubnis durch ein strafgerichtliches Urteil entzogen, entfällt sie mit Rechtskraft der Entscheidung (BGH VersR 62, 1053). Das Fehlen der Fahrerlaubnis dauert so lange an, bis eine neue Fahrerlaubnis durch die Verwaltungsbehörde erteilt ist, und nicht nur, bis die im Urteil genannte Frist abgelaufen ist, innerhalb derer keine neue Fahrerlaubnis erteilt werden darf. An der erforderlichen Fahrerlaubnis fehlt es weiter, wenn der Führerschein gem. § 94 Abs. 3 StPO etwa nach einer Trunkenheitsfahrt (von der Polizei) beschlagnahmt oder vom Gericht nach § 111 a StPO vorläufig entzogen worden ist.

Wird dagegen lediglich ein Fahrverbot gem. § 44 StGB oder § 25 StGB (insbes. wegen eines Verstoßes gegen die 0,8 Promille-Grenze des § 24 a StGB) ausgesprochen, berührt dies die Fahrerlaubnis als solche nicht, so daß ein Fahrverbot nicht unter § 2 b Abs. 1 c AKB fällt (BGH VersR 87, 897).

— Verstößt der VN gegen eine Auflage gem. § 12 Abs. 2 S. 1 StVZO, z. B. eine **289** Brille zu tragen, zieht dies keinen Verstoß gegen die Führerscheinklausel nach sich, da durch eine derartige persönliche Auflage die Fahrerlaubnis nicht eingeschränkt wird (BGH VersR 69, 1213).

Anders aber bei einem Verstoß gegen eine Auflage gem. § 12 Abs. 2 S. 2 StVZO bez. technischer Einrichtungen des Fahrzeugs (Bremshilfe, zusätzlicher Außenspiegel). Hierbei handelt es sich um eine gegenständlich beschränkte Fahrerlaubnis (*Bauer* Rdnr. 313), so daß ggf. also ein Verstoß gegen die Führerscheinklausel vorliegt.

— In manchen Fällen kann die Anwendbarkeit der Führerscheinklausel Schwie- **290** rigkeiten bereiten, wenn der Fahrer (lediglich) im Besitz einer ausländischen Fahrerlaubnis ist.

Der Inhaber eines gültigen Führerscheins i. S. von § 4 Abs. 1 a–c der Verordnung über den internationalen Kraftfahrzeugverkehr (IntVO) ist berechtigt, im Inland Kraftfahrzeuge zu führen. Allerdings gilt die ausländische Fahrerlaubnis, falls ein ständiger Aufenthalt im Inland begründet wird, von diesem Zeitpunkt ab nur noch für zwölf Monate. Einen ständigen Aufenthalt hat eine Person nach § 4 Abs. 3 IntVO dort, wo sie über einen zusammenhängenden Zeitraum von mindestens 185 Tagen wohnt. (Ausführlich zu dieser Problematik LG Düsseldorf r+s 97, 443.) Nach Ablauf der Frist von zwölf Monaten handelt es sich bei dem ausländischen Führerschein nicht mehr um die vorgeschriebene Fahrerlaubnis (*Feyock/Jacobsen/Lemor* § 2 b AKB Rdnr. 36). Gem. § 15 StVZO muß die ausländische Fahrerlaubnis in einen deutschen Führerschein umgeschrieben werden. Dabei werden Fahrerlaubnisse von Inhabern aus einem Mitgliedstaat der Europäischen Gemeinschaft unbeschränkt anerkannt (§ 15 Abs. 1 StVZO). Bei Nicht-EG-Ausländern ist grundsätzlich eine Fahrprüfung erforderlich. § 15 Abs. 2 StVZO enthält allerdings Ausnahmen von diesem Grundsatz, bei deren Vorliegen ein Anspruch auf Umschreibung des Führerscheins ohne Fahrprüfung besteht (ausführlich hierzu *Stiefel/Hofmann* § 2 Rdnr. 233).

Fallbeispiel:

LG Duisburg r+s 96, 44

Der VN hat den jugoslawischen Fahrer F eingestellt und sich dabei dessen jugoslawischen Führerschein zeigen lassen. F verursacht einen Unfall, dabei stellt sich heraus, daß sein Führerschein wegen Zeitablaufs (Jahresfrist) ungültig geworden war. F hatte am 24. 2. 93 die Umschreibung des Führerscheins gem. § 15 StVZO beantragt, hierüber war zum Zeitpunkt des Unfalls (Januar 94) noch nicht entschieden worden. Der Versicherer beruft sich auf Leistungsfreiheit. Zu Recht?

Lösung:

Im Außenverhältnis zum Geschädigten war der KH-Versicherer gem. § 3 Nr. 4 PflVG zur Regulierung verpflichtet.

Im Innenverhältnis könnte sich ein Regreßanspruch des Versicherers aus § 3 Nr. 9 S. 2 PflVG i. V. m. § 2b Abs. 1c AKB sowohl gegenüber F als auch gegenüber dem VN ergeben.

– Leistungsfreiheit gegenüber F

F hat den Tatbestand des § 2 b Abs. 1 c AKB erfüllt, er verfügte nicht über eine gültige Fahrerlaubnis. Da er bereits die Umschreibung des Führerscheins beantragt, diese aber noch nicht erhalten hatte, ist von einem Verschulden (§ 6 Abs. 1 S. 1 VVG) auszugehen. Eine Kündigungspflicht (§ 6 Abs. 1 S. 3 VVG) besteht ihm gegenüber nicht

In vergleichbaren Fällen ist allerdings der Frage des Kausalitätsgegenbeweises gem. § 6 Abs. 2 VVG erhöhte Aufmerksamkeit zu widmen. Der Gegenbeweis kommt in Betracht, wenn nach § 15 Abs. 2 StVZO ein Rechtsanspruch auf Umschreibung der ausländischen Fahrerlaubnis besteht, so daß der Fahrer nur aus formellen Gründen nicht über eine gültige Fahrerlaubnis verfügt. In diesem Fall steht die erforderliche Fahrkunde fest, so daß das besondere Risiko von Fahrten solcher Personen, die ohne amtliche Kontrolle ihrer Fahrkenntnisse ein Fahrzeug führen, gerade nicht besteht (Näher zur Frage der Kausalität Rdnr. 293 ff).

Vorliegend ließ sich jedoch weder beweisen, daß der jugoslawische Führerschein gültig war, noch daß F über die erforderliche charakterliche Eignung verfügte. Da sonach ein Anspruch auf Umschreibung nicht dargetan werden konnte, verneinte das Gericht auch die Anwendbarkeit des Kausalitätsgegenbeweises des § 6 Abs. 2 VVG.

Leistungsfreiheit gegenüber F ist demnach (in Höhe von 10 000 DM) gegeben.

– Leistungsfreiheit gegenüber dem VN

Diese kommt dann in Betracht, wenn der VN die führerscheinlose Fahrt des F schuldhaft ermöglicht hätte, § 2b Abs. 1 S. 2 AKB.

Insoweit reicht leichte Fahrlässigkeit aus. Zwar hat sich der VN den jugoslawischen Führerschein des F zeigen lassen. Dies reicht aber nicht aus – an die Überprüfung ausländischer Führerscheine sind erhöhte Anforderungen zu stellen. Der VN hätte sich zumindest durch einen Anruf beim Straßenverkehrsamt sowohl über die Gültigkeitsdauer ausländischer Führerscheine als auch über die bestehenden Umschreibungsmöglichkeiten in Kenntnis setzen müssen.

Ergebnis:
Sowohl gegenüber dem VN als auch gegenüber F kann sich der Versicherer auf Leistungsfreiheit in Höhe von je 10 000 DM und damit auf einen Regreß in dieser Höhe berufen.

Nach dem AG Dinslaken (r+s 96, 300) scheidet ein Kausalitätsgegenbeweis dann aus, wenn dem Antrag auf Umschreibung einer niederländischen Fahrerlaubnis nicht stattgegeben worden war und der VN hiergegen Klage erhoben hatte.

b) Verschulden

Wie bei allen Obliegenheitsverletzungen vor Eintritt des Versicherungsfalles ist die **291** Leistungsfreiheit des Versicherers weiter daran geknüpft, daß die Voraussetzungen des § 6 Abs. 1 und 2 VVG erfüllt sind. Das nach § 6 Abs. 1 S. 1 VVG vorausgesetzte Verschulden bereitet im Zusammenhang mit der Führerscheinklausel selten Probleme. Wer ohne Führerschein fährt, wird dies im Regelfall sogar vorsätzlich tun. Den Inhaber einer ausländischen Fahrerlaubnis, die nach einjährigem Aufenthalt in Deutschland umgeschrieben werden muß, entschuldigt die Unkenntnis dieser aus § 15 StVZO resultierende Tatsache üblicherweise nicht, hier besteht eine Erkundigungspflicht (BGH VersR 70, 464). Dagegen entfällt ein Verschulden, falls der VN sich bei einer Behörde und beim ADAC erkundigt und unklare Auskünfte erhalten hat (BGH VersR 69, 748).

c) Kündigungserfordernis

Ferner muss der Versicherer das Kündigungserfordernis des § 6 Abs. 1 S. 3 VVG **292** beachten. Näher hierzu oben Rdnr. 262 f.

d) Kausalität, § 6 Abs. 2 VVG

An dieser Voraussetzung fehlt es, wenn die auf der Obliegenheitsverletzung **293** beruhende Gefahrerhöhung ohne jede Bedeutung für das Schadenereignis war, oder wenn der Eintritt des Versicherungsfalles ein unabwendbares Ereignis darstellt. Letzteres kommt vor allem dann in Betracht, wenn der Fahrer eine vorgeschriebene Fahrerlaubnis zwar nicht besitzt, die Voraussetzungen für deren Erteilung aber erfüllt waren. Folgende Fallgruppen sind zu unterscheiden (ausführlich hierzu *Bauer* Rdnr. 456 ff.):

– Beim Fehlen der allgemeinen Fahrerlaubnis reicht der Nachweis dennoch aus- **294** reichender Fahrkenntnisse für den Kausalitätsgegenbeweis nicht aus. Das gilt auch dann, wenn der Unfall nicht durch mangelhafte Fahrkenntnisse, sondern durch Trunkenheit des Fahrers oder durch Übermüdung verursacht worden ist (*Knappmann* in *Prölss/Martin* § 2 AKB Rdnr. 35). Die Möglichkeit, daß sich bei der erforderlichen Fahrprüfung wesentliche Mängel gezeigt hätten, kann der VN nicht ausräumen (OLG Hamm VersR 90, 846).

295   – Der Kausalitätsgegenbeweis kann beim Fehlen der allgemeinen Fahrerlaubnis daher nur dann gelingen, wenn der Unfall auf einem unabwendbaren Ereignis oder ausschließlich auf einem Fehler in der Beschaffenheit des Fahrzeugs oder einem Versagen seiner Einrichtungen beruht (BGH VersR 76, 531; OLG Hamm VersR 90, 846).

Hierzu folgendes

Fallbeispiel:
BGH VersR 76, 531; OLG Hamm VersR 90, 846

VN verleiht seinen Pkw an seinen Bekannten B, ohne nach dessen Fahrerlaubnis zu fragen.

Tatsächlich besitzt B keinen Führerschein. Auf Grund von Aquaplaning geriet das Auto auf gerader, übersichtlicher Strecke ins Schleudern.

Als sich der Versicherer auf Leistungsfreiheit beruft, trägt B vor, der Unfall hänge nicht mit der fehlenden Fahrerlaubnis zusammen. Ein derartiger Fahrfehler komme auch bei erfahrenen Fahrern vor, außerdem habe er zwei Monate nach dem Unfall die Fahrprüfung bestanden.

Abwandlung: Wie wäre die Rechtslage, wenn es zum Unfall wegen eines plötzlichen Defekts an der Lenkung gekommen wäre?

Lösung:
Bezüglich des Fahrers (B) ist sowohl im Ausgangsfall wie auch in der Abwandlung der Tatbestand der Führerscheinklausel eindeutig gegeben.

Gleiches gilt für das Verschuldenserfordernis des § 6 Abs. 1 S. 1 VVG, ein Kündigungserfordernis besteht gegenüber B, der nicht VN ist, nicht (hierzu oben Rdnr. 263).

Problematisch ist, ob die Verletzung des § 2 Abs. 2 c AKB für den Unfall kausal gewesen ist, § 6 Abs. 2 VVG.

Die Frage der Kausalität ist – ebenso wie z. B. bei § 823 BGB – auf mehreren Stufen zu prüfen.

– Zunächst ist zu prüfen, ob die Verletzungshandlung (Fahren ohne Fahrerlaubnis) notwendige Bedingung für den Eintritt des Schadens ist (conditio-sine-qua-non-Formel, sog. Bedingungstheorie).

Würde man diese Theorie schrankenlos anwenden, so würde ein Schädiger auch für die unwahrscheinlichsten Folgen seiner Verletzungshandlung haften.

Bezogen auf die Führerscheinklausel würde sie dem VN den Kausalitätsgegenbeweis praktisch unmöglich machen: Ohne Verstoß gegen die Führerscheinklausel wäre es nicht zur Fahrt und damit nicht zum Unfall gekommen.

- Eingeschränkt wird die Bedingungstheorie zunächst durch die Adäquanztheorie. Danach haftet der Verursacher für solche Folgen seiner Handlung nicht, die außerhalb jeglicher Wahrscheinlichkeit und Lebenserfahrung liegen. Vorliegend ist es sicher nicht unwahrscheinlich, daß durch einen Fahrer ohne Fahrerlaubnis Unfälle verursacht werden.
- Der BGH grenzt die Haftung in einem weiteren Schritt mit der Theorie vom Schutzzweck der Norm ein. Danach muß der entstandene Schaden nach Art und Entstehungsweise unter den Schutzzweck der betreffenden Vorschrift fallen. Der Schädiger soll nur für solche Schäden haften, deren Abwehr die verletzte Norm (z. B. § 823 BGB) bezweckt (BHG VersR 76, 531).

Fragt man nach dem Zweck der Führerscheinklausel, so hat diese die Aufgabe, den Versicherer vor dem erhöhten Risiko zu schützen, das im allgemeinen besteht, wenn ein Fahrzeug von Personen ohne amtliche Kontrolle der erforderlichen Fahrkenntnisse geführt wird.

In der Abwandlung (defekte Lenkung) steht fest, daß der Unfall nichts mit dieser typischen Risikoerhöhung zu tun hat. Auch ein erfahrener Fahrer hätte den Defekt nicht bemerkt und hätte den Unfall nicht verhindern können.

Anders im Ausgangsfall: Ist der Unfall auch nur möglicherweise auf einen Fahrfehler des VN zurückzuführen, so hat sich hier das Risiko, vor dem die Führerscheinklausel schützen will, verwirklicht. Es handelt sich um einen Fahrfehler und nicht um ein unabwendbares Ereignis. Auch die Tatsache, daß B die Fahrprüfung kurz nach dem Unfall bestanden hat, ändert hieran nichts. Die Möglichkeit, daß sich bei der Fahrprüfung Mängel gezeigt hätten, wird kaum auszuräumen sein.

- Ein Kausalitätsgegenbeweis kommt neben dem Vorliegen eines unabwendbaren Ereignisses vor allem dann in Betracht, wenn feststeht, daß sich das Fehlen der erforderlichen Fahrprüfung auf den Eintritt des Versicherungsfalles nicht ausgewirkt hat – in diesem Fall ist die im Fahren ohne Fahrerlaubnis liegende Risikoerhöhung ohne Bedeutung. So ist der Kausalitätsgegenbeweis geführt, wenn ein Busfahrer zwar die Erlaubnis der Klasse 2, nicht aber die zusätzliche Erlaubnis zur Fahrgastbeförderung (§ 15 d Abs. 1 StVZO) besitzt und er einen Unfall verursacht, durch den nicht Fahrgäste, sondern andere Verkehrsteilnehmer geschädigt werden (BGH VersR 73, 172). Gleiches gilt, falls der Fahrer die besondere Erlaubnis zur Fahrgastbeförderung mit Mietwagen (§ 15 d Abs. 1 Nr. 2 StVZO) nicht besitzt, es aber feststeht, daß sie ihm ohne weitere Prüfung auf Antrag erteilt worden wäre. Ein Kausalitätsgegenbeweis kommt weiter dann in Betracht, wenn eine ausländische Fahrerlaubnis nach Ablauf eines 12monatigen Aufenthalts in Deutschland nicht mehr gültig ist, die Voraussetzungen für

296

eine Umschreibung in eine deutsche Fahrerlaubnis (§ 15 StVZO) aber vorlagen.

Fallbeispiel:

OLG Köln VersR 99, 704

Der niederländische Staatsbürger B ist bei der deutschen Firma F als Prokurist tätig. Nachdem sich B schon über ein Jahr in Deutschland aufgehalten hat, verursacht er mit dem Fahrzeug der Firma F einen Verkehrsunfall. Der KH-Versicherer beruft sich gegenüber B und F auf eine Leistungsfreiheit in Höhe von jeweils 10 000 DM.

Lösung:

– Leistungsfreiheit gegenüber Fahrer B

   Gegenüber B könnte eine Leistungsfreiheit in Höhe von 10 000 DM gem. § 2b Abs. 1 c AKB bestehen, falls er gegen die Führerscheinklausel verstoßen hat.

• Der Tatbestand des Fahrens ohne eine gültige Fahrerlaubnis ist erfüllt. Gem. § 4 Abs. 1 StVZO i. V. m. § 15 Abs. 1 StVZO hätte B seine niederländische Fahrerlaubnis in einen deutschen Führerschein umschreiben lassen müssen.

• Eine etwaige Unkenntnis des B von diesen Vorschriften läßt das Verschuldenserfordernis nicht entfallen, den B traf eine Erkundigungspflicht (BGH VersR 70, 464).

• Eine Kündigungspflicht gegenüber B besteht nicht, hierzu oben Rdnr. 263.

• Fraglich ist aber, ob die fehlende deutsche Fahrerlaubnis, genauer gesagt, das Unterlassen des Umschreibens der niederländischen Fahrerlaubnis in eine deutsche kausal für den verursachten Verkehrsunfall war. Geht man davon aus, daß der Unfall für B kein unabwendbares Ereignis darstellte, kommt ein Kausalitätsgegenbeweis dann in Betracht, wenn die fehlende deutsche Fahrerlaubnis für den Eintritt des Versicherungsfalles (Unfall) ohne jede Bedeutung war. Das ist dann der Fall, wenn die Voraussetzungen einer Umschreibung der niederländischen Fahrerlaubnis vorlagen bzw. wenn der Unfall nicht auf Umständen beruht, die gegebenenfalls eine Versagung der deutschen Fahrerlaubnis wegen Eignungsmängeln hätten rechtfertigen können.

   Nach § 15 Abs. 1 und Abs. 2 StVZO ist die Fahrerlaubnis eines EG-Ausländers ohne weiteres umzuschreiben, weder der Nachweis von Fahrpraxis noch einer Fahrprüfung ist erforderlich. Auch ein genereller Nachweis der Eignung zum Führen von Kfz ist nicht Voraussetzung für die Erteilung einer deutschen Fahrerlaubnis gem. § 15 Abs. 1 StVZO. Anwendbar bleibt nur § 9 StVZO, wonach die Umschreibung u. a. dann versagt werden kann, wenn der Fahrer zum Trunk neigt.

Vorliegend hätte dem B die Erteilung einer deutschen Fahrerlaubnis also allenfalls mit der Begründung versagt werden können, er neige zum Trunk und sei deshalb zum Führen von Kfz ungeeignet. Die Kausalität eines derartigen Eignungsmangels kann vorliegend schon deswegen nicht in Betracht kommen, weil das Unfallgeschehen nicht aus Trunkenheit und damit nicht wegen eines denkbaren Eignungsmangels entstanden war.

Ergebnis:
Eine Leistungsfreiheit gegenüber B kommt mangels Kausalität der fehlenden Fahrerlaubnis für das Unfallereignis nicht in Betracht.
– Leistungsfreiheit gegenüber F
    Da B keine Obliegenheitsverletzung begangen hat, kann der Firma F als VN naturgemäß nicht vorgeworfen werden, daß sie eine Obliegenheitsverletzung schuldhaft ermöglicht hat.

e) Schuldhaftes Ermöglichen des Fahrens ohne Führerschein

Ist der Versicherer gegenüber dem Fahrer leistungsfrei geworden, bezieht sich die **297** Leistungsfreiheit nicht automatisch auch auf den VN, Halter oder Eigentümer. Die Leistungsfreiheit greift gegenüber diesen Personen aber ein, wenn sie die Obliegenheitsverletzung schuldhaft ermöglicht haben, § 2b Abs. 1 S. 2 AKB. Ein schuldhaftes Ermöglichen einer führerscheinlosen Fahrt wird von der Rechtsprechung (BGH VersR 88, 217) schon dann angenommen, wenn sich der Halter den Führerschein des Fahres nicht zeigen lassen hat. Natürlich muß ein Arbeitgeber den Führerschein eines Fahrers nicht täglich kontrollieren. Wenn der Halter (z. B. der Arbeitgeber) sich einmal vom Vorliegen einer Fahrerlaubnis überzeugt hat, kann er ohne konkrete gegenteilige Anhaltspunkte davon ausgehen, daß der Fahrer weiterhin über eine Fahrerlaubnis verfügt (BGH VersR 88, 217). Auch bei der Abgabe eines Fahrzeugs in einer Werkstatt kann der Halter darauf vertrauen, der Werkstattinhaber habe bereits das Vorliegen einer Fahrerlaubnis bei seinen Angestellten überprüft (BGH NJW-RR 88, 1378).

Mangelndes Verschulden hat das OLG Karlsruhe (NJW-RR 88, 348) in einem **298** Fall angenommen, in dem der Fahrer nach Kenntnis des Halters seit 20 Jahren Auto fuhr und auch mehrfach bei polizeilichen Kontrollen einen Füherschein vorgelegt hatte, dessen Ungültigkeit nicht erkannt wurde (es handelte sich um einen alten Führerschein eines früheren Arbeitskollegen). Kein Verschuldensvorwurf ist dem Halter ferner bei einer (gelungenen) Fälschung des Führerscheins zu machen (OLG Karlsruhe NJW-RR 88, 27).

Dagegen handelte nach Ansicht des BGH (VersR 69, 124) der Halter eines Pkw fahrlässig, der der Versicherung eines Parkwächters vertraute, er habe einen Führerschein und könne das fragliche Fahrzeug später in eine frei werdende Lücke einparken.

Fahrlässig handelt weiter ein VN, der der Versicherung seiner neuen Freundin, sie sei im Besitz einer Fahrerlaubnis, glaubt, ohne sich sich den Führerschein zeigen zu lassen (AG Geldern r+s 97, 49, ebenso bei bloßer Bekanntschaft AG Kleve r+s 99, 445). Nach dem AG Leipzig (SP 98, 368) hat sich der Halter vom Vorliegen der Fahrerlaubnis nicht ausreichend vergewissert, wenn die jeweiligen Paßbilder des Führerscheins früher einmal zum Spaß angesehen worden waren.

Fallbeispiel:

BGH VersR 88, 1017 = NJW-RR 88, 1387

Die VN war Halterin eines VW Polo. Ihr Bekannter B verursachte im Rahmen einer gemeinsamen Reise – ohne im Besitz einer Fahrerlaubnis der Klasse drei zu sein – einen schweren Unfall.

Als sich der Versicherer auf Leistungsfreiheit gem. § 2b Abs. 1 S. 2 AKB beruft, argumentiert die VN, sie habe als selbstverständlich vorausgesetzt, daß B eine Fahrerlaubnis habe. Auch habe sie in der Wohnung des B einmal einen von ihr aber nicht weiter beachteten Führerschein liegen sehen. Darüber hinaus sei an einem Grenzübergang B von einem kontrollierenden Polizeibeamten nach seinem Führerschein gefragt worden. B habe angegeben, daß er seinen Führerschein vergessen habe. Daraufhin sei B aufgefordert worden, mitzukommen. Bei der Rückkehr von der Grenzstation habe B erklärt, er habe eine Mahngebühr bezahlen müssen. B habe verschwiegen, daß er gleichzeitig eine Kontrollaufforderung erhalten habe.

Lösung:

– Leistungsfreiheit gegenüber B

B hat eindeutig gegen die Führerscheinklausel § 2b Abs. 1c AKB verstoßen. Es ist davon auszugehen, daß er diesen Verstoß vorsätzlich begangen und ihn damit gem. § 6 Abs. 1 S. 1 VVG verschuldet hat. Ein Kündigungserfordernis gem. § 6 Abs. 1 S. 3 VVG besteht ihm gegenüber nicht. Der Kausalitätsgegenbeweis dürfte dem B nicht gelingen. Gegenüber B besteht daher Leistungsfreiheit in Höhe von 10000 DM.

– Leistungsfreiheit gegenüber der VN

Leistungsfreiheit könnte gegenüber der VN gem. § 2b Abs. 1 S. 2 AKB eingetreten sein. Dies wäre dann der Fall, wenn die VN die führerscheinlose Fahrt des B schuldhaft ermöglicht hätte.

Dazu dürfte die VN auch nicht der Vorwurf leichter Fahrlässigkeit treffen. Nach einhelliger Rechtssprechung muß ein Fahrzeughalter, der einem andern die Führung seines Fahrzeugs überläßt, sich stets, und zwar in der Regel durch Einblick in den Führerschein vergewissern, daß der andere die vorgeschriebene Fahrerlaubnis hat. Nicht ausreichend, sondern zumindest leicht fahrlässig ist es, wenn der Halter der Erklärung des Fahrers, einen Führerschein zu besitzen, vertraut.

Etwas anderes kann nur dann gelten, wenn der Halter definitiv weiß, daß der Fahrer die Fahrerlaubnis erworben hat, und wenn keine Gründe zu der

Annahme bestehen, daß diesem die Fahrerlaubnis zwischenzeitlich entzogen worden sein könnnte.

Vorliegend gilt folgendes:

Es entschuldigt die VN nicht, daß sie darauf vertraut hat, B werde einen Führerschein haben. Sie wird auch nicht dadurch entlastet, daß sie einen nicht weiter beachteten Führerschein in der Wohnung des B gesehen hat. Die VN hätte diesen Führerschein überprüfen müssen. Anders als das Berufungsgericht geht der BGH weiter davon aus, daß auch die Kontrolle an der Grenze das Verschulden der VN nicht entfallen läßt. Es handle sich dabei deswegen nicht um eine sichere Erkenntnisquelle, weil nicht gewährleistet sei, daß an einer Grenzstation die erforderlichen technischen Hilfsmittel vorhanden seien, um festzustellen, ob eine bestimmte Person tatsächlich im Besitz einer Fahrerlaubnis ist. (In diesem Punkt könnte die Entscheidung des BGH allerdings mittlerweile überholt sein.)

Ergebnis:

Der Versicherer ist gegenüber der VN wegen schuldhaften Ermöglichens der führerscheinlosen Fahrt des B in Höhe von 10 000 DM leistungsfrei geworden.

Dem Versicherer steht daher sowohl gegenüber B als auch gegenüber der VN ein Regreßanspruch in Höhe von je 10 000 DM zu.

f) Verhältnis der Führerscheinklausel zur Schwarzfahrt

Nach den AKB 88 trat bei der Verletzung der Führerscheinklausel gegenüber dem **299** Halter, VN oder Eigentümer dann keine Leistungsfreiheit ein, wenn der Fahrer das Fahrzeug unberechtigt benutzt hatte, also wenn eine Schwarzfahrt vorlag, § 2 Abs. 2 c S. 2 AKB 88.

Wie ist diese Konstellation nach der Neufassung der AKB zu lösen?

Fallbeispiel:
BGH VersR 69, 1107

VN überließ seine Moto Guzzi seinem Bekannten B, der keinen Führerschein besaß. B sollte von der gerade gemeinsam besuchten Gaststätte zu einer Apotheke, von dort zu seiner Wohnung und dann zurück in die Gaststätte fahren. Unterwegs traf B allerdings die schöne F und unternahm mit dieser nunmehr eine Spazierfahrt. Als B aus einer Kurve getragen wurde, wurden er und F schwer verletzt. Der KH-Versicherer reguliert den bei F entstandenen Personenschaden und beruft sich gegenüber dem VN und gegenüber B auf Leistungsfreiheit.

Lösung (unter Berücksichtigung der AKB 95):
– Leistungsfreiheit gegenüber B

Nach § 2 b Abs. 1 c AKB ist der Versicherer gegenüber dem Fahrer dann leistungsfrei, wenn dieser nicht die erforderliche Fahrerlaubnis hatte und weiter die Voraussetzungen von § 6 Abs. 1 und 2 VVG gegeben sind. Hiervon soll vorliegend ausgegangen werden.

– Leistungsfreiheit gegenüber dem VN

Nach § 2 b Abs. 1 S. 2 AKB tritt Leistungsfreiheit gegenüber dem VN nur ein, wenn dieser die Obliegenheitsverletzung schuldhaft herbeigeführt hat.

Das ist vorliegend gegeben – VN hatte sich den Führerschein nicht zeigen lassen, so daß insoweit auch gegenüber ihm Leistungsfreiheit besteht.

Allerdings liegt hier auch eine Schwarzfahrt vor: In der Spazierfahrt mit F liegt eine entscheidende Änderung des Charakters der zunächst geplanten Fahrt, die von der Erlaubnis des VN, so wie sie zunächst erbeten und erteilt wurde, nicht mehr gedeckt ist.

Die Schwarzfahrt des B ist vom VN nicht schuldhaft ermöglicht. *Stiefel/Hofmann* (§ 2 Rdnr. 257 a) gehen in diesem Fall davon aus, daß die Deckungspflicht des Versicherers neu entsteht, sobald der führerscheinlose Fahrer eine Schwarzfahrt unternimmt. Würde man dem folgen, käme es vorliegend nur noch darauf an, ob die Schwarzfahrt schuldhaft ermöglicht wurde. Das dürfte hier nicht der Fall gewesen sein, so daß nach *Stiefel/Hofmann* (a.a.O.) hier gegenüber VN keine Leistungsfreiheit bestünde.

Gegen diese Auffassung spricht allerdings, daß sich nur schwer begründen läßt, warum die einmal wegen Verstoßes gegen die Führerscheinklausel eingetretene Leistungsfreiheit rückwirkend dadurch wieder entfallen sollte, daß der Fahrer noch zusätzlich eine Schwarzfahrt begeht. Dies hätte einer ausdrücklichen Regelung bedurft. Auch für die anschließende Schwarzfahrt hat der Halter dadurch eine Ursache gesetzt, daß er sein Fahrzeug dem führerscheinlosen Fahrer überlassen hat. Diese Ursache und die daraus resultierende Leistungsfreiheit wirken zu Lasten des Halters fort.

Ergebnis:
Der KH-Versicherer kann sich auch gegenüber dem VN auf Leistungsfreiheit in Höhe von 10 000 DM berufen.

4. Die Trunkenheitsklausel, § 2 b Abs. 1 e AKB

300 Bis zum Inkrafttreten der AKB 95 war in der KH-Versicherung die Trunkenheit im Verkehr kaum sanktioniert. Vorsatz (§ 152 VVG) lag ebenso selten vor bzw. war ebensowenig nachzuweisen, wie eine (subjektive) Gefahrerhöhung (§§ 23 ff VVG), die einen Hang zu sich ständig wiederholenden Trunkenheitsfahrten (Dauermoment) voraussetzt.

Durch § 5 Abs. 1 Nr. 5 KfzPflVV wird dem Versicherer die Möglichkeit eingeräumt, eine Trunkenheitsklausel als Obliegenheit vor Eintritt des Versicherungsfalles zu vereinbaren. Dies ist mit § 2b Abs. 1 e AKB 95 umgesetzt. Die Obliegenheit betrifft zunächst den Fahrer, aber auch der VN verliert den Versicherungsschutz, falls er die Trunkenheitsfahrt des Fahrzeugführers schuldhaft ermöglicht hat, § 2b Abs. 1 S. 2 AKB.

a) Tatbestand

Vorausgesetzt wird, daß der Fahrer nicht sicher in der Lage ist, sein Fahrzeug zu **301** führen. Das ist in der Praxis insbesondere bei übermäßigem Alkoholgenuß der Fall. Da der Wortlaut der Trunkenheitsklausel den §§ 315 c, 316 StGB nachgebildet ist, liegt es nahe, die Rechtsprechung der Strafgerichte zur Frage heranzuziehen, ab welchem Grad der Alkoholisierung von einer Fahruntüchtigkeit auszugehen ist (allgemeine Meinung, *Feyock/Jacobsen/Lemor* § 2b AKB Rdnr. 52; *Stamm* VersR 95, 261 (264); *Bauer* Rdnr. 474). Dabei ist im Versicherungsrecht (BGH VersR 91, 1376 für § 61 VVG) wie im Strafrecht zwischen absoluter und relativer Fahruntüchtigkeit zu unterscheiden:

– Absolute Fahruntüchtigkeit liegt ab einer BAK von 1,1 Promille vor. Ausrei- **302** chend für die Annahme absoluter Fahruntüchtigkeit ist es, wenn der Grenzwert von 1,1 Promille nach dem Unfall erreicht wird und sich der Unfall also noch in der Resorptionsphase ereignet hat (BGH VersR 90, 1177).

Ein Gegenbeweis des Fahrers, er sei trotz einer Alkoholisierung von über 1,1 Promille nicht fahruntüchtig gewesen, ist nicht möglich (BGH VersR 91, 1367 für § 61 VVG).

Fallbeispiel:
BGH VersR 91, 1367

VN fuhr auf einer vierspurigen Schnellstraße mit 130 km/h. Es herrschte völlige Dunkelheit, es regnete heftig, so daß Aquaplaninggefahr bestand. Das Kfz des VN geriet ins Schleudern, drehte sich und stieß gegen die rechte Leitplanke, die auf einer Länge von 32 m beschädigt wurde. Die beim VN gemessene BAK betrug 1,12 Promille. Der VN ist der Ansicht, der Unfall sei nicht auf den Einfluß des Alkohols zurückzuführen, der Versicherer müsse daher Deckung für den Schaden an der Leitplanke gewähren.

Lösung:
– Leistungsfreiheit des Versicherers gem. § 2b Abs. 1 e AKB setzt zunächst voraus, daß der Tatbestand dieser Vorschrift erfüllt ist. Das ist der Fall, wenn der Fahrer infolge Genusses alkoholischer Getränke oder anderer berauschender Mittel nicht in der Lage ist, das Fahrzeug sicher zu führen. Bei absoluter Fahruntüchtigkeit ist unwiderlegbar von einer Fahrunsicherheit auszugehen, weitere Beweisanzeichen sind nicht erforderlich. Dies ergibt sich aus der an §§ 315 c, 316 StGB angelehnten Fassung des § 2b Abs. 1 e

---

AKB, so daß die hierzu ergangene Rechtsprechung der Strafgerichte auf die Anwendung der AKB übertragen werden kann (*Stamm* VersR 95, 261; *Bauer* Rdnr. 474).

Auch die weiteren Voraussetzungen der Leistungsfreiheit des KH-Versicherers sind erfüllt:

– Es ist davon auszugehen, daß der VN schuldhaft gegen die Trunkenheitsklausel verstoßen hat, da er sich seiner Alkoholisierung bewußt war.
– Ferner müßte der Versicherer der Kündigungspflicht des § 6 Abs. 1 S. 3 VVG genügen.
– Dem VN steht sodann gem. § 6 Abs. 2 VVG der Beweis offen, daß die Obliegenheitsverletzung für den Eintritt des Versicherungsfalles nicht kausal gewesen ist. Ein solcher Beweis ist dann geführt, wenn der Versicherungsfall für jeden anderen – nicht alkoholisierten – Fahrer ein unabwendbares Ereignis i. S. d. § 7 Abs. 2 StVG darstellt. Die Beweislast für die fehlende Kausalität zwischen Obliegenheitsverletzung und Eintritt des Versicherungsfalles obliegt dem VN. Anders *Feyock/Jacobsen/Lemor* § 2b AKB Rdnr. 61, ferner das AG Wilhelmshaven in einer unveröffentlichten Entscheidung (6 C 664/96). Diese Ansicht ist mit dem Wortlaut von § 6 Abs. 2 VVG nicht zu vereinbaren. Dieser bringt durch seine negative Fassung eindeutig zum Ausdruck, daß das Fehlen der Ursächlichkeit als Ausnahme von der Leistungsfreiheit normiert und damit vom VN zu beweisen ist (*Greger* NZV 97, 429; *Stiefel/Hofmann* § 2 Rdnr. 269 h; *Bauer* Rdnr. 480; AG Coburg SP 97, 444).

Da vorliegend nicht von einem unabwendbaren Ereignis auszugehen ist, kann sich der Versicherer auf eine Leistungsfreiheit in Höhe von 10 000 DM berufen. Daher kann er gem. § 3 Nr. 9 S. 2 PflVG einen Regreß in dieser Höhe gegen den Fahrer geltend machen.

– Relative Fahruntüchtigkeit

303 Diese ist bei einer BAK von 0,3–1,1 Promille anzunehmen (KG Berlin NZV 96, 200). Hier müsen zur Annahme der Fahruntüchtigkeit weitere Indizien vorliegen, aus denen sich ergibt, daß der Fahrer nicht sicher in der Lage war, das Fahrzeug zu führen. Je niedriger die BAK zum Unfallzeitpunkt war, um so gewichtigere zusätzliche Beweisanzeichen sind zum Nachweis der relativen Fahruntüchtigkeit erforderlich.

Beweisanzeichen können sich zum einen aus Ausfallerscheinungen ergeben, die im Blutabnahmeprotokoll enthalten sind, wie

– schwankender Gang
– getrübte Augen
– klinische Befunde, Tests (Finger-Nase-Probe).

Zum anderen können sich Beweisanzeichen aus groben Fahrfehlern ergeben, die typischerweise auf Alkoholgenuß zurückzuführen sind. Hierzu kann auf die

Rechtsprechung zur groben Fahrlässigkeit bei relativer Fahruntüchtigkeit in der Kaskoversicherung Bezug genommen werden. Beispiele:

- Abkommen von schnurgerader Fahrbahn (OLG Hamm r+s 95, 373)
- Geradeausfahren in Rechtskurve (OLG Oldenburg r+s 95, 331; OLG Hamm r+s 95, 374)
- Auffahren auf stehendes Fahrzeug (OLG Hamm r+s 95, 373)
- Übersehen eines geparkten Fahrzeugs (OLG Hamm r+s 95, 374)
- Übersehen eines verkehrsbedingt anhaltenden Fahrzeugs (OLG Karlsruhe r+s 95, 375)
- Abkommen von der Straße wegen überhöhter Geschwindigkeit (OLG Karlsruhe r+s 95, 376)
- Fahren in „Schlangenlinien"

Entscheidend ist, daß der Fahrer in einer Situation versagt hat, die ein Nüchterner unschwer zu meistern vermag (OLG Hamm r+s 95, 373; OLG Karlsruhe r+s 95, 375.)

b) Verschulden, § 6 Abs. 1 VVG

Auch auf die Trunkenheitsklausel finden § 6 Abs. 1 bzw. Abs. 2 VVG Anwendung. **304** Neben dem eigentlichen Tatbestand der Trunkenheitsklausel müssen daher weiter die dort normierten Voraussetzungen (Verschulden, Kündigung, Kausalität) gegeben sein.

Wer sich im Zustand der Fahruntüchtigkeit ans Steuer setzt, dürfte regelmäßig fahrlässig, oft sogar vorsätzlich handeln, so daß bei dieser Voraussetzung im Regelfall keine Probleme auftreten.

c) Kündigung, § 6 Abs. 1 S. 3 VVG

Die Monatsfrist beginnt, sobald der Versicherer den vollen objektiven Sachverhalt **305** kennt. Ob dies bereits durch die Schadensmeldung der Fall ist, hängt davon ab, ob darin Alkoholgenuß bzw. die Beschlagnahme des Führerscheins angegeben sind. Die für den Beginn der Kündigungsfrist erforderliche Kenntnis erhält der Versicherer mit Bekanntgabe des Wertes der BAK des VN, nicht schon mit der Mitteilung, der Führerschein sei auf Grund der Atemalkoholkonzentration des VN von der Polizei sichergestellt worden (zutreffend AG Monschau r+s 99, 444).

Ist der VN nicht selbst gefahren, so kann und muß der Vertrag nur gekündigt werden, wenn der VN die Trunkenheitsfahrt schuldhaft ermöglicht hat.

d) Kausalität, § 6 Abs. 2 VVG

Der VN bzw. Fahrer kann den Kausalitätsgegenbeweis antreten. Dies setzt das Vor- **306** liegen eines unabwendbaren Ereignisses i. S. d. § 7 Abs. 2 StVG voraus. Die Beweislast hierfür trägt der VN (AG Coburg SP 97, 444).

e) Schuldhaftes Ermöglichen einer Trunkenheitsfahrt

Nicht nur gegenüber dem alkoholisierten Fahrer, sondern auch gegenüber dem **307** VN, Halter oder Eigentümer kann Leistungsfreiheit bestehen, sofern letztere die

Trunkenheitsfahrt schuldhaft ermöglicht haben. Das kommt immer dann in Betracht, wenn der Halter bzw. der VN entweder Anzeichen einer alkoholbedingten Fahruntüchtigkeit (Schwanken, Alkoholgeruch) übersehen oder wenn sie dem Fahrer trotz Kenntnis von dessen Fahruntüchtigkeit (z. B. nach einer gemeinsamen Zechtour) das Steuer überlassen haben.

B. Obliegenheiten, die nach einem Versicherungsfall zu erfüllen sind

308 Der Versicherungsfall ist in § 7 I Abs. 1 AKB als Ereignis definiert, das Ansprüche gegen den VN zur Folge haben könnte. In der Praxis handelt es sich dabei regelmäßig um einen Verkehrsunfall, der Ansprüche gegen den VN auslöst.

309 Welche Obliegenheiten mit welchen Rechtsfolgen in der KH-Versicherung vereinbart werden können, ist durch § 6 KfzPflVV vorgegeben. Zu unterscheiden sind danach Anzeigeobliegenheiten (§ 7 I Abs. 2 S. 1 AKB) und Aufklärungsobliegenheiten (§ 7 I Abs. 2 S. 3 AKB). Diese Obliegenheiten sind auch von mitversicherten Personen, also z. B. vom Fahrer, zu erfüllen, § 3 AKB (BGH VersR 76, 383).

I. Allgemeine Voraussetzungen der Leistungsfreiheit

310 Eine Leistungsfreiheit des Versicherers tritt bei Obliegenheiten, die nach dem Versicherungsfall zu erfüllen sind, nur dann ein, wenn neben dem Tatbestand der Obliegenheit die weiter zu prüfenden Voraussetzungen von § 6 Abs. 3 VVG erfüllt sind:

1. Tatbestand

311 Zunächst muß der Tatbestand einer der in § 7 AKB genannten Obliegenheiten erfüllt sein. (Die Beweislast hierfür trägt der Versicherer, BGH VersR 77, 734.)

2. Verschulden

312 Gem. § 7 V Abs. 1 AKB wird, wie in § 6 Abs. 3 VVG vorgeschrieben, Vorsatz oder grobe Fahrlässigkeit vorausgesetzt. (Der Vesicherer hat zu beweisen, daß der VN vorsätzlich oder grob fahrlässig gehandelt hat, OLG Köln r+s 89, 139.)

3. Kausalität

313 Wurde die Obliegenheitsverletzung **grob fahrlässig** begangen, ist gem. § 6 Abs. 3 VVG, § 6 Abs. 2 KfzPflVV und entsprechend gem. § 7 V Abs. 1 S. 2 AKB Kausalität insoweit erforderlich, als die Obliegenheitsverletzung Einfluß auf die Feststellung des Versicherungsfalles oder auf den Umfang der vom Versicherer zu erbringenden Leistung haben muß. (Der VN hat in den Fällen der grob fahrlässigen Obliegenheitsverletzung die fehlende Kausalität zu beweisen, *Knappmann* in *Prölss/Martin* § 7 AKB Rdnr. 73.)

Bei einer **vorsätzlich** begangenen Obliegenheitsverletzung ist Kausalität dagegen nicht erforderlich. Daraus folgt, daß eine **vorsätzlich** begangene Obliegenheitsverletzung sogar dann zur Leistungsfreiheit führt, wenn sie **folgenlos** geblieben ist.

4. Rechtsbelehrung

Leistungsfreiheit bei einer **vorsätzlich** begangenen, aber **folgenlos** gebliebenen **314** Obliegenheitsverletzung setzt nach der Rechtsprechung einen deutlichen Hinweis des Versicherers auf den Eintritt seiner Leistungsfreiheit auch bei folgenloser, vorsätzlicher Obliegenheitsverletzung voraus, sog. **Rechtsbelehrung**. Dieses Erfordernis ist in § 6 Abs. 3 VVG nicht enthalten. Es wird von der Rechtsprechung (BGH VersR 73, 174; OLG Hamm VersR 94, 590) unter Hinweis auf § 242 BGB aufgestellt, weil es für den VN eine ebenso harte wie weithin unbekannte Rechtsfolge ist, daß eine bewußt unwahre Angabe auch dann zur Leistungsfreiheit des Versicherers führt, wenn sie für diesen nicht zu Nachteilen geführt hat. Die Belehrung muß äußerlich auffallen, also drucktechnisch hervorgehoben sein. Der VN muß der Belehrung ohne weiteres entnehmen können, daß ihm unter Umständen der Totalverlust des Versicherungsschutzes auch und gerade dann droht, wenn dem Versicherer durch die Falschangabe überhaupt kein Nachteil im Hinblick auf die Feststellung des Versicherungsfalles oder den Umfang der Leistungspflicht entstanden sind (OLG Köln r+s 97, 317). Üblicherweise ist die Belehrung so formuliert: „ Vorsätzlich (bewußt, wissentlich) falsche (unwahre) Angaben führen (können führen) auch dann zum Verlust des Versicherungsschutzes, wenn dem Versicherer daraus kein Nachteil entsteht." Immer wieder treten Fälle auf, in denen die Belehrung unrichtig, z. B. folgendermaßen formuliert ist: „Falsche Angaben führen . . .".Eine solche Belehrung ist fehlerhaft und führt deswegen auch nicht zu einer Leistungsfreiheit des Versicherers: Nicht jede falsche Angabe des VN führt zum Verlust des Versicherungsschutzes – leicht fahrlässige überhaupt nicht und grob fahrlässige nur bei Kausalität, also wenn dem Versicherer ein Nachteil entstanden ist. Wenn dem Versicherer dagegen kein Nachteil erwachsen ist, führt nur eine vorsätzlich falsche Angabe zum Verlust des Versicherungsschutzes. Das muß dem VN aber klar und deutlich gesagt werden (*Münstermann* r+s 98, 181).

Entbehrlich ist die Belehrung **315**
– wenn feststeht, daß der VN arglistig gehandelt hat (BGH VersR 76, 383; OLG Hamm r+s 92, 41)
– bei Obliegenheiten, die im Augenblick des Versicherungsfalles spontan zu erfüllen sind, z. B. die Wartepflicht nach einem Verkehrsunfall (OLG Kalrsruhe r+s 97, 406)
– bei Anzeigepflichtverletzungen (OLG Saarbrücken r+s 91, 14)

5. Relevanztheorie

316 Weiter müssen (nur) bei einer vorsätzlich begangenen, aber **folgenlos** gebliebenen Obliegenheitsverletzung die vom BGH (etwa r+s 92, 1) in der Relevanztheorie aufgestellten Voraussetzungen vorliegen:

– Zunächst muß die Obliegenheitsverletzung generell geeignet sein, **berechtigte Interessen des VR ernsthaft zu gefährden.**

– Darüberhinaus ist ein **erhebliches Verschulden** des VN erforderlich.

Ebenso wie das Belehrungserfordernis ist auch die Relevanztheorie nicht gesetzlich geregelt. Sie ist von der Rechtsprechung unter Berücksichtigung des Grundsatzes von Treu und Glauben entwickelt worden, um die Härte des in § 6 Abs. 3 VVG vorgesehenen „Alles-oder-nichts-Prinzips" abzufedern.

317 **Achtung:** Die Relevanztheorie findet in der KH-Versicherung keine Anwendung, wenn sich der KH-Versicherer auf eine Leistungsfreiheit von maximal 5000 DM beruft. Da in § 6 Abs. 1 KfzPflVV und darauf basierend in § 7 V Abs. 2 AKB die Leistungsfreiheit auf 5000,– DM beschränkt ist, kommt insoweit das „Alles-oder-nichts-Prinzip" nicht zum Tragen. Daher wird überwiegend davon ausgegangen, daß bis zu diesem Betrag die Voraussetzungen der Relevanztheorie nicht (mehr) vorliegen müssen (*Bauer* Rdnr. 617 m. w. N.). Leistungsfreiheit kann bis zum Betrag von 5000 DM also auch dann eintreten, wenn die Obliegenheitsverletzung weder berechtigte Interessen des Versicherers gefährdet hat, noch wenn den VN ein erhebliches Verschulden trifft. (Kritisch hierzu *Johannsen* in *Bruck/Möller/Johannsen* Anm. F 112; *Maier* NversZ 98, 59; näher hierzu unten Rdnr. 338 f)

318 In modifizierter Form ist die Relevantheorie allerdings dann anzuwenden, wenn sich der KH-Versicherer gem. § 7 V Abs. 2 S. 2 auf eine erhöhte Leistungsfreiheit von über 5000 und bis zu maximal zulässigen 10 000 DM wegen des Vorliegens einer besonders schwerwiegenden Obliegenheitsverletzung beruft. In diesem Fall gilt die Relevanztheorie mit der Maßgabe, daß neben einer Gefährdung berechtiger Interessen des Versicherers dem VN nicht nur ein erhebliches, sondern ein besonders schwerwiegendes Verschulden vorzuwerfen sein muß.

II. Die Folgen einer Obliegenheitsverletzung nach Eintritt des Versicherungsfalles

319 Mit welchen Konsequenzen eine Obliegenheitsverletzung für den VN verbunden sein kann, ist in § 6 KfzPflVV und darauf basierend in § 7 V AKB geregelt. In der **KH-Versicherung** ist die Leistungsfreiheit des Versicherers grundsätzlich auf einen Betrag von 5000 DM beschränkt. Von diesem Regelfall machen § 7 V Abs. 2 AKB bzw. § 6 Abs. 3 KfzPflVV eine Ausnahme:

320 Bei vorsätzlich begangener Verletzung der Aufklärungspflicht (z. B. unerlaubtes Entfernen vom Unfallort, unterlassener Hilfeleistung, Abgabe wahrheitswidriger Angaben gegenüber dem Versicherer), wenn diese besonders schwerwiegend ist, erweitert sich die Leistungsfreiheit des Versicherers auf einen Betrag von maximal 10 000 DM.

Auch wenn der VN vorsätzlich gehandelt hat, ist bei einer „normalen" Obliegenheitsverletzung, z. B. bei einer Unfallflucht, die Leistungsfreiheit des Versicherers auf 5000 DM beschränkt (Regelfall). Das gilt auch bei den in § 7 V Abs. 2 AKB aufgeführten Beispielsfällen. Nur wenn zusätzlich zur vorsätzlichen Begehensweise dem VN ein besonders schwerwiegender Fall zur Last zu legen ist, erweitert sich die Leistungsfreiheit (ausnahmsweise) auf 10 000 DM. Näher hierzu unten Rdnr. 338.

In der **Kasko- und Unfallversicherung** bleibt es bei der Regelung des § 6 Abs. 3 VVG (dies wird in § 7 V Abs. 4 AKB ausdrücklich klargestellt), so daß hier ggf. volle Leistungsfreiheit des Versicherers besteht, sog. „Alles-oder-nichts-Prinzip". **321**

III. Die Obliegenheiten nach dem Versicherungsfall im einzelnen

1. Die Anzeigeobliegenheiten

– Nach § 7 I Abs. 2 S. 1 AKB hat der VN den Versicherungsfall innerhalb einer Woche schriftlich anzuzeigen. Diese Vorschrift ist eine vertragliche Ausprägung von § 153 Abs. 1 bzw. von § 33 Abs. 1 VVG. Eine Anzeige ist daher nicht erforderlich, wenn der Versicherer in anderer Weise rechtzeitig Kenntnis erlangt hat, §§ 153 Abs. 1 S. 2, 33 Abs. 2 VVG (LG Freiburg SP 98, 363). Zeigt daher der Geschädigte den Unfall innerhalb einer Woche an, kann eine Leistungsfreiheit des Versicherers nicht eintreten (*Knappmann* in *Prölss/Martin* § 7 AKB Rdnr. 4). **322**

Aus diesem Grund ist die praktische Bedeutung der Anzeigeobliegenheiten in der KH-Versicherung relativ gering.

Inhalt der Anzeige muß die Mitteilung von Ort und Zeit sowie vom Ablauf des betreffenden Unfalls sein. Soweit dem VN zunächst noch keine Einzelheiten bekannt sind, muß er nur mitteilen, daß sein Fahrzeug in einen Unfall verwickelt worden ist (*Stiefel/Hofmann* § 7 Rdnr. 24). Die Anzeige eines Kaskoschadens ersetzt nicht die Anzeige des Haftpflichtfalles und umgekehrt (OLG Celle VersR 67, 994). Zwar ist die Kenntnis der Kaskoabteilung der Haftpflichtabteilung zuzurechnen. Da aber abhängig von der konkreten Versicherungsart der Inhalt der Anzeige ein anderer sein kann und muß, kann dennoch eine Verletzung der Anzeigeobliegenheit in Betracht kommen (*Stiefel/Hofmann* § 7 Rdnr. 16). Gerichtsentscheidungen zur Obliegenheit, den Versicherungsfall anzuzeigen, sind in der KH-Versicherung nur sehr selten ergangen. Informativ ist eine Entscheidung des OLG Köln (VersR 67, 442), in neuer Zeit hat das OLG Hamm (SP 99, 358) eine Klage gegen einen Kaskoversicherer abgewiesen, weil die Schadenanzeige verspätet erfolgt war.

Die Anzeigepflicht entfällt, wenn der VN mit Rücksicht auf seinen Schadensfreiheitsrabatt einen Schadensfall nach Maßgabe der Sonderbedingungen zur Regelung von kleinen Sachschäden (abgedruckt bei *Stiefel/Hofmann* § 7 Rdnr. 262) selbst reguliert, § 7 I Abs. 2 S. 2 AKB.

323 – Der VN muß weiter die Einleitung eines Ermittlungsverfahrens, den Erlaß eines Strafbefehls oder eines Bußgeldbescheids unverzüglich anzeigen, auch wenn er den Versicherungsfall bereits mitgeteilt hat, § 7 I Abs. 2 S. 5 AKB. Auch insoweit sind die §§ 33 Abs. 2 und 153 Abs. 1 S. 2 VVG zu beachten.

324 – In der KH-Versicherung ist der VN weiter zur Anzeige innerhalb einer Woche verpflichtet, wenn der Geschädigte seinen Anspruch ihm gegenüber geltend gemacht hat, § 7 II Abs. 2 AKB.

325 – Eine Pflicht zur unverzüglichen Anzeige besteht, wenn gegen den VN ein Anspruch gerichtlich geltend gemacht wird, § 7 II Abs. 3 AKB. Letztlich soll durch diese Obliegenheit eine Prozeßführung durch den Versicherer (hierzu § 7 II Abs. 5 AKB) ermöglicht werden.

326 Beachten Sie: Die Verletzung der Anzeigeobliegenheit kann in der KH-Versicherung immer nur zu einer Leistungsfreiheit von höchsten 5000 DM führen. Nach dem eindeutigen Wortlaut von § 7 V Abs. 2 S. 2 AKB kommt eine Erhöhung der Leistungsfreiheit auf 10 000 DM nur bei einer besonders schwerwiegenden Verletzung der Aufklärungspflicht in Betracht (OLG Karlsruhe r+s 94, 203).

Fallbeispiel:
OLG Hamm r+s 94, 83

VN besuchte das türkische Café X. in W. Dort traf er drei Bekannte, A, B und C. Da diese kein Auto besaßen, erklärte sich der VN bereit, für Heimfahrt aller seinen BMW zur Verfügung zu stellen. Gesteuert wurde der Pkw von B. Dieser kam mit dem Pkw von der Straße ab und stieß gegen einen Baum. A und C wurden verletzt, weiterer Fremdschaden entstand nicht. Nachdem der KH-Versicherer die Personenschäden der Insassen reguliert hatte, berief er sich u. a. deswegen auf Leistungsfreiheit, weil der VN den Unfall nicht innerhalb einer Woche angezeigt habe. Außerdem habe der VN von einem Anspruchsschreiben eines geschädigten Insassen bzw. von dessen Krankenkasse keine Mitteilung gemacht. Gleiches gelte für ein gegen den VN von der Staatsanwaltschaft eingeleitetes Ermittlungsverfahren.

VN meint, er habe den Schaden deshalb nicht gemeldet, weil ihm nicht klar gewesen sei, daß er neben B überhaupt (als Halter) haften müsse. Der Versicherer habe vor der Regulierung Einsicht in die Strafakte genommen, das Anspruchsschreiben der Krankenkasse sei dem KH-Versicherer direkt zugegangen.

Lösung:
Leistungsfreiheit in Höhe von 5000 DM könnte sich aus einem Verstoß gegen die Anzeigeobliegenheit des § 7 I Abs. 2 S. 1 AKB ergeben (§ 7 V Abs. 2 AKB).

- Der Tatbestand von § 7 I Abs. 2 S. 1 AKB ist erfüllt – VN hat den Eintritt des Versicherungsfalles nicht innerhalb einer Woche schriftlich angezeigt.
- Dies müßte vorsätzlich oder grob fahrlässig geschehen sein, § 7 V Abs. 1 AKB i. V. m. § 6 Abs. 3 VVG. Das Gericht hat diese Voraussetzung verneint: Es sei nicht fernliegend, daß ein KH-VN nicht weiß, daß bei einem Unfall verletzte Fahrzeuginsassen auch gegen den Halter (gem. § 7 StVG) Ansprüche stellen könnten. Auch wenn man das Verhalten als grob fahrlässig werte, würde es an der sodann erforderlichen (§ 7 V Abs. 1 AKB, § 6 Abs. 3 VVG) Kausalität für auf die Feststellung des Versicherungsfalles oder für den Umfang der zu erbringenden Leistungen fehlen. Nachteile sind dem Versicherer nämlich nicht entstanden, er war vor einer etwaigen Regulierung vollständig über das Geschehen informiert.
- Die mangelnde Anzeige des Anspruchsschreibens der Geschädigten bzw. von deren Krankenkasse stellt zwar einen Verstoß gegen § 7 I Abs. 2 AKB dar. Der VN muß seinem KH-Versicherer mitteilen, wenn der Geschädigte Ansprüche gegen ihn erhebt. Vorliegend führt das wegen § 153 Abs. 1 S. 2 i. V. m. § 33 Abs. 2 VVG nicht zur Leistungsfreiheit – der Versicherer hatte durch das auch an ihn gerichtete Schreiben der Krankenkasse Kenntnis von deren Ansprüchen erlangt.
- Schließlich hat der VN auch das gegen ihn eingeleitete Ermittlungsverfahren nicht angezeigt, hierzu war er gem. § 7 I Abs. 2 S. 5 AKB verpflichtet. Damit ist der objektive Tatbestand einer Obliegenheitsverpflichtung gegeben.
- Weiter müßte der VN insoweit vorsätzlich oder grob fahrlässig gehandelt haben, § 7 V Abs. 1 i. V. m. § 6 Abs. 3 VVG. Diese Voraussetzung hat das Gericht verneint, der VN habe nicht grob fahrlässig gehandelt, als er davon ausging, er sei überhaupt nicht haftpflichtig.
- Darüber hinaus fehle es auf jeden Fall an der bei grob fahrlässigem Verhalten weiter erforderlichen Kausalität – dem Versicherer seien bei der Regulierung des Schadens keine Nachteile entstanden.
- Hinzu kommt, daß auch hier wieder § 153 Abs. 1 S. 2 i. V. m. § 33 Abs. 2 VVG anzuwenden sind – der Versicherer hatte durch die Einsicht in die Strafakte anderweitig Kenntnis von dem eingeleiteten Ermittlungsverfahren erlangt.

Ergebnis:
Der Versicherer kann sich nicht auf eine Leistungsfreiheit berufen, ein Regreß gegen den VN scheidet aus.

2. Die Aufklärungsobliegenheiten, § 7 I Abs. 2 S. 3 AKB

Anders als bei den Obliegenheiten vor Eintritt des Versicherungsfalles wird weder **327** durch § 6 KfzPflVV noch durch § 7 AKB ein bestimmter Katalog von Obliegenheitsverletzungen aufgeführt. In § 7 I Abs. 1 Abs. 2 S. 3 AKB ist nur allgemein die Rede davon, daß der VN alles zu tun hat, was zur Aufklärung des Tatbestands und zur Minderung des Schadens dienlich sein kann. Diese Bestimmung korrespondiert mit § 34 VVG. Danach kann der Versicherer nach dem Eintritt des Versicherungsfalles verlangen, daß der VN jede Auskunft erteilt, die zur Feststellung des Versicherungsfalles oder des Umfangs der Leistungspflicht erforderlich ist. Für die Frage der Erforderlichkeit ist kein strenger Maßstab anzulegen, der Versicherer darf (auch mit Hilfe von standardisierten Fragebögen) nach allem fragen, was für Grund und Umfang seiner Leistung relevant sein könnte (*Prölss* in *Prölss/Martin* § 34 VVG Rdnr. 4). Übertragen auf die KH-Versicherung bedeutet das zunächst, daß der VN auf Fragen des Versicherers zu den Umständen des Unfallereignisses (Unfallhergang, Zeugen, Person des Fahrers, Alkoholisierung, Nachtrunk usw.) wahrheitsgemäß antworten muß. Daneben liegt eine Verletzung der Aufklärungspflicht insbesondere dann vor, wenn der VN eine Verkehrsunfallflucht begangen hat.

a) Die Verletzung der Aufklärungspflicht bei Fragen des Versicherers

aa) Allgemeines

328 Das Offenlassen von Fragen führt erst dann zur Leistungsfreiheit, wenn der Versicherer beim VN nachgefragt hat und dieser daraufhin nicht reagiert (OLG Köln r+s 98, 102; OLG Hamm VersR 96, 53).

Eine Unterrichtungsmöglichkeit des Versicherers durch andere Weise (z. B. durch Einsicht in die Strafakten) berührt die Aufklärungspflicht nicht (OLG Hamm r+s 94, 126).

Falsche Aussagen gegenüber der Polizei stellen grundsätzlich keine Obliegenheitsverletzungen dar. Etwas anderes gilt aber dann, wenn gleichzeitig schutzwürdige Belange des Versicherers betroffen sind (BHG VersR 95, 1043). Das ist z. B. dann der Fall, wenn gegenüber der Polizei wahrheitswidrige Angaben zur Person des Fahrers gemacht werden. Hierdurch können Beweismittel unwiderbringlich verlorengehen, zudem werden die Ermittlungen und damit auch die Regulierung durch den Versicherer in eine völlig falsche Richtung gelenkt (LG Gießen VersR 97, 998; BGH VersR 83, 258).

Die spätere Richtigstellung beseitigt die Relevanz der zunächst unrichtigen Angabe nur, wenn die Korrektur vollkommen freiwillig erfolgt. Das ist aber nur dann der Fall, wenn der VN nicht die baldige Aufdeckung durch den Versicherer befürchten muß (LG Köln r+s 97, 228).

329 Die Aufklärungspflicht endet, wenn der Versicherer die Deckung endgültig abgelehnt hat: Da keine Prüfungs- und Regulierungsbereitschaft des Versicherers mehr gegeben ist, besteht auch keine Aufklärungspflicht des VN (BGH r+s 92, 97; berechtigte Kritik an dieser Entscheidung übt *Langheid* r+s 92, 109).

bb) Fragen nach Alkoholgenuß

330 Angaben des VN über Alkoholkonsum sind für den Versicherer zum einen im Hinblick auf die Trunkenheitsklausel (§ 2 Abs. 1 e AKB), zum anderen für die Fra-

ge relevant, ob bei der Regulierung ein alkoholbedingtes Mitverschulden gem. § 254 BGB zu berücksichtigen ist (*Feyock/Jacobsen/Lemor* § 7 AKB Rdnr. 55).

Fallbeispiel:

OLG Hamm r+s 94, 126

Der VN kam mit seinem Kfz ins Schleudern, prallte gegen eine Hauswand und verursachte dort einen Schaden in Höhe von 3500 DM. Eine Blutprobe ergab 1,7 Promille, der Führerschein wurde sichergestellt.

Am nächsten Tag meldete der VN den Unfall telefonisch, ohne allerdings gegenüber dem Versicherer die Blutprobe und die Sicherstellung des Führerscheins zu erwähnen.

Ein ihm am nächsten Tag zugegangenes Schadenanzeigeformular sandte der VN nicht an den Versicherer zurück, weil er die Beantwortung der darin enthaltenen Fragen über Alkoholgenuß für problematisch hielt. Auch auf ein Erinnerungsschreiben reagierte der VN nicht. Auf die Konsequenzen einer vorsätzlichen auch folgenlosen Obliegenheitsverletzung war der VN im Anzeigeformular ausreichend hingewiesen worden. Der Versicherer nahm den VN in Regreß.

Lösung:

Leistungsfreiheit (und darauf basierend ein Regreß gem. § 3 Nr. 9 S. 2 PflVG) könnte gem. § 7 I Abs. 2 S. 3 AKB wegen des Verstoßes gegen eine Aufklärungsobliegenheit eingetreten sein.

– Der Umfang der Aufklärungspflicht richtet sich in erster Linie nach den in dem vom Versicherer übersandten Schadenanzeigeformular enthaltenen Fragen. Mit der telefonischen Unfallanzeige hat der VN seine Aufklärungspflicht daher nicht erfüllt. Dies gilt schon deswegen, weil er im Telefonat keinerlei Angaben zum Alkoholgenuß gemacht hat. Der Tatbestand der Obliegenheitsverletzung ist daher erfüllt. Hieran ändert auch die Tatsache nichts, daß der Versicherer über die Einsicht in die Ermittlungsakte den wahren Sachverhalt später erfahren hat. Ein VN kann sich nicht darauf berufen, daß der Versicherer den wahren Sachverhalt noch zeitig genug erfahren habe oder sich die erforderlichen Informationen anderweitig habe beschaffen können.

– Der VN müßte vorsätzlich oder grob fahrlässig gehandelt haben. Diese Voraussetzungen der Leistungsfreiheit gem. § 7 V Abs. 1 AKB sind (anders als in der Kaskoversicherung) **in der KH-Versicherung** vom Versicherer zu beweisen (OLG Hamm VersR 79, 75, näher hierzu unten Rdnr. 426) Da der VN vor Gericht einräumte, er habe zur Alkoholisierung keine Angaben gemacht, weil er dies im Hinblick auf seinen Versicherungsschutz für problematisch hielt, ging das OLG von einem bewußten, also vorsätzlichen, Verstoß aus.

- Auf die Kausalität kommt es bei einer vorsätzlichen Obliegenheitsverletzung nicht an, § 7 V Abs. 1 S. 2 AKB i. V. m. § 6 Abs. 3 VVG.
- Die erforderliche Rechtsbelehrung wurde nach Sachlage erteilt.
- Die Voraussetzungen der Relevanztheorie sind nicht zu prüfen. Nur wenn der Versicherer eine über 5000 DM hinausgehende Leistungsfreiheit geltend machen will (hierzu unten Rdnr.), müssen die Voraussetzungen der (erweiterten) Relevanztheorie gegeben sein.

Ergebnis:
Der Versicherer kann sich auf eine Leistungsfreiheit von 5000 DM berufen. Da der Versicherer an den Geschädigten (nur) 3500 DM bezahlt hat, kommt ein Regreß lediglich bis zu diesem Betrag (die auszugleichende Gesamtschuld beträgt 3500 DM, § 3 Nr. 2 und Nr. 9 PflVG) und nicht in Höhe von 5000 DM in Betracht.

Verhindert der VN nach einem Unfall mit Fremdschaden Untersuchungen der Polizei zu seiner etwaigen Alkoholisierung, so liegt darin auch dann ein Verstoß gegen die Aufklärungsobliegenheit, wenn er sich nach dem Unfall sofort bei dem Geschädigten gemeldet hat und daher u. U. keine Unfallflucht vorliegt (OLG Köln VersR 95, 1182).

cc) Nachtrunk

331 Ein Nachtrunk liegt vor, wenn der VN unmittelbar im Anschluß an den Unfall Alkohol zu sich nimmt, um so die Bestimmung der Blutalkoholkonzentration (BAK) unmöglich zu machen oder jedenfalls zu erschweren. Für die Frage, ob hierin ein Verstoß gegen die Aufklärungspflicht zu sehen ist, muß zwischen der KH- und der Kaskoversicherung differenziert werden (BGH VersR 67, 1088). Bei letzterer kann es durchaus sein, daß es zu einem Kaskoschaden gekommen ist, ohne daß ein anderer Verkehrsteilnehmer geschädigt wurde. Weil in diesem Fall eine Unfallflucht gem. § 142 StGB nicht in Betracht kommt, besteht für den VN keine Verpflichtung gegenüber dem Versicherer, sich für eine Feststellung des Blutalkoholgehalts zur Verfügung zu halten. Dagegen besteht diese Pflicht im Rahmen des § 142 StGB und damit immer dann, wenn bei einem Dritten ein Schaden entstanden ist. Letzeres ist bei der KH-Versicherung der Regelfall, so daß hier in einem Nachtrunk ein Verstoß gegen die Aufklärungsobliegenheit liegt.

Fallbeispiel:
OLG Frankfurt VersR 95, 164

Der VN besuchte eine Kirmesveranstaltung, wo er sein Kfz auf einem dafür vorgesehenen Wiesengelände parkte. Als er nach Mitternacht und nach dem Genuß von mindestens zwei kleinen Bieren das Wiesengelände verlassen wollte, fuhr er in einen Straßengraben. Dabei prallte er gegen ein geparktes Fahrzeug. Der VN kehrte zurück ins Festzelt, wo er weitere alkoholische

Getränke zu sich nahm. Dabei erklärte er gegenüber einem Freund, sein Auto sei kaputt und es werde Ärger geben. Eine am anderen Morgen um 11 Uhr 30 entnommene Blutprobe ergab einen Wert von 0,23 Promille. Der KH-Versicherer reguliert den Fremdschaden und beruft sich gegenüber seinem VN auf eine Leistungsfreiheit in Höhe von 5000 DM.

Lösung:
Leistungsfreiheit könnte nach § 7 I Abs. 2 S. 3, V Abs. 2 AKB i. V. m. § 6 Abs. 3 VVG wegen Verletzung der Aufklärungsobliegenheit eingetreten sein.

– Zu den Feststellungen, die ein Unfallbeteiligter unverzüglich nachträglich ermöglichen muß, gehören polizeiliche Ermittlungen nach einer Alkoholisierung zum Unfallzeitpunkt. Da diese durch einen Nachtrunk zumindest erheblich erschwert werden (der VN hat nicht nur eine ganz unbedeutende Menge nachgetrunken), ist der objektive Tatbestand einer Obliegenheitsverletzung gegeben.

– Ferner müßte der VN vorsätzlich oder grob fahrlässig gehandelt haben, § 7 V Abs. 1 AKB.
  In der KH-Versicherung muß, anders als in der Kaskoversicherung, der Versicherer schuldhaftes Handeln des VN beweisen. Das folgt aus dem Wortlaut von § 7 V Abs. 1 S. 1 AKB, wo das Erfordernis vorsätzlichen oder grob fahrlässigen Verhaltens in den (vom Versicherer zu beweisenden) Tatbestand aufgenommen ist. Vorliegend ist von einem vorsätzlichen Handeln auszugehen, der VN wußte, daß er einen Fremdschaden verursacht hatte, ihm war (wie sich aus der Äußerung gegenüber seinem Bekannten ergibt) bekannt, daß er die Polizei rufen mußte und daß er dann mit einer Feststellung seiner BAK rechnen mußte.

– Kausalität ist bei einer vorsätzlichen Obliegenheitsverletzung nicht erforderlich.

– Sofern der Versicherer eine unter 5000 DM liegende Leistungsfreiheit geltend macht, sind die Voraussetzungen der Relevanztheorie nicht zu prüfen.

Ergebnis:
Der Versicherer kann einen Regreß (§ 3 Nr. 9 S. 2 PflVG) in Höhe von 5000 DM durchführen.

dd) Person des Fahrers

Der VN ist verpflichtet anzugeben, wer im Unfallzeitpunkt Fahrer des versicher-　**332**
ten Kfz gewesen ist (OLG Oldenburg VersR 95, 952; OLG Hamm VersR 95, 165; LG Koblenz r+s 96, 300; grundlegend BGH VersR 76, 383), das gilt auch auf die Gefahr hin, strafrechtliche Nachteile zu erleiden (OLG Frankfurt ZfS 86, 152). Gleiches gilt für die Frage nach Insassen (OLG Schleswig r+s 94, 88; BGH VersR 65, 1190).

ee) Angaben zum Unfallhergang

333 Der VN muß Fragen nach Zeugen wahrheitsgemäß beantworten (OLG Schleswig r+s 94, 88), die Unfallursache richtig schildern, die gefahrene Geschwindigkeit zutreffend angeben, die Person des Fahrers benennen. (Eingehend hierzu mit zahlreichen Beispielen aus der Rechtsprechung *Knappmann* in *Prölss/Martin* § 7 AKB Rdnr. 27–41.)

ff) Spurenbeseitigung

334 Die Veränderung von Unfallspuren, um den wahren Hergang zu vertuschen oder einen anderen als den tatsächlichen Ablauf vorzutäuschen, stellt einen erheblichen Verstoß gegen die Aufklärungspflicht dar (BGH VersR 70, 457; *Feyock/Jacobsen* § 7 AKB Rdnr. 73).

b) Die Verletzung der Aufklärungspflicht durch Unfallflucht (§ 142 StGB)

aa) Objektiver Tatbestand

335 Eine gesetzliche Sanktion der Unfallflucht gibt es im Versicherungsrecht nicht. Durch § 34 VVG ist dem Versicherer allerdings die Möglichkeit eingeräumt, im Versicherungsvertrag die Einhaltung bestimmter Obliegenheiten mit dem Versicherungsnehmer zu vereinbaren. Jedoch ist auch dort die Unfallflucht als Obliegenheit des VN nicht explizit aufgeführt. In § 7 I Abs. 2 AKB befindet sich nur eine recht allgemein gehaltene Bestimmung, wonach der VN verpflichtet ist, „alles zu tun, was zur Aufklärung des Tatbestandes und zur Minderung des Schadens dienlich sein kann". Naturgemäß ist eine der wichtigsten Voraussetzungen für die Aufklärung des Unfallhergangs, daß der VN nach dem Unfall nicht unberechtigt die Unfallstelle verläßt und dadurch vereitelt, daß die notwendigen Feststellungen über den Unfallverlauf, die Verantwortlichkeit der Beteiligten und den Umfang des Schadens getroffen werden können (*Bauer* Rdnr. 536; grundlegend BGH NJW 58, 993). Die Strafvorschrift des § 142 StGB (Verkehrsunfallflucht) schützt zwar primär das Interesse des durch den Unfall Geschädigten, in zweiter Linie aber auch das Aufklärungsinteresse des Versicherers. Nach dem BGH (VersR 83, 258) wird das Aufklärungsinteresse des Versicherers durch § 142 StGB „gewissermaßen durch eine Reflexwirkung geschützt, weil die Strafvorschrift auf dem Weg über die polizeilichen Ermittlungen mittelbar auch dem Versicherer zugute kommt, indem er das Ergebnis dieser Ermittlungen verwerten kann". Grundsätzlich ist daher von einer Verletzung der Aufklärungsobliegenheit (§ 7 I Abs. 2 Satz 3 AKB) auszugehen, falls dem VN eine Unfallflucht vorzuwerfen ist (OLG Köln NVersZ 99, 170; BGH NVersZ 2000, 134 = r+s 2000, 94 gegen OLG Saarbrücken NVersZ 99, 172; ausführlich hierzu *Rech* NVersZ 99, 156; *Hofmann* NVersZ 99, 354).

Eine Verkehrsunfallflucht gem. § 142 StGB liegt vor, wenn folgende Tatbestandsmerkmale erfüllt sind:

336 – Zunächst muß ein **Verkehrsunfall** vorliegen. Das ist nur dann der Fall, wenn kein ganz unerheblicher Personen- oder Sachschaden entstanden ist. Die sog. Bagatellgrenze bei Sachschäden liegt ungefähr bei 150 DM.

– Ein Unfallbeteiligter muß sodann gem. § 142 Abs. 1 Nr. 1 StGB durch seine Anwesenheit die Feststellung seiner Person, seines Fahrzeugs und der Art seiner Beteiligung ermöglichen **(Vorstellungspflicht)**.

– Befinden sich keine feststellungsberechtigten Personen am Unfallort, muß der Unfallbeteiligte gem. § 142 Abs. 1 Nr. 2 StGB eine angemessene Zeit warten **(Wartepflicht)**. Ob und in welchem zeitlichen Umfang eine Wartepflicht besteht, ist eine Frage des Einzelfalles. Bei einem nächtlichen Unfall mit geringem Schaden können 10 Minuten genügen, im Fall der Tötung oder schweren Körperverletzung beträgt die Wartezeit mindestens eine Stunde (zahlreiche Beispiele aus der Rechtsprechung finden sich bei *Dreher/Tröndle* § 142 Rdnr. 33).

– Nach Ablauf der Wartefrist besteht die Verpflichtung, die Feststellungen zum Unfallgeschehen unverzüglich **nachträglich zu ermöglichen** (§ 142 Abs. 2 StGB). Dazu muß der Unfallbeteiligte dem Berechtigten oder einer nahe gelegenen Polizeidienststelle mitteilen, daß er an dem Unfall beteiligt gewesen ist. Im Regelfall muß dies spätestens am anderen Morgen um 8 Uhr 00 geschehen.

– Wenn der Täter gegen eine der aufgezeigten Verhaltenspflichten **vorsätzlich** (§ 15 StGB) verstößt, ist der Tatbestand einer Unfallflucht erfüllt.

Fallbeispiel:
Nach BGH VersR 82, 742

Der VN beschädigte nachts einen geparkten Wagen erheblich. Mit seinem noch fahrbereiten Auto entfernte er sich vom Unfallort, das Kennzeichen konnte von Passanten aber notiert werden. Gegenüber Polizeibeamten, die ihn noch in der Unfallnacht in seiner Wohnung aufsuchen wollten, ihn aber dort erst am nächsten Morgen gegen 7 Uhr 45 antrafen, gab der VN sofort zu, zur Unfallzeit Fahrer gewesen zu sein sowie unter der Einwirkung von erheblichem Alkoholgenuß gestanden zu haben. Der VN machte weiter zutreffende Angaben über den Unfallhergang und erstattete am gleichen Morgen gegenüber dem Versicherer die Schadensmeldung.

Der Versicherer zahlte 17 390, 69 DM an den Geschädigten und berief sich nunmehr gegenüber dem VN wegen Verstoßes gegen die Aufklärungsobliegenheit auf eine Leistungsfreiheit von 10 000,– DM.

Lösung:
Leistungsfreiheit in Höhe von 10 000 DM und damit ein Regreßanspruch in dieser Höhe könnte dem Versicherer gem. §§ 7 I Abs. 2 S. 3, 7 V AKB i. V. mit § 3 Nr. 2, 4 und Nr. 9 S. 2 PflVG zustehen.

Eine Leistungsfreiheit des Versicherers setzt nach den genannten Vorschriften folgendes voraus:

– Zunächst müßte der (objektive) **Tatbestand** einer Verletzung der Aufklärungsobliegenheit vorliegen.

Davon ist dann auszugehen, wenn der VN eine Unfallflucht gem. § 142

StGB begangen hat. Vorliegend ist eine Unfallflucht gegeben. Der VN hat weder seiner Wartepflicht genügt, noch unverzüglich nachträglich Feststellungen ermöglicht.

– Der VN muß die Aufklärungspflicht durch die Unfallflucht **schuldhaft**, nämlich vorsätzlich oder grob fahrlässig verletzt haben, § 7 V Abs. 1 AKB i. V. m. § 6 Abs. 3 VVG. Dieses Erfordernis ist bei der Unfallflucht im Normalfall problemlos gegeben. Jeder VN weiß, daß er den Versicherer bei der Aufklärung des Sachverhaltes unterstützen muß und daß er sich nicht unberechtigt vom Unfallort entfernen darf (*Römer/Langheid*, VVG, § 6 Rdnr. 56; *Stiefel/Hofmann* § 7 Rdnr. 87 m. w. N.). Der VN hat daher durch die Unfallflucht auch seine Aufklärungspflicht vorsätzlich verletzt.

– Da es sich um eine vorsätzlich begangene Obliegenheitsverletzung handelt, ist es nicht erforderlich, daß dem Versicherer **Nachteile** entstanden sind, § 7 V Abs. 1 AKB i. V. m. § 6 Abs. 3 VVG.

– Eine **Rechtsbelehrung** ist hier, anders als bei Aufklärungsobliegenheiten, weder möglich (der Versicherer hat im Zeitpunkt der Unfallflucht naturgemäß keinen Kontakt zum VN) noch erforderlich (OLG Karlsruhe r+s 97, 406).

– Relevanztheorie: Nach ganz überwiegender Auffassung tritt bei einer vorsätzlichen (oder grob fahrlässigen), nach Eintritt des Versicherungsfalles begangenen Obliegenheitsverletzung Leistungsfreiheit gem. § 7 V Abs. 2 AKB bis zu einem Betrag von 5000,– DM ein, ohne daß weiter die Voraussetzungen der **Relevanztheorie** vorliegen müssen (*Stiefel/Hofmann* § 7 Rdnr. 105; *Bauer* Rdnr. 617; *Knappmann* in *Prölss/Martin* § 7 Rdnr. 64; OLG Karlsruhe r+s 94, 203; OLG München ZfS 86, 277; OLG Köln ZfS 86, 213. So wohl auch BGH VersR 82, 742 – die Entscheidung des BGH trifft zu diesem Punkt allerdings keine eindeutige Aussage, da das Urteil sich nur mit den Voraussetzungen der erhöhten Leistungsfreiheit von **10 000 DM** befaßt). Begründet wird diese Ansicht damit, daß der VN, dem im Höchstfall die Zahlungspflicht von 5000 DM droht, den Schutz der Relevanztheorie nicht benötigt. Grundgedanke der Relevanzrechtsprechung ist es, die Härte des § 6 Abs. 3 VVG abzumildern, wonach der vorsätzlich handelnde VN den gesamten Versicherungsschutz ohne Rücksicht darauf verliert, ob sein Verhalten überhaupt Nachteile für den Versicherer verursacht hat (Alles-oder-Nichts-Prinzip). Da das Alles-oder-Nichts-Prinzip in der KH-Versicherung aber nicht gilt (die Leistungsfreiheit ist auf **höchstens 5000 DM** beschränkt), entfällt das Schutzbedürfnis des VN und damit auch die Grundlage der Relevanzrechtsprechung. (Kritisch hierzu *Maier* NversZ 99, 59; *Bruck/Möller/Johannsen* Anm. F 112 m. w. N. aus der Rechtsprechung.)

Vorliegend beruft sich der Versicherer aber auf eine Leistungsfreiheit von 10 000 DM. In diesem Fall ist die Relevanztheorie sogar in modifizierter, d. h. in verschärfter Form anzuwenden:

– Zunächst muß die Obliegenheitverletzung geeignet sein, die berechtigten Interessen des Versicherers ernsthaft zu gefährden. Nach dem BGH (VersR 1972, 339 und 341) ist die Unfallflucht generell als Gefährdung der Interessen des Versicherers anzusehen. Soweit Unfallflucht vorliegt, wird das Aufklärungsinteresse des Versicherers durch § 142 StGB in Form einer „Reflexwirkung" geschützt, weil diese Strafvorschrift auf dem Weg der polizeilichen Ermittlungen mittelbar auch dem Versicherer zugute kommt, da dieser das Ergebnis dieser Ermittlungen im Rahmen der Akteneinsicht verwerten kann.

– Ferner muß der Verstoß des VN gegen die Aufklärungspflicht gem. § 7 V Abs. 2 S. 2 AKB besonders schwerwiegend sein (die AKB gehen insoweit über die Relevanztheorie hinaus, als diese nur ein erhebliches Verschulden des VN voraussetzt).

Von einem besonders schwerwiegenden Verschulden des VN ist nur dann auszugehen, wenn sich das Verhalten des VN vom „Normalfall" einer vorsätzlichen Obliegenheitsverletzung deutlich negativ abhebt. Das bedeutet im Fall der Unfallflucht, daß eine bloße Entfernung des VN von der Unfallstelle nicht genügt, sondern daß noch weitere, erschwerende Umstände hinzukommen müssen.

Das war hier nicht der Fall. Das Gesamtverhalten des VN ging nicht über die bei Unfallflucht üblichen Pflichtverstöße hinaus. Weder wurden Unfallspuren verwischt (die Alkoholisierung war am nächsten Morgen zugegeben worden), noch kam unterlassene Hilfeleistung in Betracht, da niemand verletzt worden war.

Ergebnis:
Die Leistungsfreiheit des Versicherers ist auf 5000 DM beschränkt. Nur in dieser Höhe kann der Versicherer Rückzahlungsansprüche gegen den VN geltend machen.

bb) Die Neuregelung des § 142 Abs. 4 StGB

Nach dem am 1. 4. 1998 eingefügten § 142 Abs. 4 StGB kann das Gericht von **337** Strafe absehen oder diese mildern, wenn der Unfallbeteiligte innerhalb von 24 Stunden nach einem Unfall außerhalb des fließenden Verkehrs (Parkrempler), der keinen bedeutenden Sachschaden zur Folge hat (Grenze ca. 2000 DM), freiwillig die Feststellungen nachträglich ermöglicht (*Bönke* NZV 98, 129; *Maier* NversZ 99, 59).

Liegt in einem solchen Fall dennoch eine Verletzung der Aufklärungspflicht vor, die zur Leistungsfreiheit des KH-Versicherers führt? Hierzu folgendes

Fallbeispiel:
Der VN verursacht beim Ausparken an dem neben ihm stehenden Fahrzeug einen Schaden von 1800 DM. An seinem eigenen Fahrzeug ist ein Schaden

von 1500 DM entstanden. Der VN fährt weg, meldet den Vorfall aber freiwillig acht Stunden später bei der Polizei.

1) Kann sich der Kaskoversicherer auf Leistungsfreiheit wegen einer Obliegenheitsverletzung berufen?

2) Kann der KH-Versicherer gegen seinen VN eine Regreßforderung in Höhe des regulierten Fremdschadens in Höhe von 1800,– DM geltend machen?

zu 1) Kaskoversicherung

Eine Leistungsfreiheit des Versicherers kommt in Betracht, falls eine Aufklärungsobliegenheit verletzt worden ist.

a) Vorliegend ist der Tatbestand einer Unfallflucht (§ 142 StGB) und damit auch der einer Aufklärungsobliegenheit gemäß § 7 I Abs. 2 Satz 2 AKB erfüllt. An diesem Ergebnis ändert sich auch dann nichts, wenn – wie hier – die Voraussetzungen von § 142 Abs. 4 StGB gegeben sind. Sogar wenn der Strafrichter nach dieser Vorschrift die Strafe mildert oder von einer Strafe ganz absieht, bleibt es dabei, daß der VN den Tatbestand einer Unfallflucht und damit den einer Aufklärungsobliegenheit erfüllt hat.

b) Dies muß vorsätzlich oder grob fahrlässig geschehen sein, § 6 Abs. 3 VVG i. V. m. § 7 V Abs. 1 AKB. Auch dies ist zu bejahen. Die Rechtsprechung (BGH VersR 70, 458) nimmt bei einem Verstoß gegen § 142 StGB prima facie an, daß der VN sich auch der Verletzung der versicherungsrechtlichen Aufklärungspflicht bewußt gewesen sei und deswegen vorsätzlich gehandelt habe.

c) Da ein Fall vorsätzlicher, aber folgenloser Obliegenheitsverletzung vorliegt, müßten schließlich die Voraussetzungen der **Relevanztheorie** vorliegen.

Fraglich ist bereits, ob hier wirklich von einer ernsthaften **Gefährdung berechtigter Interessen** des Versicherers gesprochen werden kann. Da durch das Entfernen vom Unfallort Feststellungen zum Umfang des entstandenen Schadens erschwert werden können (der VN oder der Geschädigte könnte in der Zwischenzeit einen weiteren Unfall erlitten haben oder es läßt sich im nachhinein nicht mehr feststellen, welche von mehreren Beulen am gegnerischen Kfz vom VN verursacht worden ist), dürfte eine prinzipielle Gefährdung von berechtigten Interessen des Versicherers zu bejahen sein.

Dagegen ist im Beispielsfall nicht von einem **erheblichen Verschulden** auszugehen. Dieses ist von der Rechtsprechung bereits in früheren Entscheidungen dann verneint worden, wenn ein geringer Schaden entstanden und der Versicherungsnehmer zwar verspätet, aber doch noch aus eigenem Antrieb seiner Aufklärungsobliegenheit nachgekommen war (*Römer/Langheid* § 6 Rdnr. 61; OLG Karlsruhe NJW-RR 93, 99). Diese Ansicht wird für die in einer Unfallflucht liegende Obliegenheitsverletzung durch die gesetzgeberische Wertung des neu eingeführten § 142 Abs. 4 StGB bestätigt: Die tätige Reue, die zu einer Privilegierung des Täters im Strafrecht führt, muß im Gleichklang hierzu eine versicherungsrechtliche Entsprechung finden. Es wäre ein ungerechtfertigter Wertungswiderspruch, wenn auf der einen Seite der Strafrichter die Strafe mildern oder von Strafe absehen würde und man trotzdem auf der anderen, versicherungsrechtlichen Seite ein erhebliches Verschulden im Sinne der Relevanzrechtsprechung bejahen wollte. Die versicherungsrechtliche Konsequenz aus der Einführung des § 142 Abs. 4 StGB kann daher regelmäßig nur sein, in den Fällen tätiger Reue im Sinne dieser Vorschrift auch das Vorliegen eines erheblichen Verschuldens im Sinne der Relevanzrechtsprechung zu verneinen.

Im Beispielsfall steht dem VN also ein Anspruch auf eine Entschädigungsleistung aus der Kaskoversicherung zu.

zu 2) Kraftfahrt-Haftpflichtversicherung
In der KH-Versicherung stellt sich die Frage, ob der Versicherer, der wegen § 3 Nr. 1 und Nr. 4 PflVG den verursachten Schaden reguliert hat, den VN in Regreß nehmen kann. Dabei ist die Regreßmöglichkeit des Versicherers von vornherein durch § 7 V Abs. 2 AKB i. V. m. § 6 Abs. 1 KfzPflVV auf 5000 DM, in besonders schwerwiegenden Fällen auf 10 000 DM beschränkt. Die Voraussetzungen eines Regresses entsprechen zunächst denen der Leistungsfreiheit des Versicherers in der Kaskoversicherung, wie sie unter den Ziffern a) und b) bei der Lösung des Fallbeispiels dargestellt wurden. Der VN hat mit der Unfallflucht den Tatbestand einer Obliegenheitsverletzung verwirklicht (a) und insoweit auch vorsätzlich gehandelt (b). Allerdings gibt es bezüglich der weiteren Voraussetzungen der Leistungsfreiheit einen – gravierenden – Unterschied: Während im Fall der Kaskoversicherung das Ergebnis einer Leistungsfreiheit noch den Filter der Relevanzrechtsprechung passieren muß (oben c), gibt es diese Voraussetzung in der KH-Versicherung nicht:

Macht der Versicherer eine Regreßforderung unter 5000 DM geltend, findet die Relevanzrechtsprechung nach überwiegender Meinung (hierzu oben Rdnr. 316 f) keine Anwendung. Dahinter steht die Erwägung, daß die Härte des in der Kasko-Versicherung geltenden Alles oder Nichts-Prinzips durch die Regreßlimitierung bereits abgemildert ist, so daß der VN des weiter gehenden Schutzes der Relevanzrechtsprechung nicht bedarf.

Im vorliegenden Fall würde die strikte Anwendung dieser Rechtsprechung dazu führen, daß der Versicherer den regulierten Schaden in Höhe von 1800 DM beim VN regressieren könnte – obwohl er in der Kasko-Versicherung den am Fahrzeug des VN entstandenen Schaden regulieren muß und obwohl der Strafrichter (möglicherweise) von einer Bestrafung abgesehen hat. Dieses Ergebnis würde nicht nur zu einem inakzeptablen Wertungswiderspruch zwischen Kasko- und Haftpflichtversicherung führen, sondern wäre darüber hinaus (zu Recht) einem VN auch nicht zu vermitteln.

Insofern gibt die Konstellation des angeführten Fallbeispiels Anlaß zur Frage, ob die Nichtanwendung der Relevanztheorie bei einer Leistungsfreiheit bis 5000 DM wirklich angemessen ist. Dabei gilt es, sich vor Augen zu halten, daß die Relevanzrechtsprechung letztlich nichts anderes als eine Konkretisierung der Grundsätze von Treu und Glauben und der Verhältnismäßigkeit sowie des Gebotes der materiellen Gerechtigkeit darstellt (ausführlich OLG Köln NZV 98, 251). Dabei hat die Rechtsprechung (BGH VersR 68, 1155; OLG Köln NZV 98, 251) seit jeher bei der Prüfung von Leistungsfreiheit wegen Obliegenheitsverletzungen betont, daß der die gesamte Rechtsordnung beherrschende Grundsatz von Treu und Glauben in besonderem Maß im Versicherungsrecht gelte. Diese Grundaxiome müssen immer und in jedem Rechtsstreit gelten – ohne daß es darauf ankommen darf, ob es um das Alles oder-Nichts einer Kasko-Entschädigung oder um eine Regreßforderung in Höhe von 5000 DM geht.

Ergebnis:
Weder in der Kasko- noch in der KH-Versicherung kann sich der Versicherer auf Leistungsfreiheit berufen, beidesmal greift zugunsten des VN die Relevanztheorie ein.

Allerdings ist zu beachten, daß nach der überwiegenden Auffassung im obigen Fallbeispiel Leistungsfreiheit in der KH-Versicherung bestünde, weil bei einer Leistungsfreiheit bis zu 5000 DM die Relevanztheorie nicht angewendet wird.

IV. Die Höhe der Leistungsfreiheit – 5000 DM oder 10 000 DM?

338 Liegen die Voraussetzungen einer Obliegenheitsverletzung und damit die einer Leistungsfreiheit vor, steht der Versicherer vor der Frage, ob er sich lediglich auf eine Leistungsfreiheit bis zu 5000 DM berufen will oder ob die zusätzlichen Erfordernisse einer Leistungsfreiheit bis zu 10 000 DM vorliegen.

Zunächst versteht es sich von selbst, daß ein Regreß des Versicherers im Innenverhältnis gegen den VN der Höhe nach auf den Betrag begrenzt ist, den der Versicherer im Außenverhältnis gegenüber dem Geschädigten bezahlt hat. Nur in dieser Höhe kann eine ausgleichspflichtige (Gesamt)Schuld bestehen.

Hat der Versicherer einen über 5000 DM liegenden Schaden reguliert, muß er sich entscheiden: Liegt eine durchschnittlich schwere Obliegenheitsverletzung vor, kommt nur eine Leistungsfreiheit in Höhe von 5000 DM in Betracht.

Für eine Leistungsfreiheit in Höhe von 10 000 DM müssen dagegen weiter folgende Voraussetzungen gegeben sein:
- Es muß sich um eine vorsätzlich begangene Obliegenheitsverletzung handeln (§ 7 V Abs. 2 S. 2).
- Die Voraussetzungen der Relevanztheorie müssen (in modifizierter Form) vorliegen:
  • Die Obliegenheitsverletzung muß generell geeignet sein, berechtigte Interessen des Versicherers zu gefährden (BGH VersR 82, 742).

- Den VN muß ein besonders schwerwiegendes Verschulden treffen (§ 7 V Abs. 2 S. 2 AKB).

Für die Frage, ob und mit welcher Maßgabe die Relevanztheorie zu prüfen ist, **339** gilt zusammengefaßt folgendes:

Kaskoversicherung:

Relevanztheorie muß mit den üblichen Voraussetzungen vorliegen (ernsthafte Gefährdung berechtiger Interessen des Versicherers, erhebliches Verschulden des VN)

KH-Versicherung:
- Leistungsfreiheit bis 5000 DM: Die Relevanztheorie kommt nicht zu Anwendung (h. M.);
- Leistungsfreiheit bis 10 000 DM: modifizierte Relevanztheorie (ernsthafte Gefährdung berechtigter Interessen des Versicherers, besonders schwerwiegendes Verschulden).

Leistungsfreiheit bis 10 000 DM haben die Gerichte in folgenden Fällen bejaht:

BGH VersR 83, 333: Der VN hatte versucht, seine Beteiligung an dem Unfall dadurch zu verheimlichen, daß er das Fahrzeug versteckte und gegenüber der Polizei behauptete, das Kfz sei ihm gestohlen worden. Durch diese bewußte Täuschung, welche die polizeilichen Ermittlungen in eine falsche Richtung lenkte, hebt sich das Verhalten vom „Normalfall" einer Unfallflucht negativ ab.

OLG Karlsruhe r+s 2000, 4: Begeht der VN nach einem Frontalzusammenstoß mit hohem Sachschaden, bei dem mit Verletzungen anderer Unfallbeteiligter gerechnet werden muß, Unfallflucht, um sich der Entnahme einer Blutprobe zu entziehen, liegt eine besonders schwerwiegende Veletzung der Aufklärungsobliegenheit vor.

AG Langen r+s 99, 358: Behauptet der VN, nicht zu wissen, wer das Unfallfahrzeug gefahren hat, und betreibt er nicht wenigstens ein Mindestmaß an Nachforschungen, stellt das einen schwerwiegenden Verstoß gegen Aufklärungspflichten dar.

AG Wipperfürth r+s 96, 390: Der VN fuhr die von ihm schwer verletzte Fußgängerin entgegen deren Wunsch nicht in ein Krankenhaus, sondern nach Hause. Dort gab er einen falschen Namen und eine falsche Telefonnummer an.

AG Kelheim r+s 95, 327: Bei einem Unfall war es zu einem Personenschaden gekommen, der VN vereitelte durch die Unfallflucht die Entnahme einer Blutprobe.

Dagegen wurden die Voraussetzungen einer Leistungsfreiheit von 10 000 DM in folgenden Fällen verneint:

OLG Hamm NZV 98, 74 = r+s 97, 274: Der VN hatte in Polen eine Fußgängerin verletzt und anschließend Unfallflucht begangen. Da der Pkw am Unfallort zurückblieb und weil Passanten an Ort und Stelle waren, hob sich der Unrechtsgehalt des Verhaltens nicht so weit von dem einer üblichen Obliegenheitsverletzung ab, als daß eine Erhöhung der Leistungsgrenze gerechtfertigt war.

OLG Karlsruhe r+s 94, 203: Eine besonders schwerwiegende Verletzung der Aufklärungspflicht liegt nicht schon darin, daß der VN sich und sein Fahrzeug von der Unfallstelle entfernt hat.

AG Heinsberg r+s 92, 364: Der VN hatte beim Ausparken ein anderes Fahrzeug beschädigt, sich dann von der Unfallstelle entfernt und anschließend den beschädigten Blinker seines Kfz ausgewechselt. Das Gericht ist der Auffassung, letzteres sei weniger schwerwiegend als das Verwischen von Unfallspuren direkt am Unfallort. Allerdings hätte man hier auch argumentieren können, daß der VN eine gesteigerte kriminelle Energie entfaltet hat.

LG Kassel r+s 99, 94: Die Unfallflucht ist in § 7 V Abs. 2 AKB lediglich als ein Beipiel für die Möglichkeit erhöhter Leistungsfreiheit genannt und kann nicht stets als ein besonders schwerwiegender Fall angesehen werden. Es müssen noch erschwerende Umstände hinzukommen.

C. Das Zusammentreffen mehrerer Obliegenheitsverletzungen

340 Es ist durchaus möglich, daß es gleichzeitig zur Verletzung mehrer Obliegenheiten kommt. Folgende Konstellationen sind zu unterscheiden:
– Denkbar ist zunächst, daß Leistungsfreiheit gegenüber mehreren Personen eintritt. Überläßt beispielsweise ein VN das Steuer seines Fahrzeugs einem Bekannten, von dem er weiß, daß dieser nicht im Besitz eines Führerscheins ist, haben sowohl Fahrer als auch der VN, der die führerscheinlose Fahrt schuldhaft ermöglicht hat, gegen § 2b Abs. 1 c AKB verstoßen. Hier entspricht es allgemeiner Meinung, daß der Versicherer Ansprüche gegen mehrere Regreßverpflichtete (z. B. Fahrer und VN) geltend machen kann (*Stiefel/Hofmann* § 2 Rdnr. 41; *Knappmann* VersR 96, 401, 405). Dies war bereits vor Geltung der 1994 erlassenen KfzPflVV auf Grund einer geschäftsplanmäßigen Erklärung der Versicherer der Fall und ergibt sich nunmehr eindeutig aus § 5 Abs. 3 Kfz-PlfVV.

341 – Weiter besteht die Möglichkeit, daß der Fahrer gleichzeitig gegen mehrere Obliegenheiten **vor** Eintritt des Versicherungsfalles verstößt. Insbesondere seitdem die Trunkenheitsklausel in die AKB aufgenommen ist, dürfte diese Konstellation an Praxisrelevanz gewinnen. So ist es sicher kein ganz seltener Fall, daß ein führerscheinloser Fahrer wegen Alkohogenusses fahruntüchtig ist und damit gleichzeitig gegen die Führerschein- und die Trunkenheitsklausel verstößt. Die AKB enthalten für diese Fallgestaltung keine Regelung.
   Vor Geltung der KfzPflVV entsprach es auf der Basis einer geschäftsplanmäßigen Erklärung allgemeiner Meinung und damit auch der Übung aller Ver-

sicherer, daß auch bei der Verletzung meherer Obliegenheiten der Regreßanspruch nur einmal entstand und sich nicht über 5000 DM (nunmehr 10 000 DM) hinaus erstreckte (*Knappmann* VersR 96, 401; *Bauer* Rdnr. 624). *Knappmann* sieht die Neuregelung vor dem Hintergrund der früheren Übung und folgert daraus, daß auch beim Zusammentreffen mehrerer Obliegenheitsverletzungen die Leistungsfreiheit nicht über 10 000 DM ausgedehnt werden kann. Zwingend ist diese Auffassung nicht. Nach § 5 Abs. 3 KfzPflVV besteht Leistungsfreiheit in Höhe von 10 000 DM bei „Verletzung einer nach Absatz 1 vereinbarten Obliegenheit". Dies könnte man durchaus dahingehend interpretieren, daß jede (einzelne) Obliegenheitsverletzung Leistungsfreiheit in Höhe von 10 000 DM nach sich zieht. Auf der anderen Seite kann man aus dem Schutzzweck der KfzPflVV die Intention des Verordnungsgebers herleiten, die finanzielle Belastung des VN bei Obliegenheitsverletzungen in einem überschaubaren Rahmen zu halten und deswegen die Leistungsfreiheit auf insgesamt 10 000 DM zu beschränken.

– Ebenfalls nicht in den AKB geregelt ist der Fall, daß im Rahmen eines einheitlichen Geschehensablaufs sowohl vor als auch nach dem Versicherungsfall zu erfüllende Obliegenheiten verletzt werden. Praxisrelevant ist hier der Fall, daß ein betrunkener Fahrer im Anschluß an einen Unfall Fahrerflucht (Aufklärungsobliegenheit gem. § 7 Abs. 2 S. 3 AKB) begeht. Da die vor und nach Eintritt des Versicherungsfalls zu erfüllenden Obliegenheiten voneinander unabhängig in § 2b AKB einerseits und § 7 AKB andererseits geregelt sind und auch voneinander unabhängige Materien regeln, wird der durchschnittliche VN dies so verstehen, daß die vorgesehenen Rechtsfolgen unabhängig voneinander eintreten. Im übrigen besteht kein Grund dafür, einem VN, der eine Obliegenheit vor Eintritt des Versicherungsfalles verletzt hat, für die Zeit nach dem Versicherungsfall einen „Freibrief" zu erteilen (*Knappmann* VersR 96, 401, 406; OLG Hamm r+s 99, 493; LG Aachen r+s 98, 226; im Ergebnis ebenso *Stiefel/Hofmann* § 2 Rdnr. 269k). Im obigen Beispiel bestünde daher Leistungsfreiheit in Höhe von insgesamt 15 000 DM, bei besonders schwerwiegendem Verschulden im Rahmen der Unfallflucht könnte sich die Leistungsfreiheit gem. § 7 V Abs. 2 S. 2 AKB auf insgesamt 20 000 DM erhöhen.

342

9. Kapitel. Leistungsfreiheit und ihre Folgen

A. Begriff der Leistungsfreiheit

Die Leistungsfreiheit des Versicherers ist Folge aus einer vom VN oder einer mit- **343**
versicherten Person begangenen Verletzung von Vertragspflichten (Hauptpflichten
und Obliegenheiten). Sie ist entweder gesetzlich bestimmt oder vertraglich vereinbart. Die im Gesetz oder den Bedingungswerken überwiegend gebrauchte
Diktion lautet: „Der Versicherer ist von der Verpflichtung zur Leistung frei."
   In diesen Fällen braucht er die im Vertrag vereinbarte Leistung nicht zu erbringen.

   Unter Leistung ist immer nur die im Verhältnis zum VN und den mitversicher- **344**
ten Personen vereinbarte Leistung zu verstehen. Sie ergibt sich aus der Risikobe-
schreibung der §§ 10–11 AKB. Speziell von Bedeutung sind die beiden in § 10
Abs. 1 AKB genannten Verpflichtungen des Versicherers, nämlich die
– Freistellungsverpflichtung und die
– Abwehrverpflichtung oder negative Rechtsschutzverpflichtung.
   Diese Verpflichtungen braucht der Versicherer im Falle der Leistungsfreiheit
nicht oder nicht im vereinbarten Umfang erfüllen.

   Die Leistungsfreiheit kann zu einem Rückgriffsanspruch des Versicherers **345**
gegen versicherte Personen führen (§ 3 Nr. 9 S. 2 PflVG; vgl. Rdnr. 121 ff). Im Verhältnis zum geschädigten Dritten bleibt im Regelfall die Pflicht, dessen Schaden
im Wege des Direktanspruchs zu regulieren, bestehen (§ 3 Nr. 4 PflVG; vgl.
Rdnr. 118 ff). Unter bestimmten Voraussetzungen kann es aber zur Abweisung des
dem Geschädigten bzw. seinem Rechtsnachfolger zustehenden Direktanspruchs
kommen (sogenanntes Verweisungsprivileg gemäß §§ 3 Nr. 6 PflVG, 158 c Abs. 4
VVG; vgl. Rdnr. 367 ff).

   Die Leistungsfreiheit richtet sich immer nur gegen die Person, die den Ver- **346**
tragsverstoß begangen hat, z. B. nur gegen den Schwarzfahrer, nicht aber gegen
den VN (falls dieser die unberechtigte Fahrt nicht schuldhaft ermöglicht hat).
   Aus den §§ 3 Abs. 3 Satz 1 AKB, 79 Abs. 1 VVG ließe sich zwar ableiten, daß die
sich gegen den VN richtende Leistungsfreiheit des Versicherers zugleich auch
gegen die mitversicherten Personen wirkt. Dies gilt für die KH-Versicherung
nicht uneingeschränkt. Gemäß § 158 i VVG kann der KH-Versicherer die Leistungsfreiheit, die gegenüber dem VN besteht, den mitversicherten Personen, die
zur selbständigen Geltendmachung ihrer Rechte aus dem Versicherungsvertrag
befugt sind (§ 10 Abs. 4 AKB, § 2 Abs. 3 KfzPflVV), nur entgegenhalten, wenn die
der Leistungsfreiheit zugrundeliegenden Umstände in der Person des Versicher-

ten vorliegen oder wenn diese Umstände dem Versicherten bekannt oder grob fahrlässig nicht bekannt waren.

346a

> **Fallbeispiel:**
> Der VN zahlt den Beitrag nicht, der Fahrer weiß hiervon nichts. Er verursacht und verschuldet einen Verkehrsunfall mit Drittschaden.
>
> **Lösung:**
> Der KH-Versicherer ist dem VN gegenüber leistungsfrei (§ 38 Abs. 2 VVG). Die Leistungsfreiheit würde sich gem. §§ 3 Abs. 3 AKB, 79 Abs. 1 VVG auf den Fahrer erstrecken, wenn nicht § 158i VVG etwas anderes bestimmen würde.
> Die fehlende Beitragzahlung liegt nicht in der Person des Fahrers vor. Dieser Pflicht hat allein der VN zu erfüllen. Es kann auch nicht die Forderung erhoben werden, daß sich der Fahrer grundsätzlich vor Fahrtantritt über die Ordnungsmäßigkeit der Beitragzahlung zu informieren hat. Abgesehen von den praktischen Problemen (was hat der VN dem Fahrer vorzulegen?) kann der Fahrer davon ausgehen, daß die im Pflichtversicherungssystem vorgesehenen Kontrollmechanismen greifen.
>
> **Variante:**
> Fall wie vor, jedoch ist der Fahrer zugleich der Halter.
>
> Beim Halter ist u. E. ein strengerer Maßstab abzulegen. Gem. § 1 PflVG ist er derjenige, der eine Haftpflichtversicherung abschließen und aufrecht erhalten soll. Zwar betrifft die Formulierung dieser Vorschrift nur den Vertrag als solchen und nicht unmittelbar auch die materielle Deckung, die durch die Beitragzahlung bewirkt wird. Gleichwohl hat der Halter im Sinne dieser Vorschrift dafür zu sorgen, daß der Versicherer nicht den Rücktritts- oder Kündigungsgrund wegen fehlender Beitragzahlung erhält. Würde der Versicherer z. B. kündigen, wäre der Halter wieder in der Pflicht, für lückenlosen anderweitigen Versicherungsschutz zu sorgen. Dies setzt eine gewisse Kontrolle über den VN voraus, die sich nach den individuellen Verhältnissen von VN und Halter richten. Da vertraglich nur der VN Schuldner des Beitrags ist, hat er in erster Linie dafür zu sorgen, daß der Beitrag entrichtet wird. Hierauf kann der Halter vertrauen. Weiß der Halter aber, daß der VN dieser Pflicht bereits einmal oder mehrmals nicht oder nicht rechtzeitig nachgekommen ist, halten wir dies für grob fahrlässige Unkenntnis i. S. v. § 158i VVG. In einem solchen Fall muß sich der Halter die gegen den VN wirkende Leistungsfreiheit entgegenhalten lassen.

346b

> **Fallbeispiel:**
> Der VN hat den Lkw im Güterverkehr versichert. Er überläßt dem Fahrer F das Fahrzeug mit dem Auftrag, den Kunden A zu beliefern. A wohnt außer-

halb der Nahverkehrszone. Nach Verlassen der Nahverkehrszone verschuldet F einen Verkehrsunfall mit Drittschaden.

Variante 1:
F weiß nichts davon, daß das Fahrzeug im Nahverkehr versichert ist.

Lösung:
Der KH-Versicherer ist gegenüber dem VN in Höhe von bis zu 10 000 DM leistungsfrei (§ 2b Abs. 1a AKB). Diese Leistungsfreiheit erstreckt sich nicht auf den F. Weder hat er positive Kenntnis von der falschen Tarifierung noch kann ihm grob fahrlässiges Nichtwissen vorgeworfen werden. Eine Erkundigungspflicht besteht insoweit nicht.

Es könnten „die der Leistungsfreiheit zugrundeliegenden Umstände in der Person" des F „vorliegen" (§ 158i VVG). Zweifellos war F derjenige, der den objektiven Sachverhalt der Obliegenheitsverletzung erfüllt hat, indem er die Nahverkehrszone verlassen hat. Ihm kann aber ein Verschulden nicht angelastet werden, weil ihm die falsche Tarifierung unbekannt war und er sich die Kenntnis auch nicht verschaffen mußte. Es fragt sich daher, ob die Erfüllung des objektiven Tatbestandes ausreicht, um die zu Lasten des VN bestehende Leistungsfreiheit auf den F auszudehnen.

Wir vertreten die Auffassung, daß ein der Leistungsfreiheit zugrunde liegender Umstand auch das Verschulden ist. Denn Leistungsfreiheit setzt gemäß § 6 Abs. 1 VVG stets schuldhaftes Handeln voraus. Wollte man das anders sehen, würde der Schutzzweck des § 158i VVG zu Gunsten der mitversicherten Person insoweit ins Leere laufen.

Der KH-Versicherer kann dem F die Leistungsfreiheit nicht entgegenhalten.

Variante 2:
F weiß von der falschen Tarifierung.

Lösung:
F hat seinerseits die Obliegenheit schuldhaft verletzt, so daß der KH-Versicherer ihm gegenüber schon wegen § 2b Abs. 1a AKB i. V. m. § 6 Abs. 1 VVG beschränkt leistungsfrei ist. Es bedarf in diesem Falle der Vorschrift des § 158i VVG nicht.

---

§ 158i VVG regelt unseres Erachtens nur die Fälle der Leistungsfreiheit (§ 3 Nr. 4 **346c** PflVG). Die Fälle des Nichtbestehens eines Versicherungsvertrages (§ 3 Nr. 5 PflVG) werden von dieser Vorschrift nicht erfaßt (ausführlich hierzu *Biela*, VersR 93, 1390, 1392f m. w. N.).

B. Die Formen der Leistungsfreiheit

347 Das Gesetz und die AKB unterscheiden zwischen begrenzter und unbegrenzter Leistungsfreiheit.

348 Das VVG kennt bei den dort beschriebenen Obliegenheiten und für den Beitragsverzug nur die unbegrenzte Leistungsfreiheit. Dagegen schränkt § 5 Abs. 3 KfzPflVV die Leistungsfreiheit bei der gesetzlichen Obliegenheit der Gefahrerhöhung (§§ 23 ff VVG) auf höchstens 10 000 DM ein.

Die Begrenzungen der Leistungsfreiheit werden durch die KfzPflVV vorgeschrieben und finden sich dementsprechend auch in den AKB wieder. Sie sind ausschließlich für Obliegenheitsverstöße, nicht für die Tatbestände des Beitragsverzugs normiert.

Bei der Höhe der Beschränkung unterscheidet die KfzPflVV zwischen Obliegenheiten, die vor (§ 5 Abs. 3) und nach Eintritt des Versicherungsfalls (§ 6) zu erfüllen sind.

Obliegenheiten vor Eintritt des Versicherungsfalles

349 Im Falle der Verletzung einer der nachstehend aufgeführten Obliegenheiten ist die Leistungsfreiheit gemäß § 5 Abs. 3 KfzPflVV auf höchstens je 10 000 DM beschränkt:

– Verwendungsklausel (§ 5 Abs. 1 Ziff. 1. KfzPflVV; § 2b Abs. 1a) AKB)
– Fahrveranstaltungsklausel (§ 5 Abs. 1 Ziff. 2 KfzPflVV; § 2b Abs. 1d) AKB)
– Schwarzfahrtklausel (§ 5 Abs. 1 Ziff. 3 KfzPflVV; § 2b Abs. 1b) AKB)
– Führerscheinklausel (§ 5 Abs. 1 Ziff. 4 KfzPflVV; § 2b Abs. 1c) AKB)
– Alkoholklausel (§ 5 Abs. 1 Ziff. 5. KfzPflVV; § 2b Abs. 1e) AKB
– Gefahrerhöhung (§§ 23, 25 ff VVG).

Ausgenommen von der Beschränkung ist folgender Fall:

– Verletzung einer in § 5 Abs. 1 KfzPflVV genannten Obliegenheit durch den Fahrer, der das Fahrzeug durch eine strafbare Handlung erlangt hat. Ihm gegenüber ist die Leistungsfreiheit unbeschränkt. (§ 5 Abs. 3 Satz 2 KfzPflVV; § 2b Abs. 2 AKB).

Obliegenheit nach dem Versicherungsfall

350 Für Verletzungen von Obliegenheiten, die nach dem Versicherungsfall zu erfüllen sind, sieht § 6 KfzPflVV eine zweistufige Beschränkung der Leistungsfreiheit vor. Für alle diese Obliegenheiten gilt grundsätzlich eine Beschränkung

– auf höchstens 5000 DM.

Hierunter fallen die

– Anzeigeobliegenheiten,
– Aufklärungsobliegenheiten,
– Schadenminderungsobliegenheiten,

wenn sie **vorsätzlich** oder **grob fahrlässig** verletzt wurden (§ 6 Abs. 1 KfzPfl-VVO).

Grob fahrlässige Verletzung

Bei **grob fahrlässig** begangenen Verletzungen von   351
– Anzeigeobliegenheiten,
– Aufklärungsobliegenheiten,
– Schadenminderungsobliegenheiten
wird der Versicherer nicht leistungsfrei, soweit die Verletzung weder Einfluß auf die Feststellung des Versicherungsfalles noch auf die Feststellung oder den Umfang der Leistung gehabt hat (Kausalitätsprinzip).

Vorsätzliche Verletzung

Für die **vorsätzlich** begangenen Verletzungen von   352
– Aufklärungsobliegenheiten und
– Schadenminderungsobliegenheiten,
erweitert sich die Leistungsfreiheit
– auf höchstens 10000 DM,
wenn die Obliegenheitsverletzung als besonders schwerwiegend einzuschätzen ist (§ 6 Abs. 3 KfzPflVV).

Für diese Fälle gilt die ursprünglich zur Kaskoversicherung zu § 6 Abs. 3 VVG entwickelte Relevanzrechtsprechung. Das bedeutet, daß der Verstoß generell geeignet sein muß, die Interessen des Versicherers ernsthaft zu gefährden. Darüber hinaus muß den VN ein erhebliches Verschulden treffen (vgl. BGH VersR 82, 742; 83, 674; 84, 228). Über diese Anforderungen geht die KfzPflVV und darauf basierend § 7 V Abs. 2 AKB hinaus, indem sie einen **besonders** schwerwiegenden Verstoß verlangt. Der Verstoß muß sich in besonderem Maße deutlich von einer üblichen vorsätzlichen Obliegenheitsverletzung abheben (BGH VersR 82, 742). Die KfzPflVVO wiederholt insoweit § 7 V Ziff. 2 AKB und die dazu ergangene Rechtsprechung. Deshalb kann die Rechtsprechung zu § 7 V Ziff. 2 AKB, die vor Erlaß der KfzPflVV ergangen ist, herangezogen werden.

Fallbeispiel: 353
BGH VersR 83, 333

A geriet mit seinem bei der X-Versicherung haftpflichtversicherten und von ihm selbst gesteuerten Pkw am 15. 12. 1979 gegen 3.30 Uhr in G. von der Fahrbahn ab und fuhr in eine Schaufensterscheibe des Textilhauses S. Nach einiger Zeit setzte er mit seinem beschädigten, aber noch fahrbereiten Pkw die Fahrt fort. Er stellte seinen Wagen verschlossen in einem Waldgebiet ab und ging zu Fuß nach Hause.

Am nächsten Morgen meldete der Inhaber des Textilhauses S. den Unfall bei der Polizei, und ein Passant entdeckte den beschädigten Wagen. Auf Grund beider Meldungen und des Vergleichs von Lacksplittern mit der Farbe des

Wagens geriet A in den Verdacht, mit seinem Fahrzeug den Unfall verursacht zu haben. Gegen 11.15 Uhr suchten ihn Polizeibeamte auf und eröffneten ihm, daß sein Pkw gefunden worden sei. A erklärte den Beamten, der Wagen sei ihm nachts gegen 3.00 Uhr vor der Gaststätte B. in H. gestohlen worden; er habe den Diebstahl im Laufe des Tages melden wollen.

X verweigerte mit Schreiben vom 4. 9. 1980 wegen Verletzung der Aufklärungspflicht dem A den Versicherungsschutz in Höhe von 5000 DM und kündigte an, daß sie insoweit bei dem A Rückgriff nehmen werde.

A hielt die Verweigerung des Versicherungsschutzes für ungerechtfertigt. Er brachte vor: Nach dem Unfall habe er etwa 45 Minuten an der Unfallstelle gewartet, ohne daß der Eigentümer des Textilhauses S. oder die Polizei erschienen sei. Er habe sich dann entfernt mit der Absicht, sich am nächsten Tag mit dem Kaufmann S. in Verbindung zu setzen. Als am nächsten Morgen die Polizei bei ihm erschienen sei, sei er ängstlich geworden und habe aus diesem Grund angegeben, der Pkw sei ihm entwendet worden. Da ihm nicht zumutbar gewesen sei, sich gegenüber den Ermittlungsbehörden selbst in den Verdacht einer Straftat zu bringen, dürfe die von ihm zunächst erhobene Schutzbehauptung, er habe den Unfall nicht verursacht, nicht zum Verlust des Versicherungsschutzes führen. Selbst wenn man eine vorsätzliche Obliegenheitsverletzung unterstelle, müsse X jedenfalls den über 1000 DM hinausgehenden Schaden tragen, weil die Obliegenheitsverletzung nicht als eine besonders schwere i. S. von § 7 Nr. V Abs. 2 S. 2 AKB angesehen werden könne.

X meinte, es handele sich um einen besonders schweren Fall der Unfallflucht.

Lösung:
Der BGH stimmte dem Berufungsgericht zu, daß eine besonders schwerwiegende Obliegenheitsverletzung i. S. von § 7 Nr. V Abs. 2 S. 2 AKB vorliegt. Es komme im Rahmen der Relevanzrechtsprechung nicht darauf an, ob eine tatsächliche Beeinträchtigung der Interessen des Versicherers vorliege (BGH VersR 82, 742).

Entscheidend für die gegenüber § 7 Nr. V Abs. 2 S. 1 AKB erweiterte Leistungsfreiheit des Versicherers sei vielmehr, daß der Verstoß des VN generell geeignet war, die berechtigten Interessen des Versicherers in ernster Weise zu gefährden, sowie ein besonders schwerwiegendes Verschulden, d. h. ein Verhalten, das sich vom „Normalfall" einer Unfallflucht oder einer sonstigen vorsätzlichen Obliegenheitsverletzung deutlich abhebt. Das sei hier der Fall, weil der Kl. versucht hat, seine Beteiligung an dem Unfall dadurch zu verheimlichen, daß er sein Fahrzeug versteckte, der Polizei gegenüber erklärte, es sei ihm gestohlen worden, und dadurch zunächst die polizeilichen Ermittlungen in eine falsche Richtung lenkte.

Als besonders schwerwiegend wurden überdies folgende Fälle angesehen (Auf- **354** zählung bei *Prölss/Martin* § 7 AKB Rdnr. 68):

Verlassen der Unfallstelle bei gleichzeitig eingetretenem Personenschaden (OLG Karlsruhe VersR 83, 429; OLG Bamberg VersR 81, 65)

Fahrerflucht und zusätzliche falsche Angaben (OLG Köln r+s 82, 223)

Fahrerflucht, Verstecken des Fahrzeugs und Vereiteln einer Blutprobe (OLG Nürnberg VersR 83, 628; OLG Koblenz ZfS 84, 114)

Verschweigen der Person des Fahrers (OLG Köln ZfS 86, 181; OLG Frankfurt NJW-RR 86, 1408).

Im Falle der begrenzten Leistungsfreiheit kann sich der Versicherer den Versicher- **355** ten gegenüber auch nur bis zur Höhe der jeweils vereinbarten Leistungsfreiheit von seiner Leistungspflicht befreien.

Ausnahmen von der Beschränkung der Leistungsfreiheit
Die nachstehend aufgeführten Fälle sind von der Beschränkung ausgenommen: **356**
– Absichtliche Obliegenheitsverletzung (§ 7 KfzPflVVO, § 7 II Absatz 3 S. 1 AKB) hinsichtlich des rechtswidrig erlangten Vermögensvorteils (bei Versuch bleibt es bei bechränkter Leistungsfreiheit)
– vorsätzliche oder grob fahrlässige Verletzung des Anerkenntnis-/Befriedigungsverbots (§ 10 Abs. 10 AKB)
– der Anzeigepflicht gerichtlicher und außergerichtlicher Anspruchsanmeldung (§ 7 II Absätze 2 und 3 AKB)
– der Prozeßführungsbefugnis des Versicherers (§ 7 II Abs. 5 AKB)

Von der KfzPflVVO nicht erfaßte Obliegenheiten: **357**
Es handelt sich hier um
– mißbräuchlichen Gebrauch des Fahrzeugs bei vorübergehender Stillegung (Ruheversicherung § 5 Abs. 2 AKB) bzw. Saisonkennzeichen (§ 5a Abs. 2 AKB)
– Anzeigepflichtverletzung bei Veräußerung (§ 6 AKB i. V. m. § 71 VVG).

Hier stellt sich die Frage, ob diese Obliegenheiten angesichts des abschließenden Charakters der KfzPflVVO überhaupt vereinbart werden können.

Bei den Obliegenheiten in der Ruheversicherung und beim Saisonkennzeichen handelt es sich um vertraglich vereinbarte Obliegenheiten, die vor dem Versicherungsfall zu erfüllen sind. Solche sind generell abschließend in § 5 Abs. 1 KfzPflVVO geregelt. Gleichwohl kann die genannte Obliegenheit vertraglich vereinbart werden, weil die Ruheversicherung nicht vom PflVG erfaßt wird und damit auch die KfzPflVVO nicht anwendbar ist (*Feyock/Jacobsen/Lemor* § 5 AKB Rdnr. 12). Der Grund liegt darin, daß die Ruheversicherung Regelungen über die Behandlung des Fahrzeugs auf privatem Gelände aufstellt. Demgegenüber greift das PflVG (§ 1) nur ein, wenn das Fahrzeug auf öffentlichen Wegen oder Plätzen verwendet wird. Das gleiche gilt für die Obliegenheit im Rahmen der Saisonkennzeichen-Regelung. Denn außerhalb der (versicherten) Saison handelt es um nichts anderes als eine Ruheversicherung.

Bei der Anzeigepflichtverletzung im Fall der Fahrzeugveräußerung handelt es sich nicht um eine vertraglich vereinbarte, sondern gemäß § 71 VVG um eine gesetzliche Obliegenheit. Insoweit ist die abschließende Aufzählung in § 5 Abs. 1 KfzPflVVO unbeachtlich.

358 Zusammenfassend läßt sich der Umfang der Leistungsfreiheit wie folgt darstellen:

- Unbegrenzt:
  - Beitragsverzug nach §§ 38, 39 VVG
  - Gesetzliche Obliegenheiten mit Ausnahme der Gefahrerhöhung nach §§ 23 ff VVG
  - vertragliche Obliegenheiten
    vor Versicherungsfall
    gegenüber dem Fahrer, der das Fahrzeug durch eine strafbare Handlung erlangt hat
    bei Ruheversicherung
    bei Saisonkennzeichen
    nach Versicherungsfall
    Fälle wie Rdnr. 356.
- Begrenzt:
  - Vertragliche Obliegenheiten, die vor dem Versicherungsfall zu erfüllen sind, und Gefahrerhöhung (höchstens 10 000 DM)
  - Vertragliche Obliegenheiten, die nach dem Versicherungsfall zu erfüllen sind (höchstens 5000 DM bzw. 10 000 DM)

C. Die Deckungsversagung

359 Der Versicherer ist nicht gezwungen, eine Deckungsversagung auszusprechen. Die Geltendmachung der Leistungsfreiheit steht zu seiner Disposition (BGH VersR 90, 384; *Römer/Langheid* zu § 6 Rdnr. 101 m. w. N.). Um aber die Folgen aus der eingetretenen Leistungsfreiheit, insbesondere Regreßansprüche herleiten zu können, muß sich der Versicherer auf die Leistungsfreiheit berufen. Dies veranlaßt er i. d. R. durch eingeschriebenen Brief (sog. Deckungsversagung).

360 *Prölss/Martin*, VVG zu § 6 Rdnr. 86, vertreten dagegen die Ansicht, die Leistungsfreiheit trete von selbst ein. Der Versicherer erhalte nicht nur ein Leistungsverweigerungsrecht, das von ihm geltend zu machen sei, die Leistungsfreiheit sei vielmehr von Amts wegen zu berücksichtigen.

361 Die Problematik sei an einem Fallbeispiel erläutert:

Fallbeispiel:

A fährt den Fußgänger F ganz leicht an. Dieser begibt sich zu einem Arzt, der eine leichte Prellung feststellt. F, der keinen Sachschaden erlitten hat, macht im Hinblick auf die geringfügige Verletzung keine Ansprüche beim KH-Versicherer des A geltend.

Einige Zeit nach dem Unfall tritt der Krankenversicherer K an den KH-Versicherer des A heran und macht die auf ihn übergegangenen Kosten der Heilbehandlung geltend. Er fügt die Unfallschilderung des F sowie die Unfallmitteilung der Polizei bei, aus der sich die Haftung des A ableiten läßt.

Der KH-Versicherer stellt fest, daß er zum Unfallzeitpunkt dem A gegenüber wegen fehlender Beitragszahlung leistungsfrei war. Hierauf beruft er sich K gegenüber und weist dessen Ansprüche gem. § 3 Nr. 6 PflVG i. V. m. § 158 c Abs. 4 VVG (Verweisungsprivileg) zurück.

K akzeptiert das nicht und fragt nach der Wirksamkeit der Deckungsversagung.

Lösung:

Nach der Meinung von *Prölss/Martin* braucht sich der KH-Versicherer A gegenüber nicht auf die Leistungsfreiheit berufen. Dementsprechend hat er K zu Recht abgewiesen.

Dagegen ist nach dem BGH (VersR 74, 689, ebenso *Römer/Langheid* § 6 VVG Rdnr. 101) eine Deckungsversagung erforderlich. Da diese Erklärung dem VN gegenüber abzugeben ist (BGH VersR 74, 689), reicht es nicht aus, daß der KH-Versicherer sich allein K gegenüber auf die Leistungsfreiheit berufen hat.

Durch die Deckungsversagung stellt der Versicherer sicher, daß der Fristablauf der §§ 12 Abs. 3 VVG, 8 Abs. 1 AKB in Gang gesetzt wird. Über diese Folgen muß der Versicherer belehren (vgl. hierzu *Schimikowski*, Versicherungsvertragsrecht, Rdnr. 389 m. w. N.). **362**

Eine Begründung muß der Versicherer mit der Ablehnung nicht angeben. Es steht ihm offen, erst im Prozeß die Gründe darzulegen. Ebenso kann er eine einmal gegebene Begründung auch im Prozeß noch abändern (vgl. hierzu *Schimikowski* Rdnr. 391). Diese Verfahrensweise wird von den Versicherern häufig bei vermuteten Betrugsversuchen angewendet, um sich für den Fall einer streitigen Auseinandersetzung prozeßtaktische Vorteile zu verschaffen. **363**

D. Die Regulierung unter Beachtung der Leistungsfreiheit

I. Der Direktanspruch

Dem Unfallopfer (vom PflVG als Dritter bezeichnet) steht dem Versicherer gegenüber der sog. Direktanspruch zu, § 3 Nr. 1 PflVG. Dies bedeutet, daß der Dritte den Versicherer unmittelbar – auch im Klagewege – in Anspruch nehmen kann. Besteht der Vertrag und hat der Versicherer kein Leistungsverweigerungsrecht wegen Leistungsfreiheit, besteht der Direktanspruch uneingeschränkt im **364**

Rahmen der im Versicherungsvertrag festgelegten Versicherungssumme („im Rahmen der Leistungspflicht des Versicherers"). Besteht dagegen Leistungsfreiheit, richtet sich der Direktanspruch nach der Vorschrift des § 3 Nrn. 4–6 PflVG.

Das bedeutet:

§ 3 Nr. 4 PflVG beläßt in den Fällen von Vertragsverstößen (Prämienverzug, Obliegenheitsverletzungen) dem Dritten den Direktanspruch trotz Leistungsfreiheit.

§ 3 Nr. 5 PflVG beläßt dem Dritten den Direktanspruch, auch wenn der Vertrag zwischen VN und Versicherer nicht oder nicht mehr besteht und seit Mitteilung des Versicherers an die Zulassungsbehörde gem. § 29 c StVZO nicht mehr als ein Monat vergangen ist.

365 § 3 Nr. 6 PflVG bestimmt, daß der Direktanspruch bei Leistungsfreiheit (Fälle des § 3 Nr. 4 PflVG) oder fehlendem Versicherungsvertrag (Fälle des § 3 Nr. 5 PflVG) unter bestimmten Voraussetzungen entfällt. Diese sind gegeben, wenn dem Versicherer das sog. Verweisungsprivileg (vgl. hierzu Rdnr. 367 ff) zur Seite steht (§ 3 Nr. 6 PflVG i. V. m. § 158c Abs. 4 VVG). Dazu kann der Direktanspruch auch auf die Mindestdeckungssummen begrenzt sein (§ 3 Nr. 6 PflVG i. V. m. § 158c Abs. 3 VVG).

Wegen § 3 Nr. 4 PflVG bleibt dem Geschädigten also i. d. R. der Direktanspruch erhalten.

366 **Fallbeispiel:**
(mit Prüfschema)

A hat seine Erstprämie nicht bezahlt. Er verursacht mit seinem Fahrzeug einen Verkehrsunfall, bei dem das Fahrzeug des B beschädigt wird. Den Fahrzeugschaden in Höhe von 5000 DM macht er beim KH-Versicherer des A geltend.

Lösung:
Der KH-Versicherer muß für den Schaden eintreten, wenn B trotz Leistungsfreiheit des Versicherers den Direktanspruch hat.

Prüfschema:
– **Frage 1): Besteht Leistungsfreiheit?**
Antwort: Ja, wegen Beitragsverzug (§ 38 VVG)
Folge: Der Direktanspruch richtet sich nach § 3 Nr. 4–6 PflVG.
– **Frage 2): Handelt es sich um einen Fall des § 3 Nr. 4 oder 5 PflVG?**
Antwort: Ja, es liegt ein Fall des § 3 Nr. 4 PflVG vor.
Folge: Die Leistungsfreiheit kann dem B nicht entgegengehalten werden.

Der Direktanspruch ist dem B also trotz bestehender Leistungsfreiheit des Versicherers verblieben (§ 3 Nr. 1 und 4 PflVG).

Anders liegt der Fall, wenn das sog. Verweisungsprivileg zur Anwendung kommt.

II. Das Verweisungsprivileg

1. Gesetzliche Grundlagen

§§ 3 Nr. 6 PflVG, 158 c Abs. 4 VVG   367

2. Inhalt

Der seinen Versicherten gegenüber leistungsfreie KH-Versicherer kann unter 368
bestimmten Voraussetzungen **trotz der Vorschrift des § 3 Nrn. 4 und 5 PflVG**
den Geschädigten oder seinen Rechtsnachfolger mit seiner an sich berechtigten
Forderung abweisen.

Der Einstieg in die Problematik des Verweisungsprivilegs erfolgt über § 3 Nr. 6
PflVG. Nach Satz 1 HS 1 dieser Vorschrift gilt § 158 c Abs. 4 VVG entsprechend.
Danach wiederum braucht der leistungsfreie KH-Versicherer (trotz § 3 Nr. 4 und
Nr. 5 PflVG) gegenüber dem geschädigten Dritten nicht einzutreten, soweit dieser Ersatz seines Schadens von einem anderen Schadenversicherer oder Sozialversicherungsträger erlangen kann. Insoweit kann die KH-Versicherung des Schädigers den Dritten auf die andere Ersatzmöglichkeit verweisen.

Eine anderweitige Ersatzmöglichkeit unter den Voraussetzungen des § 3 Nr. 6
PflVG i. V. m. § 158 c Abs. 4 VVG ergibt sich
bei einem Schadenversicherer wie
  – VK-Versicherer
  – TK-Versicherer (Glasbruch, nachfolgender Brand)
  – Service-/Schutzbrief-Versicherer (Abschleppkosten, Mietwagenkosten)
  – PKV
  – anderer KH-Versicherer, dessen Versicherte dem Dritten ebenfalls haften
  – nach § 2 PflVG befreiter Halter
oder einem Sozialversicherungsträger (SVT) wie
  – Gesetzliche Krankenkasse
  – Rentenversicherungsträger
  – Berufsgenossenschaft
  – Arbeitsamt als Träger von ALG oder Reha-Maßnahmen

Fallbeispiel: 369
(erweitertes Prüfschema)

A hat seine Erstprämie nicht bezahlt. Er verursacht einen Verkehrsunfall, bei
dem das Fahrzeug des B beschädigt wird. Den Fahrzeugschaden in Höhe von
5 000 DM macht er beim KH-Versicherer des A geltend. Für das Fahrzeug des
B besteht bei der X-Versicherung eine Vollkaskoversicherung mit einer Selbstbeteiligung (SB) in Höhe von 1 000 DM.

Lösung:
Der KH-Versicherer des A muß für den Fahrzeugschaden eintreten, soweit B trotz Leistungsfreiheit des KH-Versicherers den Direktanspruch behalten hat.

Prüfschema:

1. **Frage: Besteht Leistungsfreiheit?**
   Antwort: Ja, wegen Beitragsverzug (§ 38 VVG)
   Folge: Der Direktanspruch richtet sich nach § 3 Nr. 4–6 PflVG.

2. **Frage: Handelt es sich um einen Fall des § 3 Nr. 4 oder 5 PflVG?**
   Antwort: Ja, es liegt ein Fall des § 3 Nr. 4 PflVG vor.
   Folge: Die Leistungsfreiheit kann dem B grundsätzlich nicht entgegengehalten werden.

3. **Frage: Kann der Geschädigte seinen Fahrzeugschaden von einem anderen Versicherer erlangen? (§ 3 Nr. 6 PflVG i. V. m. § 158 c Nr. 4 VVG)**
   Antwort: Ja, sein Fahrzeug ist vollkaskoversichert. Er erhält bis auf die SB seinen Fahrzeugschaden ersetzt. Der Direktanspruch des Geschädigten besteht insoweit nicht. Deshalb braucht der leistungsfreie KH-Versicherer des A den Fahrzeugschaden des B, soweit der Kaskoversicherer leistet, nicht zu übernehmen. Folge: Der KH-Versicherer zahlt an B nur bis zur Höhe der Selbstbeteiligung, hier 1 000 DM.

370 § 3 Nr. 6 Satz 1 HS 2. PflVG erklärt allerdings das Verweisungsprivileg bei einigen, konkret aufgeführten Obliegenheitsverletzungen für doch nicht anwendbar. Es handelt sich hierbei um die
– Gefahrerhöhung durch Verstoß gegen die Bau- und Betriebsvorschriften der StVZO
– Führerscheinklausel
– Schwarzfahrtklausel

Fallbeispiel:
(erweitertes Prüfschema)

wie vor, A hatte jedoch die Erstprämie gezahlt, war aber nicht mehr im Besitz der erforderlichen Fahrerlaubnis.

Lösung:
Der KH-Versicherer reguliert den Schaden voll, weil er sich nicht auf das Verweisungsprivileg berufen kann.

Prüfschema:

1. Frage: Besteht Leistungsfreiheit?
Antwort: Ja, wegen Verstoßes gegen die Führerscheinklausel § 2b Absatz 1 c
AKB.
Folge: Der Direktanspruch richtet sich nach § 3 Nr. 4–6 PflVG.

2. Frage: In welchem Umfang besteht Leistungsfreiheit?
Die Leistungsfreiheit ist auf einen Betrag von höchstens 10 000 DM
beschränkt. Da die Aufwendungen mit 5 000 DM unterhalb dieser Höchstgrenze liegen, beschränkt sich hier die Leistungsfreiheit auf 5 000 DM.

3. Frage: Handelt es sich um einen Fall des § 3 Nr. 4 oder 5 PflVG?
Antwort: Ja, es liegt ein Fall des § 3 Nr. 4 PflVG vor.
Folge: Die Leistungsfreiheit kann dem B grundsätzlich nicht entgegenge-
halten werden.

**4. Frage: Kann der Geschädigte seinen Fahrzeugschaden von einem
anderen Versicherer erlangen? (§ 3 Nr. 6 PflVG i. V. m. § 158c Nr. 4
VVG)**
Antwort: Ja, sein Fahrzeug ist vollkaskoversichert. Er kann aber vom KH-
Versicherer nicht an seinen Kaskoversicherer verwiesen werden. Das ver-
bietet § 3 Nr. 6 Satz 1 2. HS. PflVG für die vorliegende Obliegenheit ausdrücklich. Der Direktanspruch des Geschädigten besteht also weiter.
Deshalb muß der leistungsfreie KH-Versicherer des A den Fahrzeugschaden des B voll übernehmen.

Für die Trunkenheitsklausel des § 2b Abs. 1e AKB sieht § 3 Nr. 6 Satz 1 2. Hs. **371**
PflVG keine Regelung vor. Deshalb ist davon auszugehen, daß in diesen Fällen
eine Verweisung nicht möglich ist. Anders liegt der Fall, wenn ein Versicherer
diese Verweisung in seinen AKB vereinbart hat.

3. Auswirkungen

Der KH-Versicherer reguliert nur noch den (Rest-)Schaden des Dritten ohne die **372**
Positionen, die von dem Schaden-Versicherer bzw. SVT zu übernehmen sind.
Dabei bleibt es auch dann, wenn der Geschädigte Leistungen von seinem Versi-
cherer oder einem SVT erhalten hat und nunmehr (§ 67 VVG; § 116 SGB X) die
Ansprüche vom Geschädigten auf diese übergegangen sind: Auf den Versicherer
bzw. auf den SVT gehen exakt die Ansprüche über, die dem Geschädigten gegen
den gegnerischen KH-Versicherer zustehen. Wegen § 3 Nr. 6 PflVG und § 158c
Abs. 4 VVG steht aber dem Geschädigten kein Direktanspruch gegen den KH-
Versicherer zu. Folge: Im Falle des Rechtsübergangs auf andere Versicherer oder
SVT können diese weder nach Sach- und Rechtslage noch nach etwaigen
Regreßverzichtsabkommen (Ausnahme: Anzeigepflichtverletzung) beim lei-

stungsfreien KH-Versicherer regressieren. Der Grund hierfür ist der fehlende Direktanspruch des Geschädigten und damit auch des Schadenversicherers oder SVT (§ 158 c Abs. 4 VVG).

373

Fallbeispiel:
(mit Prüfschema)

A hat seine Erstprämie nicht bezahlt. Er verursacht einen Verkehrsunfall, bei dem u. a. das Fahrzeug des B beschädigt wird. B macht den Schaden beim KH-Versicherer des A geltend. Für das Fahrzeug des B besteht bei der X-Versicherung eine Vollkaskoversicherung mit einer Selbstbeteiligung (SB) in Höhe von 1000 DM.

B hat folgende Schäden erlitten:

Fahrzeugschaden	5000 DM
Sachfolgeschaden	1200 DM
Schmerzensgeld	1000 DM
Krankenkasse macht geltend	1100 DM

Ist die KH-Versicherung des A eintrittspflichtig oder kann sie sich auf das Verweisungsprivileg berufen?

Lösung:
Der KH-Versicherer des A muß für den Schaden eintreten, wenn B trotz Leistungsfreiheit des KH-Versicherers den Direktanspruch behalten hat.

Prüfschema:
1. Frage: Besteht Leistungsfreiheit?
Antwort: Ja, wegen Beitragsverzug (§ 38 VVG).
Folge: Der Direktanspruch richtet sich nach § 3 Nr. 4–6 PflVG.
2. Frage: In welchem Umfang besteht Leistungsfreiheit?
Die Leistungsfreiheit ist unbegrenzt
3. Frage: Handelt es sich um einen Fall des § 3 Nr. 4 oder 5 PflVG?
Antwort: Ja, es liegt ein Fall des § 3 Nr. 4 PflVG vor.
Folge: Die Leistungsfreiheit kann dem B grundsätzlich nicht entgegengehalten werden.
4. Frage: Kann der Geschädigte seinen Schaden von einem anderen Versicherer erlangen? (§ 3 Nr. 6 PflVG i. V. m. § 158 c 4 VVG)
Antwort: Teilweise ja, sein Fahrzeug ist vollkaskoversichert. Er erhält bis auf die SB seinen Fahrzeugschaden ersetzt. Der Direktanspruch des Geschädigten besteht insoweit nicht. Deshalb braucht der leistungsfreie KH-Versicherer des A den Fahrzeugschaden des B, soweit der Kaskoversicherer leistet, nicht übernehmen.

Er reguliert wie folgt:
Fahrzeugschaden: 1000 DM

Er übernimmt nur die SB, weil der Fahrzeugschaden in Höhe
von 4000 DM vom Kaskoversicherer des B übernommen wird.

Sachfolgeschaden: 1200 DM
Dieser Schaden ist durch keinen anderen Schadenversicherer
abgedeckt.

Schmerzensgeld   1000 DM
Auch hierfür erhält B keinen Ersatz von einem anderen
Schadenversicherer.

Die Krankenkasse erhält nichts.   0 DM
Sie ist SVT im Sinne des § 158 c Abs. 4 VVG. Da diese Vorschrift
den Direktanspruch entfallen läßt, konnte dieser auch nicht gemäß
§ 116 SGB X auf die Krankenkasse übergehen. Deshalb kann die
Kasse nicht unmittelbar gegen den KH-Versicherer des A vorgehen.

4. Anwendungsfälle

Das Verweisungsprivileg besteht in den Fällen der Leistungsfreiheit des KH-Ver- **374**
sicherers wegen
– fehlender oder verspäteter Prämienzahlung (§§ 38, 39 VVG)
– Verstoßes gegen gesetzliche Obliegenheiten
  Ausnahme: objektive Gefahrerhöhung (vgl. § 3 Nr. 6 PflVG)
– Verstoßes gegen vertragliche Obliegenheiten
  Ausnahmen: Führerscheinklausel (vgl. § 3 Nr. 6 PflVG)
                 Schwarzfahrtklausel (vgl. § 3 Nr. 6 PflVG)

III. Der Regreß gegen den VN und mitversicherte Personen

Die Anspruchsgrundlage des Versicherers für einen Regreß sowohl gegenüber **375**
dem VN als auch gegenüber mitversicherten Personen ist § 3 Nr. 9 S. 2 PflVG
i. V. m. § 426 Abs. 1 und 2 BGB.

Es handelt sich also um einen Ausgleichsanspruch unter Gesamtschuldnern.

Obwohl der Versicherer am Unfall nicht beteiligt ist, haftet er gemeinsam mit
den Versicherten, soweit diese dem Dritten gegenüber haften (§ 3 Nr. 2 PflVG).
Es handelt sich hier um einen sog. gesetzlichen Schuldbeitritt.

Im Verhältnis zum Dritten bewirkt dies zusammen mit dem Direktanspruch **376**
(§ 3 Nr. 1 PflVG) die Verpflichtung, die berechtigten Ansprüche des Dritten aus
eigener Verbindlichkeit zu erfüllen, sich notfalls auch verklagen zu lassen (Passiv-
legitimation).

Im Verhältnis zu den Versicherten gibt die Eigenschaft als Gesamtschuldner dem
Versicherer die Möglichkeit, über den Gesamtschuldnerausgleich seine Aufwendungen zurückzuerhalten (§ 3 Nr. 9 S. 2 PflVG i. V. m. § 426 Abs. 1 und 2 BGB).

Der in § 426 Abs. 1 BGB normierte Gesamtschuldnerausgleich sieht vor:

– Ausgleich zu gleichen Teilen
– soweit nicht ein anderes bestimmt ist.

377 | **Fallbeispiel:**

Der **nicht** leistungsfreie Versicherer tritt nach erfolgter Regulierung an seinen VN, der den Unfall verursacht hatte, heran und verlangt von ihm Rückerstattung der Hälfte seiner Entschädigungsleistung. Er begründet seinen Anspruch mit § 426 Abs. 1 BGB. Als der VN sich wehrt, verlangt der Sachbearbeiter des Versicherers nunmehr vom VN den gesamten Betrag zurück. Zur Begründung gibt er an, es sei insoweit etwas anderes bestimmt, als nach entsprechender Anwendung des Rechtsgrundsatzes des § 254 Abs. 1 BGB nach Haftungsanteilen auszugleichen sei. Da der VN den Unfall allein verursacht habe, hafte er auch im Innenverhältnis zu 100 %.

Lösung:

Der Versicherer kann weder die Hälfte noch das Ganze des Entschädigungsbetrages verlangen. Ausgehend von seinem Freistellungsanspruch gem. § 10 Abs. 1 AKB, zu dessen Erfüllung der Versicherer verpflichtet war, kann sich der VN auf die Vorschrift des § 3 Nr. 9 S. 1 PflVG berufen. Danach ist im Gesamtschuldverhältnis der Versicherer allein verpflichtet, wenn keine Leistungsfreiheit besteht. Diese Vorschrift modifiziert die in § 426 Abs. 1 BGB vorgesehene Regelung der hälftigen Teilung. Sie läßt als gesetzliche Sonderregelung für die Pflichtversicherung auch keine mittelbare Anwendung des Rechtsgedankens des § 254 Abs. 1 BGB zu.

378 | **Variante:**

Wie oben, aber der Versicherer ist wegen fehlender Beitragszahlung leistungsfrei.

Lösung:

In diesem Fall kann der Versicherer ausgehend von § 426 Abs. 1 BGB nicht nur die Hälfte verlangen, sondern wegen der Sonderregelung des § 3 Nr. 9 S. 2 PflVG die gesamten Schadenaufwendungen. Denn nach dieser Vorschrift haftet der VN im Innenverhältnis der Gesamtschuldner allein, **soweit** der Versicherer leistungsfrei ist. Da hier wegen Beitragsverzugs unbegrenzte Leistungsfreiheit besteht, kann der Versicherer den gesamten Regulierungsbetrag zurückfordern.

379 Besteht nur beschränkte Leistungsfreiheit z. B. in Höhe von 10 000 DM, kann der Versicherer auch nur diesen Betrag im Regreßwege verlangen.

380 Der Regreßanspruch besteht gegenüber jedem haftenden Versicherten.

381 Mit der Befriedigung des Gläubigers (Dritter) geht dessen Anspruch gegen den VN und gegen mitversicherte Personen auf den Versicherer über, § 426 Abs. 2 BGB.

Dem Regreßanspruch des Versicherers kann nicht das sog. Familienprivileg des 382
§ 67 Abs. 2 VVG entgegengehalten werden – der KH-Versicherer erwirbt seinen
Anspruch nicht nach § 67 Abs. 1 VVG, sondern nach § 3 Nr. 9 S. 2 PflVG (BGH
VersR 84,327; LG Lüneburg SP 97, 209; AG Waren SP 98, 224; LG Bielefeld SP
98, 296).

Der vom leistungsfreien Versicherer zu Recht in Anspruch genommene Versi- 383
cherte kann sich nur noch schwer gegen die Regreßforderung wehren. Allenfalls
wenn dem Versicherer eine schuldhafte Verletzung der Abwehrpflicht (völlig
unsachgemäße Sachbearbeitung) nachzuweisen ist (§ 3 Nr. 10 S. 1 PflVG, hierzu
Rdnr. 13), wird er den Regreß ganz oder teilweise abwehren können. Vgl. hierzu
AG Waren SP 98, 224 (unberechtigter Fahrer).

Allerdings trifft den Versicherer im Falle der Regreßdurchführung wegen einer 384
Obliegenheitsverletzung eine **erweiterte Beweislast**. Er muß nicht nur beweisen,
daß der objektive Tatbestand der jeweiligen Obliegenheitsverletzung erfüllt ist. Er
muß im Regreßprozeß auch – anders als im Falle einer Deckungsklage des Versicherten – den Nachweis erbringen, daß den Versicherten ein Verschulden trifft
und die Obliegenheitsverletzung kausal für den Eintritt des Versicherungsfalles
oder den Umfang der dem Versicherer obliegenden Leistung war. Es wird für den
Regreß also die sonst dem Versicherten obliegende Beweislast aus § 6 Abs. 1 und
2 VVG auf den Versicherer übertragen (OLG Köln SP 98, 403).

Hat der Versicherer neben den Schadensersatzleistungen noch Kosten z. B. für 385
Ermittlungen (SV-Gutachten, polizeiliche Ermittlungsakte) oder Prozeßkosten
gehabt, kann er diese nicht über den Gesamtschuldnerausgleich des § 3 Nr. 9 S. 2
PflVG i. V. m. § 426 Abs. 1 BGB geltend machen. Da es sich nicht um eine Forderung des Dritten handelt, tritt bei ihm insoweit auch keine Forderungsbefrie-
digung ein. Dies hat zur Folge, daß insoweit auch kein Anspruch des Dritten auf
den Versicherer übergehen kann (§ 426 Abs. 2 BGB). Der Gesetzgeber hat deshalb
dem Versicherer hierfür eine eigene Anspruchsgrundlage zur Seite gestellt, § 3
Nr. 10 S. 2 PflVG.

Regreßansprüche nach § 3 Nr. 9 S. 2, Nr. 10 S. 2 PflVG verjähren nach 2 Jah- 386
ren seit Ablauf des Jahres, in dem die Aufwendungen erbracht wurden, § 3 Nr. 11
PflVG.

IV. Beispielsfälle zur Handhabung des Verweisungsprivilegs

Die nachfolgend aufgeführten Fälle berücksichtigen die wichtigsten Leistungs- 387
freiheitstatbestände. Sie haben stets denselben Ausgangsfall zur Grundlage. Dieser
Fall wird unter dem Blickwinkel diverser Leistungsfreiheitstatbestände betrachtet.
Ergänzt werden die Varianten durch Fälle mit Beteiligung von mitversicherten
Personen.

Die Leistungsfreiheitstatbestände selbst sind nicht Gegenstand der Prüfung. Sie
dienen als Beispiele für Vertragsverletzungen, die unstreitig sind. Leistungsfreiheit
ist also in allen Fällen gegeben.

Die Fälle unterliegen der Prüfung folgender Fragen (zugleich Prüfungsschema):
- Wem gegenüber ist der KH-Versicherer leistungsfrei (bei mehreren Beteiligten)?
  - VN/Halter?
  - Versicherte Person?
- In welchem Umfang besteht Leistungsfreiheit?
- In welchem Umfang ist der KH-Versicherer dem Geschädigten gegenüber eintrittspflichtig?
  - Liegt grundsätzlich ein Fall des § 3 Nr. 4 PflVG vor?
  - Ist eine Verweisung nach § 3 Nr. 6 Satz 1, 1. HS PflVG auf § 158 c Abs. 4 VVG möglich?
    - Oder liegt einer der Ausnahmetatbestände des § 3 Nr. 6 Satz 1, 2. HS PflVG vor?
- Wie reguliert der KH-Versicherer die geltend gemachten Ansprüche des Geschädigten/Rechtsnachfolgers?
- Welche Regreßansprüche gegenüber dem VN/der versicherten Person hat
  - der KH-Versicherer?
  - der Kaskoversicherer des Geschädigten?
  - der Krankenversicherer des Geschädigten?

388

Ausgangsfall:
Bei einem vom VN (= Halter) bzw. Fahrer herbeigeführten Verkehrsunfall wird das Fahrzeug des Anspruchstellers (Ast) beschädigt.

Das Fahrzeug des Ast ist mit einer Selbstbeteiligung (SB) von 1000,– DM vollkaskoversichert.

Der VN haftet zu 100 %.

389

Beispielsfall 1:

Beitragsverzug nach §§ 38, 39 VVG
Der VN zahlt den Beitrag nicht. Fahrer des Fahrzeugs ist der VN. Der Ast wird verletzt.

	Ansprüche	Regulierung
Fahrzeugschaden	7 000,–	1 000,–
S-Folgeschäden	4 500,–	4 500,–
Schmerzensgeld	1 500,–	1 500,–
Krankenkasse	1 500,–	0,–
Arbeitgeber (Gehaltsfortz.)	1 000,–	1 000,–
	15 500,–	8 000,–

Regreß

des KH-Vers.	gegen VN	8 000,–
des Kasko-Vers.	gegen VN	6 000,–
der Krankenkasse	gegen VN	1 500,–

Erläuterung

– Der KH-Versicherer ist dem VN gegenüber leistungsfrei. **390**
– Die Leistungsfreiheit ist unbegrenzt.
– Der Ast hat den Direktanspruch zum Teil verloren.

Der Direktanspruch des Ast richtet sich im Falle der Leistungsfreiheit gemäß § 3 Nr. 1 Satz 1, 2. Alt. nach den Nummern 4–6. Da es sich um einen Leistungsfreiheitstatbestand handelt, ist § 3 Nr. 4 PflVG einschlägig. Danach kann der Versicherer die Leistungsfreiheit dem Dritten grundsätzlich nicht entgegenhalten. Anders ist dies, wenn dem Versicherer das Verweisungsprivileg zusteht. Dies ist hier der Fall. Die Verweisung findet ihren Ausgangspunkt in § 3 Nr. 6 PflVG, der grundsätzlich auf § 158 c Abs. 4 VVG verweist.

Folgende Prüfung ist in diesem Zusammenhang veranlaßt:
• Es liegt ein Fall der Nummern 4 oder 5 vor (hier: Nummer 4).
• Es trifft keine der Ausnahmen von Satz 6 Satz 1, 2. HS zu (hier gegeben).
• Der Ast kann Ersatz seines Schadens bei einem anderern Schadenversicherer oder SVT erlangen (§ 158 c Abs. 4 VVG):

Der **Ast** kann einen Teil seines Schadens, nämlich den Fahrzeugschaden abzüglich SB von seinem Kaskoversicherer (Schadensversicherer) erlangen. In diesem Falle sieht § 158 c Abs. 4 VVG vor, daß der KH-Versicherer **insoweit** nicht einzustehen hat. Deshalb übernimmt er von dem Fahrzeugschaden nur die SB in Höhe von 1000 DM. Die **Krankenkasse** geht leer aus, weil sich die Verweisung auch auf den Rechtsnachfolger des Ast, der Schadensversicherer oder SVT ist, auswirkt. Deshalb ist die Forderung der Krankenkasse nicht zu übernehmen. Dies gilt auch für eine Forderung nach einem evtl. bestehenden Teilungsabkommen.

– Regreßansprüche des KH-Versicherers bestehen gegenüber der Person, auf die sich die Leistungsfreiheit bezieht. Das ist hier der VN.
• Die Anspruchsgrundlage ist § 3 Nr. 9 Satz 2 PflVG.
• Da es sich um einen Gesamtschuldnerausgleich handelt, ist Haftung des VN vorausgesetzt. Dies ist hier unproblematisch, weil der VN als Halter und Fahrer gemäß §§ 7 Abs. 1 StVG, 823 BGB haftet.
• Die Leistungsfreiheit ist unbegrenzt, also ist auch der Regreßanspruch nach § 3 Nr. 9 Satz 2 PflVG unbegrenzt („**soweit** eine solche Verpflichtung des Versicherers nicht besteht"). Deshalb kann der KH-Versicherer im Wege des Regresses den gesamten von ihm regulierten Betrag zurückfordern.

– Regresse des Kaskoversicherers und der Krankenkasse gegen den VN sind hier nur der Vollständigkeit halber erwähnt. Sie ergeben sich aus übergegangenem

Recht gemäß § 67 Abs. 1 VVG bzw. § 116 Abs. 1 SGB X jeweils i. V. m. den Haftungsvorschriften und sind der Höhe nach nicht beschränkt.

391

Beispielsfall 2:

Beitragsverzugverzug nach §§ 38, 39 VVG
Der VN hat die Prämie nicht bezahlt. Gleichwohl überläßt er das Fahrzeug seinem Freund F. Der Ast wird verletzt

	Ansprüche	Regulierung
Fahrzeugschaden	7 000,–	7 000,–
S-Folgeschäden	4 500,–	4 500,–
Krankenkasse	1 500,–	1 500,–
	13 000,–	13 000,–

Regreß		
des KH-Vers.	gegen VN	13 000,–
	gegen Fahrer	0,–

Erläuterung
– Der KH-Versicherer ist nur dem VN gegenüber leistungsfrei. Da der Fahrer nicht selbst den Beitragsverzug herbeigeführt hat, kann ihm die dem VN gegenüber bestehende Leistungsfreiheit nur unter den Voraussetzung des § 158 i VVG schaden. Vorliegend war dem Fahrer der Beitragsverzug weder bekannt noch grob fahrlässig nicht bekannt. Deshalb bleibt ihm gegenüber die Leistungsverpflichtung des KH-Versicherers bestehen.
– Die Leistungsfreiheit dem VN gegenüber ist unbegrenzt.
– Der Ast hat den Direktanspruch nicht verloren.
   Der Haftungsanspruch des Ast richtet sich sowohl gegen den VN als den Halter (§ 7 Abs. 1 StVG) als auch gegen den Fahrer (§ 823 BGB). Mangels Leistungsfreiheit gegenüber dem Fahrer muß der KH-Versicherer diesem Deckungsschutz gewähren. Dies hat zur Folge, daß der Ast gemäß § 3 Nr. 1 PflVG „im Rahmen der Leistungspflicht aus dem Versicherungsverhältnis" seinen Anspruch auch gegen den Versicherer geltend machen kann. In bezug auf den Fahrer liegt auch kein Fall des § 3 Nr. 4 PflVG vor. Aus diesem Grunde muß der KH-Versicherer den gesamten Schaden regulieren.
– Regreßansprüche des KH-Versicherers bestehen gegenüber der Person, auf die sich die Leistungsfreiheit bezieht. Das ist hier nur der VN.
   • Die Anspruchsgrundlage ist § 3 Nr. 9 Satz 2 PflVG.
   • Da es sich um einen Gesamtschuldnerausgleich handelt, ist Haftung des VN vorausgesetzt. Dies ist hier unproblematisch, weil der VN als Halter gemäß § 7 Abs. 1 StVG haftet.
   • Die Leistungsfreiheit ist unbegrenzt, also ist auch der Regreßanspruch nach § 3 Nr. 9 Satz 2 PflVG unbegrenzt („**soweit** eine solche Verpflichtung des

Versicherers nicht besteht"). Deshalb kann der KH-Versicherer im Wege des Regresses den gesamten von ihm regulierten Betrag zurückfordern.

Beispielsfall 3:   **392**

Beitragsverzug nach §§ 38, 39 VVG
Die Ehefrau des VN weiß, daß VN den Beitrag noch nicht bezahlt hat, obwohl die Frist abgelaufen ist. Gleichwohl fährt die Ehefrau mit dem Fahrzeug und verursacht den Unfall. Der Ast wird verletzt.

	Ansprüche	**Regulierung**
Fahrzeugschaden	7 000,–	1 000,–
S-Folgeschäden	4 500,–	4 500,–
Krankenkasse	1 500,–	0,–
	13 000,–	5 500,–

Regreß		
des KH-Vers.	gegen VN	bis 5500,–
	gegen Fahrerin	bis 5500,–
		insgesamt nicht mehr als 5500,–
des Kasko-Vers.	gegen VN	bis 6000,–
	gegen Fahrerin	bis 6000,–
		insgesamt nicht mehr als 6000,–
der Krankenkasse	gegen VN	bis 1500,–
	gegen Fahrerein	bis 1500,–
		insgesamt nicht mehr als 1500,–

Erläuterung

– Der KH-Versicherer ist dem VN und der Ehefrau gegenüber leistungsfrei. Anders als im vorangegangenen Fall kann der Versicherer hier der versicherten Person (Ehefrau) die Leistungsfreiheit, die sich gegenüber dem VN ergibt, entgegenhalten (§ 158 i VVG).
– Die Leistungsfreiheit ist unbegrenzt.
– Der Ast hat den Direktanspruch zum Teil verloren.
   Die Leistungsfreiheit des Versicherers besteht beiden Haftenden gegenüber. Deshalb liegt auch hier wieder ein Fall des § 3 Nr. 4 i. V. m. Nr. 6 PflVG und § 158 c Abs. 4 VVG vor. Zur weiteren Erläuterung siehe den 1. Fall zum Beitragsverzug (Rdnr. 389).
– Regreßansprüche des KH-Versicherers bestehen gegenüber der Person, auf die sich die Leistungsfreiheit bezieht. Das sind hier der VN und seine Ehefrau.
   • Die Anspruchsgrundlage ist § 3 Nr. 9 Satz 2 PflVG.
   • Da es sich um einen Gesamtschuldnerausgleich handelt, ist Haftung des VN

und seiner Ehefrau vorausgesetzt. Der VN haftet als Halter gemäß § 7 Abs. 1 StVG, seine Ehefrau als Fahrerin gemäß § 823 BGB

• Die Leistungsfreiheit ist unbegrenzt, also ist auch der Regreßanspruch nach § 3 Nr. 9 Satz 2 PflVG unbegrenzt („**soweit** eine solche Verpflichtung des Versicherers nicht besteht"). Deshalb kann der KH-Versicherer im Wege des Regresses den gesamten von ihm regulierten Betrag zurückfordern.

– Da es sich bei dem Regreß um einen Gesamtschuldnerausgleich handelt, kann der Versicherer von jedem der Schuldner den gesamten Betrag zurückfordern, insgesamt jedoch nur einmal.

– Regresse des Kaskoversicherers und der Krankenkasse sind hier nur der Vollständigkeit halber erwähnt.

393

Beispielsfall 4:

Obliegenheitsverletzung
hier Verwendungsklausel § 2 b Abs. 1 a AKB
VN tarifiert seinen Pkw zur Eigenverwendung und setzt ihn als Taxi ein. VN fährt selbst.

	Ansprüche	**Regulierung**
Fahrzeugschaden	27 000,–	17 000,–
S-Folgeschäden	4 500,–	4 500,–
	31 500,–	21 500,–
Regreß		
des KH-Vers.	gegen VN	0,–
des Kasko-Vers.	gegen VN	10 000,–

Erläuterung

– Der KH-Versicherer ist dem VN gegenüber leistungsfrei.

– Die Leistungsfreiheit ist auf 10 000 DM begrenzt (§ 5 Abs. 3 KfzPflVVO).

– Der Ast hat den Direktanspruch zum Teil verloren.

Der Direktanspruch des Ast richtet sich im Falle der Leistungsfreiheit gemäß § 3 Nr. 1 Satz 1, 2. Alt. nach den Nummern 4–6. Hier gewinnt besondere Bedeutung, daß der Direktanspruch sich nur nach den Nummern 4 bis 6 richtet, „soweit eine Leistungspflicht nicht besteht". Da eine Leistungspflicht des Versicherers nur bis zu 10 000 DM nicht besteht, richtet sich der Direktanspruch auch lediglich in diesem Umfang nach den Nummern 4 bis 6. Soweit die Ansprüche des Ast diesen Betrag überschreiten, bleibt es bei dem Direktanspruch des § 3 Nr. 1 PflVG.

Bei der Obliegenheitsverletzung handelt es sich um einen Leistungsfreiheitstatbestand. Deshalb ist § 3 Nr. 4 PflVG einschlägig. Danach kann der Versicherer die Leistungsfreiheit (hier in Höhe von 10 000 DM) dem Dritten grundsätzlich nicht entgegenhalten. Anders ist dies, wenn dem Versicherer das Verweisungsprivileg zusteht. Dies ist hier der Fall. Die Verweisung findet ihren

Ausgangspunkt in § 3 Nr. 6 PflVG, der grundsätzlich auf § 158 c Abs. 4 VVG verweist.

Folgende Prüfung ist in diesem Zusammenhang veranlaßt:
- Es liegt ein Fall der Nummern 4 oder 5 vor (hier: Nummer 4, beschränkt auf 10 000 DM).
- Es trifft keine der Ausnahmen von Satz 6 Satz 1, 2. Hs. zu (hier gegeben).
- Der Ast kann Ersatz seines Schadens bei einem anderem Schadenversicherer oder SVT erlangen (§ 158 c Abs. 4 VVG):
  Der Ast kann einen Teil seines Schadens, nämlich den Fahrzeugschaden abzüglich SB von seinem Kaskoversicherer (Schadenversicherer) erlangen. In diesem Falle sieht § 158 c Abs. 4 VVG vor, daß der KH-Versicherer **insoweit** nicht einzustehen hat. Im Hinblick darauf, daß der Direktanspruch nur in Höhe von 10 000 DM entfällt, kann auch die Verweisung des Ast an seinen Kaskoversicherer nur in dieser Höhe erfolgen.
  Deshalb übernimmt der KH-Versicherer den Fahrzeugschaden reduziert um 10 000 DM, hier also 17 000 DM.
- Regreßansprüche des KH-Versicherers bestehen hier nicht.
  Die Anspruchsgrundlage des § 3 Nr. 9 Satz 2 PflVG gibt dem Versicherer einen Rückgriffsanspruch, soweit eine Verpflichtung zur Leistung nicht besteht. Im Falle der beschränkten Leistungsfreiheit kann dies höchstens der Betrag der Leistungsfreiheit sein. Diesen Betrag hat der Versicherer hier aber schon „verbraucht", indem er diesen bei der Regulierung dem Ast abgezogen hat. Dies konnte er im Hinblick auf den insoweit nicht bestehenden Direktanspruch des Ast (Verweisungsprivileg). Aus der Tatsache, daß insoweit ein Direktanspruch des Ast nicht bestand, folgt, daß auch keine Gesamtschuldnerschaft mit dem haftenden VN bestand. Der Regreßanspruch des § 3 Nr. 9 Satz 2 PflVG setzt jedoch eine Gesamtschuldnerschaft voraus.
  Im übrigen hat der KH-Versicherer nur noch das reguliert, was nicht von der Leistungsfreiheit erfaßt war. Insoweit bestand eine Leistungsverpflichtung des KH-Versicherers. Für die Beträge über 10 000 DM kommt ausschließlich § 3 Nr. 9 Satz 1 PflVG zum Tragen, nach welchem der Versicherer im Innenverhältnis allein verpflichtet ist.
- Der Regreß des Kaskoversicherers wird hier nur der Vollständigkeit halber erwähnt. Er ergibt sich aus übergegangenem Recht gemäß § 67 Abs. 1 VVG i. V. m. den Haftungsvorschriften.

Beispielsfall 5: 394

Obliegenheitsverletzung
hier: Verwendungsklausel, § 2 b Abs. 1 a AKB
VN tarifiert seinen Pkw als Privatfahrzeug zur Eigenverwendung, nutzt es aber als Selbstfahrervermietfahrzeug. Der Mieter verschuldet einen Unfall. Er hat keine Kenntnis von der falschen Tarifierung.

	Ansprüche	Regulierung
Fahrzeugschaden	27 000,–	27 000,–
S-Folgeschäden	4 500,–	4 500,–
	31 500,–	31 500,–

Regreß

des KH-Vers.	gegen VN	10 000,–
	gegen Fahrer	0,–

Erläuterung

– Der KH-Versicherer ist nur dem VN gegenüber leistungsfrei. Hier gilt das oben unter Rdnr. 391 Gesagte. Der Versicherer kann die dem VN gegenüber bestehende Leistungsfreiheit dem Fahrer nicht gemäß § 158 i VVG entgegenhalten.

– Die Leistungsfreiheit ist auf 10 000 DM begrenzt (§ 5 Abs. 3 KfzPflVVO)

– Der Ast hat den Direktanspruch nicht verloren, weil der Versicherer für den Fahrer einzustehen hat (vgl. Rdnr. 391).

– Regreßansprüche des KH-Versicherers bestehen gegenüber der Person, auf die sich die Leistungsfreiheit bezieht. Das ist hier nur der VN.

• Die Anspruchsgrundlage ist § 3 Nr. 9 Satz 2 PflVG.

• Da es sich um einen Gesamtschuldnerausgleich handelt, ist Haftung des VN vorausgesetzt. Dies hier unproblematisch, weil der VN als Halter gemäß § 7 Abs. 1 StVG haftet.

• Die Leistungsfreiheit ist auf 10 000 DM begrenzt, also ist auch der Regreßanspruch nach § 3 Nr. Satz 2 PflVG entsprechend begrenzt („**soweit** eine solche Verpflichtung des Versicherers nicht besteht"). Deshalb kann der KH-Versicherer im Wege des Regresses den Betrag von 10 000 DM zurückfordern.

---

395 | **Beispielsfall 6:**

Obliegenheitsverletzung
hier: Verwendungsklausel, § 2 b Abs. 1 a AKB
VN tarifiert seinen Pkw als Privatfahrzeug zur Eigenverwendung, nutzt es aber als Selbstfahrervermietfahrzeug. Der Mieter verschuldet einen Unfall. Der Fahrer kennt aber die unrichtige Tarifierung.

	Ansprüche	Regulierung
Fahrzeugschaden	27 000,–	7 000,–
S-Folgeschäden	4 500,–	4 500,–
	31 500,–	11 500,–

Regreß

des KH-Vers.	gegen VN	0,–
	gegen Fahrer	0,–
des Kasko-Vers.	gegen VN	10 000,–
	gegen Fahrer	10 000,–

Erläuterung

– Der KH-Versicherer ist dem VN und dem Fahrer gegenüber leistungsfrei.
– Die Leistungsfreiheit ist auf 10 000 DM je Versichertem begrenzt (§ 5 Abs. 3 KfzPflVVO), insgesamt also auf 20 000 DM.
– Der Ast hat den Direktanspruch zum Teil verloren.

Die Leistungsfreiheit des Versicherers besteht beiden Haftenden gegenüber. Deshalb liegt auch wieder ein Fall des § 3 Nr. 4 i. V. m. Nr. 6 PflVG und § 158 c Abs. 4 VVG vor. Zur weiteren Erläuterung siehe den 1. Fall zum Beitragsverzug (Rdnr 389).

Im vorliegenden Fall ergibt sich die Besonderheit, daß im Innenverhältnis der Versicherer jedem Versicherten gegenüber in Höhe von 10 000 DM leistungsfrei ist. Dies wirkt sich auch zu Lasten des Ast aus. Dieser hat den Direktanspruch nur „im Rahmen der Leistungspflicht ... aus dem Versicherungsverhältnis". Die Leistungspflicht des Versicherers ist aber um insgesamt 20 000 DM vermindert. Deshalb erfolgt auch die Verweisung gemäß § 3 Nr. 6 PflVG i. V. m. § 158 c Abs. 4 VVG in dieser Höhe. Mithin übernimmt der KH-Versicherer den Fahrzeugschaden reduziert um 20 000 DM, hier also 7000 DM.

Beispielsfall 7: 396

Obliegenheitsverletzung
hier: Schwarzfahrt, § 2 b Abs. 1 b AKB

Der in Köln lebende VN überläßt dem F sein Fahrzeug für eine Fahrt nach Frankfurt/Main. Vereinbarungsgemäß sollte F auf dem kürzesten Wege wieder nach Köln zurückkehren. Abredewidrig besucht F auf dem Rückweg eine Bekannte in Göttingen. Auf dem Weg von Frankfurt dorthin verursacht er einen Verkehrsunfall.

	Ansprüche	Regulierung
Fahrzeugschaden	7 000,–	7 000,–
S-Folgeschäden	4 500,–	4 500,–
	11 500,–	11 500,–

Regreß

des KH-Vers.	gegen VN	0,–
	gegen Fahrer	10 000,–

Erläuterung
- Der KH-Versicherer ist nur dem Fahrer gegenüber leistungsfrei.
- Die Leistungsfreiheit ist auf 10 000 DM begrenzt (§ 5 Abs. 3 KfzPflVVO).
- Der Ast hat den Direktanspruch nicht verloren.

Folgende Prüfung ist in diesem Zusammenhang veranlaßt:
- Es liegt ein Fall der Nummern 4 oder 5 vor (hier: Nummer 4, beschränkt auf 10 000 DM).
- Es trifft eine der Ausnahmen von Satz 6 Satz 1, 2. HS zu: die Schwarzfahrt-klausel ist ausdrücklich als Ausnahme in den Katalog aufgenommen. Damit ist eine Verweisung des Ast auf den Kaskoversicherer gemäß § 158c Abs. 4 VVG ausgeschlossen. Dies führt zur vollständigen Regulierung des KH-Versicherers dem Ast gegenüber.
- Regreßansprüche des KH-Versicherers bestehen nur gegenüber dem Fahrer, und zwar in Höhe des leistungsfreien Betrages, hier 10 000 DM.

397

Beispielsfall 8:		
Obliegenheitsverletzung		
hier: Schwarzfahrt, § 2 b Abs. 1 b AKB		
Der VN läßt sein Fahrzeug mit laufendem Motor auf der Straße stehen, um im benachbarten Geschäft einzukaufen. D entwendet das Fahrzeug und verursacht einen Verkehrsunfall.		
	Ansprüche	**Regulierung**
Fahrzeugschaden	7 000,–	7 000,–
S-Folgeschäden	4 500,–	4 500,–
	11 500,–	11 500,–
Regreß		
des KH-Vers.	gegen VN	bis 10 000,–
	gegen D	bis 11 500,–
		insges. nicht mehr als 11 500,–

Erläuterung
- Der KH-Versicherer ist dem VN und dem Fahrer (Dieb) gegenüber leistungs-frei.
- Die Leistungsfreiheit ist dem VN gegenüber auf 10 000 DM beschränkt, dem Dieb gegenüber unbeschränkt, weil er das Fahrzeug durch eine strafbare Handlung (Diebstahl) erlangt hat.
- Der Ast behält seinen Direktanspruch. Bei der Schwarzfahrtklausel ist eine Verweisung gemäß § 3 Nr. 6 Satz 1, 2. HS ausgeschlossen. Deshalb erfolgt Regulierung in voller Höhe.
- Regreßmöglichkeiten ergeben sich gegenüber dem VN in Höhe von 10 000 DM, dem D gegenüber in unbegrenzter Höhe, hier also 11 500 DM, ins-

gesamt jedoch nicht mehr als 11 500 DM. Der VN kann sich nicht darauf berufen, er sei nicht Gesamtschuldner mit dem Versicherer (§ 3 Nr. 9 Satz 2 i. V. m.
Nr. 2 PflVG). Der VN haftet gemäß § 7 Abs. 1 StVG. § 7 Abs. 3, 1. HS StVG,
wonach der unberechtigte Fahrer an die Stelle des Halters tritt, findet keine
Anwendung. Denn die Benutzung des Fahrzeugs durch D ist vom VN schuldhaft ermöglicht worden (§ 7 Abs. 3 Satz 1, 2. HS StVG).

Beispielsfall 9:   398

Obliegenheitsverletzung
hier: Führerscheinklausel § 2 b Abs. 1 c AKB
Dem VN war der Führerschein entzogen worden. Gleichwohl fährt er mit dem
Fahrzeug und verursacht einen Unfall.

	Ansprüche	Regulierung
Fahrzeugschaden	7 000,–	7 000,–
S-Folgeschäden	4 500,–	4 500,–
	11 500,–	11 500,–
Regreß		
des KH-Vers.	gegen VN	10 000,–

Erläuterung
– Der KH-Versicherer ist dem VN gegenüber leistungsfrei.
– Die Leistungsfreiheit ist auf 10 000 DM beschränkt.
– Der Ast behält seinen Direktanspruch. Bei der Führerscheinklausel ist eine Ver-
  weisung gemäß § 3 Nr. 6 Satz 1, 2. HS ausgeschlossen. Deshalb erfolgt Regu-
  lierung in voller Höhe.
– Regreßanspruch des KH-Versicherers gemäß § 3 Nr. 9 Satz 2 PflVG gegenüber
  dem VN besteht in Höhe der Leistungsfreiheit, also 10 000 DM.

Beispielsfall 10:   399

Obliegenheitsverletzung
hier: Führerscheinklausel § 2 b Abs. 1 c AKB
Der VN überläßt seinem Sohn S das Fahrzeug. Als S früher noch im Haus-
halt des Vaters lebte, hatte er die Fahrerlaubnis erworben. S verschwieg dem
Vater vor der Fahrt, daß ihm einige Tage zuvor der Führerschein entzogen
worden war. Bei der Fahrt kommt es durch schuldhaftes Verhalten des S zu
einem Unfall.

	Ansprüche	Regulierung
Fahrzeugschaden	27 000,–	27 000,–
S-Folgeschäden	4 500,–	4 500,–
	31 500,–	31 500,–

Regreß

des KH-Vers.	gegen VN	0,–
	gegen S	10 000,–

Erläuterung

– Der KH-Versicherer ist nur dem Fahrer gegenüber leistungsfrei.
– Die Leistungsfreiheit ist auf 10 000 DM beschränkt.
– Der Ast behält seinen Direktanspruch. Bei der Führerscheinklausel ist eine Verweisung gemäß § 3 Nr. 6 Satz 1, 2. HS ausgeschlossen. Deshalb erfolgt Regulierung in voller Höhe.
– Regreßanspruch des KH-Versicherers gemäß § 3 Nr. 9 Satz 2 PflVG gegenüber dem Fahrer besteht in Höhe der Leistungsfreiheit, also 10 000 DM.

400 | **Beispielsfall 11:**

Obliegenheitsverletzung
hier: Führerscheinklausel § 2 b Abs. 1 c AKB
Sachverhalt wie vor, aber der Vater wußte vom Führerscheinentzug.

	Ansprüche	Regulierung
Fahrzeugschaden	27 000,–	27 000,–
S-Folgeschäden	4 500,–	4 500,–
	31 500,–	31 500,–

Regreß

des KH-Vers.	gegen VN	10 000,–
	gegen S	10 000,–

Erläuterung

– Der KH-Versicherer ist dem VN und dem Fahrer S gegenüber leistungsfrei.
– Die Leistungsfreiheit ist auf je 10 000 DM beschränkt.
– Der Ast behält seinen Direktanspruch. Bei der Führerscheinklausel ist eine Verweisung gemäß § 3 Nr. 6 Satz 1, 2. HS ausgeschlossen. Deshalb erfolgt Regulierung in voller Höhe.
– Regreßanspruch des KH-Versicherers gemäß § 3 Nr. 9 Satz 2 PflVG gegenüber dem VN und dem Fahrer besteht in Höhe der Leistungsfreiheit, also je 10 000 DM.

401 | **Beispielsfall 12:**

Obliegenheitsverletzung
hier: Trunkenheitsklausel, § 2 b Abs. 1 e
VN steuert nach einer ausgedehnten Zechtour sein Fahrzeug in Richtung seiner Wohnung. Infolge Trunkenheit übersieht er die rote Ampel und kollidiert mit dem Fahrzeug des Ast. Die BAK betrug zur Tatzeit 1,9 ‰.

	Ansprüche	**Regulierung**
Fahrzeugschaden	7 000,–	1 000,–
S-Folgeschäden	4 500,–	4 500,–
	11 500,–	5 500,–
Regreß		
des KH-Vers.	gegen VN	4 000,–
des Kasko-Vers.	gegen VN	6 000,–

Erläuterung
- Der KH-Versicherer ist dem VN gegenüber leistungsfrei.
- Die Leistungsfreiheit ist auf 10 000 DM beschränkt.
- Der Ast hat den Direktanspruch nicht verloren.

Folgende Prüfung ist in diesem Zusammenhang veranlaßt:
- Es liegt ein Fall der Nummern 4 oder 5 vor (hier: Nummer 4, beschränkt auf 10 000 DM).
- Es trifft keine der Ausnahmen von Satz 6 Satz 1, 2. HS zu: die Alkoholklausel ist nicht als Ausnahme in den Katalog aufgenommen. Damit ist eine Verweisung des Ast auf den Kaskoversicherer gemäß § 158 c Abs. 4 VVG möglich. Dies führt zur Regulierung des Fahrzeugschadens nur in Höhe der SB von 1000 DM.
- Regreßanspruch des KH-Versicherers gemäß § 3 Nr. 9 Satz 2 PflVG gegenüber dem VN besteht grundsätzlich, jedoch nicht mehr in voller Höhe. Der Direktanspruch des Ast bestand nicht in Höhe von 6000 DM. Insoweit bestand auch keine Gesamtschuldnerschaft gemäß § 3 Nr. 9 S. 2 i. V. m. Nr. 2 PflVG (vgl. oben Rdnr. 393). Diesen Betrag hat der Versicherer auch von der Regulierungssumme abgezogen (Verweisung). Dementsprechend bleibt bis zur Höhe der Leistungsfreiheit von 10 000 DM ein Rest von 4000 DM, den der Versicherer regressieren kann.

Hinweis: Soweit ein Versicherer die Verweisungsmöglichkeit in seinen Bedingungen ausgeschlossen hat, verändert dies das Ergebnis entsprechend.

Beispielsfall 13: 402

Obliegenheitsverletzung,
hier: Trunkenheitsfahrt, § 2 Abs. 1 e AKB
VN und sein Bekannter hatten gemeinsam verschiedene Gaststätten aufgesucht. Am Abend ließ VN den Bekannten fahren, der infolge des Alkoholgenusses auf die Gegenfahrbahn geriet, wo er mit dem entgegenkommenden Fahrzeug des Ast zusammenstieß. Die BAK betrug 1,7 ‰.

	Ansprüche	**Regulierung**
Fahrzeugschaden	27 000,–	7 000,–
S-Folgeschäden	4 500,–	4 500,–
	31 500,–	11 500,–

Regreß

des KH-Vers.	gegen VN	0,–
	gegen Fahrer	0,–
der Kasko-Versicherer	gegen VN	10 000,–
	gegen Fahrer	10 000,–

Erläuterung
- Der KH-Versicherer ist dem VN und dem Fahrer gegenüber leistungsfrei.
- Die Leistungsfreiheit ist auf je 10 000 DM beschränkt, insgesamt 20 000 DM.
- Der Ast hat den Direktanspruch nicht verloren.
  Vgl. im übrigen Lösung zum Fall 3 der Verwendungsklausel Rdnr. 395.

Hinweis: Soweit ein Versicherer die Verweisungsmöglichkeit in seinen Bedingungen ausgeschlossen hat, verändert dies das Ergebnis entsprechend.

Anmerkung: Die Fälle der Trunkenheitsklausel sind wie die Fälle der Verwendungsklausel zu lösen.

---

403 | **Beispielsfall 14:**

Obliegenheitsverletzung
hier: Gefahrerhöhung, §§ 23 ff VVG
Der VN fährt sein Fahrzeug seit einiger Zeit mit beschädigten Bremsen. Bei einer Fahrt auf der Autobahn versagen die Bremsen, wodurch ein Unfall verursacht wird.

	Ansprüche	Regulierung
Fahrzeugschaden	7 000,–	7 000,–
S-Folgeschäden	4 500,–	4 500,–
	11 500,–	11 500,–

Regreß

des KH-Vers.	gegen VN	10 000,–

Erläuterung
Vgl. hierzu Erläuterung zu Fall 1 der Führerscheinklausel Rdnr. 398.

---

404 | **Beispielsfall 15:**

Obliegenheitsverletzung
hier: Gefahrerhöhung, §§ 23 ff VVG
VN gibt sein Fahrzeug für einige Tage an den Fahrer F. Es tritt ein Bremsdefekt ein, um den F sich nicht kümmert. F führt das Fahrzeug einige Tage weiter. Infolge Bremsversagens verursacht er dann einen Unfall. Dem VN war von dem Bremsdefekt nichts bekannt.

	Ansprüche	Regulierung
Fahrzeugschaden	7 000,–	7 000,–
S-Folgeschäden	4 500,–	4 500,–
	11 500,–	11 500,–
Regreß		
des KH-Vers.	gegen VN	0,–
	gegen Fahrer	10 000,–

Erläuterung

Vgl. hierzu Erläuterung zu Fall 2 der Führerscheinklausel Rdnr. 399.

Beispielsfall 16: 405

Obliegenheitsverletzung

hier: Gefahrerhöhung, §§ 23 ff VVG

Sachverhalt wie vor, jedoch weiß VN von den defekten Bremsen.

	Ansprüche	Regulierung
Fahrzeugschaden	7 000,–	7 000,–
S-Folgeschäden	4 500,–	4 500,–
#	11 500,–	11 500,–
Regreß		
des KH-Vers.	gegen VN	bis 10 000,–
	gegen Fahrer	bis 10 000,–
		insges. nicht mehr als 11 500,–

Erläuterung

Vgl. hierzu Fall 3 der Führerscheinklausel Rdnr. 400.

Beispielsfall 17: 406

Obliegenheitsverletzung

hier: Obliegenheit, die nach dem Versicherungsfall zu erfüllen ist, Leistungsfreiheit nach § 7 V AKB

Der VN gibt nach einem Verkehrsunfall keine Schadenanzeige ab. Der Ast. wird verletzt.

	Ansprüche	Regulierung
Fahrzeugschaden	7 000,–	2 000,–
S-Folgeschäden	4 500,–	4 500,–
S-Geld	1 500,–	1 500,–
Krankenkasse	1 500,–	1 500,–
Arbeitgeber (Gehaltsfortz.)	1 000,–	1 000,–
	15 500,–	10 500,–

Regreß		
des KH-Vers.	gegen VN	0,–
des KF-Vers.	gegen VN	5 000,–

Erläuterung
- Der KH-Versicherer ist dem VN gegenüber leistungsfrei.
- Die Leistungsfreiheit ist begrenzt auf 5000 DM.
- Der Ast hat den Direktanspruch zum Teil verloren.

Folgende Prüfung ist in diesem Zusammenhang veranlaßt:
- Es liegt ein Fall der Nummern 4 oder 5 vor (hier: Nummer 4, beschränkt auf 5000 DM).
- Es trifft keine der Ausnahmen von Satz 6 Satz 1, 2. HS zu: keine der Obliegenheiten, die nach dem Versicherungsfall zu erfüllen sind, ist in dem Ausnahmekatalog aufgeführt.

    Damit ist eine Verweisung des Ast auf den Kaskoversicherer gemäß § 158c Abs. 4 VVG möglich, jedoch nur in Höhe von 5000 DM. Dies führt zur Regulierung des Fahrzeugschadens unter Abzug von 5000 DM. Es verbleiben für die Regulierung noch 2000 DM. Der Krankenkasse gegenüber darf kein Abzug mehr gemacht werden, weil der leistungsfreie Betrag von 5000 DM bereits verbraucht und der Direktanspruch über diesen Betrag hinaus bestehen geblieben ist.
- Der Regreßanspruch des KH-Versicheres besteht nicht, weil er in Höhe des leistungsfreien Betrages Abzüge beim Fahrzeugschaden gemacht hat (vgl. Rdnr. 393, 401). Der Kasko-Versicherer kann wegen der von ihm geleisteten 5000 DM den Regreßweg beschreiten (vgl. hierzu oben Rdnr. 393).

407 | **Beispielsfall 18:**

Obliegenheitsverletzung
hier: Obliegenheit, die nach dem Versicherungsfall zu erfüllen ist, Leistungsfreiheit nach § 7 V AKB
Der VN läßt nach einem von ihm verschuldeten Verkehrsunfall den verletzten Ast an der Unfallstelle zurück und fährt nach Hause.

	Ansprüche	Regulierung
Fahrzeugschaden	7 000,–	1 000,–
S-Folgeschäden	4 500,–	4 500,–
S-Geld	1 500,–	1 500,–
Krankenkasse	1 500,–	
Arbeitgeber (Gehaltsfortz.)	1 000,–	1 000,–
	15 500,–	8 000,–

Regreß		
des KH-Vers.	gegen VN	2500,–
des Kasko-Vers.	gegen VN	6000,–
der Krankenkasse	gegen VN	1500,–

Erläuterung
- Der KH-Versicherer ist dem VN gegenüber leistungsfrei.
- Die Leistungsfreiheit ist begrenzt auf 10000 DM.
- Der Ast hat den Direktanspruch zum Teil verloren.

Folgende Prüfung ist in diesem Zusammenhang veranlaßt:
- Es liegt ein Fall der Nummern 4 oder 5 vor (hier: Nummer 4, beschränkt auf 10000 DM).
- Es trifft keine der Ausnahmen von Satz 6 Satz 1, 2. HS zu: keine der Obliegenheiten, die nach dem Versicherungsfall zu erfüllen sind, ist in dem Ausnahmekatalog aufgeführt.

  Damit ist eine Verweisung des Ast auf den Kaskoversicherer gemäß § 158c Abs. 4 VVG möglich, jedoch nur in Höhe von 10000 DM. Dies führt zur Regulierung des Fahrzeugschadens nur in Höhe der SB von 1000 DM. Der Krankenkasse gegenüber darf bis zur Höhe des noch nicht verbrauchten Leistungsfreiheitsbetrages ein Abzug gemacht werden. Es handelt sich um noch 4000 DM. Da die Krankenkasse nur 1500 DM geltend macht, fällt dieser Betrag voll unter das Verweisungsprivileg und ist abzuziehen.
- Der KH-Versicherer hat einen Regreßanspruch gemäß § 3 Nr. 9 Satz 2 PflVG in Höhe des nicht durch die Verweisungen verbrauchten Betrages. Das sind noch 2500 DM. Der Kasko-Versicherer und der SVT regressieren nach §§ 67 VVG bzw. 116 SGB X.

V. Regreßmöglichkeiten nach irrtümlicher Regulierung trotz Verweisungsprivileg

Hat der Versicherer übersehen, daß ihm das Verweisungsprivileg zusteht, und hat er den Schaden des Dritten irrtümlich reguliert, ergeben sich für ihn verschiedene Regreßmöglichkeiten. **408**

Fallbeispiel:
nach OLG Köln VersR 97, 225

A verschuldete am 31. 8. 1996 mit seinem Pkw einen Verkehrsunfall, bei dem das Fahrzeug des D beschädigt wurde. D meldete bei der H-Versicherung, bei der das Fahrzeug des A haftpflichtversichert war, Schadensersatzansprüche an unter Hinweis auf das Bestehen einer Vollkaskoversicherung bei der K-Versicherung mit einer SB von 300 DM.

Die H-Versicherung regulierte den Schaden des D in Höhe von 13 500 DM. Da A den Erstbeitrag nicht rechtzeitig entrichtet hatte, versagte die H-Versicherung ihm den Versicherungsschutz und forderte ihn zur Erstattung der an D gezahlten Beträge auf.

Lösung:

§ 3 Nr. 9 S. 2 PflVG gegenüber A

Als Anspruchsgrundlage liegt zunächst § 3 Nr. 9 S. 2 PflVG nahe. Diese setzt voraus, daß zwischen der H-Versicherung und A ein Gesamtschuldverhältnis in Bezug auf den Anspruch des D bestanden hat (§ 3 Nr. 2 PflVG). Ein Gesamtschuldverhältnis kommt zustande, „ soweit der Dritte nach Nummer 1 seinen Anspruch auf Ersatz des Schadens auch gegen den Versicherer geltend machen kann" (§ 3 Nr. 2 PflVG).

Die Gesamtschuldnerschaft setzt also das Bestehen eines Direktanspruchs des Dritten voraus.

Dies ist aber vorliegend nicht der Fall. Zwar kann in einem Fall wie diesem dem Dritten die Leistungsfreiheit grundsätzlich nicht entgegengehalten werden (§ 3 Nr. 4 PflVG). Es ist hier aber zu berücksichtigen, daß das Fahrzeug des D vollkaskoversichert war und der H-Versicherung gem. § 3 Nr. 6 PflVG i. V. m. § 158 c Abs. 4 VVG analog das Verweisungsprivileg zugestanden hatte. Soweit das Verweisungsprivileg besteht, entfällt aber der Direktanspruch des Dritten. Dieser kann den Fahrzeugschaden, soweit er durch den Kaskoversicherer gedeckt ist, nicht beim Haftpflichtversicherer geltend machen, sondern muß sich an seinen Kaskoversicherer verweisen lassen.

D hatte also in Höhe des gegen die K-Versicherung bestehenden Anspruchs auf Ersatz des Fahrzeugschadens keinen Direktanspruch mehr. Dementsprechend war die H-Versicherung **insoweit** auch nicht Gesamtschuldner geworden, so daß sie **insoweit** auch keinen Regreß im Wege des Gesamtschuldnerausgleichs nach § 3 Nr. 9 S. 2 PflVG durchführen kann.

Zwischenergebnis:

Nach § 3 Nr. 9 S. 2 PflVG kann die H-Versicherung die Aufwendungen von A nur zurückverlangen, soweit sie nicht vom Verweisungsprivileg erfaßt waren. Also:

Geleistete Entschädigung – Fahrzeugschaden + SB

§ 158 f VVG gegenüber A

Diese Vorschrift bestimmt den Forderungsübergang im Falle einer Regulierung nach § 158 c VVG (Regulierung trotz Leistungsfreiheit). U. E. ist diese Vorschrift auf die Kraftfahrt-Haftpflichtversicherung nicht anwendbar, da sie durch § 3 Satz 1 PflVG ausgeschlossen wird:

„Für die Haftpflichtversicherung nach § 1 gelten an Stelle der §§ 158 c bis 158 f des Gesetzes über den Versicherungsvertrag die folgenden besonderen Vorschriften:"

Unter diesen Vorschriften befindet sich § 3 Nr. 9 S. 2 PflVG, der insoweit einschlägig ist. Der Rechtsübergang regelt sich deshalb über die Vorschriften der Gesamtschuldnerschaft, also über § 426 Abs. 2 BGB. Das OLG Frankfurt wendet u. E. § 156 f VVG fälschlicherweise auf den zu entscheidenden Fall an.

§§ 812, 818 BGB gegenüber A

Den Teil, der vom Verweisungsprivileg erfaßt war, kann die H-Versicherung nach den Regeln der ungerechtfertigten Bereicherung (§§ 812 ff BGB) von A zurückfordern, weil A durch die Zahlung der H-Versicherung wirksam von seiner Schuld gegenüber D befreit wurde (§ 267 BGB). Je nach Lage des Falles ist dieser Anspruch jedoch durch § 814 BGB (Leistung in Kenntnis der Nichtschuld) ausgeschlossen.

§ 812 BGB findet im übrigen nicht für den gesamten Rückgriffanspruch Anwendung, weil die Vorschrift des § 3 Nr. 9 PflVG insoweit vorgeht (*Römer/Langheid* zu § 3 PflVG Rdnr. 38; *Knappmann* in *Prölss/Martin* zu § 3 Nr. 6 PflVG Anm. 5 B a).

GoA § 683 BGB gegenüber A

Möglicherweise hat die H-Versicherung einen Aufwendungsersatzanspruch aus Geschäftsführung ohne Auftrag (GoA). Dies wäre der Fall, wenn die H-Versicherung ihre Leistungsfreiheit gekannt und gewußt hat, daß ein Direktanspruch im Verhältnis zu D nicht bestand (*Knappmann* in *Prölss/Martin* zu § 3 PflVG Anm. 5 B a, str. vgl. OLG Frankfurt VersR 97, 225, 228).

§§ 812, 818 BGB gegenüber D

Dieser Anspruch dürfte daran scheitern, daß bei D eine Bereicherung nicht eingetreten ist, weil er mit der Zahlung durch die H-Versicherung zugleich seinen Anspruch gegen A verloren hat.

KF/KH-TA gegenüber der K-Versicherung

Diese Anspruchsgrundlage kommt nur für Fälle in Betracht, die vor dem 1. 1. 1996 eingetreten sind. Die Versicherer haben zu diesem Datum das Abkommen gekündigt. Nach § 1 Nr. 2 Abs. 2 des TA konnte der KH-Versicherer den Kasko-Versicherer (ohne Rücksicht auf die TA-Quote) in Anspruch nehmen, wenn der KH-Versicherer die Regulierung trotz Verweisungsprivilegs durchgeführt hatte und die Versicherungsschutzversagung bis zum Zeitpunkt der Regreßanmeldung erfolgt war. Im Hinblick auf die Kündigung des TA fehlt den Versicherern nunmehr diese Anspruchsgrundlage, so daß bei irrtümlicher Regulierung trotz Verweisungsprivilegs auf die vorgenannten Anspruchsgrundlagen zurückzugreifen ist.

Ergebnis:

Aus § 3 Nr. 9 S. 2 PflVG kann die H-Versicherung den Betrag, der nicht vom Verweisungsprivileg erfaßt war, von A zurückfordern. Für den Teil, der vom Verweisungsprivileg erfaßt war, stehen ihm A gegenüber möglicherweise Ansprüche aus §§ 812 ff BGB oder 683 BGB zu.

VI. Besonderheiten bei der Geltendmachung des Direktanspruchs durch den eigenen VN (Arglisteinrede)

409 Wird der VN als Insasse im eigenen Fahrzeug vom Fahrer des VN verletzt, steht ihm wegen des erlittenen Personenschadens (vgl § 11 Nr. 2 AKB und hierzu Rdnr. 85) ein Direktanspruch gegen den eigenen KH-Versicherer zu (BGH r+s 86, 222). Das gilt aber dann nicht, wenn der Versicherer dem VN gegenüber ganz oder teilweise leistungsfrei ist. In diesem Fall steht dem VN kein (Direkt)anspruch gegen seinen KH-Versicherer zu. Das heißt: besteht unbegrenzte Leistungsfreiheit, kann der VN keinerlei Entschädigung wegen seines Personenschadens geltend machen. Besteht Leistungsfreiheit nur bis zu einem Betrag von z. B. 10 000,– DM, hat der VN einen Anspruch, soweit der Schaden diesen Betrag übersteigt (bis zur Deckungssumme). Vgl. hierzu auch *Küppersbusch* NZV 96, 138.

410

> **Fallbeispiel:**
>
> BGH r+s 86, 222 und r+s 96, 10 – modifiziert –
>
> B verschuldete als Fahrer des bei der X-Versicherung haftpflichtversicherten Motorrades des A (= VN) einen Verkehrsunfall, bei dem A als Sozius verletzt wurde. B verfügte nicht über die erforderliche Fahrerlaubnis, was dem A vor Fahrtantritt bekannt war. Die X-Versicherung hatte deshalb beiden den Versicherungsschutz entzogen.
>
> A entstanden infolge der unfallbedingten Verletzungen Schäden wegen Verdienstausfall und Krankenbehandlung (nicht krankenversichert) in Höhe von 26 000,– DM, darüber hinaus verlangte er ein Schmerzensgeld von 25 000,– DM. Die Höhe des Schadens ist unstreitig.
>
> **Lösung:**
>
> Ausgangspunkt der Lösung ist die Auffassung des BGH, wonach auch der VN Dritter im Sinne von § 3 Nr. 1 PflVG sein kann und ihm demgemäß der Direktanspruch gegen seinen eigenen KH-Versicherer zusteht. Die Interessenlage des VN unterscheidet sich insoweit nicht von derjenigen anderer Geschädigter, weshalb ihm der verbesserte Schutz des PflVG ebenso zukommen muß.
>
> Der vom VN erlittene Personenschaden ist nicht vom Ausschluß des § 11 Nr. 2 AKB erfaßt.
>
> Ist der Versicherer dem VN gegenüber jedoch leistungsfrei (hier wegen Verstoßes gegen die Führerscheinklausel in Höhe von 10 000,– DM), gilt:
>
> a) Es ist der Gesichtspunkt zu berücksichtigen, daß der VN als Geschädigter nicht bessergestellt sein darf, als wenn ein anderer (z. B. ein außenstehender Dritter als Fußgänger) durch ihn verletzt worden wäre. In diesem Falle nämlich hätte der Versicherer im Hinblick auf die Leistungsfreiheit wegen seiner Aufwendungen für den Dritten einen Regreßanspruch gegen den

VN gem. § 3 Nr. 9 S. 2 PflVG (im vorliegenden Beispiel in Höhe von 10 000,– DM). Ein solcher Regreßanspruch steht dem Versicherer auch zu, wenn der VN selbst der geschädigte Dritte ist. Würde der VN aber seine Entschädigung trotz des Rückforderungsrechts des Versicherers behalten, wäre er bessergestellt, als wenn er einen Dritten geschädigt hätte.

b) Folge: Ist der VN mit dem „Dritten" identisch, schlägt das „kranke" Innenverhältnis auf das Außenverhältnis mit der Folge durch, daß der Versicherer dem Zahlungsverlangen des VN, auch soweit es auf § 3 Nr. 1 PflVG gestützt ist, seine Leistungsfreiheit mit der Arglisteinrede entgegenhalten kann. Denn der VN hätte das, was er mit der einen Hand empfängt, mit der anderen Hand gem. § 3 Nr. 9 S. 2 PflVG sofort zurückzugewähren und sein Zahlungsbegehren wäre deshalb als unzulässige Rechtsausübung anzusehen.

c) Das Urteil des BGH basiert noch auf der vor 1994 bzw. vor Erlaß der KfzPflVV geltenden Rechtslage. Danach bestand für die vor dem Versicherungsfall zu erfüllenden Obliegenheiten noch unbegrenzte Leistungsfreiheit, wobei aber der hieraus resultierende Regreß des Versicherers auf Grund einer geschäftsplanmäßigen Erklärung auf den Betrag, der 5000,– DM übersteigt, beschränkt war. Für diesen Fall hatte der BGH (r+s 96, 10) entschieden, daß diese Regreßbeschränkung auch dem als Insassen verletzten VN zugute kommt. Demgemäß hatte der VN nach altem Recht Anspruch auf Erstattung des Personenschadens, soweit er 5000,– DM überstieg. Wenn dieses Ergebnis schon bei einer vereinbarten Regreßbeschränkung gilt, muß es erst recht bei einer von vorn herein beschränkten Leistungsfreiheit gelten.

d) Rechnerisch ist der Fall so zu lösen:

Schaden:	51 000,– DM
./. Betrag der Leistungsfreiheit z. L. VN	10 000,– DM
Entschädigung	**41 000,– DM**

Anmerkung: Hier wäre noch zu berücksichtigen, daß dem Versicherer noch ein weiterer Regreßanspruch gegen den Fahrer gem. § 3 Nr. 9 S. 2 PflVG in Höhe von 10 000,– DM zusteht.

Variante: 411

Sachverhalt identisch, der Schaden liegt jedoch unterhalb der Leistungsfreiheitsgrenze von 10 000,– DM, und zwar:

Verdienstausfall und Krankenbehandlungskosten (nicht krankenversichert) 6000,– DM und Schmerzensgeld 2500,– DM.

Lösung:

VN erhält nichts, weil der Regreßanspruch des Versicherers (10 000,– DM) den Schaden übersteigt und insoweit der Zahlungsanspruch des VN insgesamt als unzulässige Rechtsausübung anzusehen wäre (s. obige Lösung Punkt b).

Dies gilt, wenn VN nicht zugleich auch Halter des Fahrzeugs ist.

Ist der VN auch Halter des Fahrzeugs, so ist der Regreßanspruch des Versicherers vorliegend aber auf 6000,– DM beschränkt. Grund: die Haftung des VN für den Fall, daß ein außenstehender Dritter diesen Schaden erlitten hätte, ergäbe sich nur aus § 7 Abs. 1 StVG (Halterhaftung), woraus ein Schmerzensgeld für den Geschädigten mangels Verschulden des VN nicht abgeleitet werden könnte. (Diese Position übernimmt der Versicherer nur, weil er insoweit wegen des schuldhaften Verhaltens des Fahrers gem. § 823 Abs. 1 BGB eintreten muß.) Im Hinblick darauf, daß der Regreßanspruch des Versicherers ein Gesamtschuldnerausgleich ist (Näheres hierzu vgl. Rdnr. 375 ff), schuldet der VN dem Versicherer im Innenverhältnis gem. § 3 Nr. 9 S. 2 PflVG nur soweit, wie er auch einem Geschädigten gegenüber haften würde, also ohne das Schmerzensgeld. Beim Regreß gegen den VN muß daher der Versicherer das Schmerzensgeld von 2500,– DM unberücksichtigt lassen, so daß der Regreß sich auf 6000,– DM beschränkt. Nur insoweit kann auch nach den Ausführungen unter b) von unzulässiger Rechtsausübung gesprochen werden. Deshalb kann der VN im Wege des Direktanspruchs noch das Schmerzensgeld verlangen.

Ergebnis: VN erhält Schmerzensgeld in Höhe von 2500,– DM.

Vgl. hierzu auch OLG Stuttgart r+s 94,28

VII. Beschränkung der Deckungssumme

412 Im Falle der unbeschränkten Leistungsfreiheit ist die Deckungssumme beschränkt auf die Mindestdeckungssummen des PflVG. Dementsprechend ist auch der Direktanspruch des Dritten eingeschränkt, §§ 3 Nrn. 1, 4, 5 und 6 PflVG, 158 c Abs. 3 VVG.

10. Kapitel. Fragen der Beweislastverteilung

A. Grundsatz

Fundamentaler Grundsatz des Zivilprozeßrechts ist, daß jede Partei die Beweislast **413** dafür trägt, daß der Tatbestand der für sie günstigsten Rechtsnorm erfüllt ist (*Thomas/Putzo*, Kommentar zur ZPO, Rdnr. 7 vor § 284). Für die einzelnen Bestimmungen der AKB ergibt eine Umsetzung dieses Grundsatzes folgende Beweislastregeln:

B. §10 AKB (primäre Risikobegrenzung)

Der VN hat zu beweisen, daß der Sachverhalt die im Versicherungsvertrag vorge- **414** nommene Beschreibung der versicherten Gefahr erfüllt. Konkret bedeutet dies, daß der VN die Voraussetzungen des § 10 Abs. 1 AKB (Fahrzeuggebrauch) beweisen muß (*Prölss/Martin* § 1 VVG Rdnr. 41).

C. Risikoausschlüsse

I. Objektive Risikobeschränkungen

Das Vorliegen von objektiven Risikobeschränkungen (hier ist insbesondere § 4 **415** KfzPflVV i. V. m. § 11 AKB zu nennen) hat der Versicherer zu beweisen, da er sich insoweit auf (ihm günstige) Ausnahmetatbestände beruft (BGH VersR 57, 212).

II. Subjektive Risikobeschränkungen

Die vorsätzliche Herbeiführung des Versicherungsfalles durch den VN oder mitversicherte Personen (§ 152 VVG) muß der Versicherer beweisen. Ein Anscheinsbeweis ist für den Beweis des Vorsatzes nicht möglich, weil es insoweit kein durch die Lebenserfahrung gesichertes typisches Verhalten gibt (BGH VersR 88, 683).

D. Obliegenheiten

I. Gefahrerhöhung (§§ 23ff VVG)

416   – Die Beweislast für das Vorliegen der tatsächlichen Voraussetzungen einer Gefahrerhöhung mit einem Dauermoment trägt der Versicherer.

– Der Versicherer hat auch die positive Kenntnis des VN von den gefahrerhöhenden Umständen bzw. der arglistigen Entziehung hiervon zu beweisen (OLG Köln r + s 97, 321 mit weiteren Nachweisen).

– Dagegen ist der VN sowohl für fehlendes Verschulden (BGH VersR 66, 1022) als auch für eine fehlende Kausalität beweispflichtig (BGH VersR 66, 1022; OLG Saarbrücken r + s 90, 292).

II. Obliegenheiten vor Eintritt des Versicherungsfalles (§ 2b Abs. 1 AKB)

1. Objektiver Tatbestand

417   Zunächst muß der Versicherer den objektiven Tatbestand der Obliegenheitsverletzung beweisen.

– Bei der Verwendungsklausel muß der Versicherer nachweisen, daß das Fahrzeug zweckwidrig verwendet wurde. Dabei muß er ggf. auch beweisen, welcher Verwendungszweck vereinbart wurde (BGH VersR 86, 541).

– Das Vorliegen einer Schwarzfahrt ist vom Versicherer zu beweisen, OLG Karlsruhe VersR 83, 236.

– Fehlende Fahrerlaubnis ist ebenfalls vom Versicherer zu beweisen, OLG Hamm r+s 90, 326. Nach dem OLG Hamm hatten folgende Indizien zum Nachweis des Fehlens der Fahrerlaubnis nicht ausgereicht:

• Nichtauffinden des Führerscheins weder am Unfallort noch in der Wohnung.

• Erklärung der Ehefrau des Fahrers (der beim Unfall das Gedächtnis verloren hatte), den Führerschein nie gesehen zu haben.

• Fehlende Registrierung (der Umschreibung eines in der DDR gemachten Führerscheins) in der Führerscheinkartei eines früheren und des jetzigen Wohnorts des Fahrers.

Der Versicherer hat auch zu beweisen, daß der mangels Fahrerlaubnis wegen Leistungsfreiheit in Anspruch Genommene das Fahrzeug tatsächlich gefahren hat – und nicht jemand anderes (OLG Hamm r+s 92, 4).

– Auch die Voraussetzungen der Trunkenheitsklausel (mangelnde Fähigkeit, das Fahrzeug sicher zu führen) sind vom Versicherer zu beweisen. Hiervon ist bei einer über 1,1 Promille liegenden Alkoholisierung (absolute Fahruntüchtigkeit) unwiderleglich auszugehen (*Bauer* Rdnr. 475).

2. Kündigung (§ 6 Abs. 1 S. 3 VVG)

Der Versicherer muß beweisen, daß er den Vertrag gem. § 6 Abs. 1 S. 3 VVG recht- **418**
zeitig gekündigt hat (BGH VersR 57, 678).

3. Verschulden (§ 6 Abs. 1 S. 1 VVG)

– Beruft sich der VN auf fehlendes Verschulden (§ 6 Abs. 1 S. 1 VVG) ist er hier- **419**
für beweispflichtig (BGH VersR 72, 342). Dies folgt aus der Formulierung des
§ 6 Abs. 1 S. 1 VVG, wonach Leistungsfreiheit (nur) dann nicht eintritt, wenn die
Obliegenheitsverletzung als eine unverschuldete anzusehen ist. Der Fahrer bzw.
der VN muß sich also dahingehend „herausbeweisen" (*Münstermann* r+s 98,
228), daß er die Obliegenheit nicht mindestens leicht fahrlässig verschuldet hat.

– Bezüglich der AKB 88 galt dies unstreitig auch für den Halter, der sich im **420**
Rahmen der Führerscheinklausel darauf berief, er habe das Vorliegen einer
Fahrerlaubnis beim Fahrer entschuldbar annehmen dürfen (BGH r+s 88, 3;
OLG Stuttgart r+s 94, 284).

Hier ist aufgrund der Neufassung der AKB (95) aber eine Änderung eingetreten:

Nach § 2b Abs. 1 S. 2 AKB ist der Versicherer gegenüber dem VN, Halter und
Eigentümer nur dann leistungsfrei, wenn diese die Obliegenheitsverletzung
„selbst begangen" (also selbst Fahrer waren) oder „schuldhaft ermöglicht"
haben. Damit ist das Verschulden in den Tatbestand der Obliegenheit aufgenommen und demgemäß vom Versicherer zu beweisen. (*Knappmann* VersR
96 401, 405; *Münstermann* r+s 98, 228. Ebenso *Stiefel/Hofmann* § 2 Rdnr. 36a
unter Hinweis auf die Formulierung „befreit ... nur dann". Diese werde vom
durchschnittlichen VN so verstanden, daß dem Versicherer die Beweislast
bezüglich des schuldhaften Ermöglichens obliege).

Folge: Der Versicherer muß beweisen, daß der VN einen Verstoß des Fahrers
gegen § 2 Abs. 1b, Abs. 1c, oder Abs. 1e AKB schuldhaft (mindestens leicht
fahrlässig) ermöglicht hat.

– Darüber hinausgehend ziehen *Stiefel/Hofmann* (§ 2 Rdnr. 36a) den Schluß, diese Beweislastverteilung zu Lasten des Versicherers müsse auch für den mitversicherten Fahrer gelten. Dies folge aus § 3 Abs. 1 AKB, wonach die in § 2b
Abs. 1 AKB für den VN getroffenen Bestimmungen sinngemäß auch für mitversicherte Personen gelten. Diese Folgerung ist aber nicht zwingend. In § 2b
Abs. 1 S. 2 AKB ist bestimmt, daß Leistungsfreiheit voraussetzt, daß der VN die
Obliegenheitsverletzung „selbst begangen" hat. Das gilt gem. § 3 AKB auch für
den mitversicherten Fahrer, gegenüber dem naturgemäß nur Leistungsfreiheit
besteht, wenn er den Tatbestand der Obliegenheitsverletzung (nachweisbar)
erfüllt hat. Anders als beim „schuldhaften Ermöglichen" ist aber beim Begriff
„begangen" das Verschuldenserfordernis gerade nicht in den Tatbestand einer
Obliegenheitsverletzung mit aufgenommen worden, so daß es hier bei der

Grundregel des § 6 Abs. 1 VVG – mangelndes Verschulden ist vom mitversicherten Fahrer zu beweisen – bleibt (ebenso *Knappmann* VersR 96, 401, 405).

Folge: Der mitversicherte Fahrer trägt die Beweislast dafür, daß er die Obliegenheitsverletzung nicht verschuldet hat.

4. Kausalität (§ 6 Abs. 2 VVG)

421 Beweispflichtig für das Fehlen der Kausalität zwischen Obliegenheitsverletzung und Eintritt des Versicherungsfalles ist der VN. Er muß nachweisen, daß der Versicherungsfall ein unabwendbares Ereignis darstellte oder daß die auf der Obliegenheitsverletzung beruhende Gefahrerhöhung ohne jede Bedeutung für das Schadenereignis war (BGH VersR 76, 531; OLG Hamm VersR 90, 846).

III. Obliegenheiten nach Eintritt des Versicherungsfalles

1. Objektiver Tatbestand

422 Der Versicherer hat zu beweisen, daß der VN den objektiven Tatbestand einer Obliegenheitsverletzung nach Eintritt des Versicherungsfalles erfüllt hat (BGH VersR 77, 733; *Bauer* Rdnr. 597).

423 – Liegt eine Verletzung der Aufklärungspflicht in Form einer Verkehrsunfallflucht vor, muß der Versicherer zunächst beweisen, daß überhaupt ein Unfall vorlag. Sodann obliegt dem Versicherer der Nachweis, daß der VN eine vorsätzliche Unfallflucht begangen hat, daß dieser also überhaupt bemerkt hat, daß er einen Fremdschaden verursacht hat (BGH VersR 77, 733).

424 – Ist der Versicherer der Auffassung, der VN habe Fragen zum Unfallhergang unrichtig beantwortet und deswegen eine Aufklärungspflicht verletzt, trägt der Versicherer die Beweislast dafür, daß die Angaben des VN objektiv unrichtig sind.

425 – Bei einer Anzeigeobliegenheit muß der Versicherer beweisen, daß der VN den Versicherungsfall nicht rechtzeitig angezeigt hat. Das kann aus der Sicht des Versicherers im Einzelfall deswegen schwierig sein, weil der Versicherer nicht nur nachweisen muß, daß er keine Anzeige erhalten hat, sondern auch, daß der VN die Anzeige überhaupt nicht abgeschickt hat (*Bauer* Rdnr. 599). Nach Auffassung der Rechtsprechung (OLG Hamburg VersR 94, 668; OLG Köln VersR 95, 567) hat der VN die ihm obliegende Anzeigepflicht bereits dann erfüllt, wenn er die Anzeige abgeschickt hat – der Zugang des Schreibens beim Versicherer fällt nicht mehr in den Verantwortungsbereich des VN.

2. Verschulden

426 Der Versicherer muß beweisen, daß der VN vorsätzlich oder grob fahrlässig gehandelt hat (OLG Hamm r+s 89, 72; OLG Köln r+s 89, 139; *Knappmann* in *Prölss/Martin* § 7 AKB Rdnr. 72).

Diese Beweislastverteilung folgt aus der Fassung von § 7 V Abs. 1 AKB. Dort ist ausdrücklich in den Tatbestand der Vorschrift aufgenommen, daß der Versicherer nur dann leistungsfrei wird, wenn die betreffende Obliegenheit vorsätzlich oder grob fahrlässig verletzt worden ist. Damit kommt die zum Eingang dieses Kapitels dargestellte Grundregel zur Anwendung, wonach jede Partei den Tatbestand einer für sie günstigen Vorschrift beweisen muß.

Zu beachten ist, daß die Beweislastverteilung bezüglich des Verschuldens in der Kaskoversicherung anders ist – hier ist der VN beweispflichtig dafür, daß er nicht vorsätzlich oder grob fahrlässig gehandelt hat. Das wiederum folgt aus der tatbestandlichen Fassung von § 6 Abs. 3 VVG, wonach Leistungsfreiheit (sozusagen ausnahmsweise) nicht eintritt, wenn die Obliegenheitsverletzung weder auf grober Fahrlässigkeit noch auf Vorsatz beruht. Diese für ihn günsige Ausnahme von der grundsätzlich vorgesehenen Leistungsfreiheit muß der VN darlegen und beweisen.

Für den VN ist daher die Rechtslage in der KH-Versicherung deutlich vorteilhafter, § 7 V Abs. 1 AKB weicht zugunsten des VN von § 6 Abs. 3 VVG ab.

3. Belehrung

Der Versicherer muß beweisen, daß der VN ordnungsgemäß über die Auswirkungen einer vorsätzlich begangenen, aber folgenlos gebliebenen Obliegenheitsverletzung belehrt wurde. **427**

4. Relevanztheorie

Die tatsächlichen Voraussetzungen der Relevanztheorie sind vom Versicherer darzutun. **428**

5. Erhöhte Leistungsfreiheit

Für das Vorliegen der Voraussetzungen einer auf 10 000 DM erhöhten Leistungsfreiheit (generelle Beeinträchtigung berechtigter Interessen des Versicherers, besonders schwerwiegendes Verschulden) ist der Versicherer beweispflichtig (OLG Karlsruhe r+s 94, 203). **429**

E. Rückwirkender Wegfall der vorläufigen Deckung

Sämtliche Voraussetzungen – ebenso wie der Zugang des Versicherungsscheins – sind vom Versicherer zu beweisen (OLG Köln r+s 89, 138). **430**

Allerdings muß bezüglich des Verschuldens der VN substantiiert die Gründe dartun, die ihn an der Einhaltung der Zahlungsfrist gehindert haben (OLG Frankfurt VersR 88, 1039).

Dies folgt daraus, daß die Umstände, die zur verspäteten Zahlung geführt

haben, in der Sphäre des VN liegen. Erst wenn VN das fehlende Verschulden substantiiert darlegt, obliegt dem Versicherer die Beweislast dafür, daß diese Umstände nicht vorgelegen haben (AG Mülheim a. d. R. r+s 94, 325).

11. Kapitel. Die Verkehrsopferhilfe

A. Allgemeines

Im Normalfall kann ein Unfallopfer, das durch ein Kfz verletzt worden ist, seine **431** Ansprüche gegen Fahrer und Halter, insbesondere aber gegen den KH-Versicherer des fraglichen Fahrzeugs geltend machen. Allerdings treten immer wieder Situationen auf, in denen der Geschädigte sich nicht an einen KH-Versicherer wenden kann. Das ist in der Praxis vor allem dann der Fall, wenn der Schädiger Unfallflucht begeht, so daß sich weder dessen Identität und das benutzte Fahrzeug, noch der betreffende Versicherer ermitteln lassen. In einer ähnlichen schlechten Lage befindet sich das Unfallopfer, wenn das schädigende Fahrzeug überhaupt nicht versichert war. Die hier aufgezeigten Lücken im Schutz der Verkehrsopfer haben den Gesetzgeber zum Einschreiten veranlaßt. In den §§ 12–14 PflVG wird die Einrichtung eines Entschädigungsfonds für Schäden aus Kraftfahrzeugunfällen vorgeschrieben. Nach § 13 Abs. 2 PflVG werden dessen Aufgaben vom Verein „Verkehrsopferhilfe e. V." wahrgenommen. Ausführlich zur geschichtlichen Entwicklung *Feyock/Jacobsen/Lemor* § 12 Rdnr. 1–11.

B. Die Voraussetzungen der Eintrittspflicht

Nach § 12 Abs. 1 Satz 1 PflVG kann derjenige, der durch den Gebrauch eines Kraftfahrzeugs oder eines Anhängers einen Personen- oder Sachschaden (und nicht nur einen reinen Vermögensschaden) erlitten hat, die Ersatzansprüche, die ihm gegen den Halter, den Eigentümer oder den Fahrer des betreffenden Kfz zustehen, auch gegen den „Entschädigungsfond für Schäden aus Kraftfahrzeugunfällen", d. h. konkret gegen den Verein Verkehrsopferhilfe e. V. geltend machen. Eine Eintrittspflicht des Fond besteht aber nur in folgenden Fällen:
– Das Fahrzeug, durch dessen Gebrauch der Schaden verursacht worden ist, kann **432** nicht ermittelt werden (§ 12 Abs. 1 Satz 1 Nr. 1 PflVG).

Diese Voraussetzung greift in erster Linie ein, wenn der Fahrer Verkehrsunfallflucht begangen hat. Eine Rolle in der Praxis spielen aber auch die sog. „Ölspurunfälle": Ein Kfz verliert Öl, hierdurch gerät ein nachfolgender Motorradfahrer auf der Ölspur ins Schleudern und verunglückt. Allerdings muß der gestürzte Motorradfahrer beweisen, daß den Halter oder Fahrer des nicht zu ermittelnden Kfz ein Verschulden trifft (ausführlich hierzu *Feyock/Jacobsen/Lemor* 12 PflVG Rdnr. 44).

433 – Die aufgrund eines Gesetzes erforderliche Haftpflichtversicherung zugunsten des Halters, des Eigentümers und des Fahrers des Fahrzeugs besteht nicht (§ 12 Abs. 1 Satz 1 Nr. 2 PflVG).
Hierunter fallen insbesondere die Fälle, in denen der Versicherungsvertrag durch Kündigung (z. B. wegen Zahlungsverzugs) beendet worden ist oder wenn für das Fahrzeug überhaupt kein Kennzeichen (und damit Versicherungsschutz) existiert bzw. ein Fall gefälschter Kennzeichen vorliegt.

434 – Der KH-Versicherer gewährt deswegen keine Deckung, weil der Ersatzpflichtige den Versicherungsfall vorsätzlich (vgl. § 152 VVG, hierzu oben Rdnr. 100) herbeigeführt hat (§ 12 Abs. 1 Satz 1 Nr. 3 PflVG).

435 – Wenn über das Vermögen des leistungspflichtigen Versicherers ein Insolvenzverfahren eröffnet worden ist (§ 12 Abs. 1 Satz 1 Nr. 4 PflVG).

C. Die Subsidiarität der Leistungen der Verkehrsopferhilfe (§ 12 Abs. 1 S. 2–4 PflVG)

I. Allgemeines

436 Der Einrichtung des Entschädigungsfonds liegt der Gedanke zugrunde, daß er „die wesentlichsten Lücken schließen soll, die nach Einführung der Pflichtversicherung im Schutz der Verkehrsopfer noch verblieben sind" (BT-Drucks. IV/2252 S. 24; näher hierzu *Feyock/Jacobsen/Lemor* § 12 PflVG Rdnr. 62). Vor diesem Hintergrund wird die in § 12 Abs. 1 PflVG vorgesehene Subsidiarität der Leistungen des Fonds verständlich: Die Verkehrsopferhilfe soll nicht eintreten, wenn dem Geschädigten anderweitige Ersatzmöglichkeiten zustehen. Daher können Ansprüche gegen den Entschädigungsfond nur dann geltend gemacht werden, wenn der Geschädigte

– weder von dem Halter, dem Eigentümer noch dem Fahrer des Fahrzeugs Ersatz verlangen kann,

– seine Ansprüche nicht gegenüber einer Schadenversicherung (z. B. Kaskoversicherung, Kranken- und Unfallversicherung) geltend machen kann,

– keinen Ersatz durch Leistungen eines Sozialversicherungsträgers, durch Fortzahlung von Dienst- oder Amtsbezügen, Vergütung oder Lohn oder durch Gewährung von Versorgungsbezügen erhält,

– keinen Ersatz seines Schadens nach den Vorschriften über die Amtspflichtverletzung erlangen kann.

Die Amtspflichtverletzung ist in § 839 Abs. 1 BGB i. V. m. Artikel 34 GG geregelt. Häufigster Fall in der Praxis ist ein Verstoß der Beschäftigten der Zulassungsstelle gegen § 29 d StVZO. Nach dieser Vorschrift muß die Zulassungsstelle ein Fahrzeug dann unverzüglich außer Betrieb setzen, wenn sie Kenntnis vom fehlenden Versicherungsschutz erlangt. Das Fahrzeug muß möglichst innerhalb der einmonatigen Nachhaftungsfrist des § 3 Nr. 5 PflVG aus dem Verkehr gezogen werden (im einzelnen *Feyock/Jacobsen/Lemor* § 12 PflVG Rdnr. 73 ff.).

II. Die Ausweitung des Subsidiaritätsprinzips (§ 12 Abs. 1 Nr. 1 PflVG)

Sehr wichtig ist die Ausweitung des Subsidiaritätsprinzips in dem in § 12 Abs. 1 Nr. 1 PflVG behandelten Fall, daß das Schädigerfahrzeug nicht ermittelt werden kann: **437**

– Schmerzensgeld erhält der Geschädigte nur dann, wenn die erlittene Verletzung besonders schwer ist und wenn die Versagung einer Schmerzensgeldzahlung eine grobe Unbilligkeit darstellen würde. In Betracht kommen also nur schwere Verletzungen, die zu erheblichen Beeinträchtigungen führen. Die Rechtsprechung (OLG Hamm VersR 87, 456; OLG Koblenz VersR 85, L 65) legt hier sehr strenge Maßstäbe an. Hinzu kommt, daß die dem Schmerzensgeld üblicherweise zukommende Genugtuungsfunktion gegenüber dem Entschädigungsfond naturgemäß entfällt. Die Höhe der gewährten Schmerzensgelder ist daher deutlich geringer, als das ansonsten der Fall ist (*Bauer* Rdnr. 938; *Feyock/Jacobsen/Lemor* § 12 PflVG Rdnr. 94).

– Fahrzeugschäden, aber auch Sachfolgeschäden (Mietwagenkosten, Nutzungsausfall, Wertminderung) werden überhaupt nicht ersetzt.

– Sonstige Sachschäden (Ladung, Kleidung, Gepäck) werden anerkannt, ersetzt wird aber nur der über 1000,– DM hinausgehende Schadensbetrag.

III. Verjährung

Die Verjährungsfrist von Ansprüchen gegen den Entschädigungsfond beträgt 3 Jahre. Die Verjährung beginnt mit dem Zeitpunkt, in dem der Ersatzberechtigte von dem Schaden und von den Umständen Kenntnis erlangt, aus denen sich ergibt, daß er seinen Ersatzanspruch gegen die Verkehrsopferhilfe geltend machen kann (§ 12 Abs. 3 PflVG).   **438**

IV. Mindestversicherungssummen

Der Umfang der Leistungspflicht des Entschädigungsfonds ist in § 12 Abs. 4 PflVG geregelt. Der Fond haftet wie ein leistungsfähiger Versicherer, so daß er (nur) im Rahmen der jeweils geltenden Mindestdeckungssummen einzutreten hat.   **439**

V. Beweislast

440 Das geschädigte Unfallopfer trägt die volle Beweislast dafür, daß eine der in § 12 Abs. 1 PflVG normierten Anspruchsvoraussetzungen gegeben ist. Der Geschädigte hat somit die Beteiligung eines anderen (nicht zu ermittelnden) Fahrzeugs, ein etwa erforderliches Verschulden des Fahrers sowie den Kausalzusammenhang zwischen dem Verhalten des Schädigers und dem eingetretenen Schaden zu beweisen. Beweiserleichterungen in Form des Anscheinsbeweises läßt die Rechtsprechung nicht zu (*Bruck/Möller/Johannsen*, Kraftfahrtversicherung, Anm. an b 106; *Weber* DAR 87, 338; *Feyock/Jacobsen/Lemor* § 12 PflVG Rdnr. 39).

Anhang

1. Allgemeine Bedingungen für die Kraftfahrtversicherung (AKB 95)

(Unverbindliche Empfehlung des HUK-Verbandes an seine Mitgliedsunternehmen. Abweichende Vereinbarungen sind möglich. – Stand: 1. Januar 1995)

I.   die Kraftfahrzeug-Haftpflichtversicherung (B §§ 10 bis 11);
II. die Fahrzeugversicherung (C §§ 12 bis 15);
III. die Kraftfahrtunfallversicherung (D §§ 16 bis 23).[1]

I. Allgemeine Bestimmungen

§ 1 Beginn des Versicherungsschutzes. (1) Der Versicherungsschutz beginnt mit Einlösung des Versicherungsscheines durch Zahlung des Beitrages und der Versicherungssteuer, jedoch nicht vor dem vereinbarten Zeitpunkt.

(2) Soll der Versicherungsschutz schon vor Einlösung des Versicherungsscheines beginnen, bedarf es einer besonderen Zusage des Versicherers oder der hierzu bevollmächtigten Personen (vorläufige Deckung).

(3) *Soweit nicht etwas anderes vereinbart ist, gilt:* Die Aushändigung der zur behördlichen Zulassung notwendigen Versicherungsbestätigung gilt nur für die Kraftfahrzeug-Haftpflichtversicherung als Zusage einer vorläufigen Deckung.

(4) Die vorläufige Deckung endet mit der Einlösung des Versicherungsscheins. *Soweit nicht etwas anderes vereinbart ist, gilt:* Die vorläufige Deckung tritt rückwirkend außer Kraft, wenn der Antrag unverändert angenommen, der Versicherungsschein aber nicht innerhalb von zwei Wochen eingelöst wird und der Versicherungsnehmer die Verspätung zu vertreten hat.

(5) Der Versicherer ist berechtigt, die vorläufige Deckung mit Frist von einer Woche schriftlich zu kündigen. Dem Versicherer gebührt in diesem Falle der auf die Zeit des Versicherungsschutzes entfallende anteilige Beitrag.

(6) Widerspricht der Versicherungsnehmer gemäß § 5 a Versicherungsvertragsgesetz oder lehnt er das Angebot des Versicherers gemäß § 5 Abs. 3 des Pflichtversicherungsgesetzes ab, wird der Versicherer die vorläufige Deckung mit Frist von einer Woche schriftlich kündigen.

---

[1] Für die Kraftfahrtunfallversicherung wurde keine Verbandsempfehlung ausgegeben.

§ 2 a Geltungsbereich. (1) Die Kraftfahrtversicherung gilt für Europa und für die außereuropäischen Gebiete, die zum Geltungsbereich des Vertrages über die Europäische Wirtschaftsgemeinschaft gehören. In der Kraftfahrzeug-Haftpflichtversicherung gilt die Deckungssumme, die in dem jeweiligen Land gesetzlich vorgeschrieben ist, mindestens jedoch in Höhe der vertraglich vereinbarten Deckungssummen.

(2) In der Kraftfahrzeug-Haftpflichtversicherung kann eine Erweiterung, in der Fahrzeug- und Kraftfahrtunfallversicherung können auch sonstige Änderungen des Geltungsbereichs vereinbart werden. Bei einer Erweiterung des Geltungsbereichs in der Kraftfahrzeug-Haftpflichtversicherung gilt Abs. 1 Satz 2 entsprechend.

§ 2 b Einschränkung des Versicherungsschutzes. (1) *Soweit nicht etwas anderes vereinbart ist, gilt:* Obliegenheiten vor Eintritt des Versicherungsfalles: Der Versicherer ist von der Verpflichtung zur Leistung frei,

a) wenn das Feststellung zu einem anderen als dem im Antrag angegebenen Zweck verwendet wird;

b) wenn ein unberechtigter Fahrer das Fahrzeug gebraucht;

c) wenn der Fahrer des Fahrzeugs bei Eintritt des Versicherungsfalles auf öffentlichen Wegen oder Plätzen nicht die vorgeschriebene Fahrerlaubnis hat;

d) in der Kraftfahrzeug-Haftpflichtversicherung, wenn das Fahrzeug zu behördlich nicht genehmigten Fahrveranstaltungen, bei denen es auf Erzielung einer Höchstgeschwindigkeit ankommt, oder bei den dazugehörigen Übungsfahrten verwendet wird;

e) in der Kraftfahrzeug-Haftpflichtversicherung, wenn der Fahrer infolge Genusses alkoholischer Getränke oder anderer berauschender Mittel nicht in der Lage ist, das Fahrzeug sicher zu führen.

Gegenüber dem Versicherungsnehmer, dem Halter oder dem Eigentümer befreit eine Obliegenheitsverletzung gemäß Buchstabe b), c) oder e) den Versicherer nur dann von der Leistungspflicht, wenn der Versicherungsnehmer, der Halter oder der Eigentümer die Obliegenheitsverletzung selbst begangen oder schuldhaft ermöglicht hat.

(2) Bei Verletzung einer nach Abs. 1 vereinbarten Obliegenheit oder bei Gefahrerhöhung ist der Rückgriff des Versicherers – unbeschadet der Regelungen des § 158 c Absätze 3 bis 5 VVG – gegen den Versicherungsnehmer und die mitversicherten Personen bei jedem einzelnen Rückgriffsschuldner auf DM... [1]) beschränkt. In den Fällen von Absatz 1 Buchstabe e kann der Versicherer den Dritten nicht auf die Möglichkeit verweisen, Ersatz seines Schadens von einem anderen Schadenversicherer oder vom Sozialversicherungsträger zu erlangen. Die Sätze 1 und 2 gelten nicht gegenüber dem Fahrer, der das Fahrzeug durch eine strafbare Handlung erlangt hat.

---

[1]) Zulässiger Höchstbetrag ist § 5 der KfzPflVVO zu entnehmen.

(3) *Soweit nicht etwas anderes vereinbart ist, gilt:* Ausschlüsse: Versicherungsschutz wird nicht gewährt,

a) in der Fahrzeug- und Kraftfahrtunfallversicherung für Schäden, die durch Aufruhr, innere Unruhen, Kriegsereignisse, Verfügungen von hoher Hand oder Erdbeben unmittelbar oder mittelbar verursacht werden;

b) für Schäden, die bei Beteiligung an Fahrtveranstaltungen, bei denen es auf Erzielung einer Höchstgeschwindigkeit ankommt, oder bei den dazugehörigen Übungsfahrten entstehen; in der Kraftfahrzeug-Haftpflichtversicherung gilt dies nur bei Beteiligung an behördlich genehmigten Fahrtveranstaltungen oder den dazugehörigen Übungsfahrten;

c) für Schäden durch Kernenergie.

§ 3 Rechtsverhältnisse am Vertrage beteiligter Personen. (1) *Soweit nicht etwas anderes vereinbart ist, gilt:* Die in § 2 b Abs. 1, §§ 5, 7, 8, 9, 10 Abs. 5 und 9, § 13 Abs. 3 und 7, § 14 Abs. 2 und 5, §§ 15 und 22 für den Versicherungsnehmer getroffenen Bestimmungen gelten sinngemäß für mitversicherte und sonstige Personen, die Ansprüche aus dem Versicherungsvertrag geltend machen.

(2) Die Ausübung der Rechte aus dem Versicherungsvertrag steht, wenn nichts anderes vereinbart ist (siehe insbesondere § 10 Abs. 4 und § 17 Abs. 3 Satz 2), ausschließlich dem Versicherungsnehmer zu; dieser ist neben dem Versicherten für die Erfüllung der Obliegenheiten verantwortlich. In der Kraftfahrunfallversicherung darf die Auszahlung der auf einen Versicherten entfallenden Versicherungssumme an den Versicherungsnehmer nur mit Zustimmung des Versicherten erfolgen.

(3) *Soweit nicht etwas anderes vereinbart ist, gilt:* Ist der Versicherer dem Versicherungsnehmer gegenüber von der Verpflichtung zur Leistung frei, so gilt dies auch gegenüber allen mitversicherten und sonstigen Personen, die Ansprüche aus dem Versicherungsvertrag geltend machen. Beruht die Leistungsfreiheit auf der Verletzung einer Obliegenheit, so kann der Versicherer wegen einer dem Dritten gewährten Leistung Rückgriff nur gegen diejenigen mitversicherten Personen nehmen, in deren Person die der Leistungsfreiheit zugrundeliegenden Umstände vorliegen.

(4) Die Versicherungsansprüche können vor ihrer endgültigen Feststellung ohne ausdrückliche Genehmigung des Versicherers weder abgetreten noch verpfändet werden.

§ 4 a Vertragsdauer, Kündigung zum Ablauf. (1) Der Versicherungsvertrag kann für die Dauer eines Jahres oder für einen kürzeren Zeitraum abgeschlossen werden. Beträgt die vereinbarte Vertragsdauer ein Jahr, so verlängert sich der Vertrag jeweils um ein Jahr, wenn er nicht spätestens einen Monat vor Ablauf schriftlich gekündigt wird. Dies gilt auch, wenn die Vertragsdauer nur deshalb weniger als ein Jahr beträgt, weil als Beginn der nächsten Versicherungsperiode ein vom Vertragsbeginn abweichender Termin vereinbart worden ist. Bei anderen Verträgen mit einer Vertragsdauer von weniger als einem Jahr endet der Vertrag, ohne daß es einer Kündigung bedarf.

(2) Auf Verträge, die sich auf ein Fahrzeug beziehen, welches ein Versicherungskennzeichen führen muß, findet Absatz 1 Satz 2 keine Anwendung.

(3) Eine Kündigung kann sich sowohl auf den gesamten Vertrag als auch auf einzelne Versicherungsarten beziehen; sie kann ferner, wenn sich ein Vertrag auf mehrere Fahrzeuge bezieht, sowohl für alle als auch für einzelne Fahrzeuge erklärt werden. Ist der Versicherungsnehmer mit der Kündigung von Teilen des Vertrages nicht einverstanden, was er dem Versicherer innerhalb von zwei Wochen nach Empfang der Teilkündigung mitzuteilen hat, so gilt der gesamte Vertrag als gekündigt.

(4) Bleibt in der Kraftfahrzeug-Haftpflichtversicherung die Verpflichtung des Versicherers gegenüber dem Dritten bestehen, obgleich der Versicherungsvertrag beendet ist, so gebührt dem Versicherer der Beitrag für die Zeit dieser Verpflichtung. Steht dem Versicherer eine Geschäftsgebühr gemäß § 40 Abs. 2 Satz 2 VVG zu, so gilt ein entsprechend der Dauer des Versicherungsverhältnisses nach Kurztarif berechneter Beitrag, jedoch nicht mehr als... v. H. des Jahresbeitrages als angemessen.

§ 4 b Kündigung im Schadenfall. (1) Hat nach dem Eintritt eines Versicherungsfalles der Versicherer die Verpflichtung zur Leistung der Entschädigung anerkannt oder die Leistung der fälligen Entschädigung verweigert, so ist jede Vertragspartei berechtigt, den Versicherungsvertrag zu kündigen. Das gleiche gilt, wenn der Versicherer dem Versicherungsnehmer die Weisung erteilt, es über den Anspruch des Dritten zum Rechtsstreit kommen zu lassen, oder wenn der Ausschuß (§ 14) angerufen wird.

(2) Die Kündigung im Versicherungsfall ist nur innerhalb eines Monats seit der Anerkennung der Entschädigungspflicht oder der Verweigerung der Entschädigung, seit der Rechtskraft des im Rechtsstreite mit dem Dritten ergangenen Urteils oder seit der Zustellung des Spruchs des Ausschusses zulässig. Für den Versicherungsnehmer beginnt die Kündigungsfrist erst von dem Zeitpunkt an zu laufen, in welchem er von dein Kündigungsgrund Kenntnis erlangt. Der Versicherung hat eine Kündigungsfrist von einem Monat einzuhalten. Der Versicherungsnehmer kann nicht für einen späteren Zeitpunkt als den Schluß des laufenden Versicherungsjahres (bzw. der vereinbarten kürzeren Vertragsdauer) kündigen.

(3) Kündigt der Versicherungsnehmer im Versicherungsfall, so gebührt dem Versicherer gleichwohl der Beitrag für das laufende Versicherungsjahr bzw. die vereinbarte kürzere Vertragsdauer. Kündigt der Versicherer, so gebührt ihm derjenige Teil des Beitrages, welcher der abgelaufenen Versicherungszeit entspricht.

(4) § 4 a Absätze 3 und 4 gelten entsprechend.

§ 4 c Form und Zugang der Kündigung. Alle Kündigungen müssen schriftlich erfolgen und sind nur wirksam, wenn sie innerhalb der Kündigungsfrist zugehen.

§ 5 Vorübergehende Stillegung. (1) Wird das Fahrzeug vorübergehend aus dem Verkehr gezogen (Stillegung im Sinne des Straßenverkehrsrechts), so wird dadurch der Versicherungsvertrag nicht berührt. Der Versicherungsnehmer kann jedoch Unterbrechung des Versicherungsschutzes verlangen, wenn er eine Abmeldebescheinigung der Zulassungsstelle vorlegt und die Stillegung mindestens zwei Wochen beträgt. Der Versicherungsschutz wird außerdem unterbrochen, wenn die Zulassungsstelle dem Versicherer gem. § 29 a Abs. 3 StVZO die Stillegung mitteilt, es sei denn, der Versicherungsnehmer verlangt die uneingeschränkte Fortführung des Versicherungsschutzes. In diesen Fällen richten sich die beiderseitigen Verpflichtungen nach den Absätzen 2 bis 6.

(2) In der Kraftfahrzeug-Haftpflichtversicherung wird Versicherungsschutz nach den §§ 10 und 11, in der Fahrzeugversicherung nach § 12 Abs. 11 u. Abs. 2 u. 3 gewährt. Das Fahrzeug darf jedoch außerhalb des Einstellraumes oder des umfriedeten Abstellplatzes nicht gebraucht oder nicht nur vorübergehend abgestellt werden. *Soweit nicht etwas anderes vereinbart ist, gilt:* Wird diese Obliegenheit verletzt, so ist der Versicherer von der Verpflichtung zur Leistung frei, es sei denn, daß die Verletzung ohne Wissen und Willen des Versicherungsnehmers erfolgt und von ihm nicht grob fahrlässig ermöglicht worden ist.

(3) *Soweit nicht etwas anderes vereinbart ist, gilt:* In der Kraftfahrtunfallversicherung, die sich auf ein bestimmtes Fahrzeug bezieht, wird kein Versicherungsschutz gewährt.

(4) Wird das Fahrzeug zum Verkehr wieder angemeldet (Ende der Stillegung im Sinne des Straßenverkehrsrechts), lebt der Versicherungsschutz uneingeschränkt wieder auf. Dies gilt bereits für Fahrten im Zusammenhang mit der Stempelung des Kennzeichens. Das Ende der Stillegung ist dem Versicherer unverzüglich anzuzeigen.

(5) Der Versicherungsvertrag verlängert sich um die Dauer der Stillegung.

(6) Wird nach Unterbrechung des Versicherungsschutzes das Ende der Stillegung vom Versicherer nicht innerhalb eines Jahres seit der behördlichen Abmeldung angezeigt und hat sich der Versicherer innerhalb dieser Frist dem Versicherungsnehmer oder einem anderen Versicherer gegenüber nicht auf das Fortbestehen des Vertrages berufen, endet der Vertrag mit Ablauf dieser Frist, ohne daß es einer Kündigung bedarf. Das gleiche gilt, wenn das Fahrzeug nicht innerhalb eines Jahres seit der Stillegung wieder zum Verkehr angemeldet wird. Für die Beitragsrechnung gilt § 6 Abs. 3 mit der Maßgabe, daß an die Stelle des Tages des Wagniswegfalls der Tag der Abmeldung des Fahrzeugs tritt.

(7) Die Bestimmungen des Absatzes 1 Satz 2, 3 und 4 der Absätze 2 bis 6 finden keine Anwendung auf Verträge für Fahrzeuge, die ein Versicherungskennzeichen führen müssen, auf Verträge für Wohnwagenanhänger sowie auf Verträge mit kürzerer Vertragsdauer als ein Jahr mit Ausnahme von Verträgen im Sinne des § 4 a Abs. 1 Satz 3.

§ 6 Veräußerung. (1) Wird das Fahrzeug veräußert, so tritt der Erwerber in die Rechte und Pflichten des Versicherungsnehmers aus dem Versicherungsvertrag ein. Dies gilt nicht für Kraftfahrtunfallversicherungen. Für den Beitrag, welcher auf das zur Zeit der Veräußerung laufende Versicherungsjahr entfällt, haften Veräußerer und Erwerber als Gesamtschuldner. Die Veräußerung ist dem Versicherer unverzüglich anzuzeigen.

(2) Im Falle der Veräußerung sind Versicherer und Erwerber berechtigt, den Versicherungsvertrag zu kündigen. Das Kündigungsrecht des Versicherers erlischt, wenn es nicht innerhalb eines Monats, nachdem er von der Veräußerung Kenntnis erlangt, dasjenige des Erwerbers, wenn es nicht innerhalb eines Monats nach dem Erwerb bzw. nachdem er Kenntnis von dem Bestehen der Versicherung erlangt, ausgeübt wird. Der Erwerber kann nur mit sofortiger Wirkung, zum Ende des laufenden Versicherungsjahres oder der vereinbarten kürzeren Vertragsdauer, der Versicherer mit einer Frist von einem Monat kündigen. Legt der Erwerber bei der Zulassungsstelle eine Versicherungsbestätigung vor, so gilt dies als Kündigung des übergegangenen Vertrags zum Beginn der neuen Versicherung. § 4 a Abs. 3 und 4 sowie § 4 c finden Anwendung.

(3) Kündigt der Versicherer oder Erwerber, gebührt dem Versicherer nur der auf die Zeit des Versicherungsschutzes entfallende anteilige Beitrag. Hat das Versicherungsverhältnis weniger als ein Jahr bestanden, so wird für die Zeit vom Beginn bis zur Veräußerung der Beitrag nach Kurztarif oder, wenn innerhalb eines Jahres eine neue Kraftfahrtversicherung bei demselben Versicherer abgeschlossen wird, der Beitrag anteilig nach der Zeit des gewährten Versicherungsschutzes berechnet.

(4) Für Fahrzeuge, die ein Versicherungskennzeichen führen müssen, gilt abweichend von den Bestimmungen des Absatzes 3:

Dem Versicherer gebührt der Beitrag für das laufende Verkehrsjahr, wenn der Vertrag für das veräußerte Fahrzeug vom Versicherer oder dem Erwerber gekündigt wird. Dem Versicherer gebührt jedoch nur der Beitrag für die Zeit des Versicherungsschutzes nach Kurztarif, wenn der Versicherungsnehmer ihm den Versicherungsschein sowie das Versicherungskennzeichen des veräußerten Fahrzeugs aushändigt und die Kündigung des Erwerbers vorliegt. Schließt der Versicherungsnehmer gleichzeitig bei demselben Versicherer für ein Fahrzeug mit Versicherungskennzeichen eine neue Kraftfahrtversicherung ab, so gilt der nicht verbrauchte Beitrag als Beitrag für die neue Kraftfahrtversicherung.

(5) Wird nach Veräußerung bei demselben Versicherer, bei dem das veräußerte Fahrzeug versichert war, innerhalb von sechs Monaten ein Fahrzeug der gleichen Art und des gleichen Verwendungszwecks (Ersatzfahrzeug im Sinne der Tarifbestimmungen) versichert und die hierfür geschuldete erste oder einmalige Prämie nicht rechtzeitig gezahlt, so gilt § 39 VVG. § 1 Abs. 2 Satz 4 sowie § 38 VVG finden keine Anwendung. Wird das Versicherungsverhältnis in den Fällen des Satzes 1 gemäß § 39 Abs. 3 VVG gekündigt, so kann der Versicherer eine Geschäftsgebühr verlangen, deren Höhe nach § 4 b Abs. 5 Satz 2 zu bemessen ist.

§ 6 a Wagniswegfall. (1) Fällt in der Fahrzeugversicherung das Wagnis infolge eines zu ersetzenden Schadens weg, so gebührt dem Versicherer der Beitrag für das laufende Versicherungsjahr oder die vereinbarte kürzere Vertragsdauer.

(2) In allen sonstigen Fällen eines dauernden Wegfalls des versicherten Wagnisses wird der Beitrag gemäß § 6 Absatz 3 berechnet.

(3) Für Fahrzeuge, die ein Versicherungskennzeichen führen müssen, gilt abweichend von den Bestimmungen des Absatzes 2:

Dem Versicherer gebührt der Beitrag für das laufende Verkehrsjahr oder die vereinbarte kürzere Dauer, wenn das Wagnis dauernd weggefallen ist. Dem Versicherer gebührt jedoch nur der Beitrag für die Zeit des Versicherungsschutzes nach Kurztarif, wenn der Versicherungsnehmer ihm den Versicherungsschein und das Versicherungskennzeichen des versicherten Fahrzeugs aushändigt. Schließt der Versicherungsnehmer gleichzeitig bei demselben Versicherer für ein Fahrzeug mit Versicherungskennzeichen eine neue Kraftfahrtversicherung ab, so gilt der nicht verbrauchte Beitrag als Beitrag für die neue Kraftfahrtversicherung.

(4) § 6 Absatz 5 findet entsprechende Anwendung.

§ 7 Obliegenheiten im Versicherungsfall. I. (1) Versicherungsfall im Sinne dieses Vertrages ist das Ereignis, das einen unter die Versicherung fallenden Schaden oder – bei der Haftpflichtversicherung – Ansprüche gegen den Versicherungsnehmer zur Folge haben könnte.

(2) Jeder Versicherungsfall ist dem Versicherer vom Versicherungsnehmer innerhalb einer Woche schriftlich anzuzeigen. Einer Anzeige bedarf es nicht, wenn der Versicherungsnehmer einen Schadenfall nach Maßgabe des Abschnittes VI selbst regelt. Der Versicherungsnehmer ist verpflichtet, alles zu tun, was zur Aufklärung des Tatbestandes und zur Minderung des Schadens dienlich sein kann. Er hat hierbei die etwaigen Weisungen des Versicherers zu befolgen. Wird ein Ermittlungsverfahren eingeleitet oder wird ein Strafbefehl oder ein Bußgeldbescheid erlassen, so hat der Versicherungsnehmer dem Versicherer unverzüglich Anzeige zu erstatten, auch wenn er den Versicherungsfall selbst angezeigt hat.

II. (1) Bei Haftpflichtschäden ist der Versicherungsnehmer nicht berechtigt, ohne vorherige Zustimmung des Versicherers einen Anspruch ganz oder zum Teil anzuerkennen oder zu befriedigen. Das gilt nicht, falls der Versicherungsnehmer nach den Umständen die Anerkennung oder die Befriedigung nicht ohne offenbare Unbilligkeit verweigern konnte.

(2) Macht der Geschädigte seinen Anspruch gegenüber dem Versicherungsnehmer geltend, so ist dieser zur Anzeige innerhalb einer Woche nach der Erhebung des Anspruches verpflichtet.

(3) Wird gegen den Versicherungsnehmer ein Anspruch gerichtlich (Klage oder Mahnbescheid) geltend gemacht, Prozeßkostenhilfe beantragt oder wird ihm gerichtlich der Streit verkündet, so hat er außerdem unverzüglich Anzeige zu erstatten. Das gleiche gilt im Falle eines Arrestes, einer einstweiligen Verfügung oder eines Beweissicherungsverfahrens.

(4) Gegen Mahnbescheid, Arrest und einstweilige Verfügung hat der Versicherungsnehmer zur Wahrung der Fristen die erforderlichen Rechtsbehelfe zu ergreifen, wenn eine Weisung des Versicherers nicht bis spätestens zwei Tage vor Fristablauf vorliegt.

(5) Wenn es zu einem Rechtsstreit kommt, hat der Versicherungsnehmer die Führung des Rechtsstreites dem Versicherer zu überlassen, auch dem vom Versicherer bestellten Anwalt Vollmacht und jede verlangte Aufklärung zu geben.

III. Bei einem unter die Fahrzeugversicherung fallenden Schaden hat der Versicherungsnehmer vor Beginn der Verwertung oder der Wiederinstandsetzung des Fahrzeuges die Weisung des Versicherers einzuholen, soweit ihm dies billigerweise zugemutet werden kann. Übersteigt ein Entwendungs- oder Brandschaden sowie ein Wildschaden (§ 12 [1] I d) den Betrag von DM…, so ist er auch der Polizeibehörde unverzüglich anzuzeigen.

IV. (1) Nach einem Unfall, der voraussichtlich eine Leistungspflicht in der Kraftfahrtunfallversicherung herbeiführt, ist unverzüglich ein Arzt hinzuzuziehen und der Versicherer zu unterrichten. Der Versicherer hat den ärztlichen Anforderungen nachzukommen und auch im übrigen die Unfallfolgen möglichst zu mindern.

(2) Der Versicherte hat darauf hinzuwirken, daß die vom Versicherer angeforderten Berichte und Gutachten alsbald erstattet werden.

(3) Der Versicherte hat sich von den vom Versicherer beauftragten Ärzten untersuchen zu lassen. Die notwendigen Kosten einschließlich eines dadurch entstandenen Verdienstausfalles trägt der Versicherer.

(4) Die Ärzte, die den Versicherten – auch aus anderen Anlässen – behandelt oder untersucht haben, andere Versicherer, Versicherungsträger und Behörden sind zu ermächtigen, alle erforderlichen Auskünfte zu erteilen.

(5) Hat der Unfall den Tod zur Folge, so müssen die aus dem Versicherungsvertrag Begünstigten dies innerhalb von 48 Stunden nach Kenntnis melden, auch wenn der Unfall schon angezeigt ist. Die Meldung soll durch Telegramm oder Telefax erfolgen. Dem Versicherer ist das Recht zu verschaffen, eine Obduktion durch einen von ihm beauftragten Arzt vornehmen zu lassen.

V. *Soweit nicht etwas anderes vereinbart ist, gilt:*

(1) Wird in der Kraftfahrzeug-Haftpflichtversicherung eine dieser Obliegenheiten vorsätzlich oder grob fahrlässig verletzt, so ist der Versicherer dem Versicherungsnehmer gegenüber von der Verpflichtung zur Leistung in den in den Abs. 2 und 3 genannten Grenzen frei. Bei grob fahrlässiger Verletzung bleibt der Versicherer zur Leistung insoweit verpflichtet, als die Verletzung weder Einfluß auf die Feststellung des Versicherungsfalles noch auf die Feststellung oder den Umfang der dem Versicherer obliegenden Leistung gehabt hat.

(2) Die Leistungsfreiheit des Versicherers ist auf einen Betrag von maximal DM[1]… beschränkt. Bei vorsätzlicher begangener Verletzung der Aufklärungs-

---

[1]) Zulässiger Höchstbetrag ist § 6 der KfzPflVVO zu entnehmen.

oder Schadenminderungspflicht (z. B. bei unerlaubtem Entfernen vom Unfallort, unterlassener Hilfeleistung, Abgabe wahrheitswidriger Angaben gegenüber dem Versicherer), wenn diese besonders schwerwiegend ist, erweitert sich die Leistungsfreiheit des Versicherers auf einen Betrag von maximal DM[1]) . . .

(3) Wird eine Obliegenheitsverletzung in der Absicht begangen, sich oder einem Dritten dadurch einen rechtswidrigen Vermögensvorteil zu verschaffen, ist die Leistungsfreiheit des Versicherers hinsichtlich des erlangten rechtswidrigen Vermögensvorteils abweichend von Abs. 2 unbeschränkt. Gleiches gilt hinsichtlich des erlangten Mehrbetrages, wenn eine der in II. Abs. 1–3 und 5 genannten Obliegenheiten vorsätzlich oder grob fahrlässig verletzt und dadurch eine gerichtliche Entscheidung rechtskräftig wurde, die offenbar über den Umfang der nach Sach- und Rechtslage geschuldeten Haftpflichtentschädigung erheblich hinausgeht.

(4) Wird eine dieser Obliegenheiten in der Fahrzeug- oder Kraftfahrtunfallversicherung verletzt, so besteht Leistungsfreiheit nach Maßgabe des § 6 Abs. 3 VVG.

VI. (1) Bei verspäteter Anzeige eines Versicherungsfalles, bei dem lediglich ein Sachschaden eingetreten ist, wird sich der Versicherer nicht auf die Leistungsfreiheit nach V. berufen, wenn der Versicherungsnehmer den Schaden geregelt hat oder regeln wollte, um dadurch eine Einstufung eines Vertrages in eine ungünstigere Schadensfreiheits- oder Schadenklasse zu vermeiden. Diese Vereinbarung gilt jedoch nur für solche Sachschäden, die Entschädigungsleistungen von voraussichtlich nicht mehr als . . . DM erfordern.

(2) Gelingt es dem Versicherungsnehmer nicht, den Schaden im Rahmen von Abs. 1 selbst zu regulieren, oder ist dem Versicherer hinsichtlich des versicherten Fahrzeugs bzw. Ersatzfahrzeugs (Nr. 23 der Tarifbestimmungen) im gleichen Kalenderjahr ein weiterer Schaden zur Regulierung gemeldet worden, so kann der Versicherungsnehmer bis zum Ende des Kalenderjahres den nach Abs. 1 nicht gemeldeten Schaden dem Versicherer nachträglich anzeigen. Schäden, die sich im Dezember ereignen, können bis zum 31. Januar des folgenden Jahres nachgemeldet werden.

(3) Abweichend von Abs. 1 hat der Versicherungsnehmer jeden Sachschaden unverzüglich dem Versicherer anzuzeigen, wenn der Anspruch gerichtlich geltend gemacht, Prozeßkostenhilfe beantragt oder dem Versicherungsnehmer gerichtlich der Streit verkündet wird. Das gleiche gilt im Fall eines Arrests, einer einstweiligen Verfügung oder eines Beweissicherungsverfahrens.

§ 8 Klagefrist, Gerichtsstand. (1) *Soweit nicht etwas anderes vereinbart ist, gilt:* Hat der Versicherer einen Anspruch auf Versicherungsschutz dem Grunde nach abgelehnt, so ist der Anspruch vom Versicherungsnehmer zur Vermeidung des Verlustes innerhalb von sechs Monaten gerichtlich geltend zu machen. Die Frist beginnt erst, nachdem der Versicherer den Anspruch unter Angabe der mit dem Ablauf der

---

[1]) Zulässiger Höchstbetrag ist § 6 der KfzPflVVO zu entnehmen.

Frist verbundenen Rechtsfolgen schriftlich abgelehnt hat. In der Kraftfahrtunfallversicherung gilt zusätzlich die Ausschlußfrist des § 22 Abs. 5.

(2) Für Klagen, die aus dem Versicherungsverhältnis gegen den Versicherer erhoben werden, bestimmt sich die gerichtliche Zuständigkeit nach dem Sitz des Versicherers oder seiner für das jeweilige Versicherungsverhältnis zuständigen Niederlassung. Hat ein Versicherungsagent den Vertrag vermittelt oder abgeschlossen, ist auch das Gericht des Ortes zuständig, an dem der Agent zur Zeit der Vermittlung oder des Abschlusses seine gewerbliche Niederlassung oder- bei Fehlen einer gewerblichen Niederlassung – seinen Wohnsitz hatte.

(3) Klagen des Versicherers gegen den Versicherungsnehmer können bei dem für den Wohnsitz des Versicherungsnehmers zuständigen Gericht erhoben werden. Weitere gesetzliche Gerichtsstände können sich aus dem für den Sitz oder die Niederlassung des Geschäfts- oder Gewerbebetriebs des Versicherungsnehmers örtlich zuständigen Gericht ergeben.

§ 9 Anzeigen und Willenserklärungen. Alle Anzeigen und Erklärungen des Versicherungsnehmers sind schriftlich abzugeben und sollen an die im Versicherungsschein als zuständig bezeichnete Stelle gerichtet werden; andere als die im Versicherungsschein bezeichneten Vermittler sind zu deren Entgegennahme nicht bevollmächtigt. Für Anzeigen im Todesfall gilt § 7 IV Absatz 5.

II. Kraftfahrzeug-Haftpflichtversicherung

§ 10 Umfang der Versicherung. (1) Die Versicherung umfaßt die Befriedigung begründeter und die Abwehr unbegründeter Schadenersatzansprüche, die auf grund gesetzlicher Haftpflichtbestimmung privatrechtlichen Inhalts gegen den Versicherungsnehmer oder mitversicherte Personen erhoben werden, wenn durch den Gebrauch des im Vertrag bezeichneten Fahrzeugs
a) Personen verletzt oder getötet werden,
b) Sachen beschädigt oder zerstört werden oder abhanden kommen.
c) Vermögensschäden herbeigeführt werden, die weder mit einem Personen- noch mit einem Sachschaden mittelbar oder unmittelbar zusammenhängen.

(2) Mitversicherte Personen sind:
a) der Halter,
b) der Eigentümer,
c) der Fahrer,
d) Beifahrer, d. h. Personen, die im Rahmen ihres Arbeitsverhältnisses zum Versicherungsnehmer oder Halter den berechtigten Fahrer zu seiner Ablösung oder zur Vornahme von Lade- und Hilfsarbeiten nicht nur gelegentlich begleiten,
e) Omnibusschaffner, soweit sie im Rahmen ihres Arbeitsverhältnisses zum Versicherungsnehmer oder Halter tätig werden,
f) Arbeitgeber oder öffentlicher Dienstherr des Versicherungsnehmers, wenn das

versicherte Fahrzeug mit Zustimmung des Versicherungsnehmers für dienstliche Zwecke gebraucht wird.

(3) entfällt.

(4) Mitversicherte Personen können ihre Versicherungsansprüche selbständig geltend machen.

(5) Der Versicherer gilt als bevollmächtigt, im Namen der versicherten Personen Ansprüche nach Absatz 1 zu befriedigen und/oder abzuwehren und alle dafür zweckmäßig erscheinenden Erklärungen im Rahmen pflichtgemäßen Ermessens abzugeben.

(6) *Soweit nicht etwas anderes vereinbart ist, gilt:* Für die Leistung des Versicherers bilden die vereinbarten Versicherungssummen die Höchstgrenze bei jedem Schadenereignis. Aufwendungen des Versicherers für Kosten werden unbeschadet Satz 4 nicht als Leistungen auf die Versicherungssumme angerechnet. Mehrere zeitlich zusammenhängende Schäden aus derselben Ursache gelten als ein Schadenereignis. Übersteigen die Haftpflichtansprüche die Versicherungssummen, so hat der Versicherer Kosten eines Rechtsstreites nur im Verhältnis der Versicherungssumme zur Gesamthöhe der Ansprüche zu tragen. Der Versicherer ist berechtigt, sich durch Hinterlegung der Versicherungssumme und des hierauf entfallenden Anteils an den entstandenen Kosten eines Rechtsstreites von weiteren Leistungen zu befreien.

(7) Hat der Versicherte an den Geschädigten Rentenzahlungen zu leisten und übersteigt der Kapitalwert der Rente die Versicherungssumme oder den nach Abzug etwaiger sonstiger Leistungen aus dem Versicherungsfall noch verbleibenden Restbetrag der Versicherungssumme, so muß die zu leistende Rente nur im Verhältnis der Versicherungssumme bzw. ihres Restbetrages zum Kapitalwert der Rente vom Versicherer erstattet werden. Der Rentenwert ist aufgrund der allgemeinen Sterbetafeln für Deutschland mit Erlebensfallcharakter 1987 R Männer und Frauen und unter Zugrundelegung des Rechnungszinses, der die tatsächlichen Kapitalmarktzinsen in Deutschland berücksichtigt, zu berechnen. Hierbei ist der arithmetische Mittelwert über die jeweils letzten 10 Jahre der Umlaufrenditen der öffentlichen Hand, wie sie von der Deutschen Bundesbank veröffentlicht werden, zugrunde zu legen. Nachträgliche Erhöhungen oder Ermäßigungen der Rente sind zum Zeitpunkt des ursprünglichen Rentenbeginns mit dem Barwert einer aufgeschobenen Rente nach der genannten Rechnungsgrundlage zu berechnen. Für die Berechnung von Waisenrenten kann das...[1] Lebensjahr als frühestes Endalter vereinbart werden.

Für die Berechnung von Geschädigtenrenten kann bei unselbständig Tätigen das vollendete...[1] Lebensjahr als Endalter vereinbart werden, sofern nicht durch Urteil, Vergleich oder eine andere Festlegung etwas anderes bestimmt ist oder sich die der Festlegung zugrunde gelegten Umstände ändern.

(8) Bei der Berechnung des Betrages, mit dem sich der Versicherungsnehmer

---

[1] Die zulässige Altersgrenze ist der KfzPflVVO zu entnehmen.

an laufende Rentenzahlungen beteiligen muß, wenn der Kapitalwert der Rente die Versicherungssumme oder die nach Abzug sonstiger Leistungen verbleibende Restversicherungssumme übersteigt, können die sonstigen Leistungen mit ihrem vollen Betrag von der Versicherungssumme abgesetzt werden.

(9) Falls die von dem Versicherer verlangte Erledigung eines Haftpflichtanspruchs durch Anerkenntnis, Befriedigung oder Vergleich an dem Verhalten des Versicherungsnehmers scheitert, ist der Versicherer für den von der Weigerung an entstehenden Mehrschaden an Hauptsache, Zinsen und Kosten dem Versicherungsnehmer gegenüber von der Verpflichtung zur Leistung frei, sofern dieser vom Versicherer hierauf hingewiesen wurde.

§ 10a Versicherungsumfang bei Anhängern. (1) Die Versicherung des Kraftfahrzeuges umfaßt auch Schäden, die durch einen Anhänger verursacht werden, der mit dem Kraftfahrzeug verbunden ist oder der sich während des Gebrauchs von diesem löst und sich noch in Bewegung befindet. Mitversichert sind auch der Halter, Eigentümer, Fahrer, Beifahrer und Omnibusschaffner des Anhängers. Schäden der Insassen des Anhängers sind bis zur Höhe der Grundversicherungssumme eingeschlossen.

(2) *Soweit nicht etwas anderes vereinbart ist, gilt:* Die Haftpflichtversicherung des Anhängers umfaßt nur Schäden, die durch den Anhänger verursacht werden, wenn er mit einem Kraftfahrzeug nicht verbunden ist oder sich von dem Kraftfahrzeug gelöst hat und sich nicht mehr in Bewegung befindet, sowie Schäden, die den Insassen des Anhängers zugefügt werden. Mitversichert sind auch der Halter, Eigentümer, Fahrer, Beifahrer und Omnibusschaffner des Kraftfahrzeuges.

(3) Als Anhänger im Sinne dieser Vorschrift gelten auch Auflieger sowie für die Anwendung des Absatzes 1 auch Fahrzeuge, die abgeschleppt oder geschleppt werden, wenn für diese kein Haftpflichtversicherungsschutz besteht.

§ 11 Ausschlüsse. *Soweit nicht etwas anderes vereinbart ist, gilt:* Ausgeschlossen von der Versicherung sind
1. Haftpflichtansprüche, soweit sie aufgrund Vertrags oder besondere Zusage über den Umfang der gesetzlichen Haftpflicht hinausgehen;
2. Haftpflichtansprüche des Versicherungsnehmers, Halters oder Eigentümers gegen mitversicherte Personen wegen Sach- oder Vermögensschäden;
3. Haftpflichtansprüche wegen Beschädigung, Zerstörung oder Abhandenkommens des Fahrzeugs, auf das sich die Versicherung bezieht, mit Ausnahme der Beschädigung betriebsunfähiger Fahrzeuge beim nicht gewerbsmäßigen Abschleppen im Rahmen üblicher Hilfsleistungen;
4. Haftpflichtansprüche wegen Beschädigung, Zerstörung oder Abhandenkommen von mit dem versicherten Fahrzeug beförderten Sachen, mit Ausnahme jener Sachen, die die mit Willen des Halters beförderte Personen üblicherweise mit sich führen oder, sofern die Fahrt überwiegend der Personenbeförderung dient, als Gegenstände des persönlichen Bedarfs mit sich führen;

5. Haftpflichtansprüche aus solchen reinen Vermögensschäden, die auf Nichteinhaltung von Liefer- und Beförderungsfristen zurückzuführen sind.

III. Fahrzeugversicherung

§ 12 Umfang der Versicherung. (1) Die Fahrzeugversicherung umfaßt die
Beschädigung, die Zerstörung und den Verlust des Fahrzeugs und seiner unter Verschluß verwahrten oder an ihm befestigten Teile einschließlich der durch die bei-
gefügte Liste als zusätzlich mitversichert ausgewiesenen Fahrzeug- und Zubehörteile

I. in der Teilversicherung
  a) durch Brand oder Explosion;
  b) durch Entwendung, insbesondere Diebstahl, unbefugten Gebrauch durch
    betriebsfremde Personen, Raub und Unterschlagung. *Soweit nicht etwas ande-
    res vereinbart ist, gilt:* Die Unterschlagung durch denjenigen, an den der Ver-
    sicherungsnehmer das Fahrzeug unter Vorbehalt seines Eigentums veräußert
    hat, oder durch denjenigen, dem es zum Gebrauch oder zur Veräußerung
    überlassen wurde, ist von der Versicherung ausgeschlossen;
  c) durch unmittelbare Einwirkung von Sturm, Hagel, Blitzschlag oder Über-
    schwemmung auf das Fahrzeug. Als Sturm gilt eine wetterbedingte Luftbe-
    wegung von mindestens Windstärke 8. Eingeschlossen sind Schäden, die
    dadurch verursacht werden, daß durch diese Naturgewalten Gegenstände auf
    oder gegen das Fahrzeug geworfen werden. *Soweit nicht etwas anderes verein-
    bart ist, gilt:* Ausgeschlossen sind Schäden, die auf ein durch diese Naturge-
    walten veranlaßtes Verhalten des Fahrers zurückzuführen sind;
  d) durch einen Zusammenstoß des in Bewegung befindlichen Fahrzeugs mit
    Haarwild im Sinne von § 2 Abs. 1 Nr. 1 des Bundesjagdgesetzes;
II. in der Vollversicherung darüber hinaus
  e) durch Unfall, d. h. durch ein unmittelbar von außen her plötzlich mit
    mechanischer Gewalt einwirkendes Ereignis; *soweit nicht etwas anderes verein-
    bart ist, gilt:* Brems-, Betriebs- und reine Bruchschäden sind keine Unfall-
    schäden;
  f) durch mut- oder böswillige Handlungen betriebsfremder Personen.
(2) Der Versicherungsschutz erstreckt sich in der Voll- und Teilversicherung
auch auf Bruchschäden an der Verglasung des Fahrzeugs und Schäden der Verka-
belung durch Kurzschluß.
(3) Soweit nicht etwas anderes vereinbart ist, gilt: Eine Beschädigung oder Zerstörung der Bereifung wird nur ersetzt, wenn sie durch ein Ereignis erfolgt, das
gleichzeitig auch andere versicherungsschutzpflichtige Schäden an dem Fahrzeug
verursacht hat.

§ 13 Ersatzleistung. *Soweit nicht etwas anderes vereinbart ist, gilt:* (1) Der Versicherer ersetzt einen Schaden bis zur Höhe des Wiederbeschaffungswertes des Fahr-

zeugs oder seiner Teile am Tage des Schadens, soweit in den folgenden Absätzen nichts anderes bestimmt ist. Wiederbeschaffungswert ist der Kaufpreis, den der Versicherungsnehmer aufwenden muß, um ein gleichwertiges gebrauchtes Fahrzeug oder gleichwertige Teile zu erwerben.

(2) Leistungsgrenze ist in allen Fällen der vom Hersteller unverbindlich empfohlene Preis am Tage des Schadens.

(3) Rest- und Altteile verbleiben dem Versicherungsnehmer. Sie werden zum Veräußerungswert auf die Ersatzleistung angerechnet.

(4) Bei Zerstörung oder Verlust des Fahrzeugs gewährt der Versicherer die nach den Absätzen 1 bis 3 zu berechnende Höchstentschädigung. Bei Zerstörung oder Verlust des Fahrzeugs durch Diebstahl vermindert sich die Höchstentschädigung jedoch um einen vereinbarten prozentualen Abschlag. § 13 Abs. 9 bleibt hiervon unberührt.

(5) Bei Beschädigung des Fahrzeugs ersetzt der Versicherer bis zu dem nach den Absätzen 1 bis 3 sich ergebenden Betrag die erforderlichen Kosten der Wiederherstellung und die hierfür notwendigen einfachen Fracht- und sonstigen Transportkosten. Entsprechendes gilt bei Zerstörung, Verlust oder Beschädigung von Teilen des Fahrzeugs. Von den Kosten der Ersatzteile und der Lackierung wird ein dem Alter und der Abnutzung entsprechender Abzug gemacht (neu für alt). Der Abzug beschränkt sich bei Krafträdern, Personenkraftwagen sowie Omnibussen bis zum Schluß des vierten, bei allen übrigen Fahrzeugen bis zum Schluß des dritten auf die Erstzulassung des Fahrzeugs folgenden Kalenderjahr auf Bereifung, Batterie und Lackierung.

(6) Veränderungen, Verbesserungen, Verschleißreparaturen, Minderung an Wert, äußerem Ansehen oder Leistungsfähigkeit, Überführungs- und Zulassungskosten, Nutzungsausfall oder Kosten eines Ersatzwagens und Treibstoff ersetzt der Versicherer nicht.

(7) Werden entwendete Gegenstände innerhalb eines Monats nach Eingang der Schadenanzeige wieder zur Stelle gebracht, so ist der Versicherungsnehmer verpflichtet, sie zurückzunehmen. Nach Ablauf dieser Frist werden sie Eigentum des Versicherers. Wird das entwendete Fahrzeug in einer Entfernung von in der Luftlinie gerechnet mehr als 50 km von seinem Standort (Ortsmittelpunkt) aufgefunden, so zahlt der Versicherer die Kosten einer Eisenbahnfahrkarte zweiter Klasse für Hin- und Rückfahrt bis zu einer Höchstentfernung von 1500 km (Eisenbahnkilometer) vom Standort zu dem dem Fundort nächstgelegenen Bahnhof.

(8) Eine Selbstbeteiligung gilt für jedes versicherte Fahrzeug *und für jeden Schadenfall* besonders.

(9) In der Teil- und Vollversicherung wird der Schaden abzüglich einer vereinbarten Selbstbeteiligung ersetzt.

§ 14 Sachverständigenverfahren. (1) Bei Meinungsverschiedenheit über die Höhe des Schadens einschließlich der Feststellung des Wiederbeschaffungswertes oder über den Umfang der erforderlichen Wiederherstellungsarbeiten entscheidet ein Sachverständigenausschuß.

(2) Der Ausschuß besteht aus zwei Mitgliedern, von denen der Versicherer und der Versicherungsnehmer je eines benennt. Wenn der eine Vertragsteil innerhalb zweier Wochen nach schriftlicher Aufforderung sein Ausschußmitglied nicht benennt, so wird auch dieses von dem anderen Vertragsteil benannt.

(3) Soweit sich die Ausschußmitglieder nicht einigen, entscheidet innerhalb der durch ihre Abschätzung gegebenen Grenzen ein Obmann, der vor Beginn des Verfahrens von ihnen gewählt werden soll. Einigen sie sich über die Person des Obmanns nicht, so wird er durch das zuständige Amtsgericht ernannt.

(4) Ausschußmitglieder und Obleute dürfen nur Sachverständige für Kraftfahrzeuge sein.

(5) Bewilligt der Sachverständigenausschuß die Forderung des Versicherungsnehmers, so hat der Versicherer die Kosten voll zu tragen. Kommt der Ausschuß zu einer Entscheidung, die über das Angebot des Versicherers nicht hinausgeht, so sind die Kosten des Verfahrens vom Versicherungsnehmer voll zu tragen. Liegt die Entscheidung zwischen Angebot und Forderung, so tritt eine verhältnismäßige Verteilung der Kosten ein.

§ 15 Zahlung der Entschädigung. (1) Die Entschädigung wird innerhalb zweier Wochen nach ihrer Feststellung gezahlt, im Falle der Entwendung jedoch nicht vor Ablauf der Frist von einem Monat (§ 13 Abs. 7). Ist die Höhe eines unter die Versicherung fallenden Schadens bis zum Ablauf eines Monats nicht festgestellt, werden auf Verlangen des Versicherungsnehmers angemessene Vorschüsse geleistet.

(2) Ersatzansprüche des Versicherungsnehmers, die nach § 67 VVG auf den Versicherer übergegangen sind, können gegen den berechtigten Fahrer und andere in der Haftpflichtversicherung mitversicherte Personen sowie gegen den Mieter oder Entleiher nur geltend gemacht werden, wenn von ihnen der Versicherungsfall vorsätzlich oder grob fahrlässig herbeigeführt worden ist.

Anlage zu § 12 AKB

Liste der mitversicherten Fahrzeug- und Zubehörteile

Präambel
Soweit nicht etwas anderes vereinbart ist, gilt: Die Liste der mitversicherten Fahrzeug- und Zubehörteile ist Vertragsinhalt gemäß § 12 Abs. 1 AKB. Sie erläutert die Begriffe „unter Verschluß verwahrte" und „am Fahrzeug befestigte" Fahrzeugteile und umschreibt gleichzeitig den Deckungsumfang der Fahrzeugversicherung bezüglich weiterer, in der Liste als mitversichert ausgewiesener Fahrzeug- und Zubehörteile. Die ohne Beitragszuschlag mitversicherten und die gegen Beitragszuschlag versicherbaren Zubehörteile sind in der Liste erschöpfend aufgezählt; für in der Liste nicht erwähnte Teile bleibt es bei der Grundregel des § 12 Abs. 1 AKB,

soweit sie für das versicherte Fahrzeug zugelassen und unter Verschluß verwahrt oder an dem Fahrzeug befestigt sind.

1) *Soweit nicht etwas anderes vereinbart ist, gilt:* Ohne Beitragszuschlag mitversichert sind folgende Teile, soweit sie im Fahrzeug eingebaut oder unter Verschluß gehalten oder mit dem Fahrzeug durch entsprechende Halterungen fest verbunden sind:

Ablage-Vorrichtungen

Abschlepp-Vorrichtungen

Abschleppseil

Airbag-Gurtstrammer-Rückhaltesystem

Alarmanlage

Anhänger-Vorrichtung

Antiblockiersystem (ABS)

Auspuffblenden

Außenspiegel (auch mechanisch oder elektrisch einstellbar)

Außenthermometer

Autoapotheke

Automatischer Geschwindigkeitsregler (Tempomat)

Automatisches Getriebe

Batterien

Batterie-Starterkabel

Beinschilder für Mofa, Moped

Bootsträger (Dach)

Bordcomputer

Bremskraftverstärker

Cockpit-Persenning

Cockpit-Verkleidung für Krafträder

Dachträger für Fahrräder, Ski und Surfbretter

Diebstahlsicherung einschließlich Zentralverriegelung

Doppel- und Mehrfachvergaseranlage, soweit zulässig

Drehzahlmesser

Elektrische Betätigung für Schiebedach, Türfenster

Ersatzbirnenset

Fahrtschreiber

Feuerlöscher

Fotoapparat bis DM ...

Fußbodenbelag

Gas-Anlage

Gasflaschen für Wohnwagenanhänger und Wohnmobile

Gepäckabdeckung (Netz, Rollo oder dergl. zum Insassenschutz)

Gepäckträger (Dach)

Halogen-Lampen

Hardtop mit/ohne Haftlampen

Heizbare Heckscheibe

Heizung (auch nachträglich zusätzlich eingebaut)

Hydraulische Strömungsbremse oder elektrische Wirbelstrombremse

Jod-Lampen

Katalysatoren und andere schadstoffverringernde Anlagen

Kennzeichen (auch reflektierende)

Kennzeichen-Unterlage

Kindersitz

Klappspaten

Klima-Anlage

Kopf-/Nacken-Stützen

Kotflügel-Schmutzfänger

Kotflügelverbreiterung (soweit zulässig)

Kühlerabdeckschutz

Kühlerjalousie

Lederpolsterung

Leichtmetallfelgen

Leichtmetallräder

Leselampe

Liegesitze

Mehrklanghorn (soweit zulässig)

Nebellampen (vorne und hinten)

Niveauregulierung

Packtaschen an Zweirädern (verschweißt oder verschraubt) oder mit integriertem
    Sicherheitsschloß am Träger befestigt)

Panoramaspiegel

Parkleuchten

Plane und Gestell für Güterfahrzeuge

Radzierkappen und -zierringe

Räder mit Winterbereifung (1 Satz)

Reifenwächteranlage

Reservekanister (einer)

Reserveräder (soweit serienmäßig)

Rückfahrscheinwerfer

Rück- und Sonnenschutzjalousie

Rücken-Stützen

Scheibenwischer für Heckscheibe

Scheinwerferwasch- und -wischanlage

Schiebedach

Schlafkojen in Güterfahrzeugen

Schneeketten

Schonbezüge – auch mit Bändern oder Gurten befestigte Sitzfelle (keine losen
    Decken und keine Edelpelze)

Schutzhelme für Zweiradfahrer, wenn über Haltung mit Zweirad so verbunden,
   daß unbefugte Entfernung ohne Beschädigung des Helmes und/oder Fahrzeugs nicht möglich ist

Seitenschürze

Servolenkung

Signalhorn

Sitzheizung

Sitzhöhenverstellung

Skihalterung

Sondergetriebe (z. B. 5-Gang-Getriebe)

Sonnendach

Speichenblenden

Sperrdifferential

Spezial-Auspuffanlage

Spezialsitze

Spiegel

Spoiler

Sportlenkrad

Stoßdämpfer verstärkte)

Stoßstangen (zusätzlich)

Sturzbügel für Krafträder

Suchscheinwerfer

Tankdeckel (auch abschließbar)

Taxameter

Taxibügel mit Taxischild

Trennscheibe bei Droschken und Mietwagen

Turbolader

Überrollbügel

Ventilator

Verbundglas

Vollverkleidung für Krafträder

Wagenheber (soweit serienmäßig)

Wärmedämmende Verglasung

Warndreieck

Warnfackel

Warnlampe

Werkzeug (soweit serienmäßig)

Windabweiser am Schiebedach

Windschutzscheiben für Krafträder und Beiwagen

Zusatzarmaturen (Öl-Temperatur- und Druckmesser, Amperemeter, Voltmeter,
   Verbrauchsmeßgerät)

Zusatzinstrumente; z. B. Copilot, Höhenmesser, Innenthermometer

Zusatztank (soweit serienmäßig)

2) *Soweit nicht etwas anderes vereinbart ist, gilt:* Ohne Beitragszuschlag mitversichert bis zu einem Neuwert von insgesamt DM ... sind folgende Teile, soweit sie im Fahrzeug eingebaut oder mit dem Fahrzeug durch entsprechende Halterungen fest verbunden sind. Übersteigt der Neuwert dieser Teile den nach Satz 1 versicherten Neuwert, so ist der entsprechende Mehrwert gegen Beitragszuschlag versicherbar. Wird der Mehrwert nicht versichert, so richtet sich die Entschädigung nach dem Verhältnis des nach Satz 1 versicherten Neuwertes zu dem gesamten Neuwert. Wird der Mehrwert nicht in voller Höhe versichert, so richtet sich die Entschädigung nach dem Verhältnis des versicherten Neuwertes (nach Satz 1 versicherten Neuwert zuzüglich versichertem Mehrwert) zu dem gesamten Neuwert.

CB-Funk-Gerät (nur Einzelgerät, Kombigeräte siehe unter Radio)

Fernseher mit Antenne

Funkanlage mit Antenne

Lautsprecher (auch mehrere)

Mikrofon und Lautsprecheranlage (außer in Omnibussen)

1 Radio, 1 Tonbandgerät, 1 Plattenspieler, 1 Cassetten-Rekorder oder 1 CB-Funk-Gerät kombiniert mit Radio (auch Mehrzweckgeräte)Radioantenne

Scheibenantenne

Schutzhelme mit Lautsprecher bzw. Funkanlage für Zweiradfahrer, wenn über Halterung mit Zweirad so verbunden, daß unbefugte Entfernung ohne Beschädigung des Helmes und/oder Fahrzeugs nicht möglich ist

Verkehrsrundfunk-Decoder

3) *Soweit nicht etwas anderes vereinbart ist, gilt:* Gegen Beitragszuschlag versicherbar sind folgende Teile, soweit sie im Fahrzeug eingebaut oder mit dem Fahrzeug durch entsprechende Halterungen fest verbunden sind:

Bar

Beschläge (Monogramm usw.)

Beschriftung (Reklame)

Dachkoffer

Diktiergerät

Doppelpedalanlage

Hydraulische Ladebordwand für LKW

Kaffeemaschine

Kühlbox

Panzerglas

Postermotive unter Klarlack

Rundumlicht (Blaulicht etc.)

Spezialaufbau

Telefon mit Antenne (fest eingebaut)

Wohnwageninventar (fest eingebaut)

Zugelassene Veränderungen am Fahr- und/oder Triebwerk aller Art zur Leistungssteigerung und Verbesserung der Fahreigenschaften

4) *Soweit nicht etwas anderes vereinbart ist, gilt:* Nicht versicherbar – soweit nicht unter 1), 2) oder 3) genannt – sind beispielsweise:

Atlas

Autodecke oder Reiseplaid oder Edelpelz

Autokarten

Autokompaß

Campingausrüstung (soweit nicht fest eingebaut)

Cassetten

CD-Platte, Bildplatte

Ersatzteile

Fahrerkleidung

Faltgarage, Regenschutzplane

Fotoausrüstung

Funkrufempfänger

Fußsack

Garagentoröffner (Sendeteil)

Heizung (soweit nicht fest eingebaut)

Kühltasche

Magnetschilder

Maskottchen

Mobiltelefon

Plattenkasten und Platten

Rasierapparat

Staubsauger

Tonbänder

Vorzelt

2. Verordnung über den Versicherungsschutz in der Kraftfahrzeug-Haftpflichtversicherung (Kraftfahrzeug-Pflichtversicherungsverordnung – KfzPflVV)

Vom 29. Juli 1994 (BGBl. I S. 1837)
BGBl. III 925-1-5

Auf Grund des § 4 Abs. 1 des Pflichtversicherungsgesetzes vom 5. April 1965 (BGBl. I S. 213), der durch Artikel 5 Nr. 1 des Gesetzes vom 21. Juli 1994 (BGBl. I S. 1630) neu gefaßt worden ist, verordnet das Bundesministerium der Justiz im Einvernehmen mit dem Bundesministerium der Finanzen und dem Bundesministerium für Verkehr:

§ 1 [Räumlicher und zeitlicher Geltungsbereich] (1) [1]Die Kraftfahrzeug-Haftpflichtversicherung hat Versicherungsschutz in Europa sowie in den außereuropäischen Gebieten, die zum Geltungsbereich des Vertrages über die Europäische Wirtschaftsgemeinschaft gehören, in der Höhe zu gewähren, die in dem jeweiligen Land gesetzlich vorgeschrieben ist, mindestens jedoch in der in Deutschland vorgeschriebenen Höhe. [2]Wird eine Erweiterung des räumlichen Geltungsbereichs des Versicherungsschutzes vereinbart, gilt Satz 1 entsprechend.

(2) Beginn und Ende des Versicherungsschutzes bestimmen sich nach den §§ 187 und 188 des Bürgerlichen Gesetzbuchs.

§ 2 [Sachlicher Deckungsumfang] (1) Die Versicherung hat die Befriedigung begründeter und die Abwehr unbegründeter Schadensersatzansprüche zu umfassen, die auf Grund gesetzlicher Haftpflichtbestimmungen privatrechtlichen Inhalts gegen den Versicherungsnehmer oder mitversicherte Personen erhoben werden, wenn durch den Gebrauch des versicherten Fahrzeugs

1. Personen verletzt oder getötet worden sind,
2. Sachen beschädigt oder zerstört worden oder abhanden gekommen sind oder
3. Vermögensschäden herbeigeführt worden sind, die weder mit einem Personen- noch mit einem Sachschaden mittelbar oder unmittelbar zusammenhängen.

(2) Mitversicherte Personen sind

1. der Halter,
2. der Eigentümer,
3. der Fahrer,
4. Beifahrer, das heißt Personen, die im Rahmen ihres Arbeitsverhältnisses zum Versicherungsnehmer oder Halter den berechtigten Fahrer zu seiner Ablösung oder zur Vornahme von Lade- und Hilfsarbeiten nicht nur gelegentlich begleiten,

5. Omnibusschaffner, soweit sie im Rahmen ihres Arbeitsverhältnisses zum Versicherungsnehmer oder Halter tätig werden,

6. Arbeitgeber oder öffentlicher Dienstherr des Versicherungsnehmers, wenn das versicherte Fahrzeug mit Zustimmung des Versicherungsnehmers für dienstliche Zwecke gebraucht wird.

(3) Mitversicherten Personen ist das Recht auf selbständige Geltendmachung ihrer Ansprüche einzuräumen.

§ 3 [Versicherung von Anhängern] (1) ¹Die Versicherung eines Kraftfahrzeugs hat auch die Haftung für Schäden zu umfassen, die durch einen Anhänger oder Auflieger verursacht werden der mit dem Kraftfahrzeug verbunden ist oder sich während des Gebrauchs von diesem löst und sich noch in Bewegung befindet. ²Das Gleiche gilt für die Haftung für Schäden, die verursacht werden durch geschleppte und abgeschleppte Fahrzeuge, für die kein Haftpflichtversicherungsschutz besteht.

(2) Bei der Versicherung eines Anhängers oder Aufliegers kann vereinbart werden, daß der Versicherungsschutz nur für Schäden gilt, die durch den Anhänger verursacht werden, wenn er mit einem Kraftfahrzeug nicht verbunden ist oder sich von dem Kraftfahrzeug gelöst hat und sich nicht mehr in Bewegung befindet sowie für Schäden, die den Insassen des Anhängers zugefügt werden.

§ 4 [Zulässige Ausschlüsse] Von der Versicherung kann die Haftung nur ausgeschlossen werden

1. für Ersatzansprüche des Versicherungsnehmers, Halters oder Eigentümers gegen mitversicherte Personen wegen Sach- oder Vermögensschäden;

2. für Ersatzansprüche wegen Beschädigung, Zerstörung oder Abhandenkommens des versicherten Fahrzeugs mit Ausnahme der Beschädigung betriebsunfähiger Fahrzeuge beim nicht gewerbsmäßigen Abschleppen im Rahmen üblicher Hilfeleistung;

3. für Ersatzansprüche wegen Beschädigung, Zerstörung oder Abhandenkommens von mit dem versicherten Fahrzeug beförderten Sachen mit Ausnahme jener, die mit Willen des Halters beförderte Personen üblicherweise mit sich führen oder, sofern die Fahrt überwiegend der Personenbeförderung dient, als Gegenstände des persönlichen Bedarfs mit sich führen;

4. für Ersatzansprüche aus der Verwendung des Fahrzeugs bei behördlich genehmigten kraftfahrt-sportlichen Veranstaltungen, bei denen es auf die Erzielung einer Höchstgeschwindigkeit ankommt oder den dazugehörigen Übungsfahrten;

5. für Ersatzansprüche wegen Vermögensschäden durch die Nichteinhaltung von Liefer- und Beförderungsfristen;

6. für Ersatzansprüche wegen Schäden durch Kernenergie.

§ 5 [Obliegenheiten vor Eintritt des Versicherungsfalls] (1) Als Obliegenheiten vor Eintritt des Versicherungsfalls können nur vereinbart werden die Verpflichtung,

1. das Fahrzeug zu keinem anderen als dem im Versicherungsvertrag angegebenen Zweck zu verwenden;

2. das Fahrzeug nicht zu behördlich nicht genehmigten Fahrveranstaltungen zu verwenden, bei denen es auf die Erzielung einer Höchstgeschwindigkeit ankommt;

3. das Fahrzeug nicht unberechtigt zu gebrauchen oder wissentlich gebrauchen zu lassen;

4. das Fahrzeug nicht auf öffentlichen Wegen und Plätzen zu benutzen oder benutzen zu lassen, wenn der Fahrer nicht die vorgeschriebene Fahrerlaubnis hat;

5. das Fahrzeug nicht zu führen oder führen zu lassen, wenn der Fahrer infolge des Genusses alkoholischer Getränke oder anderer berauschender Mittel dazu nicht sicher in der Lage ist.

(2) Gegenüber dem Versicherungsnehmer, dem Halter oder Eigentümer befreit eine Obliegenheitsverletzung nach Absatz 1 Nr. 3 bis 5 den Versicherer nur dann von der Leistungspflicht, wenn der Versicherungsnehmer, der Halter oder der Eigentümer die Obliegenheitsverletzung selbst begangen oder schuldhaft ermöglicht hat.

(3) [1]Bei Verletzung einer nach Absatz 1 vereinbarten Obliegenheit oder wegen Gefahrerhöhung ist die Leistungsfreiheit des Versicherers gegenüber dem Versicherungsnehmer und den mitversicherten Personen auf den Betrag von höchstens je zehntausend Deutsche Mark beschränkt. [2]Satz 1 gilt nicht gegenüber einem Fahrer, der das Fahrzeug durch eine strafbare Handlung erlangt hat.

§ 6 [Obliegenheiten nach Eintritt des Versicherungsfalls] (1) Wegen einer nach Eintritt des Versicherungsfalls vorsätzlich oder grob fahrlässig begangenen Obliegenheitsverletzung ist die Leistungsfreiheit des Versicherers dem Versicherungsnehmer gegenüber vorbehaltlich der Absätze 2 und 3 auf einen Betrag von höchstens fünftausend Deutsche Mark beschränkt.

(2) Soweit eine grob fahrlässig begangene Obliegenheitsverletzung weder Einfluß auf die Feststellung des Versicherungsfalles noch auf die Feststellung oder den Umfang der dem Versicherer obliegenden Leistung gehabt hat, bleibt der Versicherer zur Leistung verpflichtet.

(3) Bei besonders schwerwiegender vorsätzlich begangener Verletzung der Aufklärungs- oder Schadensminderungspflichten ist die Leistungsfreiheit des Versicherers auf höchstens zehntausend Deutsche Mark beschränkt.

§ 7 [Betrügerisches Verhalten] [1]Wird eine Obliegenheitsverletzung in der Absicht begangen, sich oder einem Dritten dadurch einen rechtswidrigen Vermögensvorteil zu verschaffen, ist die Leistungsfreiheit hinsichtlich des erlangten rechtswidrigen Vermögensvorteils unbeschränkt. [2]Gleiches gilt hinsichtlich des Mehrbetrages, wenn der Versicherungsnehmer vorsätzlich oder grob fahrlässig einen Anspruch ganz oder teilweise unberechtigt anerkennt oder befriedigt, eine Anzeigepflicht verletzt oder bei einem Rechtsstreit dem Versicherer nicht dessen Führung überläßt.

§ 8 [Rentenberechnungsgrundlagen] (1) [1]Hat der Versicherungsnehmer an den Geschädigten Rentenzahlungen zu leisten und übersteigt der Kapitalwert der Rente die Versicherungssumme oder den nach Abzug etwaiger sonstiger Leistungen aus dem Versicherungsfall noch verbleibenden Restbetrag der Versicherungssumme, so muß die zu leistende Rente nur im Verhältnis der Versicherungssumme oder ihres Restbetrages zum Kapitalwert der Rente erstattet werden. [2]Der Rentenwert ist auf Grund der allgemeinen Sterbetafeln für Deutschland mit Erlebensfallcharakter 1987 R Männer und Frauen und unter Zugrundelegung des Rechnungszinses, der die tatsächlichen Kapitalmarktzinsen in Deutschland berücksichtigt, zu berechnen. [3]Hierbei ist der arithmetische Mittelwert über die jeweils letzten zehn Jahre der Umlaufrenditen der öffentlichen Hand, wie sie von der Deutschen Bundesbank veröffentlicht werden, zugrunde zu legen. [4]Nachträgliche Erhöhungen oder Ermäßigungen der Rente sind zum Zeitpunkt des ursprünglichen Rentenbeginns mit dem Barwert einer aufgeschobenen Rente nach der genannten Rechnungsgrundlage zu berechnen.

(2) Für die Berechnung von Waisenrenten kann das 18. Lebensjahr als frühestes Endalter vereinbart werden.

(3) Für die Berechnung von Geschädigtenrenten kann bei unselbständig Tätigen das vollendete 65. Lebensjahr als Endalter vereinbart werden, sofern nicht durch Urteil, Vergleich oder eine andere Festlegung etwas anderes bestimmt ist oder sich die der Festlegung zugrunde gelegten Umstände ändern.

(4) Bei der Berechnung des Betrages, mit dem sich der Versicherungsnehmer an laufenden Rentenzahlungen beteiligen muß, wenn der Kapitalwert der Rente die Versicherungssumme oder die nach Abzug sonstiger Leistungen verbleibende Restversicherungssumme übersteigt, können die sonstigen Leistungen mit ihrem vollen Betrag von der Versicherungssumme abgesetzt werden.

§ 9 [Vorläufiger Deckungsschutz] [1]Sagt der Versicherer durch Aushändigung der zur behördlichen Zulassung notwendigen Versicherungsbestätigung vorläufigen Deckungsschutz zu, so ist vorläufiger Deckungsschutz vom Zeitpunkt der behördlichen Zulassung des Fahrzeuges oder bei einem zugelassenen Fahrzeug vom Zeitpunkt der Einreichung der Versicherungsbestätigung bei der Zulassungsstelle an bis zur Einlösung des Versicherungsscheins zu gewähren. [2]Sofern er den Versicherungsnehmer schriftlich darüber belehrt, kann sich der Versicherer vorbehalten, daß die vorläufige Deckung rückwirkend außer Kraft tritt, wenn bei einem unverändert angenommenen Versicherungsantrag der Versicherungsschein nicht binnen einer im Versicherungsvertrag bestimmten, mindestens zweiwöchigen Frist eingelöst wird und der Versicherungsnehmer die Verspätung zu vertreten hat.

§ 10 [Änderungen] Änderungen dieser Verordnung und Änderungen der Mindesthöhe der Versicherungssumme finden auf bestehende Versicherungsverhältnisse von dem Zeitpunkt an Anwendung, zu dem die Änderungen in Kraft treten.

§ 11 [Inkrafttreten] Diese Verordnung tritt am Tage nach der Verkündung[1]) in Kraft.

---

[1]) Die Verordnung wurde am 3. 8. 1994 verkündet.

Stichwortverzeichnis

Die Zahlen verweisen auf die Randnummern